"一带一路"新能源项目前期
技术工作指南

左　斌　左莹郁　齐　飞　编著

中国建筑工业出版社

图书在版编目(CIP)数据

"一带一路"新能源项目前期技术工作指南 / 左斌，左莹郁，齐飞编著. — 北京：中国建筑工业出版社，2023.2

ISBN 978-7-112-28067-4

Ⅰ. ①一… Ⅱ. ①左… ②左… ③齐… Ⅲ. ①新能源－工程项目管理－中国－指南 Ⅳ. ①F426.2-62

中国版本图书馆 CIP 数据核字(2022)第 200969 号

我国政府提出了"3060"双碳目标并作出"不再新建境外煤电项目"的庄严承诺，使得中国国际工程承包企业全球电力能源基础设施建设领域，进入了以太阳能、风能、生物质能、地热能、氢能等新能源为特征的新时代。本书以新能源项目前期技术工作为基点，从国际工程业务的实际应用出发，重点介绍了光伏发电、风力发电、生物质（秸秆、城市垃圾）发电以及氢能源利用技术与应用。阐述了其前期技术工作的要点和主要内容，并针对性地介绍了典型案例。

本书可为从事国际工程承包企业新能源项目开发前期技术工作提供有益的借鉴，也可供从事相关专业的教学、培训及国际工程开发企业的领导、技术、商务人员参考使用。

责任编辑：毕凤鸣
责任校对：张　颖

"一带一路"新能源项目前期技术工作指南

左　斌　左莹郁　齐　飞　编著

*

中国建筑工业出版社出版、发行（北京海淀三里河路 9 号）

各地新华书店、建筑书店经销

北京红光制版公司制版

内蒙古爱信达教育印务有限责任公司印刷

*

开本：787 毫米×1092 毫米　1/16　印张：19½　字数：485 千字

2023 年 4 月第一版　　2023 年 4 月第一次印刷

定价：**68.00** 元

ISBN 978-7-112-28067-4

(39983)

前　言

自从 2013 年 9 月—10 月，国家主席习近平在出访中亚和东南亚国家期间，提出共建"丝绸之路经济带"和"21 世纪海上丝绸之路"（简称"一带一路"）的重大倡议，截至 2021 年 11 月底，中国政府已经与 144 个国家、32 个国际组织签署了 200 余份共建"一带一路"合作文件，与斯里兰卡、菲律宾、巴基斯坦、泰国、印尼、尼泊尔等周边国家建立了"一带一路"政党共商机制，相关合作机制对"一带一路"建设的支撑和促进作用进一步增强。

截至 2021 年 9 月，中欧班列累计开行近 4.5 万列，运送货物 405.7 万标箱，打通了 73 条运行线路，通达欧洲 23 个国家的 174 个城市。以铁路、公路、航运、航空、管道、空间综合信息网络等为核心的全方位、多层次、复合型基础设施网络正在加快形成。2021 年，虽然受到新冠肺炎疫情的影响，但是我国企业在"一带一路"沿线对 57 个国家非金融类直接投资 1309.7 亿元人民币，同比增长 6.7%（折合 203 亿美元，同比增长 14.1%），占同期总额的 17.9%，较上年同期上升 1.7 个百分点。我国企业在"一带一路"沿线的 60 个国家新签对外承包工程项目合同 6257 份，新签合同额 8647.6 亿元人民币，完成营业额 5785.7 亿元人民币。目前，我国企业已经连续多年在"一带一路"沿线的 60 个国家完成的对外工程承包额占我们同期国际工程承包额的 50% 以上。特别是随着"六大经济走廊"建设的稳步推进，交通能源领域的基础设施建设项目逐年提高，成果显著。

早从 2020 年开始，按照《联合国气候变化框架公约》及《巴黎协定》的目标和原则，我国对"一带一路"沿线国家的能源基础设施建设、投资和总承包项目的重点，就已经开始逐步转向水力、太阳能、风能等可再生能源。截至 2021 年年底，水力发电和太阳能发电的建设、投资和工程总承包的比例已经超过了 35% 和 23%。根据 2021 年 4 月国家主席习近平在全球"领导人气候峰会"上庄严宣布"中国将力争 2030 年前实现碳达峰、2060 年前实现碳中和"的目标，随后 2021 年 9 月 21 日国家主席习近平在第七十六届联合国大会上进一步承诺："中国将大力支持发展中国家能源绿色低碳发展，不再新建境外煤电项目。"可以预见：在今后一个时期内，全球以化石能源为代表的传统能源（煤电）建设项目建设、投融资和工程总承包必然会以指数级下降，全球电力能源基础设施建设和能源应用将进入一个以太阳能、风能、生物质能、潮汐能、地热能、氢能和核能等新能源为特征的时代。为了应对这个国际能源领域和国际市场的重大转折与变化，中国国际工程承包商必须未雨绸缪，积极应对机遇和挑战。这也促成了我编写此书的初衷。

本人从事国际工程承包工作近 40 年，先后承担、领导或主持了许多国外重大基础设施工程项目的建设与实施。工作之余，在领导和同志们的支持下，先后编著了《国际工程承包常用合同手册》《国际工程承包常用文案手册》《国际工程施工常用数据资料手册》《国际工程承包项目谈判实务与技巧》《国际工程承包项目管理手册》《"一带一路"项目前期开发技术工作手册》等书籍和企业内部的技术培训教材，并先后在多家国际工程承包企业进行了培训授课。近两年，随着国际工程承包市场新能源建设项目的逐年增加，许多同行来信或来电话，要求我尽快提供一些新能源建设项目前期技术工作的资料。一个偶然的机会，我将此事与中国建筑工业出版社封毅老师谈及，则一拍即成。从而，奠定了本书面世的基础。

本书从国际工程承包业务前期技术工作的角度，阐述了风力发电、光伏发电、生物质（秸秆、城市生活垃圾）发电、地热发电、氢能和多能互补等新能源国际工程承包项目前期技术工作的内容与实际操作，并有针对性地介绍了典型案例，把我的工作经验和教训公之于众，与同仁共享。其中，也包含着我与同事们成功的喜悦和失败的苦恼，记载了我与同事们团结、奋斗的脚步。尽管这些感悟和体会，在深度和广度上还很不成熟，却可以告诫同行和年轻人规避风险，做好工作，这恰恰也是本书的愿望。

由于本人水平有限，时间仓促，本书难免挂一漏万，乃至还会有谬误之处，诚请得到专家、学者及同行们的斧正。本书在编写的过程中得到了中国建筑工程总公司、中国机械设备工程股份有限公司及有关领导和同事们的支持与帮助。本书在编写过程中，左莹郁、齐飞承担了主要章节的编写、审核工作，林泓言、左莹晶、周鑫、安子睿、张洋洋、李春鹏、于秀荣、左军、毕然等同志也参加了部分章节的编写、整理、校对等工作。在此，一并致以衷心的感谢。

"雄关漫道真如铁，而今迈步从头越。"让我们牢记习近平主席在国内、国际重大会议中提出的"共建'一带一路'秉持共商共建共享合作原则，坚持开放、绿色、廉洁、合作理念，致力于高标准、惠民生、可持续的合作目标""推动实现更加强劲、绿色、健康的全球发展"，有力有序有效地推进"一带一路"项目的建设，为实现"第二个一百年"的奋斗目标、实现中华民族伟大复兴的"中国梦"作出新的贡献。

2022 年 4 月 8 日于北京

目　录

第1章 基本概念与基础知识

1.1 基本概念

1.1.1 "一带一路"新能源项目的定义

现阶段对"一带一路"项目还没有一个统一的定义。本书所称"一带一路"项目是指"丝绸之路经济带"和"21世纪海上丝绸之路"区域范围内65个国家和地区（表1-1）通过国际性公开招标、投标竞争等方式进行发包而取得工程项目承包权承建的国际工程项目。也就是说，"一带一路"项目是国际工程项目的组成部分。

1980年，联合国召开的"联合国新能源和可再生能源会议"对新能源定义为：以新技术和新材料为基础，使传统的可再生能源得到现代化的开发和利用，用取之不尽、周而复始的可再生能源取代资源有限、对环境有污染的化石能源，重点开发太阳能、风能、生物质能、潮汐能、地热能、氢能和核能等。

综上，我们不难理解，"一带一路"新能源项目是指在"丝绸之路经济带"和"21世纪海上丝绸之路"区域范围内，通过国际性公开招标、投标竞争等方式进行发包、承建的国际非化石能源建设工程项目。

应当特别指出的是：2021年9月21日国家主席习近平在第七十六届联合国大会上明确表示：中国将力争2030年前实现碳达峰、2060年前实现碳中和，这需要付出艰苦努力，但我们会全力以赴。中国将大力支持发展中国家能源绿色低碳发展，不再新建境外煤电项目。

另据中央财经大学绿色金融国际研究院发布的《2020年中国"一带一路"投资报告》：2020年我国对"一带一路"国家的能源投资重点首次转向了水力、太阳能、风能等可再生能源，其中，水力发电和太阳能发电的投资或融资比例达到了35%和23%。因此可以预见：全球传统能源（煤电）项目的融资和建造，未来将出现指数级下降，全球将进入一个以新能源发电为特征的时代。所以，新能源建设项目将越来越多，这也是本书编写的初衷。

"一带一路"沿线国家名单与官方语言一览表　　　　　　　　　　表 1-1

区域	国家数量	国家名称	官方语言
东南亚	10	东帝汶	德顿语、葡萄牙语
		菲律宾	菲律宾语、英语
		柬埔寨	柬埔寨语
		老挝	老挝语
		马来西亚	马来语

区域	国家数量	国家名称	官方语言
东南亚	10	缅甸	缅甸语
		文莱	马来语
		新加坡	马来语、华语、泰米尔语、英语
		印度尼西亚	印尼语
		越南	越南语
东亚	1	蒙古	蒙古语
南亚	7	巴基斯坦	乌尔都语
		不丹	宗卡语、英语
		马尔代夫	迪维希语
		孟加拉国	孟加拉语
		尼泊尔	尼泊尔语
		斯里兰卡	僧伽罗语、泰米尔语
		印度	印地语、英语
中亚	5	哈萨克斯坦	哈萨克语、俄语
		吉尔吉斯斯坦	俄语
		塔吉克斯坦	塔吉克语
		土库曼斯坦	土库曼语
		乌兹别克斯坦	乌兹别克语
西亚	20	阿富汗	波斯语、普什图语
		阿拉伯联合酋长国	阿拉伯语
		阿曼	阿拉伯语
		阿塞拜疆	阿塞拜疆语
		巴勒斯坦	阿拉伯语
		巴林	阿拉伯语
		格鲁吉亚	格鲁吉亚语
		卡塔尔	阿拉伯语
		科威特	阿拉伯语
		黎巴嫩	阿拉伯语
		塞浦路斯	希腊语、土耳其语
		沙特阿拉伯	阿拉伯语
		土耳其	土耳其语
		叙利亚	阿拉伯语
		亚美尼亚	亚美尼亚语
		也门	阿拉伯语
		伊拉克	阿拉伯语
		伊朗	波斯语
		以色列	希伯来语、阿拉伯语
		约旦	阿拉伯语

区域	国家数量	国家名称	官方语言
中东欧	16	阿尔巴尼亚	阿尔巴尼亚语
		爱沙尼亚	爱沙尼亚语
		保加利亚	保加利亚语
		波兰	波兰语
		波斯尼亚和黑塞哥维那	波斯尼亚语、克罗地亚语、塞尔维亚语
		黑山	黑山语
		捷克	捷克语
		克罗地亚	克罗地亚语
		拉脱维亚	拉脱维亚语
		立陶宛	立陶宛语
		罗马尼亚	罗马尼亚语
		马其顿	马其顿语
		塞尔维亚	塞尔维亚语
		斯洛伐克	斯洛伐克语
		斯洛文尼亚	斯洛文尼亚语
		匈牙利	匈牙利语
东欧	4	白俄罗斯	白俄罗斯语、俄语
		俄罗斯	俄语
		摩尔多瓦	罗马尼亚语
		乌克兰	乌克兰语
北非	1	埃及	阿拉伯语
总计		64 个国家	53 种官方语言

所以，国际工程界的惯例和做法，也适用于"一带一路"新能源建设项目。因此，本书所阐述的"一带一路"新能源项目前期开发的技术工作，同样也适用于国际工程项目前期开发的技术工作。

1.1.2　"一带一路"项目的特点

自 2013 年 9 月和 10 月国家主席习近平在出访中亚和东南亚国家期间，提出了共建"丝绸之路经济带"和"21 世纪海上丝绸之路"（简称一带一路）的倡议后，2015 年 3 月国家发展改革委、外交部、商务部联合发布了《推动共建丝绸之路经济带和 21 世纪海上丝绸之路的愿景与行动》，全面系统地提出了我国"走出去"的宏伟战略，完整地勾画出了中国经贸发展的蓝图。

根据商务部的统计资料，截至 2021 年 11 月底，中国已与 144 个国家、32 个国际组织签署了 200 余份共建"一带一路"合作文件，与斯里兰卡、菲律宾、巴基斯坦、泰国、印尼、尼泊尔等周边国家建立了"一带一路"政党共商机制，相关合作机制对"一带一路"建设的支撑和促进作用进一步增强。作为"一带一路"建设的标志性成果，基础设施互联互通扎实推进，截至 2021 年 9 月，中欧班列累计开行近 4.5 万列，运送货物 405.7 万标箱，打通了 73 条运行线路，通达欧洲 23 个国家的 174 个城市。以铁路、公路、航运、航空、管道、空间综合信息网络等为核心的全方位、多层次、复合型基础设施网络正在加快形成。仅 2021 年，我国企业在"一带一路"沿线对 57 个国家非金融类直接投资 1309.7 亿元人民币，同比增长 6.7%（折合 203 亿美元，同比增长 14.1%），占同期总额的 17.9%，较上年同期上升 1.7 个百分点。我国企业在"一带一路"沿线的 60 个国家新签对外承包工程项目合同 6257 份，新签合同额 8647.6 亿元人民币，同比下降 11.4%（折合 1340.4 亿美元，同比下降 5.2%），占同期我国对外承包工程新签合同额的 51.9%；完成营业额 5785.7 亿元人民币，同比下降 7.9%（折合 896.8 亿美元，同比下降 1.6%），占同期总额的 57.9%。

目前，我国企业已经连续多年在"一带一路"沿线的 60 个国家完成的对外工程承包额占我国同期国际工程承包额的 50% 以上。特别是随着"六大经济走廊"建设的稳步推进，交通能源领域的基础设施建设项目逐年提高。另外，从全球视野看，国际工程承包业务是一个跨行业、跨地域，具有多种业务模式的产业范畴。"一带一路"属于全球国际工程承包业务的一部分，而新能源项目又是"一带一路"项目中的重要领域，"一带一路"项目的主要特点，以及对承包商提出的一些新的要求见表 1-2。

"一带一路"项目的特点及对承包商的要求　　　　　　表 1-2

序号	特点	对承包商的要求
1	工程项目规模大型化、复杂化	业主越来越希望由一家大型总承包商来承担设计、采购和施工的全部责任。EPC、PMC（项目管理总承包）等一揽子交钥匙工程，BOT（建设—经营—转让）、PPP（公共部门与私人企业合作）等带资承包方式，成为国际大型工程项目广为采用的模式
2	技术标准要求越来越高，建设中使用的技术、规范等越来越精细化、多样化	承包商进入国际市场时，必须熟悉国际常用的各种标准、规范、规程，并使自己的施工技术和管理适应国际标准、规范和各种规程管理的要求。同时，也迫切要求承包商，一是要熟悉所进入国家和地区的工程建设标准、规范和各种规程；二是在业主进行项目前期决策阶段即介入工作，并投入较大力量，尽量使用工程项目上使用的标准、规范和各种规程
3	国际工程承包业分工体系不断深化，投资、融资能力已经成为承揽大型工程承包业务的关键	随着国际直接投资的增加、业主结构的变化，工程发包方式发生了重大变革，发包方越来越重视承包商提供综合服务的能力，带资承包已成为比较普遍的现象，项目融资呈现出不可阻挡的发展势头。据估算，当前带资承包项目占国际工程承包市场的 65%，这意味着承包商如果没有强有力的金融支持将很难有所作为，项目投资、融资能力逐渐成为承揽大型国际工程承包业务的关键因素
4	承发包方式发生变化，工作范围向工程项目业务链前后移动	越来越多的业主，对工程建设领域的要求越来越高，要求承包商提供贯穿建设项目全过程的服务，不仅要求承包商完成项目的建造，还要求承包商完成项目产品的创造和对产品的创造过程进行管理。也就是说，要求承包商承担项目前期策划阶段的咨询工作，或承担竣工后项目运行管理的任务。这种承发包方式与工作范围的变化使得承包商的角色和作用都在发生变化，承包商不仅要成为项目的投资者和资本的运营者，也要成为项目咨询服务的提供者

1.1.3 国际工程项目各个阶段的划分

由于在国际工程承包领域，其国际工程项目已经涵盖了新能源建设项目，所以我们在阐述"一带一路"新能源项目的前期工作内容之前，有必要重点介绍国际工程项目的定义以及国际工程项目各个阶段划分的方法。

（1）国际工程项目

国际工程项目是指参与的主体来自不同的国家，并且按照国际上通用的工程管理的理念、方式与方法（也称国际惯例）进行建设与管理的工程，即面向或通过国际性公开招标、投标竞争进行发包承建的工程项目。根据国际金融组织的规定及国际惯例，凡是利用国际金融组织的贷款、各国政府之间的赠款或优惠贷款作为建设资金的工程项目，都必须进行国际性的公开招标（或议标），通过公开的投标报价竞争，选定中标单位，并签订施工承包合同，从而使该国际工程项目进入工程实施阶段，并在中标单位（国际工程承包商）的努力下，完成工程施工与竣工验收任务，达到交付业主使用条件，实现正式的生产运营。

通常，我国将国际工程称为对外承包工程。对外承包工程是指依法取得中国政府批准的、具有对外承包工程资格的中国企业或其他单位，以投标、洽商或采取与境外企业以合资、合作等方式按照国际通行做法，在境外承揽和实施各类工程项目的经济活动。可见，国际工程项目是指一个建设工程项目的参与者（包括策划、咨询、设计、采购、施工、竣工验收、后期运营或物业管理等）或不止来自一个国家或国际组织，并按照国际惯例组织、实施工程建设与过程管理的工程项目。

（2）国际工程项目各个阶段的划分

对于工程项目，作为一项固定资产投资活动，都要涉及和经过从项目构思、项目可研、策划、设计、实施（施工建设）、试生产、竣工验收、移交、总结、运行或物业管理，直至终止的全过程。国际工程项目各个阶段的划分如图 1-1 所示。

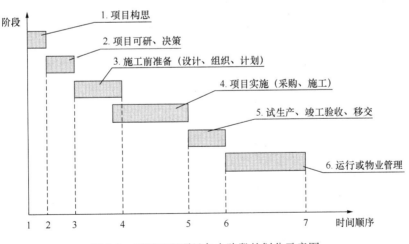

图 1-1 国际工程项目各个阶段的划分示意图

根据图 1-1，按时间顺序的节点描述如下：

①1—3 为项目前期策划阶段或称为项目决策阶段。其中：1—2 为项目构思、概念定

义的生成，2节点为项目建议书的提出；2—3为可行性研究与项目策划，完成概念设计，3节点为项目可研批准或计划任务书下达。

②3—4为项目施工准备阶段也称为项目建设准备阶段。其中：4节点为开工令下达。

③4—5为项目实施阶段。其中：设备采购提前介入。

④5—6为项目试生产及竣工验收、移交、总结阶段。其中：6节点为项目试生产及竣工验收合格、交付使用。

⑤6—7项目运行管理阶段。其中：房屋建筑项目进入物业管理阶段。

1.1.4 国际工程项目的承发包业务的模式

从表1-2可见，承包商以项目投资、融资为特征和以工程项目业务链前后移动为特征的国际工程承包方式，已经成为国际工程项目承接的主要途径和发展趋势。目前，国际工程总承包的方式和范围已经从传统的设计、施工总承包（DB），设计、采购总承包（EP），设计、采购、施工总承包（EPC）等模式，逐步发展成为融资、设计、采购、施工总承包（F+EPC），前期决策、设计、采购、施工总承包（D+EPC），融资、设计、采购、施工、运行管理或物业管理总承包（F+EPC+FM）以及建造、运营、转让总承包（BOT），建造、拥有、运营（BOO），建造、拥有、运营、转让总承包（BOOT），公共部门与私营企业合作（PPP）等形式。

随着国际工程业务的发展，工程投融资、特许经营等规则的不断完善，F+EPC或F+EPC+O、BT、BOT、PPP等承发包模式已经越来越多地被各国业主采用。因此，承发包模式的变化对于国际工程承包商的投融资能力、项目管理能力、资源整合能力都提出了越来越高的要求。所以，对于一个合格的国际工程承包商，在进入目标市场和开发、承接一个具体的工程项目前，必须根据自身的优势，审时度势地选择合理的、适合自身能力的承发包模式，作出正确的战略决策。表1-3是"一带一路"实施以来，采用统计与模糊数学评判方法，总结出的"一带一路"沿线地区常用的承发包模式。

"一带一路"沿线地区常用的承发包模式一览表 表1-3

地区名称	工程项目类型	承发包模式	备注
中东欧（产油国）	中、小型基础设施工程与房屋建筑或公共建筑工程	施工总承包	
	电力、能源、石化工程或大型基础设施工程	设计—建造/EPC总承包或F+EPC总承包	或采用F+EPC总承包+特许经营权模式
东南亚	中、小型基础设施工程与大型房屋建筑或公共建筑工程	施工总承包	
	大型基础设施工程与大型房屋建筑或公共建筑工程	设计—建造/EPC总承包或F+EPC总承包	或采用F+EPC总承包+特许经营权模式
	电力、能源、石化工程	设计—建造/EPC总承包或PPP模式	或采用F+EPC总承包+特许经营权模式
西欧、北欧	大型基础设施工程	PPP模式或特许经营权模式	或采用F+EPC总承包；或F+BT、F+BOT混合模式

另外，从国际工程项目的业务价值链的角度分析，项目决策阶段的工程咨询服务业务，项目建设准备阶段的工程规划设计、组织、计划与项目管理业务以及项目建成后的运行管理阶段的物业管理业务，均为技术密集和资金密集型工作，工程建设实施阶段中的施工承包、劳务分包则为劳动密集型工作。而项目决策阶段、建设准备阶段的利润率却大大高于工程建设实施阶段。

　　"一带一路"沿线多数国家均为发展中国家，国际工程承包市场发展趋势也呈现了如下特征：

　　(1) 资源开发和基础设施建设相结合；

　　(2) 资本运作能力成为关键竞争能力；

　　(3) 产业分工细化、竞争加剧；

　　(4) 承包商联合、兼并、重组盛行；

　　(5) 项目大型化、复杂化明显。

　　因此，许多业主迫切希望由一家大型总承包商来承担项目建设的全部责任。为了满足业主的需求，许多国际上知名的大型工程总承包企业的业务经营布局均涵盖了整个国际工程项目的业务链，并以咨询、服务性质的业务为龙头，以总承包的方式进行国际工程承包。国际工程承包和实施模式的发展，代表了当今国际工程市场中业务布局的发展趋势，也使工程建筑企业（或称承包商）的组织形态和项目实施的运作模式随之与时俱进，主要表现为：

　　(1) 承包商企业的职能发展逐步涵盖项目决策阶段的工作与管理（简称 DDB 形态）；

　　(2) 承包商企业承担设计、施工、运行管理或物业管理一体化服务（简称 DBFM 形态）；

　　(3) 承包商企业承担和提供融资、设计、采购、施工、运行管理或物业管理一体化服务（简称 FPDBFM 形态）；

　　(4) 承包商企业负责整个建设项目决策阶段和实施阶段的全部管理工作（简称 PM 形态）。

　　可见，国际工程总承包企业从事国际工程项目的咨询、服务，承担业主项目决策阶段的工作，不仅是为了满足业主的需求，更是企业业务发展与业务布局以及国际工程市场发展的要求。因此，本书所指的"一带一路"新能源项目前期开发的技术工作，就是从我国承包商企业的角度出发，阐述承包商企业所承接的国际新能源工程项目决策阶段的技术工作。

1.1.5　"一带一路"新能源项目的前期工作

　　"一带一路"新能源项目的前期工作与其他类别的国际工程承包项目一样，是从国际工程市场开发阶段开始的。其工作内容、工作程序与流程如图 1-2 所示。

　　从图 1-2 可见，国际工程承包项目市场开发阶段的工作是从商务与技术两个层面同时展开的。从商务的角度出发，国际工程承包项目市场开发阶段的主要工作是目标市场的选择以及目标市场的评价或评估，从而确定国际工程承包企业的市场定位和市场开发战略模式的选择，进而投入人力、财力和物力，在获取市场信息进行项目跟踪的同时，制定和实施市场进入策略、投标策略、市场宣传策略、营销与推广策略。在国际工程承包项目市场开发阶段，技术工作从市场项目信息甄别、调查研究开始就全面展开，对项目信息中的所有技术信息进行甄别评价，从而为项目的（技术、商务）评审提供依据，并通过对项目信

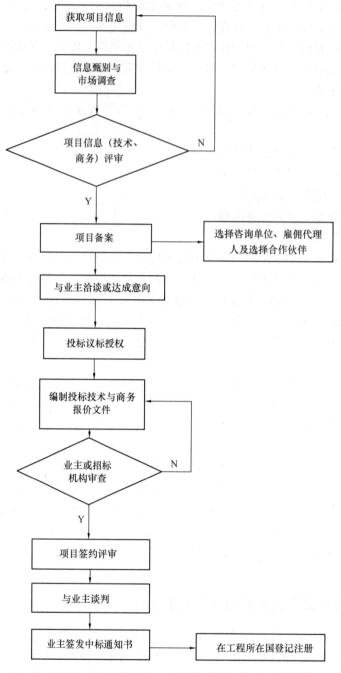

图 1-2　国际工程承包项目市场开发的工作内容、程序与流程图

息及企业内外条件、机会进行分析，做出企业项目立项决策。因此，国际工程项目的技术与商务评审是国际工程承包商在市场开发阶段立项决策的核心。

另外，我国政府规定了对外工程承包项目的备案制度，当承包商企业在国际工程承包项目立项决策后，需按照我国商务部和中国对外承包商会的有关规定，进行对外承包工程项目投标、议标申报和备案。

　　根据上述国际工程承包项目市场开发的工作内容、程序与流程，本书所阐述的"一带一路"新能源项目前期的技术工作，是按照国际工程项目各个阶段的划分内容，重点阐述国际工程承包项目前期策划阶段或称为项目决策阶段的技术工作，主要包括国际工程项目的构思、概念与定义的生成；项目建议书的提出；可行性研究与项目策划、概念设计或规划设计完成；可行性研究报告获得批准；与业主签署国际工程承包合同在内的所有技术工作。

1.2　基础知识

1.2.1　标准的概念

　　（1）标准的定义

　　按照我国《标准化工作指南　第 1 部分：标准化和相关活动的通用术语》GB/T 20000.1—2014，对标准的定义是：为了在一定范围内获得最佳秩序，经协商一致制定并由公认机构批准，共同使用的和重复使用的一种规范性文件。

　　（2）标准的分类

　　标准的制定和类型按使用范围划分有国际标准、区域标准、国家标准、专业标准、地方标准、企业标准；按内容划分有基础标准（一般包括名词术语、符号、代号、机械制图、公差与配合等）、产品标准、辅助产品标准（工具、模具、量具、夹具等）、原材料标准、方法标准（包括工艺要求、过程、要素、工艺说明等）；按成熟程度划分有法定标准、推荐标准、试行标准、标准草案。

　　（3）标准的制定

　　国际标准由国际标准化组织（ISO）理事会审查，ISO 理事会接纳国际标准并由中央秘书处颁布；中国国家标准由国务院标准化行政主管部门制定，行业标准由国务院有关行政主管部门制定，企业生产的产品没有国家标准和行业标准的，应当制定企业标准，作为组织生产的依据，并报有关部门备案。法律对标准的制定另有规定，依照法律的规定执行。制定标准应当有利于合理利用国家资源，推广科学技术成果，提高经济效益，保障安全和人民身体健康，保护消费者的利益，保护环境，有利于产品的通用互换及标准的协调配套等。

1.2.2　国际标准与国际工程常用标准、规范体系

　　（1）国际标准机构（表 1-4～表 1-7）

国际标准的定义与内容　　　　　　　　　　　　　　　　表 1-4

定义与内容	ISO/IEC 指南 2	中国国家质量监督检验检疫总局于 2001 年 12 月 4 日实施的《采用国际标准管理办法》
对定义的描述	国际标准化（标准）组织正式表决批准的并且可公开提供的标准	国际标准是指国际标准化组织（ISO）、国际电工委员会（IEC）和国际电信联盟（ITU）制定的标准，以及国际标准化组织确认并公布的其他国际组织制定的标准
国际标准的内容		1. 由 ISO、IEC、ITU 这三大国际标准化组织制定的标准，分别称为国际标准化组织（ISO）标准、国际电工委员会（IEC）标准和国际电信联盟（ITU）标准； 2. ISO 认可并在 ISO 标准目录上公布的其他国际组织制定的标准； 3. ISO 公布的 40 多个国际组织制定的部分标准视为国际标准

国际标准的表现形式与划分　　　　　　　　　　　　　　　表 1-5

序号	划分的方法	ISO 国际标准类文件	IEC 国际标准类文件	备注
1	按标准的表现形式划分	ISO 标准共分为 6 类：国际标准、可公开提供的技术规范（PAS）、技术规范（TS）、技术报告（TR）、工业技术协议（ITA）和指南（GUIDE）	IEC 标准共分为 6 类：国际标准、可公开提供的技术规范（PAS）、技术规范（TS）、技术报告（TR）、工业技术协议（ITA）和指南（GUIDE）	ISO、IEC 按标准的表现形式划分，两者相同。国际标准类文件共分为 6 类
2	按标准的专业领域划分	ISO 标准共分为 9 类：通用、基础和科学标准；卫生、安全和环境标准；工程技术标准；电子、信息技术和电信标准；货物的运输和分配标准；农业和食品技术标准；材料技术标准；建筑标准；特种技术标准	IEC 标准共分为 8 类：基础标准；原材料标准；一般安全、安装和操作标准；测量、控制和一般测试标准；电力的产生和利用标准；电力的传输和分配标准；电信和电子元件及组件标准；电信、电子系统和设备及信息技术标准	ISO、IEC 按标准的专业领域划分，两者不同。其中：ISO 标准共分为 9 类；IEC 标准共分为 8 类

国际标准机构简介　　　　　　　　　　　　　　　表 1-6

序号	名称与英文缩写	标准代号	机构简介
1	国际标准化组织（ISO）（英文名称：International Organization for Standardization）	ISO	国际标准化组织（ISO）是目前世界上最大、最有权威性的国际标准化专门机构。1946 年 10 月 14 日至 26 日，中、英、美、法、苏等 25 个国家的 64 名代表集会于伦敦，正式表决通过建立国际标准化组织。1947 年 2 月 23 日，ISO 章程得到 15 个国家标准化机构的认可，国际标准化组织宣告正式成立。参加 1946 年 10 月 14 日伦敦会议的 25 个国家，为 ISO 的创始人。ISO 是联合国经社理事会的甲级咨询组织和贸发理事会综合级（即最高级）咨询组织。此外，ISO 还与 600 多个国际组织保持着协作关系。国际标准化组织的目的和宗旨是："在世界上促进标准化及其相关活动的发展，以便于商品和服务的国际交换，在智力、科学、技术和经济领域开展合作。"其主要活动是制定国际标准，协调世界范围的标准化工作，组织各成员国和技术委员会进行情报交流，以及与其他国际组织进行合作，共同研究有关标准化问题。 　　ISO 的主要功能是为人们制订国际标准达成一致意见提供一种机制。其主要机构及运作规则都在一份名为《ISO/IEC 技术工作导则》的文件中予以规定。 　　按照 ISO 章程，其成员分为团体成员和通信成员。团体成员是指最有代表性的全国标准化机构，且每一个国家只能有一个机构代表其国家参加 ISO。通信成员是指尚未建立全国标准化机构的发展中国家（或地区）。通信成员不参加 ISO 技术工作，但可了解 ISO 的工作进展情况，经过若干年后，待条件成熟，可转为团体成员。ISO 的工作语言是英语、法语和俄语，总部设在瑞士日内瓦。 　　ISO 通过其设有的 2856 个技术机构开展技术活动，其中技术委员会（TC）共 255 个，分技术委员会（SC）共 611 个，工作组（WG）2022 个，特别工作组 38 个。截至 2006 年，ISO 共有 157 个成员，其中：正式成员 103 个，通信成员 45 个，注册成员 9 个。截至 2000 年 12 月底，ISO 已制定了 13025 个国际标准。1978 年 9 月 1 日，我国以中国标准化协会（CAS）的名义重新进入 ISO，并在 1982 年 9 月当选并连任理事国（1983—1994 年）。1985 年和 1989 年，分别改由国家标准局和国家技术监督局参加。2001 年起，在 ISO 代表中华人民共和国会籍的会员机构是国家标准化管理委员会。 　　中国现在是 ISO 145 个技术委员会和 356 个分委员会的积极（P）成员，是 49 个技术委员会和 238 个分委员会的观察（O）成员。我国目前还承担了 ISO 的一个技术委员会和五个分委员会的秘书处工作。中国曾任 ISO 理事会、技术管理局成员。1999 年 10 月，我国在北京承办了 ISO 第 22 届大会。 　　中国还是 ISO/DEVCO（发展中国家事务委员会）、CASCO（合格评定委员会）、INFCO（信息系统和服务委员会）、COPOLCO（消费者政策委员会）和 REMCO（标准样品委员会）等几个专门政策委员会的成员。同时也是 PASC（太平洋地区标准大会）、APEC（亚太经济合作组织）、IAF（国际认可论坛）等国际或区域组织的积极成员

序号	名称与英文缩写	标准代号	机构简介
2	国际电工委员会（IEC）（英文名称：International Electrotechnical Commission）	IEC	国际电工委员会（IEC）成立于1906年，至今已有110多年的历史。它是世界上成立最早的国际性电工标准化机构，负责有关电气工程和电子工程领域中的国际标准化工作。 　　IEC的宗旨是，促进电气、电子工程领域中标准化及有关问题的国际合作，增进国与国之间的相互了解。为实现这一目的，IEC出版包括国际标准在内的各种出版物，并希望各成员在本国条件允许的情况下，在本国的标准化工作中使用这些标准。近20年来，IEC的工作领域和组织规模均有了相当大的发展。 　　截至2006年9月，IEC共有67个正式成员，其中，全权成员51个，协作成员16个。此外，还有70个参与"联合国家计划"成员（也称联络成员），从而使成员总数达到137个。 　　目前IEC的工作领域已由单纯研究电气设备、电机的名词术语和功率等问题扩展到电子、电力、微电子及其应用、通信、视听、机器人、信息技术、新型医疗器械和核仪表等电工技术的各个方面。IEC标准已涉及了世界市场中的35%的产品，预计到21世纪末，这个数字可达50%。 　　IEC标准的权威性是世界公认的。IEC每年要在世界各地召开一百多次国际标准会议，世界各国的近10万名专家参与IEC的标准制订、修订工作。 　　IEC已经有技术委员会（TC）100个，分技术委员会（SC）107个。IEC标准在迅速增加，1963年只有120个标准，截至2018年12月底，IEC已制定发布了10771个国际标准。 　　中国于1957年参加IEC，1988年起改为以国家技术监督局的名义参加IEC的工作，当前是以中国国家标准化管理委员会的名义参加IEC的工作。中国是IEC的99%以上的技术委员会、分委员会的P成员。如今，我国是IEC理事局（CB）、标准化管理局（SMB）、合格评定局（CAB）的常任成员。1990年和2002年我国两次在北京承办了IEC第54届、第66届年会。2011年10月28日，在澳大利亚召开的第75届国际电工委员会（IEC）理事大会上，正式通过了中国成为IEC常任理事国的决议。当前IEC常任理事国为中国、法国、德国、日本、英国、美国。 　　2019年10月21日第83届IEC大会在上海开幕，国家主席习近平向大会致贺信，国务委员王勇出席开幕式并致辞
3	国际电信联盟（ITU）（英文名称：International Telecommunication Union）	ITU	国际电信联盟（ITU）是联合国的一个专门机构，也是联合国机构中历史最长的一个国际组织，简称"国际电联"或"电联"。该国际组织成立于1865年5月17日，是由法、德、俄等20个国家在巴黎会议为了顺利实现国际电报通信而成立的国际组织，定名为"国际电报联盟"。 　　1932年，70个国家代表在西班牙马德里召开会议，决议把"国际电报联盟"改写为"国际电信联盟"，这个名称一直沿用至今。 　　1947年在美国大西洋城召开国际电信联盟会议，经联合国同意，国际电信联盟成为联合国的一个专门机构，总部由瑞士伯尔尼迁至日内瓦。另外，还成立了国际频率登记委员会（IFRB）。 　　1972年12月，国际电信联盟在日内瓦召开了全权代表大会，通过了国际电信联盟的改革方案，国际电信联盟的实质性工作由三大部门承担，它们是：国际电信联盟电信标准化部（ITU-T）、国际电信联盟无线电通信部（ITU-R）和国际电信联盟电信发展部（ITU-D）。其中电信标准化部门由原来的国际电报电话咨询委员会（CCITT）和国际无线电咨询委员会（CCIR）的标准化工作部门合并而成，主要职责是完成国际电信联盟有关电信标准化的目标、使全世界的电信标准化。管理国际无线电频谱和卫星轨道资源是国际电联无线电通信部门（ITU-R）的核心工作。 　　我国于1920年加入了国际电报联盟，1932年派代表参加了马德里国际电信联盟全权代表大会，1947年在美国大西洋城召开的全权代表大会上被选为行政理事会的理事国和国际频率登记委员会委员。中华人民共和国成立后，我国的合法席位一度被非法剥夺。1972年5月30日在国际电信联盟第27届行政理事会上，正式恢复了我国在国际电信联盟的合法权利和席位。截至2018年3月国际电信联盟共有193个成员国，我国由工业和信息化部派出常驻代表参加国际电信联盟的各项活动

国际标准化组织（ISO）确认并公布的其他国际标准组织　　表 1-7

序号	标准代号	名称及英文缩写	序号	标准代号	名称及英文缩写
1	BIPM	国际计量局（BIPM）	21	IGU	国际煤气工业联合会（IGU）
2	BISFA	国际人造纤维标准化局（BISFA）	22	IIR/IIF	国际制冷学会（IIR/IIF）
3	CAC	食品法典委员会（CAC）	23	ILO	国际劳工组织（ILO）
4	CCSDS	空间数据系统咨询委员会（CCSDS）	24	IMO	国际海事组织（IMO）
5	CIB	国际建筑结构研究与改革委员会（CIB）	25	ISTA	国际种子检验协会（ISTA）
6	CIE	国际照明委员会（CIE）	26	ITU	国际电信联盟（ITU）
7	CIMAC	国际内燃机理事会（CIMAC）	27	IUPAC	国际理论与应用化学联合会（IUPAC）
8	FDI	国际牙科联合会（FDI）	28	IWTO	国际毛纺组织（IWTO）
9	FID	国际信息与文献联合会（FID）	29	OIE	国际兽医局（OIE）
10	IAEA	国际原子能机构（IAEA）	30	OIML	国际法制计量组织（OIML）
11	IAEA	国际航空运输协会（IATA）	31	OIV	国际葡萄与葡萄酒局（OIV）
12	ICAO	国际民航组织（ICAO）	32	RILEM	国际材料与结构研究实验联合会（RILEM）
13	ICC	国际谷类加工食品科学技术协会（ICC）	33	TraFIX	贸易信息交流促进委员会（TraFIX）
14	ICID	国际排灌委员会（ICID）	34	UIC	国际铁路联盟（UIC）
15	ICRP	国际辐射防护委员会（ICRP）	35	UN/CEFACT	联合国贸易便利化与电子业务中心（UN/CEFACT）
16	ICRU	国际辐射单位与测量委员会（ICRU）	36	UNESCO	联合国教科文组织（UNESCO）
17	IDF	国际乳品业联合会（IDF）	37	WCO	国际海关组织（WCO）
18	IETF	因特网工程任务组（IETF）	38	WHO	世界卫生组织（WHO）
19	IFLA	国际图书馆协会联合会（IFLA）	39	WIPO	世界知识产权组织（WIPO）
20	IFOAM	国际有机农业运动联合会（IFOAM）	40	WMO	世界气象组织（WMO）

（2）国际工程常用标准、规范体系

国际工程标准、规范常用体系包括国际标准、区域标准、国家标准、行业标准或专业标准和企业标准等。在国际工程项目中常用的标准、规范除国际标准外，主要有美国标准体系、英国标准体系和欧洲标准体系。其中：美国试验与材料协会（ASTM）标准、美国混凝土协会（ACI）标准在土木建筑、房屋建筑类的工程项目中是比较常见的。而在工业建筑、电力与能源类等工程项目中，则经常涉及美国机械工程师协会（ASME）标准（表1-8～表1-10）。

美国、英国、欧洲标准体系简介 表 1-8

序号	国家标准名称	简介
1	美国标准体系	美国有近 400 个专业机构和学会、协会团体制定和发布各自专业领域的标准，而统一协调和管理各团体机构的标准化组织是美国标准学会。该学会是非营利性质的民间标准化团体，负责协调并指导全国的标准化活动，给制定、研究和使用单位以帮助，提供国内外标准化信息，是联邦政府和民间标准化系统之间的桥梁与纽带
2	英国标准体系	英国标准学会负责英国标准的制定，该组织是世界上最早设立的国家标准化机构，它设有 300 多个技术委员会和分委员会。英国标准在世界上有较大的影响，在世界上许多国家和地区得到广泛的使用
3	欧洲标准体系	欧洲标准主要以法国标准与规范为基础，结合欧盟各国的标准与规范体系组成演变而成

部分国家标准组织及标准代号 表 1-9

代号	标准名称	代号	标准名称
ANSI	美国国家标准	FDA	美国食品与药物管理局标准
API	美国石油学会标准	JIS	日本工业标准
ASME	美国机械工程师协会标准	NF	法国国家标准
ASTM	美国试验与材料协会标准	SAE	美国汽车工程师协会标准
IEEE	美国电子电气工程师学会标准	NFPA	美国全国防火协会标准
IPC	美国印刷电路学会标准	ACI	美国混凝土协会标准
BS	英国国家标准	TIA	美国电信工业协会标准
DIN	德国国家标准	VDE	德国电气工程师协会标准

ASTM 标准、ACI 标准、ASME 标准的类型、内容一览表 表 1-10

名称	简介	标准的内容
美国试验与材料协会（ASTM）标准	美国试验与材料协会（ASTM）主要制定材料、产品、系统、服务等领域的特性和性能标准、试验方法和程序标准。该协会的标准制定工作是由该协会中的 132 个技术委员会和下设的 2004 个分技术委员会完成的	ASTM 标准主要分为六种类型，内容包括标准试验方法、标准规范、标准惯例、标准术语、标准指南、标准分类。ASTM 标准体系的资料主要有技术规范、指南、试验方法、分类法、标准实践、术语、定义
美国混凝土协会（ACI）标准	美国混凝土协会（ACI）主要制定混凝土结构的设计、施工、养护、维护的标准和规范	ACI 标准主要包括操作指南、规范、法规等 400 多份技术文件和报告

续表

名称	简介	标准的内容
美国机械工程师协会（ASME）标准	美国机械工程师协会（ASME）成立于1880年，领导了全世界机械标准的发展，制定了从最初的螺纹标准到现在覆盖工业、机械行业、制造业等众多标准	ASME标准拥有工业、机械、制造行业的600多项标准。这些标准已经被世界上90多个国家采用，特别是电力能源、石油管道、压力容器等类工程项目，得到普遍采用

1.2.3 中国国家标准及行业标准

1）中国国家标准

我国国家标准的代号由大写汉语拼音首字母构成。其中：

强制性国家标准的代号为"GB"，推荐性国家标准的代号为"GB/T"。

国家标准的编号由国家标准的代号、国家标准发布的顺序号和国家标准发布的年号（即发布年份的后两位数字）构成（表1-11）。示例：

GB ×××××—××

GB/T ×××××—××

中国国家标准代号　　　　　　　　　　　　　　　表 1-11

标准代号	标准名称	标准代号	标准名称
GB	强制性国家标准	GHZB	国家环境质量标准
GB/T	推荐性国家标准	GWKB	国家污染物控制标准
GBn	国家内部标准	GWPB	国家污染物排放标准
GBJ	工程建设标准	JJF	国家计量技术规范
GJB	国家军用标准	JJG	国家计量检定规程

2）行业标准

我国行业标准分为强制性标准和推荐性标准。行业标准的编号由行业标准代号、标准顺序号及年号组成（表1-12）。

（1）强制性行业标准编号

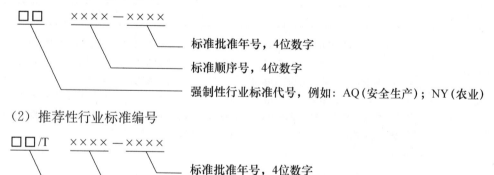

□□ ××××—××××

　　　　标准批准年号，4位数字

　　　　标准顺序号，4位数字

　　　　强制性行业标准代号，例如：AQ（安全生产）；NY（农业）

（2）推荐性行业标准编号

□□/T ××××—××××

　　　　标准批准年号，4位数字

　　　　标准顺序号，4位数字

　　　　推荐性行业标准代号，例如：AQ（安全生产）；NY（农业）

中国国家行业标准代号 表1-12

代号	标准名称	代号	标准名称	代号	标准名称
AQ	安全生产行业标准	JC	建材行业标准	SL	水利工程行业标准
BB	包装行业标准	JG	建筑工业行业标准	SN	商检行业标准
CB	船舶行业标准	JR	金融行业标准	SY	石油天然气行业标准
CH	测绘行业标准	JT	交通行业标准	TB	铁道行业标准
CJ	城镇建设行业标准	JY	教育行业标准	TD	土地管理行业标准
CY	新闻出版行业标准	LB	旅游行业标准	TY	体育行业标准
DA	档案行业标准	LD	劳动和劳动安全行业标准	WB	物资管理行业标准
DB	地震行业标准	LS	粮食行业标准	WH	文化行业标准
DL	电力行业标准	LY	林业行业标准	WJ	民工民品行业标准
DZ	地质矿产行业标准	MH	民用航空行业标准	WM	外经贸行业标准
EJ	核工业行业标准	MT	煤炭行业标准	WS	卫生行业标准
FZ	纺织行业标准	MZ	民政行业标准	WW	文物行业标准
GA	公共安全行业标准	NY	农业行业标准	XB	稀土行业标准
GH	供销合作行业标准	QB	轻工业行业标准	YB	黑色冶金行业标准
GY	广播电影电视行业标准	QC	汽车行业标准	YC	烟草行业标准
HB	航空行业标准	QJ	航天行业标准	YD	通信行业标准
HG	化工行业标准	QX	气象行业标准	YS	有色冶金行业标准
HJ	环境保护行业标准	SB	商业行业标准	YY	医药行业标准
HS	海关行业标准	SC	水产行业标准	YZ	邮政行业标准
HY	海洋行业标准	SH	石油化工行业标准	ZY	中医药行业标准
JB	机械行业标准	SJ	电子行业标准		

3）中国国家标准采用国际标准的程度与对应关系

采用国际标准的我国标准，分为等同采用、修改采用。一般在编制说明中，都比较详细地说明采用该标准的目的、意义，标准的水平，我国标准同被采用的国际标准的主要差异及其原因等。我国标准与国际标准的对应关系除等同、修改外，还包括非等效。非等效不属于采用国际标准，只表明我国标准与相应国际标准有对应关系。非等效指与相应国际标准在技术内容和文本结构上不同，它们之间的差异没有被清楚地标明。非等效还包括在我国标准中只保留了少量或者不重要的国际标准条款的情况（表1-13）。

中国国家标准采用国际标准的程度与对应关系 表1-13

程度代号	对应关系名称	定义	表示方法
IDT	等同采用 (identical)	等同采用是采用国际标准的基本方法之一，指我国标准与国际标准在技术内容和文本结构上相同，或者与国际标准在技术内容上相同，只存在少量编辑性修改	等同采用国际标准的我国标准采用双编号的表示方法。 例：GB ×××××—××××/ ISO ×××××:××××

程度代号	对应关系名称	定义	表示方法
MOD	修改采用 （modified）	修改采用是采用国际标准的基本方法之一，指我国标准与国际标准之间存在技术性差异，并清楚地标明这些差异以及解释其产生的原因，允许包含编辑性修改。修改采用不包括只保留国际标准中少量或者不重要的条款的情况。修改采用时，我国标准与国际标准在文本结构上应当对应，只有在不影响与国际标准的内容和文本结构进行比较的情况下才允许改变文本结构	修改采用国际标准的我国标准，只使用我国标准编号。 例：GB ××××—×××× （MOD ISO ××××—××××）
NEQ	非等效 （not equivalent）	我国标准与国际标准的对应关系除等同、修改外还包括非等效。非等效不属于采用国际标准，只表明我国标准与相应国际标准有对应关系。非等效是指与相应国际标准在技术内容和文本结构上不同，它们之间的差异没有被清楚地标明。非等效还包括在我国标准中只保留了少量或者不重要的国际标准条款的情况	非等效采用：NEQ（not equivalent） 例：GB ××××—×××× （NEQ ISO ××××—××××）

注：三种采用程度在我国国家标准封面和首页上表示。在国际工程承包业务中，通常所说的标准是指工程建设标准。

1.2.4 世界气候带与气候类型

在工程建设领域中，气候与工程设计、材料的选择以及工程工期密切相关。所以在国际工程项目前期开发工作中，必须了解项目所在国、所在地的气候情况。通常，国际上按气候带分为三类。其中：Ⅰ类：包括热带、亚热带；Ⅱ类：包括温带；Ⅲ类：包括亚寒带、寒带（通常主要是指高原气候和山地气候）。世界气候带与气候类型详见表1-14。

世界气候带与气候类型一览表　　　　　　　　　表1-14

气候带	纬度	气候类型	分布地区	气候特点
热带	大致在南北纬30°之间	热带雨林气候	大致在南北纬10°之间，主要位于非洲刚果河流域，南美亚马孙河流域，亚洲印度尼西亚等地	处在赤道低压带控制下，盛行赤道气团，高温多雨。全年皆夏，年平均气温在26℃左右；年降水量大多在2000mm以上，且全年分配比较均匀
		热带草原气候	大致在南北纬10°至南北回归线之间，如非洲中部大部分地区，澳大利亚大陆北部和东部，南美巴西等地	处在赤道低压带和信风带交替控制地区，干季湿季明显交替。当赤道低压带控制时，盛行赤道气团，形成闷热多雨的湿季；当信风控制时，盛行热带大陆气团，形成干旱少雨的干季。全年降水量为750～1000mm

续表

气候带	纬度	气候类型	分布地区	气候特点
热带	大致在南北纬30°之间	热带季风气候	大致在南北纬10°至南北回归线之间的大陆东岸,以亚洲中南半岛、印度半岛最为显著	一年中风向随季节转变非常明显。夏季风来临时,赤道气团带来大量降水;冬季风来临时,降水明显减少。全年气温高,年平均气温在20℃以上,年降水量为1500～2000mm
		热带沙漠气候	大致在南北回归线至南北纬30°之间的大陆内部和西岸,如非洲北部大沙漠区、亚洲阿拉伯半岛和澳大利亚大沙漠区	在副热带高压带或信风带控制下,盛行热带大陆气团,常年干旱少雨,年降水量不足125mm。日照强烈,气温极高
亚热带	大致在南纬或北纬30°～40°	亚热带季风气候和季风性湿润气候	主要位于大陆东岸,如我国秦岭-淮河以南,北美大陆,南美大陆和澳大利亚大陆东南部等地	亚热带季风气候夏热冬温,季节变化明显,盛行夏季风时,热带海洋气团带来大量降雨;盛行冬季风时,受极地大陆气团影响,降雨减少。季风性湿润气候冬夏温差较小,一年中降水分配也较均匀
		地中海气候	主要位于大陆西岸,如地中海沿岸,南北纬度30°～40°之间的大陆西岸,澳大利亚大陆和非洲大陆西南角等地	就北半球而言,夏季因副热带高压带北移控制这里,受热带大陆气团影响,干旱炎热;冬季受西风带控制,多气旋活动,暖湿多雨。年降水量为300～1000mm
温带	大致在南纬或北纬40°～60°	温带季风气候	主要分布于亚洲大陆东部,如我国华北、东北,俄罗斯远东地区,日本和朝鲜半岛	冬夏季风向明显交替。冬季风时,受极地大陆气团控制,寒冷干燥;夏季风时,受极地海洋气团影响,暖热多雨。年降水量为500～600mm
		温带大陆性气候	主要分布于亚欧大陆和北美大陆的内陆地区	终年受大陆气团控制,干旱少雨。冬季严寒,夏季炎热,气温年变化很大
		温带海洋性气候	主要分布在西欧、北美和南美大陆西海岸狭长地带	终年盛行西风,受海洋气团影响,终年湿润,冬雨较多。冬不冷夏不热,气温年变化较小。年降水量一般为700～1000mm
亚寒带	南北极圈附近	亚寒带大陆性气候	主要分布在欧洲、亚洲大陆和北美大陆的北部	主要受极地大陆气团和极地海洋气团控制。冬季漫长而严寒,暖季短促;降水量少,而且集中在夏季
寒带	极地附近	苔原气候	主要分布在亚欧大陆和北美大陆的北冰洋沿岸	全年严寒,皆为冬季。最热月气温仅达1～5℃。降水少,多云雾,蒸发极弱

气候带	纬度	气候类型	分布地区	气候特点
寒带	极地附近	冰原气候	主要分布于南极大陆和格陵兰内陆地区	全年酷寒，各月气温皆在0℃以下，是全球年平均气温最低的地区。南极大陆年均气温为−29～−35℃，北极地区在−22℃以下
		高原气候和山地气候	主要分布在高大的山地、高原地区，如青藏高原、南美安第斯山等	随着高度增加，气候垂直变化非常明显。如气温随高度增加而降低；日照强，风力也大

1.2.5 国际工程项目设计深度与转换

1. 国际工程项目设计阶段的划分与设计深度

国际工程项目的设计阶段划分与我国国家规定的划分略有不同，按照《建筑工程设计文件编制深度规定》，我国将工程设计分为方案设计、初步设计和施工图设计三个阶段，对于比较复杂的大型工程项目，也可在初步设计完成后，加入扩初设计阶段。

英国皇家建筑师协会将工程设计划分为设计描述、概念设计、详细设计、技术设计四个阶段。

但是，以英国、美国设计管理体系为主的国家，通常把一个具体的工程项目设计划分为概念设计（相当于我国的方案设计）、基本设计（类似于英国的详细设计，相当于我国初步设计，其深度相当于我国的扩初设计）、施工图设计（类似于英国皇家建筑师协会的详细设计，相当于我国的施工图设计）和深化设计（类似于英国皇家建筑师协会的技术设计；在我国只有智能建筑专业实施深化设计）。表1-15分别对我国工程项目设计阶段的划分、设计深度与国际常用的设计阶段划分、设计深度作出了比较。

国内外工程项目设计阶段划分及设计深度比较表 表1-15

国际上常用的做法		中国的规定	
设计阶段	设计深度与成果	设计阶段	设计深度与成果
概念设计	1. 方案设计图纸； 2. 功能配置； 3. 文字描述	方案设计	1. 规划总平面布置图及建筑设计图纸（平、立、剖面图）； 2. 透视图、鸟瞰图及建筑模型等； 3. 各专业设计说明； 4. 投资估算
基本设计	1. 各专业图纸； 2. 建筑平面、立面、剖面图； 3. 初步计算书和构件图； 4. 技术说明； 5. 完成建筑许可或建筑报批（设计深度高于我国的初步设计）	初步设计	1. 设计总说明及各个专业说明； 2. 各专业设计图； 3. 主要材料与设备明细表； 4. 工程概算书； 5. 各个专业计算书

续表

国际上常用的做法		中国的规定	
设计阶段	设计深度与成果	设计阶段	设计深度与成果
施工图设计	1. 各个专业设计图； 2. 确定了设备与材料； 3. 设计说明比较详细； 4. 明确了施工工艺与施工方法	施工图设计	1. 各个专业详细设计图纸； 2. 材料与设备表； 3. 各专业计算书； 4. 施工图预算书
深化设计	1. 构配件加工图和安装图； 2. 管线细部节点图及交界面处理图等； 3. 详细的施工方法、顺序及材料信息 （深化设计工作在项目实施阶段以加工、安装、施工单位为主）	深化设计	

另外，在国际工程中，对于电力、能源、水利等项目，在项目决策、正式立项之前，均需要由咨询机构或总承包商完成项目的可行性研究报告；有的还需要在立项后，由咨询机构或总承包商提交项目的设计描述（或称设计大纲）。

在国际工程项目中，特别是在业主负责的工程设计中所提供给承包商的施工图，其设计深度远远不能满足施工总承包模式下指导现场施工的需要，承包商必须配备比较完整的设计团队，在建设准备阶段完善和深化施工图设计或者在施工建设阶段一边施工，一边完善和深化设计，一边履行报批。这种由工程师主持的对深化设计图纸的审查、批准，是国际工程项目管理程序中比较严格的制度，承包商只有在完成各项或某一项深化设计图纸审批的情况下，才能进行现场施工或某一工序的施工。而对于 EPC 总承包项目，只有在完成全部施工图设计，获得业主或工程师批准，取得项目所在国或所在地政府主管部门颁发的施工许可后，才能开始和进行施工建设。

2. 国际工程项目的设计转换

在国际工程 EPC 总承包项目中，由于项目所在国家或业主的强制性规定与要求，项目总承包商向业主提供的设计文件，需要满足项目所在国家的标准和规范。为了使设计文件能通过项目所在国当地相关部门的设计审查和批准，并满足工程施工的要求，在不改变设计功能的前提下，依据相应的标准和规范，需要对国内设计单位完成的设计文件进行复核、修改、完善的过程与工作，即为国际工程项目的设计转换。

1）设计转换的目的

对于一个具体的国际工程承包项目，我国承包商通常会选择国内的设计单位、设备厂家、施工和调试单位作为分包或采购对象。如果不能完全掌握、执行国际标准规范，或是对工程项目所在国强制性标准、规范规定缺乏了解，是无法完成设计工作的。另外，我国国内设计分包单位往往是依照中国的技术标准、规范，以及设备材料和施工工艺水平进行工程项目的设计，其完成的设计文件，极大可能无法满足项目所在国主管部门或业主的最终审批和开工的要求。

因此，国际工程承包项目工程设计转换的主体是设计分包单位，其设计转换的最终目标是通过相应的技术措施，使设计文件满足项目所在国家主管部门或业主的要求，保证设计文件能够合规地应用于工程所在国的项目施工。

2）设计转换的范围

在国际工程中，需要进行设计转换的范围取决于总承包合同和工程实施方式的具体要求，原则上，只要是有要求、有差异的设计文件就需要进行设计转换。例如：涉及当地标准、规范或材料采购的要求，许多土建工程设计都需要进行设计转换。而如果采用中国国产的设备或由国内安装单位进行设备安装，往往就不用考虑进行设计转换。

3）设计转换的类别

根据工程实际情况，设计转换包括以下一项或几项工作：

（1）因缺乏工程所在国家的设计资质，聘请当地咨询公司对设计文件进行审核、修改，以得到具有资质的咨询公司的签字或盖章认可；

（2）因设计标准和规范的差异，聘请咨询公司对设计过程进行指导，并复核计算结果和设计文件是否满足国际或当地标准和规范的要求；

（3）因设备材料当地采购的要求，选用工程所在国家的设备规格、材料标号，例如消防设施、钢结构材料、水泥标号等，在设计中进行针对性计算和替换工作；

（4）因工程需要或语言差异，例如为满足当地施工单位使用，在国内设计单位提供的文件基础上，委托当地公司进行二次设计的工作；

（5）主要设备或系统因当地强制性要求，例如汽机、锅炉的抗震设计以及消防、暖通等系统的设计，委托当地有资质的公司进行验证复核或是参与设计的工作。

4）设计转换的工作流程

（1）设计转换委托合同的签订

考虑设计接口及相关设计工作的管理，设计转换工作的委托合同，可以由总承包方和选中的设计转换公司签署，同时委托国内总体设计单位进行管理；也可由设计分包单位直接和设计转换公司签署合同，总承包方作为合同见证方参与其中。设计转换工作的合同除商务部分外，技术部分一般包括：

① 设计转换工作总的要求和目标；

② 工作范围的描述和双方接口的划分；

③ 具体的技术工作要求，包括对委托方进行设计指导和咨询，对委托方提供的计算、图纸进行复核并提出修改意见，对委托方提供的设计文件进行二次设计，或是根据委托方要求进行土建结构详图的设计转换；

④ 工期进度的要求；

⑤ 文件资料及接口交接的管理规定；

⑥ 质量检验及保证体系要求；

⑦ 双方工作配合和交接的流程控制图及其他工作附表模板等；

⑧ 其他需要专项说明的，例如人员要求、工作包的划分、设计联络会、工作地点和现场服务的要求。

（2）设计转换基础资料的交接

国内设计单位和所委托的设计转换公司宜在转化工作开展之前，就工程基本信息、设计功能、规范要求、工作接口及其时间进度等要求进行事先沟通和协调。一般国内设计单位提供初步设计资料，设计转换公司可提供对国际规范或当地强制性要求、施工工艺、材料规格等方面的说明和指导，在委托合同的基础上，相互提出要求和意见，就需要转换的内容进行分析，确定设计转换的方式和步骤，为下一步设计和复核工作的展开创造条件。

（3）设计转换工作模式

根据项目实际需求，设计转换的工作模式有以下方式：

① 国内设计单位完成计算或设计图纸后，传递给设计转换公司进行复核，并根据设计转换公司反馈的意见进行修改完善，直至设计转换公司确认设计文件，满足相关标准和规范的要求。在此种模式下，设计方为国内设计单位，审核方为设计转换公司，适用于需要当地设计资质，或是采用国际标准规范或执行当地强制性标准要求的情况。

② 国内设计单位提供基础设计或相关资料及要求，设计转换公司进行二次设计或详图设计，设计结果提交给国内设计单位审核批准，以确认达到设计要求。在此种模式下，设计方为设计转换公司，审核方为国内设计单位，适用于应用当地设计标准规范、当地设备材料的采购、当地施工单位的分包等情况。设计转换的内容一般非工程主体部分。例如：土建结构详图、当地采购设备的系统设计。

③ 国内设计单位根据国内标准规范，完成设计文件后，提交给设计转换公司进行转换设计。转换设计后的文件返还给国内设计单位，对是否影响了原设计功能的要求进行校核，如有修改意见，由设计转换公司相应修改直至双方达成一致，确认可以正式出版。在此种模式下，无论设计方是国内设计单位还是设计转换公司，双方均参与了实际设计过程，具体取决于设计转换对原设计的修改程度。因此，此种模式虽然时间长且配合复杂，但适用于设计转换的各种需求。

（4）设计文件的审批

如果工程项目所在国对设计文件有政府审批的要求，应要求设计转换公司协助总承包方和国内设计单位通过项目所在国或当地的审批，并承担相关的工作，包括语言的翻译、图纸的说明、审批意见的解释和回复等。

5）设计转化的管理

总承包方对设计转换工作的管理主要集中在对设计转换公司的选择、设计转换工作范围的确认、设计转换工作进度的控制、设计转换成果的要求等方面。

（1）设计转换公司的选择

设计转换公司选择的原则是：

① 具有工程项目所在国家颁发的工程设计咨询资质与资格的当地或国际工程设计咨询公司；

② 具有同类工程项目专业的背景和类似项目的工程业绩及设计转换工作的经验；

③ 具有稳定充足的专业技术团队；

④ 具有与国内设计单位相同的设计手段；

⑤ 具有较强的沟通协调与配合能力；

（2）设计转换范围的确定

设计转换会增加设计周期和相关费用，因此，需根据工程实际要求和合同规定，谨慎选择设计转换的工作范围。对政府审批需要的设计文件，宜交业主负责处理；对不涉及标准规范差异的设计文件，宜直接使用；工艺设计部分，如由国内施工单位负责施工，且设备材料均为国产，一般不需要设计转换。总承包方需与总体负责的设计单位分析沟通，确定哪些部分可以满足国际标准规范要求的设计工作，例如：电气系统执行 IEC 标准的，消防系统执行 NFPA 标准的；哪些部分不能满足国际标准规范或当地强制性要求的设计工作，则需划清需要进行设计转换的工作范围。总之，既要尽可能地减少设计转换工作范围，又不要有遗漏，以免施工过程中出现缺项而造成工期的延误。

（3）设计转换工作的进度控制

① 选择合理的工作模式和工作配合流程。在设计工作开展前，总承包方宜通过国内设计单位和设计转换公司的沟通，尽快确定工作模式，并拟定资料交换、图纸审查、修改确认等工作环节的工作配合程序与流程。

② 设计转换工作的分解和计划。国内设计单位应通过与设计转换公司沟通，对设计转换工作进行工作包单项分解。在工作开展前，对各种工作包的资料交接、文件往来、复核修改等过程和时间提出具体计划和要求。总承包方可以通过批准和检查具体工作包的计划和进展情况，了解和把握设计转换工作计划与项目整体进度的匹配以及工作的完成情况。

③ 选择合适的工作地点。设计转换涉及大量的技术沟通和交流工作，面对面的交流是最有效率且便捷的方式。因此，视工作进展需要，可以选择一个合适的办公地点，使参与设计转换的各方代表能共同工作一段时间，以保证设计转换工作的效率和质量。

④ 适时召开设计转换工作联络会。在重要的工作节点，例如工作启动、资料大量交接、工作成果检验等环节，可以在项目现场或其他合适的地方，总承包方适时组织设计转换参与方召开联络会，以了解各方工作状态，解决工作难点，并对工作进度进行有效的监控和调整。

（4）设计转换文件的验收

设计转换文件的验收有以下方式：

① 设计转换公司进行复核。国内设计单位完成的设计文件，以取得设计转换公司的签字盖章或其他书面性确认文件为准。

② 由设计转换公司最终完成的设计文件，应要求国内设计单位对设计转换的成果能满足设计功能进行评估和确认。

③ 工程所在国家要求审批的文件，以通过相关审批程序，满足施工方开工的要求为准。

6）其他需要注意的问题

（1）设计转换中工程量的变化

在设计转换前后，国内设计单位完成的预算工程量一般会和设计转换公司复核修改后的工程量清单形成差异，主要原因是：

① 标准规范的差异。应用国内规范完成的设计，在设计转换过程中，会因国际标准规范或工程所在国家的标准规范的不同要求，造成计算和设计方面的差异，最终导致工程量的改变。例如：不同规范对消防系统有不同的要求，会直接影响系统设计和设备配置。

② 当地材料规格和性能的差异。在选用工程所在国家的设备和材料的过程中，因材料、材质的标号和性能的不同，在材料代用过程中，会导致材料量的变更。例如：在土建设计中，不同的水泥标号和钢结构材料的材质、规格，会对混凝土量及钢筋等部分的材料用量造成影响。

③ 不同国家的设计习惯做法和施工工艺的差异，会引起设计结果和工程量的变化。

例如：对土建基础的设计，有些国家习惯采用大底板的设计，而不是独立基础。

对于不同因素引起的工程量变化，建议总承包方要求国内设计单位在消化理解的基础上，尽可能地督促设计转换公司，充分利用工程所在国的规定和材料特性，在转换设计中，优化方案，降低工程量。

（2）设计工具和出版格式

国内设计单位和设计转换公司需要事先确定使用相同的制图工具、计算和设计软件，以便顺利进行资料交接和设计转换工作。对资料交接和设计成果的文字、表格、图框及符号规格及形式均宜有统一的要求。对双方完成的 DWG 等可编辑文件的知识产权和使用范围加以限定和保护。

（3）当地施工方的确认

如工程实施过程中有当地施工方参与，则建议在设计转换期间，就图纸深度和表达方式、使用的当地材料规格、施工工艺方案等事项，提前与当地施工方交底核实，确保施工过程中设计文件能正常使用。

（4）设计文件使用语言的翻译工作

在非英语国家，如果合同要求提供所在国语言的设计文件，为避免专业词汇翻译的误差，可建议国内设计单位提供中英文版文件，由设计转换公司在英文版的基础上翻译成当地国语言，可增加翻译的准确性。

1.3 国际工程项目前期的造价估算与咨询服务合同

1.3.1 工程造价指标及其应用

工程造价指标是指能够反映工业与民用建筑工程每平方米建筑面积造价与费用的数据，包括总造价指标、费用构成指标。是对工程项目各分部、分项费用及措施项目费用组成的分析，同时也包含了各专业人工费、材料费、机械费、企业管理费、利润等费用的构成及占工程造价的比例。

工程造价指标法是国际工程项目决策阶段对工程造价的投资估算分析与造价控制的一种主要方法。

对于咨询机构或国际工程承包商，通过分析单方造价，可以快速地初步判断工程造价或概预算；对于从事工程投资控制、报价估算和成本控制的部门，单方造价是衡量工程造价是否合理的一种最简单、最直接的指标。

近年来，随着国际工程承包市场的变化，我国承包商以投融资（含中国政府的出口信贷）方式，承包了许多国家的设计、采购、施工（EPC）/交钥匙总承包工程。而且，这种投融资与 EPC 相结合的承包国际工程的模式（F＋EPC），已经成为一种趋势。

但是，在这种投融资 F 与 EPC 相结合的国际工程承发包模式中，业主的工程招标文件通常要求投标人或承包商的投标报价有两种方式：一种是业主以项目的成套设备购置为条件，要求投标人做数量级的估算报价；另一种是业主以项目的概念设计或方案设计为依据，要求投标人做概念性估算报价。两种投标报价的方式，均属于国际工程项目的费用估算。而估算的准确程度，取决于投标人掌握和拥有的相关数据信息源：即相类似工程项目、同类设备的工程造价指标和费用；项目所在国的国家或行业公布的费用估算（含税费）等价格信息；项目所在地材料、人工、机械等费用的资料以及总承包企业自身的数据（参照）库等。大量的国际工程实践证明：做工程投资估算或投标报价，80%以上依赖于已执行过的工程资料和工程造价指标的运用。

本书所阐述的"一带一路"新能源项目的有关工程造价指标或经济指标，将在后续的章节中按照新能源的类别，分别予以叙述。

1.3.2 国际工程造价中有关费用的构成

国际工程造价费用构成见表 1-16。

国际工程造价费用构成比例   表 1-16

序号	费用名称	构成比例（%）	备 注
1	材料与设备费	40～50	
2	人工费	25～30	按我国派遣工人工资计算，一般较我国国内定额提高 10%～30%；其中：砌筑工、抹灰工、钢筋工、木工提高 10%～15%；混凝土工提高 25%～30%。工人工效一般较当地工人提高 2 倍以上，与我国劳动定额相比，提高工效 30%～50%
3	机械费	5～15	
4	管理费	10	见表 1-17
5	临时设施费	3～5	
6	开办费	10～20	一般情况下，工程规模与开办费成反比，与项目开发时间成正比
7	劳务合作与技术服务（如果有）	3～4	
8	外方人员培训	按 3～6 个月，每人 500～1000 美元/月	主要指工业项目
9	试运转费	0.4～0.8	主要指工业项目
10	维护与保修	1.1～2	
11	设计费	8～10（总承包按 4～6 控制）	一般情况下，设计费与工程总价或投资规模成反比。EPC 总承包按 4%～6% 控制
12	地质勘查、测量	0.5～0.7	
13	意外风险储备金	5～8	
14	竣工后现场整理	按项目所在地实际价格计取	按建筑面积计算建筑垃圾运出、整理工作量；$0.012～0.016t/m^2$
15	税金及其他间接费	按项目所在国（地）实际发生计取	

注：根据资料统计：国际工程造价比我国国内同类工程造价一般增加 2～3.5 倍。

我国国际工程承包商企业管理费用构成比例见表 1-17。

国际工程中企业管理费用构成比例　　　　　　　　表 1-17

序号	费用内容	构成比例（％）	备　注
1	管理人员工资	21～25	
2	办公费	3～5	
3	业务经营费	15～30	
4	文体宣教费	1～2	
5	资本使用费	3～4	
6	辅助工资	8～10	
7	生活设施	2～4	
8	劳保费	2～3	
9	交通旅差费	3～5	
10	工具使用费	3～5	
11	检验费	1～2.5	
12	其他	3～5	

1.3.3　国内外工程量清单的差异

在国际工程中常用的工程量清单编制方法是美国和加拿大 MasterFormat 编码体系清单，这种方法广泛地应用在美洲、中东、东南亚等地区的工业与民用建筑、公共建筑等工程项目中。尽管我国颁布的《建设工程工程量清单计价规范》GB 50500—2013 建立了工程量计算规则，并已经与国际工程造价体系接轨，但是在工程单元的划分、工程量清单的组成等方面依然存在着一定的差异。因此，了解和掌握国内外工程量清单编制中的差异，对于咨询机构或承包商做好国际工程项目的造价估算或预算工作，具有一定的益处(表 1-18)。

国内外工程量清单的差异　　　　　　　　表 1-18

差异点	国际工程量清单的编制	中国工程量清单的编制
依据不同	1. 美国和加拿大建造规范协会制定的 MasterFormat 规范编码体系； 2. 英国皇家特许测量师学会制定的《英国建筑工程标准计算规则》	《建设工程工程量清单计价规范》GB 50500—2013
工程单元划分方式不同	1. MasterFormat（2007 版）划分为 16 个子项目； 2. SMM 7 划分为 23 项	1. 建筑工程划分为 8 个单位工程； 2. 安装工程划分为 13 个单位工程； 3. 市政工程划分为 8 个单位工程
应用的范围不同	不同的国家、地区编制的工程量清单各不相同	《建设工程工程量清单计价规范》GB 50500—2013 是中国国家标准，统一使用
工程量清单组成不同	1. 实体部分清单； 2. 包括开办费、大型机械购置、现场临建、临时水电、管理费、直接费、动员费、保险费、保函费、财务费用等； 3. 暂定金额、计日工； 4. 不可预见； 5. 预备费	1. 分部、分项工程量清单； 2. 措施项目清单（包括文明施工、夜间施工、二次搬运、冬季施工、雨期施工、大型机械设备进出场及安拆、施工排水、降水、临时设施保护、已完工程保护费等）； 3. 暂估价； 4. 暂列金额； 5. 总承包管理费； 6. 计日工

续表

差异点	国际工程量清单的编制	中国工程量清单的编制
清单编码不同	独立编排，A、B、C或1、2、3等	统一使用五级编码体系
工程量表达不同	与技术规范、施工图等共用，工程量仅为估算，业主不对准确性负责，投标人必须结合技术规范、施工图等核算工程量	不允许投标人修改，量、价分离。业主对工程量清单数量的准确性负责
清单的单价构成不同	单价内包括工程的所有成本、费用、管理费、利润等	单价内包括人工费、机械费、材料费、企业管理费、利润与风险等
合同类型选择不同	房屋建筑工程多为固定总价合同；基础设施工程多为固定单价合同	《建设工程工程量清单计价规范》GB 50500—2013要求使用单价合同

1.3.4 国际工程咨询服务合同与协议

1. 基本概念

咨询服务是以信息为基础，依靠专家的知识、经验和技能对委托人委托的技术、经济、法律等问题进行分析和研究，提出建议、方案和措施，并在需要时协助实施的一种高层次、智力密集型的服务。咨询服务的过程也是专家或咨询机构付出智力劳动获取回报的过程，是一种有偿服务的知识性商品。它的特点是人才和智力的密集性，也就是说咨询工程师提供的服务对整个工程项目的质量、工期和成本有着极为重要的影响力，因此，委托人选择咨询专业人员的原则不同于选择承包商的原则，首先考虑的不是价格因素，而咨询人员的专业技术水平、经验与能力才是影响委托人选择的决定性因素。

近年来，在国际工程承包市场上，咨询服务业发展很快，市场对咨询服务的需求范围越来越广泛，涵盖了与工程建设领域相关的全部产业链和项目的生命周期，以及相关的政策咨询、技术建议、方案优化、项目管理、勘察、规划、设计、工程与技术服务、施工监理、法律、财务、采购、社会和环境研究等各个方面。能够提供咨询服务的，既有各种咨询机构或顾问公司，又有各个专业领域的专家、学者与咨询工程师。

在国际工程承包市场上，从事国际工程咨询服务的专家或工程咨询专业人员一般称为"咨询工程师"，但在世界银行的相关文件中，中译文本的习惯译法，称为"咨询顾问"。

在国际工程承包中，我国承包商往往采取委托国内的工程咨询公司的方式，为其国际工程中的某些业务提供咨询服务。咨询服务协议书则是按照我国现行法律法规的规定就一方当事人（或称服务方）为另一方当事人（或称委托方）提供国际工程技术、经济、法律方面的服务，为明确双方责任、权利、义务而订立的合同文书。我国从事工程技术、经济、法律方面咨询服务的企业应是具有工程咨询资格的法人企业，其从业人员多为具有国家注册执业资格的咨询工程师或特定执业资格的专业人员，并使用我国政府规定的咨询合同示范文本。

但是，当我国工程承包商在国际工程的项目决策阶段，咨询业务采取业务外包工作模式，通过招标选择国外工程咨询公司或相应咨询机构，承担国际工程承包市场调查或调查研究任务时，就要采用国际上通用的国际工程咨询服务合同。

2. 国际咨询服务合同的类型

国际咨询服务合同可以按不同的标准进行分类，按照工作内容大体上可分为以下几类：

1）咨询合同

咨询合同是指服务方以其拥有的技术知识和经验向委托方提供咨询意见、建议方案或具体服务，由委托方接受咨询意见、建议方案或具体服务并支付报酬（咨询费）的协议。咨询服务所提供的服务范围很广，涉及工业、农业、矿业、商业、邮电通信、交通运输、桥梁工程等方面，内容也相当复杂。根据咨询合同的工作范围和内容，咨询合同一般可分为：

（1）工程咨询合同

如工程项目的可行性研究、规划和设计、技术方案与施工技术等以及设备选购、工程建设项目的管理服务等。工程咨询服务合同按照工作内容分类，又可以分为投资前咨询服务合同、勘察合同、设计合同、施工监理合同、后评价合同等。

（2）管理咨询合同

是指有关企业经营管理、生产管理和销售管理等方面的咨询服务合同，其咨询服务的工作范围包括发展规划、可行性研究、机构设置、人员配备、经济和财务分析以及各种管理制度和办法等。

（3）技术咨询合同

有些专业技术工作比较复杂，不易了解和掌握，需要通过专业技术力量强和经验丰富的咨询公司提供技术咨询服务，来解决某些有关技术方面的疑难问题，或听取其意见和建议。这样做有利于减少风险、防止浪费和提高效益。

以上三种合同咨询业务，其服务方式都是服务方向委托方提供技术方面的知识、经验和意见。

2）承担和进行可行性研究，制订计划或方案，进行设计、制图等技术服务项目的合同

在这类合同中，委托方应向服务方或其派遣的专家提出项目应当达到的技术经济指标，并向服务方提供完成工作任务所必需的资料与数据，其中包括水文地质资料，地图，交通运输条件，主要建筑物和设备的情况，原材料、能源、供水情况，职工和技术力量状况等。如果承担部分方案设计或提供设计描述（或称设计大纲），双方要相互提供有关资料，协调工作进度，明确双方相互提供资料的内容、数量和时间。技术服务应保证符合双方约定的要求，如达不到规定的技术经济指标时，应由服务方予以补救。对于方案设计或提供设计描述（或称设计大纲）等应根据双方约定的审定办法予以审定。

3）提供技术情报和资料的合同

是指由服务方在一定期限内通过一定方式，向委托方提供普通技术资料或情报，委托方取得服务方提供的资料或情报，并支付约定费用的合同。

4）提供监理服务的合同

是指由服务方负责对委托方对外承包的工程设计或工程施工进行监督、管理或检验的合同。监理工程师或称工程师除具有对施工中的工期、质量、成本进行控制的权力外，还

有权参加所监理项目招标文件的审查及参与开标、评价和书面合同的签订，同时具有签发开工、付款凭证及下达停工、返工指令的权力。

5）技术培训合同

是指服务方对委托方指定的人员进行技术培养和训练，使之达到约定的技术、操作水平，并收取培训费用的合同。服务方对委托方人员进行技术培训通常有以下两种方式：

（1）派遣专家或技术人员到委托方的合同工厂传授技术知识、指导实际操作、进行现场培训；

（2）委托方将自己的技术人员派往服务方或服务方指定的工厂、车间、实验室等场所，在服务方的专家或技术人员指导下进行实习培训。

3. 国际咨询服务合同的特点

（1）国际咨询服务合同是双务、有偿、诺成的合同。

（2）根据国际咨询服务合同，双方当事人的基本权利和义务是：服务方以其掌握科学技术知识的智力劳动为委托方完成一定工作任务，提供咨询服务意见。如进行项目的可行性研究；进行工程设计、提出工程计划、编制施工方案；派遣专家指导施工生产、培训技术；派出经济与管理人员就企业的工程建设的质量控制和项目管理提供咨询意见，并按约定获取报酬。需方按照合同规定检查验收，取得服务方所提供的工作成果，接受咨询意见，并支付约定的报酬。

（3）服务方所提供的是某种技术性的智力劳务，而这里所指的"技术"是指既不具有工业产权，又不具有保密性的技术，它是发明专利技术、实用新型专利技术、外观设计专利技术和专有技术以外的技术。

4. 国际工程咨询服务合同

国际工程咨询服务合同是指一方当事人用自己的智力劳务，跨越国界地为另一方当事人完成一定的工作任务，或者跨越国界地派遣专家或以书面方式向另一方当事人提供咨询意见，并收取报酬，另一方当事人接受工作成果或者取得咨询意见并支付报酬的书面协议。

1）内容

在国际工程咨询服务市场中，常见的国际工程咨询服务合同的内容主要包括以下几个方面：

（1）投资前研究

投资前研究，也就是本书所阐述的项目决策阶段的咨询服务。它是指在确定项目决策之前进行的调查与研究。其目的在于确定投资的优先性和投资的基本原则与方针，明确项目的基本特性及其可行性。

（2）准备性服务

准备性服务是指明确项目内容和准备实施项目所需要的技术、经济和其他方面的工作，通常包括：编制详细的投资概算和营运费用概算、工程设计，编制交钥匙工程合同的实施规范以及土建/安装工程和设备的招标采购文件等，另外还包括与编制设备、材料的采购文件等有关的服务，如保险要求的确定，专利人和承包（分包）商的资格预审，参与评标，分析投标书并且提出评标建议等。

（3）执行服务

执行服务是指项目管理或设计、施工监理，包括合同管理、进度管理、质量管理、造价管理以及协调工作等管理与技术性服务。

（4）技术援助

技术援助服务涉及为国际金融机构的借款人提供开发计划、行业规划和机构建设等服务，工程建设中出现的紧急技术、经济情况的鉴定预处理以及包括组织和管理方面的研究。

2）类型

一般情况下，国际工程咨询市场是以咨询服务费的支付方式来划分咨询服务合同的类型，通常可以分为如下几种：

（1）总价合同

总价合同是委托人和咨询专家针对一项咨询任务协商确定一揽子付费的合同方式，常用于项目的工作范围和工作量十分明确的服务。例如：详细工程设计任务。这种计费的内容包括工资、管理费、非工资性费用、不可预见费、投资资本的利息补偿、服务态度奖励和一定数额的利润。

对某些项目的有关设计方面的服务可以采用总价法计费，也可以利用估算项目施工造价的百分比来计算费用额度，我国国内工程咨询业经常采取后一种做法。

采用总价的工程咨询服务合同应明确说明提供服务的具体时间期限，以及由于咨询专家无法控制的原因而耽搁时如何补偿调整的规定。

总价合同的支付方式是：在咨询服务期间，一般按议定的时间表定期（通常是每月一次）向咨询专家支付报酬，每次支付的数额一般根据咨询专家完成的工作量计算。

（2）计时制合同

计时制合同的价格计算包括下列两种方法：

① 人月费单价法

人月费单价法是国际工程咨询中最常用、最基本的以时间为基础的计费方法，它通常是按酬金加上其他非工资性开支（即可报销费用）来计算的。

酬金是指人月费单价，主要包括工资、社会福利费、上级（企业）管理费、利润、特别津贴，这五项费用总计求和即得出人月费率。

以高级咨询专家为例，不同类型的国家和地区的人月费率取值范围大致如下：

发达国家：15000～25000 美元。

较发达国家：9000～15000 美元。

发展中国家：2000～8000 美元。

可报销费用是指在执行项目期间发生的、可以据实报销的费用，是未包括在公司正常管理费中的直接成本。如：国际旅费及其他旅行开支和津贴，通信费用，各种资料的编制、复印和运输费用，办公设备用品费用等。

不可预见费是为了解决不可预见的工作量的增加和由于价格调整而发生的费用上涨。该项费用通常取酬金和可报销费用之和的 5%～15%。

对于工程咨询服务期限超过一年的工程咨询合同，人月费率和可报销费用应规定每年作一定幅度的价格调整。这类计费方法广泛用于一般性的项目计划和可行性研究、工程设计和施工监理以及技术援助任务。

② 按日计费法

按日计费法也是一种以时间为基础的计费方法。这是按咨询人员工作时间（日数）计费的方法。"按日"是指以一天工作 8h 为一日来计算天数。

采用按日计费法时，咨询人员为该项工作付出的所有时间，包括旅行和等候时间，都应作为有效工作日计算。咨询人员出差时发生的旅费、食宿费和其他杂费由委托人直接补偿，这些直接费用不包括在按每日费率计算的报价里。

由个人直接提供服务的工作通常采用按日计费的方法计费。这种方法特别适合管理咨询、专家论证、其他由个人单独提供服务或间断性工作等类型的报酬计算，如争端裁决委员会 DAB 专家的报酬，一般除了每月支付的少许固定工资外，去现场调解争议所花费的全部时间（包括来往路途时间及在现场工作的时间）均按日计费，而旅费、食宿费等也由委托人另行支付。

按日计费法中每日费率与咨询服务项目的重要性、风险性和复杂程度有关，也与咨询工程师的专业水准、资历和工作经验有关。咨询工程师被要求出席有关活动时，其服务费应按出席有关活动的全天计算。当需要加班工作时，咨询工程师应与委托人协商达成一致，相应地提高每日费率。

国际上一些咨询公司的高级咨询专家的每日费率在 600 美元到 1500 美元之间，另外再加上直接费用。其他各类人员的平均费率大约是公司高级专家费率的 75%。

（3）成本加固定酬金合同

成本加固定酬金是在对咨询专家为完成项目任务提供的所有服务和投入用品的费用给予补偿的基础上，再加一笔固定酬金的方法来计算费用。成本包括以下三项费用：

① 工资性费用，即基本工资和各种社会福利；

② 上级（企业）管理费，与人月费率中的上级（企业）管理费内容相同；

③ 可报销费用，与人月费率中的可报销费用内容相同。

固定酬金是一笔用于补偿咨询专家的不可预见费、投资资本的利息、服务态度奖励和利润的费用。

使用成本加固定酬金收费的前提是：工作范围、成本估算和固定酬金已在委托人与咨询专家之间的协议中加以明确。在协议条款中还应补充说明，如果咨询服务工作量发生了重大改变，应重新协商固定酬金。

固定酬金的数额大小依据服务的范围和复杂程度不同而异。一般以成本费用的百分比来计算，它至少要占成本费用的 15%~20%，固定酬金与项目的施工造价没有直接关系。

采用这种工程咨询服务合同，应规定补偿一切会发生的与项目直接或间接相关的费用，项目费用中可补偿部分的清单应尽可能完整详细。

（4）百分比合同

百分比合同是按工程建设总费用的百分比来计算咨询专家费用的合同，广泛用于比较标准化项目的规划、设计服务、拟建项目中有关的各种非标准设备的制图、规格制定和其他合同文件等咨询服务。

表 1-19 给出了在国际工程咨询项目实施中总结出来的费用估算的经验数据，可供采

用这种方法计费报价时参考。

咨询服务费占工程造价的百分比估算经验数据表 　　　　　表 1-19

咨询、服务项目名称	服务费占工程造价的百分比（%）	备注
一、基础设施类项目		
可行性研究	0.5～2	
详细设计	3～6	
二、建筑工程项目		
建筑设计或项目管理	3～5	
三、工业项目		
可行性研究	3～5	
概念设计	1～3	
详细设计或施工监理	8～12	
四、采购服务		
采购服务	采购货物成本的 1～5	

（5）顾问费合同

当委托人希望确保在某一时间内随时要求某个咨询工程师或咨询公司提供咨询服务时，可以采用顾问费的方式计算咨询服务费。计价也是以时间为基础，但不是按单价，而是一揽子确定的。此种计费方式适用于持续时间较长的诉讼活动，或时断时续的工作，如业务开发。

顾问费的数额与工程咨询服务的性质和价值有关，也与咨询专家的经验、专业知识和技术水平有关。顾问费可以按月支付，也可以按双方事先商定的其他方式支付。

此类合同还有一种变形，即顾问费加成功费合同。当咨询专家为某项工作提供咨询服务，并且该项工作的成功与否与咨询专家的参与有直接关系时，常采用这种合同。酬金中的成功费通常为咨询项目的价格的一定百分比。

虽然上述各类国际工程咨询服务合同在实践中都存在，但最常用的主要是计时制和总价合同两种类型。

3）内容与格式

根据国际惯例，国际工程咨询服务合同的内容与格式，通常由下列几部分构成：

（1）合同格式或协议书（略）

（2）合同的通用条件

合同的通用条件主要约定双方的权利和义务，具体包括关键术语的定义，服务内容，适用的法律和语言，沟通管理，服务的开始、执行、调整和终止，费用支付以及争议的解决等。

（3）合同的专用条件

合同的专用条件主要是对通用条件的具体化、修改和补充。

（4）各类附件

附件的数量取决于咨询工作的性质和复杂程度，一般有工作大纲或服务范围，关键咨询人员的简历以及拟参与本项目的工作时间，委托人为咨询专家提供的各类便利条件，咨询费用的分解等。

1.3.5 三种标准国际工程咨询服务合同

在国际工程承包领域和国际工程咨询服务业中，世界银行基于以时间为基础的咨询任务和总价包干的咨询任务两种标准规定的工程咨询服务合同以及国际咨询工程师联合会（简称 FIDIC）的咨询服务合同（简称白皮书）得到了广泛的应用。在实际工作中，通常委托人对世界银行和 FIDIC 的咨询服务合同范本稍加修改后，就可以适用于大多数工程咨询服务项目。为此，由于篇幅的原因，本节简要地介绍世界银行的咨询服务合同范本以及 FIDIC 的"白皮书"。

（1）世界银行的工程咨询合同

世界银行的工程咨询服务合同有两套：一套用于合同额超过 20 万美元的复杂咨询工作；另一套用于合同额为 20 万或低于 20 万美元的简单咨询工作。每套合同又按计价方式不同分为基于时间支付的合同和总价支付合同。这些合同格式所适用的情况均在其前言中说明。总价支付合同多用于以质量和费用为基础的选择方法、固定预算的选择方法、最低费用选择方法；而基于时间支付的合同则多用于以质量为基础的选择方法。

下面主要以基于时间支付的咨询服务合同（2008 年修订版）为例介绍合同内容。

基于时间支付的咨询服务合同共包括四方面的内容：合同格式、通用条件、专用条件及合同附件。

（一）合同格式

1. 合同封面

标准的封页应书明咨询服务项目名称、委托人和咨询顾问正式名称及合同签订日期。

2. 合同格式

用法律性文字简明地概述双方签约日期、资金来源、合同包含的全部文件、合同双方应承担的义务和权利，最后由合同双方授权代表签字。如果聘请的咨询顾问不止一家，那么所有公司的授权代表都需在此签字。

全部合同文件的组成部分包括：

（1）合同的通用条件。

（2）合同的专用条件。

（3）附录：

附录 A：服务综述；

附录 B：报告要求；

附录 C：人员和分包咨询顾问——关键人员工作时间；

附录 D：外汇成本估算；

附录 E：当地货币成本估算；

附录 F：委托人的义务；

附录 G：预付款保函。

（二）合同通用条件

通用条件共包括八条，每条又包括若干子款，下面依次介绍每个条款的内容。

1. 总则

总则是对合同中一般事项的总说明，包括 11 个子款。

1.1 用语和措辞的定义

对适用法律、世界银行、咨询顾问、合同、日期、生效日期、外币、通用条件、政府、当地货币、成员、合同方、人员（含外籍人员和当地人员、关键人员）、可报销支出、专用条件、服务、咨询分包人、第三方和书面，进行了解释说明。

1.2 合同各方的关系

（略）

1.3 合同主导的法律

（略）

1.4 语言

本合同已按专用条件中所述的语言签订，有关本合同的含义或解释均受此语言约束和支配。

1.5 标题

标题不应限制、改变或影响本合同的含义。

1.6 通知

本合同要求的或任何给出的通知、请求或同意均应采用书面形式。任何这类通知由一方亲自递交给通知写明的对方授权代表，或送到专用条件中规定的通信地址，即认为已经提交。如改变其接受通知的地址应书面通知对方。

1.7 地点

服务应在合同附录 A（服务综述）所述的地点完成，如果任务没有特定的地点，即在政府国家或者其他地方，在委托人批准的地点完成。

1.8 牵头方的职权

如果咨询顾问是由一方以上的实体组成的联营体，各方应授权专用条件中所述的实体作为牵头方代表各方行使全部权利并履行本合同项下委托人委托的全部义务，接受委托人的指示和支付。

1.9 授权代表

本合同项下委托人所要求采取的行动或咨询顾问被允许采取的行动，以及委托人所要求签署的文件或咨询顾问经许可签署的文件，可由专用条件所述的高级职员作为授权代表采取行动或签署。

1.10 税金和关税

咨询顾问、分包咨询顾问及有关人员应按照专用条件所述的适用法律缴纳税金、关税、费用和其他税费。

1.11 欺诈和腐败

定义了"腐败活动""欺诈活动""串通活动""胁迫行为""阻碍行为"，说明了世界银行查证出在采购或执行该合同的过程中有欺诈和腐败的行为后将采取的措施，要求咨询顾问披露佣金或代理费用的相关情况。

2. 合同的开始、完成、修改及终止

本条共包括下面 9 个子款：

2.1 合同生效

从委托人通知咨询顾问开始履行服务之日起合同开始生效。通知之前应确保专用条件中规定的生效条件已经得到满足。

2.2 合同因未能生效而终止

在双方签字后，如果合同在专用条件中规定的时间内没有生效，则一方可以在书面通知另一方21天后宣布合同无效，而另一方不得提出任何索赔要求。

2.3 开始工作

咨询顾问应在合同生效以后，在专用条件中规定的时间内开始工作。

2.4 合同期满

除非根据合同通用条件第2.9款中的规定提前终止合同，否则应在专用条件中规定的合同期满时终止。

2.5 全部协议内容

本合同包含了双方同意的所有契约、规定和条款。任何一方的代理人或代表都无权作出任何本协议内容规定以外的声明、讲话、允诺或协议。

2.6 修改

对合同条件的任何修改必须以双方书面同意的方式进行，并在得到世界银行的同意后才有效。

2.7 不可抗力

包括不可抗力的定义，在此情形下对并非违约的解释，发生不可抗力时受影响的一方应采取的必要措施等。

2.8 暂停

在合同执行期间，如果委托人认为咨询方未履行义务，可以通知咨询顾问暂时中止合同并暂停支付，说明理由并要求咨询顾问在收到委托人通知30天内采取补救措施。如咨询顾问仍未按合同履行义务，委托人可以以书面形式终止对咨询顾问的所有支付。

2.9 终止

说明委托人和咨询顾问各自在什么情况下，以何种方式终止与对方的咨询服务；权利和义务的终止；服务的终止；合同终止之前及以后费用如何处理；因合同终止产生争议时的解决办法。

3. 咨询顾问的义务

3.1 总则

总则应包括对咨询顾问行为规范及服务所适用的法律法规的要求以及当地风俗习惯等。

3.2 利益冲突

要求咨询顾问及其分包商、代理人在合同执行期间，除合同正当支付外，不得收取任何合同规定之外的报酬（如佣金、回扣等）。遵守贷款方的采购指南。咨询顾问及其有关团体、分包商等均不得参与与本工程合同咨询服务有关的采购活动及其他相关商业活动。

3.3 保密

在任何时间内，没有委托人书面同意，咨询顾问及其相关人员不得向外泄露任何与服务有关的秘密信息。

3.4 咨询顾问的责任

除非专用条件中有附加规定，咨询顾问应承担的责任以适用法律中界定的为准。

3.5　咨询顾问投保

咨询顾问应按委托人批准的条件，就专用条件中规定的风险进行投保，或要求其分包商进行投保，并向委托人提交已投保的证明材料。

3.6　会计、检查和审计

要求咨询顾问按国际通行的会计准则进行会计工作，并妥善保管所有准确的、系统的会计资料，允许委托人或其指定代表和/或世界银行，可以定期在合同期满或终止后五年内检查和复印所有会计资料，并接受委托人或世界银行指定的审计人员的审计。

3.7　须得到委托人事先批准的咨询顾问行为

咨询顾问在任命附件C（人员和分包咨询顾问——关键人员工作时间）中关键人员、分包商，签订分包合同及履行专用条件中规定的其他行为时，必须得到委托人书面批准。

3.8　报告义务

咨询顾问应按附件B（报告要求）中的规定向委托人提交有关的报告和文件。

3.9　咨询顾问准备的文件属于委托人的财产

咨询顾问根据合同要求为委托人准备的所有计划、图纸、规范、设计、报告、其他文件及软件均属于委托人的财产。咨询顾问需在合同期满或终止时或之前将文件清单一起交给委托人。在专用条件中规定咨询顾问在什么条件下能继续使用这些资料的复印件。

3.10　委托人提供的设备、车辆和材料

在合同执行期间，委托人提供给咨询顾问的或用委托人资金购买的设备、车辆和材料均归委托人所有。合同期满或终止时，咨询顾问应向委托人提交详细的设备、车辆和材料清单或者根据委托人指示加以处理。咨询顾问应对这些设备、车辆和材料投保，保险费由委托人承担。

3.11　咨询顾问提供的设备和材料

咨询顾问及其人员带入委托人国家为本项目或个人使用的设备和材料是咨询顾问及其人员所有的财产。

4.咨询顾问的人员和分包咨询者

4.1　总体要求

咨询顾问可以根据服务需要雇用或提供合格、有经验的人员和分包咨询者。

4.2　人员情况说明

在附件C中应详细描述所列关键人员的职务、工作内容、资历和估计工作时间等。如果有关工作时间有所变动，且这种变动不超出原来时间的10%或一周（两者取时间长的），则不会导致总的合同支付超过限额，咨询顾问只需书面通知委托人即可。任何其他改变必须得到委托人的书面批准。

4.3　人员的批准

附件C应有关键人员的职务和姓名。如果咨询顾问还提议雇用其他人员服务，则应将这些人员的简历送委托人审查和批准。如果委托人在收到这类资料21个日历日之内没有书面反对意见，则表明委托人已批准。

4.4　工作时间、加班、休假等

附件C中规定了关键人员的工作时间和假期，以及加班费用支付等。其他人员的休假应事先得到咨询顾问的批准，咨询顾问应保证人员休假不影响咨询服务工作。

4.5 人员的调动和/或替换

未经委托人同意，不应变更人员。如确有需要，咨询顾问应提供具有同样资历的替代人员。如果委托人发现任何有关人员有严重失误、被指控为有犯罪行为或有理由不满意其提供的服务，可以要求咨询顾问替换相应人员。替换人员的报酬水平不应超过替换人员的水平，且应事先征得委托人的书面同意，任何额外费用由咨询顾问承担。

4.6 驻现场项目经理

一般在专用条件中有明确要求，咨询顾问应向委托人确保在合同执行期间派一位委托人可接受的驻现场项目经理负责其所有业务。

5. 委托人的义务

5.1 协助与豁免

除非专用条件另有规定，委托人应尽力确保政府提供有利条件帮助咨询顾问完成咨询服务，包括提供咨询顾问所需要的资料，咨询顾问人员进出委托人所在国的签证手续，清关手续，外汇的提取和汇出以及必要的其他帮助。同时还应协助咨询人员获得在委托人国家从业登记或必须申请许可证的豁免权。

5.2 进入工作地点

委托人应确保咨询顾问能免费到达任何咨询服务需要的任何地点。

5.3 与税金和关税有关的适用法律的变更

如果合同适用法律在合同执行期间有所变更，由此引起咨询顾问费用的增减，委托人有责任根据双方之间协议相应增减对咨询顾问的支付。

5.4 委托人的服务、设施和财产

委托人应按附件F（委托人职责）中的规定向咨询顾问及其人员提供执行合同所必需的服务、设施和财产。如果由于委托人的原因没有及时提供，咨询顾问可以要求延长服务时间，或自己采购所需的设施而要求委托人支付相应的额外费用。

5.5 支付

委托人应按通用条件规定及时对咨询顾问予以支付。

5.6 相应的人员

委托人应按附件F规定向咨询顾问提供相应的专业人员和辅助人员，这些人员在咨询顾问领导下工作。如果相应的人员不能适当地履行职责，咨询顾问可以要求替换，没有合理理由，委托人不能无理拒绝这种要求。如委托人未按规定提供相应的人员，则由此产生的额外费用应由委托人支付。

6. 对咨询顾问的支付

6.1 成本估算、最高限额

以外币计算的成本估算和以当地货币计算的成本估算分别列在附件D（外币成本估算）和附件E（当地货币成本估算）中。除非另有规定，否则不论以外币还是当地货币的支付都不得超过专用条件中规定的最高支付限额。如果根据通用条件第5.3款、第5.4款或第5.6款规定需要支付额外费用，限额也应相应增长。

6.2 报酬和报销费用

委托人应支付咨询顾问限额以内的报酬和合理的报销费用。如专用条件中有特别规定，给咨询顾问的报酬还应包括价格调整内容。

6.3 支付货币

在专用条件中对哪些费用由外币支付，哪些费用由当地货币支付应有详细的规定。

6.4 记账和支付方式

6.4.1 预付款

委托人应向咨询顾问提供预付款。咨询顾问在申请预付款时应按附件G（预付款保函）规定的格式或委托人书面批准的格式向委托人提供一份可接受的银行保函，在咨询顾问未全部还清所有预付款之前，保函将一直有效。

6.4.2 每月支付

咨询顾问应在每个日历月月底后15天内或专用条件中规定的间隔时间结束后15天内将支付报表及有关的证明材料（发票、收据凭证等）提交给委托人申请支付。支付报表中应列明以外币支付和以当地货币支付的金额，并区分开哪些是报酬，哪些是需要报销的费用。委托人应在收到咨询顾问的支付月报60天内给予支付。如果发现实际发生的费用与合同规定的金额有所出入，委托人可以从相应的支付中增减。

6.4.3 最终支付

在咨询顾问已经完成合同规定的所有服务，向委托人提交了最终报告，并且委托人在收到报告后90个日历日之内，对报告无异议并批准该报告后，委托人应按咨询顾问提交的最终支付报表给予支付。

7. 公平和守信

7.1 守信

双方应互相尊重对方在本合同项下的权利并采取所有合理措施确保合同目标的实现。

7.2 合同执行

在合同执行期间，双方都应本着公平、不损害对方利益的原则，共同排除不利于合同执行的所有因素。

8. 争议解决

8.1 友好解决

产生的争议应通过书面方式通知对方，并附详细的支持材料，在一方收到另一方争议通知的14天内解决。如果不能解决，则适用第8.2款。

8.2 提交仲裁

当争议不能按照第8.1款友好解决时，则根据专用条件中的规定提交仲裁解决。

（三）合同的专用条件

专用条件是根据不同项目的具体情况，对合同通用条件相应条款的补充、修改和具体化，是合同不可分割的组成部分，一般是合同谈判的主要内容。

（四）附件

附件也是合同的组成部分，包括：

1. 附件A：服务综述

给出所提供咨询服务的详细描述、各种任务完成的日期、不同任务进行的地点、委托人批准的特殊任务等。

2. 附件B：报告要求

包括报告格式、频率及内容，接收报告的人员，递交日期等。如果不需要递交报告，应在此处注明"不适用"。

3. 附件 C：人员和分包咨询顾问——关键人员工作时间

包括人员的姓名、职务、详细的工作描述以及已经获得批准的咨询分包人名单。列出关键人员的工作小时、外方人员往返工程所在国的旅行时间、有关加班费、病假工资、节假日工资等的规定。

4. 附件 D：外币成本估算

包括外方人员（关键人员和其他人员）和以外币支付的当地人员的月费率，各种报销费用，如津贴、交通费、通信费、打印费、设备购置费及其他费用等。

5. 附件 E：当地货币成本估算

主要包括当地人员（关键人员和其他人员）的月付费率，各种报销费用，如补贴、津贴、交通费、其他当地服务、租房、设施的费用，以及由咨询顾问进口的应由雇主付款的指定设备和材料的采购费。

6. 附件 F：委托人的义务

包括委托人应提供给咨询顾问的服务、设施和财产以及委托人应提供给咨询顾问的相应的人员。

7. 附件 G：预付款保函

2）FIDIC 咨询服务合同

国际咨询工程师联合会（简称 FIDIC）在 1979 年和 1980 年分别编写了三本《委托人/咨询工程师服务协议书》的范本。其中：一本是被推荐用于投资前研究及可行性研究（简称 IGRA 1979 P.1）；另一本被推荐用于设计和施工管理（简称 IGRA 1979 D&S）；第三本被推荐用于项目管理（简称 IGRA 1980 PM）。FIDIC 又于 1990 年、1998 年、2006 年先后编制出版了第二版、第三版和第四版《委托人/咨询工程师服务协议书》范本（简称白皮书），并在 2001 年出版了第三版的《委托人/咨询工程师协议书（白皮书）指南》，对该咨询协议书文件作出了有关注释。

"白皮书"的适用范围包括投资前与可行性研究、设计、施工管理以及项目管理。本节简要地介绍 2006 年第四版"白皮书"的组成与内容。

2006 年第四版《委托人/咨询工程师服务协议书》范本（简称白皮书）共由四部分组成，包括：协议书格式、通用条件、专用条件以及附件。

（一）协议书

协议书是委托人和咨询工程师达成咨询服务协议的一个总括性的文件。协议书主要包括：通用条件中措辞和词组的定义适用于协议书中的全部文件、协议书包括的各种文件、签订协议书的约因等。

通用条件对任何类型的咨询服务都适用，一般在使用时不能被修改；而专用条件则是针对某一具体咨询服务项目的典型环境和地区将有关内容具体化，并可对通用条款进行修改和补充。

附件包括四个：

附件 1——服务范围；

附件 2——委托人提供的职员、设备、设施和其他服务；

附件 3——报酬与支付；

附件 4——服务进度表。

这四个附件要根据每个服务项目的具体情况编制。

（二）通用条件

共包含八条：

1. 总则

1.1　定义

定义对 15 个措辞或词组赋予了定义：协议书、项目、服务、工程、国家、一方与各方、委托人、咨询工程师、FIDIC、开工日期、完工时间、日与年、书面、当地货币和外币、商定的补偿。

1.2　解释

组成协议书的各文件应可相互解释。

1.3　通信交流

无论何时任何人员颁发的任何通知、指示或其他通信信息（除非另有规定），均应按照专用条件中规定的语言书写，且不应被无理取消或拖延。

1.4　法律和语言

在专用条件中规定了协议书的一种或几种语言、主导语言以及协议书所遵循的法律。

1.5　立法的变动

如果在订立本协议书之后，因委托人要求的服务所在国的立法发生了变动或增补而引起服务费用或服务持续时间的改变，则应相应地调整商定的报酬和完成时间。

1.6　转让和分包合同

除款项的转让外，没有委托人的书面同意，咨询工程师不得转让本协议书涉及的任何利益。没有对方的同意，委托人或咨询工程师均不得转让本协议书规定的义务。没有委托人的书面同意，咨询工程师不得开始或终止任何为履行全部或部分服务而订立的分包合同。

1.7　版权

咨询工程师拥有其编制的所有文件的设计权、其他知识产权和版权，但委托人有权为了工程和预定目的使用或复制此类文件，而不需要取得咨询工程师的许可。

1.8　通知

本协议书的有关通知应为书面形式，并从在专用条件中写明的地点收到该通知时起生效。通知可由人员递送，或传真通信，但随后要有书面回执确认；或通过挂号信或电传，但随后要用信函确认。

1.9　出版

除非在专用条件中另有规定，咨询工程师可单独或与他人合作出版有关服务项目的资料。但如果在服务完成或终止后两年内出版，则须得到委托人的批准。

1.10　受贿和欺诈

在履行协议书义务时，咨询工程师和他的代表和雇员应当遵守所有适用法律、法规、规章和适用管辖区的法令，包括经济合作与发展组织关于打击在国际商务中贿赂外国公职人员的公约。

咨询工程师在此表示、保证并承诺他将既不会接受，也不会提供、支付或答应支付

（包括直接和间接）任何有价值物品给一个与本协议书范围内的市场机会有关的"公职人员"。并且一旦发现任何公职人员非法索取，咨询工程师应立即书面通知委托人所有细节。

公职人员是指：

（1）任何政府机构或政府所有，或控制企业的任何官员或雇员；

（2）执行公共职能的任何人员；

（3）公共国际组织（如世界银行）的任何官员或雇员；

（4）任何政治机构的候选人；

（5）任何政治党派或政治党派的官员。

2. 委托人

2.1 资料

委托人应在合理的时间内免费向咨询工程师提供他能够获取的并与服务有关的一切资料。

2.2 决定

为了不耽误服务，委托人应在合理的时间内就咨询工程师以书面形式提交给他的一切事宜作出书面决定。

2.3 协助

在项目所在国，按照具体情况，委托人应尽一切力量对咨询工程师、他的职员和家属提供如下协助：

（1）用于入境、居留、工作以及出境所需的文件；

（2）服务所需要的畅通无阻的通道；

（3）个人财产和服务所需物品的进出口，以及海关结关；

（4）发生意外事件时的遣返；

（5）允许咨询工程师因服务目的和其职员和个人使用的需要将外币带入该国，允许将履行服务中所赚外币带出该国；

（6）提供与其他组织联系的渠道，以便咨询工程师收集其要获取的信息。

2.4 委托人的资金安排

委托人应当在收到咨询工程师要求后的28天内，提交合理的证据表明已做出了可持续的资金安排，并保证委托人可以按附件3（报酬与支付）的规定支付咨询工程师费用。如果委托人想对其资金安排作出任何实质性改变，应书面通知咨询工程师并附细节说明。

2.5 设备和设施

委托人应为服务的目的，免费向咨询工程师提供附件2（委托人提供的职员、设备、设施和其他服务）中所规定的设备和设施。

2.6 委托人职员的提供

在与咨询工程师协商后，委托人应按照专用条件的规定，自费从其雇员中为咨询工程师挑选并提供职员。在执行与服务相关的规定时，此类雇员只听从咨询工程师的指示。委托人提供的职员以及将来必要的人事变动，均应得到咨询工程师的批准。

如果委托人未能提供其应提供的职员，而双方均认为需要提供这些人员，咨询工程师应安排提供此类人员，并作为一项附加服务。

2.7 委托人代表

为了执行本协议书，委托人应指定一位官员或个人作为其代表。

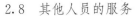

2.8 其他人员的服务

委托人应按附件2的说明，自费安排其他人员提供服务。咨询工程师应配合此类服务的提供者，但不对此类人员或其他行为负责。

2.9 服务的支付

委托人应当按照本通用条件第5条或附件3的规定对咨询工程师的服务给予支付。

3. 咨询工程师

3.1 服务范围

咨询工程师应按附件1（服务范围）履行与项目有关的服务。

3.2 常规的、附加的和额外的服务

常规的和附加的服务是指附件1中所述的那类服务。

额外的服务是指那些既不是正常的也不是附加的，但根据第4.8款咨询工程师必须履行的服务。

3.3 认真尽职和行使职权

除了本协议书中的其他规定和遵守该国法律要求或其他司法规定外，咨询工程师承担的职责就是应在根据协议书履行其义务时，运用合理的技能、谨慎勤奋地工作。

若咨询工程师承担的是按照委托人与任何第三方签订的合同条件中的授权或要求的义务，咨询工程师要尊重委托人和第三方之间签订的合同，如果相关的未包括在附件1中的权利和义务他可以接受，则应书面同意；作为一名独立的专业人员（而不是仲裁员）在委托人与第三方之间进行证明、决定或处理事件时应持公平的态度；如果委托人授权，咨询工程师可变更第三方的义务，但若变更对费用、质量和时间有重大影响，除紧急情况外，咨询工程师应事先从委托人处得到批准。

3.4 委托人的财产

任何由委托人提供或支付费用以供咨询工程师使用的物品都是委托人的财产，并应标明。

3.5 职员的提供

由咨询工程师派往项目所在国工作的职员的资质和经验一定要得到委托人的认可。

3.6 咨询工程师代表

为了执行本协议书，咨询工程师应指定一位高级职员或个人作为其代表；如委托人要求，咨询工程师应指定一人与项目所在国内的委托人代表联络。

3.7 职员的更换

如果有必要更换咨询工程师提供的任何人员，咨询工程师应安排一位具有同等能力的人员代替，更换费用由提出更换的一方承担。如果委托人一方书面说明理由要求更换人员，但经查实此人既没有渎职也能胜任工作，则更换费用由委托人承担。

4. 开始、完成、变更与终止

4.1 协议书生效

协议书生效日期以下述两个日期中较晚者为准：

咨询工程师收到委托人发给他的中标函之日，或正式协议书最后签字之日。

4.2 开始和完成

服务应在开工日期开始，根据附件4（服务进度表）进行，并在完工时间（包括协议书给予的延长）内完成。

4.3 变更

当任何一方提出申请并经各方书面同意时，可对本协议书进行变更。

如果委托人书面要求，咨询工程师应当提交变更服务的建议书。建议书的准备和提交应被视为附加的服务。

委托人书面同意关于变更服务的相关费用后，才可以要求咨询工程师开始变更服务。

4.4 延误

如果由于委托人或其承包商的原因，服务受到阻碍或延误，以致增加了服务的范围、费用或时间，则咨询工程师应将此情况与可能产生的影响通知委托人，增加的服务应视为附加的服务，完工时间应相应地予以延长。

4.5 情况的改变

如果出现不应由委托人和咨询工程师负责的情况，而致使咨询工程师不能负责或不能履行全部或部分服务，他应立即通知委托人。如果因而不得不暂停某些服务，则该类服务的完成期限应予以延长，直到此种情况不再持续，还应加上用于恢复服务的一个合理期限（最多42天）。如果因此不得不降低服务的速度，则服务的完成期限也应予以延长。

4.6 撤销、暂停或终止

1) 委托人有权暂停全部或部分服务或中止协议，但应至少提前56天通知咨询工程师。此时咨询工程师应立即安排停止服务并将开支减至最小。

2) 如果委托人认为咨询工程师没有正当理由而未履行其义务，他可通知咨询工程师并指出该问题。若在21天内委托人未收到满意的答复，他可在第一个通知发出后35天内发出进一步的通知，终止本协议。

3) 如果发生下述两种情况：

(1) 当已超过咨询工程师的发票的应支付日期28天而尚未支付，并且委托人未对之提出书面异议时；

(2) 当暂停服务期限已超过182天时。

咨询工程师可至少提前14天向委托人发出通知指出上述问题，并可以决定在至少42天后向委托人发出进一步的通知，终止服务协议；或在不损害其终止权利的前提下暂停或继续暂停履行部分或全部服务。

4.7 腐败和欺诈

如果咨询工程师违反第1.10款的要求，即便咨询工程师已受到工程所在国法律或其他地方规定的惩罚和制裁，委托人方仍有权依据第4.6款终止协议。

4.8 额外服务

如果咨询工程师不能履行服务不是委托人和咨询工程师的原因造成的，或撤销、暂停或恢复服务，或未根据第4.6款第2)项的情况终止本协议，除常规的或附加的服务之外，咨询工程师需做的任何工作或支出的费用应被视为额外的服务。咨询工程师履行额外的服务时有权得到所需的额外的时间和费用。

4.9 各方的权利和责任

本协议书的终止不应损害或影响各方应有的权利或索赔以及债务。协议书终止后，第6.3款的规定仍有强制力。

5．支付

5.1　对咨询工程师的支付

委托人应按合同条件和附件3规定的细则向咨询工程师支付常规服务的报酬，并按照或参照附件3规定的费率和价格来支付附加服务的报酬，也可按第4.3款商定的费用支付。

委托人应向咨询工程师支付额外服务的报酬，包括额外用于附加服务的时间和额外开支的净成本。

委托人要求咨询工程师任命指定的分包咨询工程师时，由咨询工程师对分包咨询工程师进行支付，这笔费用加在咨询工程师的支付费用中。

5.2　支付的时间

除非专用条件中另有规定，委托人应在收到咨询工程师的发票后28天内，支付该笔到期款项。如果在上述规定的时间内咨询工程师没有收到付款，则应按照专用条件规定的利率对其支付商定的补偿，自发票注明的应付日期起计算复利。委托人若因故拖延对咨询工程师的支付，需在规定支付时间前4天内说明原因。如果委托人没有事先说明原因便拖延支付，则咨询工程师对该笔支付具有强制性的合同权利。

5.3　支付的货币

适用于本协议书的货币为附录3中规定的货币。

如果在服务期间，委托人的国家发生了与协议书的规定相反的下述情况：

（1）阻止或延误咨询工程师把为委托人服务收到的当地货币或外币汇出国外；

（2）在委托人所在国内限制得到或使用外币；

（3）在咨询工程师为了用当地币开支，从国外向委托人所在国汇入外币，并随后把总额相同的当地货币带出国外时，对其征税或规定不同的汇率，从而阻止咨询工程师履行服务或使他受到财物损失。

此时若没有做出其他令咨询工程师满意的财务安排，委托人应保证此种情况适用于第4.5款的规定。

5.4　第三方对咨询工程师的收费

除在专用条件或附录3中规定外，

1）委托人应无条件地为咨询工程师及其通常不居住在项目所在国内的人员就协议书中该国政府或授权的第三方所要求的支付款项办理豁免，包括：

（1）他们的报酬；

（2）除食品和饮料外的进口的物品；

（3）进口的用于服务的物品；

（4）文件。

2）当委托人未能成功地办理上述豁免时，他应偿付咨询工程师合理支付的此类款项。

3）当不再需要上述物品用于服务，且这些物品不属于委托人财产时，规定：

（1）没有委托人的批准，不得将上述物品在项目所在国内卖掉；

（2）在没有向委托人支付从政府或授权的第三方处可回收并收到的退款或退税时，不得出口上述物品。

5.5　有争议的发票

如果委托人对咨询工程师提交的发票中的某一部分提出异议，委托人应立即发出通知说明理由，但不得延误支付发票中的其他款项。第5.2款应适用于最终支付给咨询工程师的所有有争议的金额。

5.6 独立的审计

咨询工程师应保存能清楚地证明有关时间和费用的全部记录，并在需要时向委托人提供。

除固定总价合同外，服务完成后12个月内，委托人可指定一家有声誉的会计事务所对咨询工程师申报的任何金额进行审计。

6. 责任

6.1 双方之间的责任和补偿

双方之间的责任：如果咨询工程师未按协议要求认真工作，或委托人违背了他对咨询工程师的义务，均应向对方赔偿。赔偿的原则如下：

1）此类赔偿应限于由违约所造成的，可合理预见的损失或损害的数额；

2）在任何情况下，赔偿的数量不应超过第6.3款中的赔偿限额；

3）如果任一方与第三方共同对另一方负有责任时，则负有责任的任一方所支付的赔偿比例应限于由其违约所负责的那部分比例。

6.2 责任的期限

除了法律的规定外，如果不在专用条件中规定的期限内正式提出索赔，则任一方均不对由任何事件引起的任何损失或损害负责。

6.3 赔偿的限额

任一方向另一方支付的赔偿不应超过专用条件中规定的限额，但此限额不包括逾期未向咨询工程师付款而应支付的利息和双方商定的其他赔偿。如果赔偿额度总计超过上述规定的限额，则另一方应放弃超出部分的索赔要求。

6.4 保障

如果适用的法律允许，则委托人应保障咨询工程师免受一切索赔所造成的不利影响，包括由本协议书引起的或与之有关的第三方在第6.2款责任的期限终止后提出的此类索赔，除非在第7.1款保险中包括此类索赔。

6.5 例外

第6.3款和第6.4款不适用于由下列情况引起的索赔：

（1）故意违约、欺骗、或欺诈性的错误表述、粗心渎职；

（2）与履行合同义务无关的事宜。

7. 保险

7.1 对责任的保险和保障

委托人可以书面形式要求咨询工程师：对第6.1款规定的咨询工程师的责任进行保险；对公共的或第三方的责任进行保险；并在委托人第一次邀请咨询工程师为服务提交建议书之日进行保险的基础上，对上述两项保险追加保险额；并应进行委托人要求的其他各项保险。

在任命时已知的第7.1款下的保险费用应当算在咨询工程师的费用内。

在已达成一致意见后，根据第7.1款规定任何保险额的增加和变更费用由委托人负担。

7.2　委托人财产的保险

咨询工程师应尽一切合理的努力，按委托人的书面要求对下列各项进行保险：

（1）根据第2.5款委托人提供或支付的财产发生的损失或损害；

（2）由于使用该财产而引起的责任。

在任命时已知的第7.1条款下的保险费用应当算在咨询工程师的费用内。

在已达成一致意见后，根据第7.2款规定任何保险额的增加和变更费用由委托人负担。

8.　争议和仲裁

8.1　争议的友好解决

如果涉及履行协议引发了争议，双方授权的处理争议的代表应该在14天内由一方向另一方递交书面请求并进行善意的会谈，应尽最大努力解决争议。如果会谈无法解决争议，则应采用调解方法解决争议。

8.2　调解

除非双方另达成协议或在专用条件中说明，双方应从专用条件中指定的独立调解中心提供的专家表中选定中立的调解人。如果14天内双方不能够就选定一个调解人达成一致，则任何一方均有权请求FIDIC主席指定一个调解人，该人对双方均有约束力。

如果对调解人的雇用已确定，任一方便可以书面形式通知另一方开始调解，调解在收到通知后的21天内开始。

调解应该按照指定调解人要求的程序进行。如果专用条件已对程序作出规定，则应该依照该程序，但调解人可随时提出供双方参考的其他程序。

调解中所有的协商和讨论都应秘密进行，并与现进行或随后的诉讼无关，除非另有书面协议。如果双方接受了调解人的建议或另就争议的解决达成一致，均应做出书面协议，当代表签字后，便对双方产生了约束力。

如果无法达成一致意见，任一方可要求调解人就争议向双方给出无约束力的书面意见。除非双方此前已书面同意，此类意见不能作为任何正在进行或随后诉讼的证据。

双方应各自承担准备证据和向调解人提交证据产生的费用。调解和调解服务的费用应该由双方平摊，但双方另有约定的情况除外。

只有双方已尝试通过调解解决争议，或调解终止，或一方无法参加调解，才可将涉及履行协议引起的争议申请仲裁。但如果争议未在发出调解通知后的90天内解决，任一方均有权申请仲裁。

8.3　仲裁

如果调解失败，双方应联合草拟一份书面说明来记录双方一致认同的争议事项。提交随后的仲裁。最迟在仲裁开始前，调解人应结束其工作。仲裁过程中，调解人既不可作为证人出庭，也不可提供任何调解期间的附加证据。

除非专用条件另有说明，否则涉及履行协议书引发的仲裁应依据国际商会仲裁准则，指定一名或数名仲裁员执行。

3）业主/咨询工程师标准服务协议书

《业主/咨询工程师标准服务协议书》是国际咨询工程师联合会（简称FIDIC）编制的，主要适用于国际工程中的投资前研究、可行性研究、设计与施工管理、项目管理等。在国际工程的项目调研决策阶段，当采取业务外包工作模式，委托或招标选择国际工程咨询顾问公司或咨询工程师，承担国际工程承包市场调查研究与项目可行性研究任务时，只要结合具体的工程咨询业务的特点对该合同文本进行修改或调整就可以形成咨询服务协议书。

《业主/咨询工程师标准服务协议书》的许多条款是普遍适用的，但有些条款则须考虑要履行服务的环境和地区而作必要的变更。它们将一起编入构成协议书的文件中，被称为第一部分——标准条件的通用条款已被编排在本文件中。

由条款的相应顺序编号把标准条件与被称为第二部分的特殊应用条件联系起来，这样第一部分和第二部分共同构成确定各方权利和义务的条件。

第二部分的内容必须专门拟定，以适应每一单独的协议书和服务类型。应将必须完成的第二部分的内容刊印在活页纸上，以便在增编附加条款时将其撤换。

FIDIC 预计不久将出版《咨询协议书文件注释》，该书将包括对标准服务协议书条款的解释以及对编制附件 A 及附件 C（"服务范围"及"报酬和支付"）的注释。

使用者参阅 FIDIC 的其他出版物也可能是有益的，如：

——为工程服务的独立咨询工程师使用指南；

——根据能力进行选择；

——咨询工程师在项目中的作用。

《业主/咨询工程师标准服务协议书》文案如下：

协 议 书

本协议书于_____年___月___日由____（以下简称"业主"）为一方与_____（以下简称"咨询工程师"）为另一方签订。

鉴于业主欲请咨询工程师履行某些服务，即_____并已接受咨询工程师为履行该类服务所提出的建议书。

兹就以下事项达成本协议：

1. 本协议书中的措辞和用语应与下文提及的"业主/咨询工程师标准服务协议书条件"中分别赋予它们的含义相同。

2. 下列条件应被认为是组成本协议书的一部分，并应被作为其一部分进行阅读和理解，即：

（1）中标通知书；

（2）业主/咨询工程师标准服务协议书条件（第一部分——标准条件和第二部分——特殊应用条件）；

（3）附件，即：

附件 A——服务范围

附件 B——业主提供的职员、设备、设施和其他人员的服务

附件 C——报酬和支付

_____

3. 考虑下文提及的业主对咨询工程师的支付，咨询工程师应按照本协议书的条款在此答应业主去履行服务。

4. 业主在此同意按本协议书注明的期限和方式，向咨询工程师支付根据协议书规定应支付的款项，以此作为履行服务的报酬。

本协议书谨于前文所书明之年月日，由立约双方根据其有关的法律签署并开始执行。特此证明。

由＿＿＿＿＿＿在场的情况下　　　　　由＿＿＿＿＿＿在场的情况下

业主的具有约束力的签名　　　　　　咨询工程师具有约束力的签名

如需要时　　　　　　　　　　　　　如需要时

盖章：＿＿＿＿＿＿＿＿＿＿　　　　盖章：＿＿＿＿＿＿＿＿＿＿

姓名：＿＿＿＿＿＿＿＿＿＿　　　　姓名：＿＿＿＿＿＿＿＿＿＿

签字：＿＿＿＿＿＿＿＿＿＿　　　　签字：＿＿＿＿＿＿＿＿＿＿

地址：＿＿＿＿＿＿＿＿＿＿　　　　地址：＿＿＿＿＿＿＿＿＿＿

附件：

业主/咨询工程师标准服务协议书条件

第一部分　标　准　条　件

定义及解释

1. 定义

除上下文另有要求外，以下各词和用语，应具有如下的涵义：

(1)"项目"是指第二部分中指定的并为之建造的工程项目。

(2)"服务"是指按照协议书咨询工程师履行的服务，包括正常的服务、附加的服务和额外的服务。

(3)"工程"是指完成项目而实施的永久工程（包括提供给业主的物品和设备）。

(4)"业主"是指本协议书中所指的，雇用咨询工程师的一方及业主的合法继承人和允许的代理人。

(5)"咨询工程师"是指本协议书中所指的，由业主雇用的作为一个独立的专业公司去履行服务的一方及咨询工程师的合法继承人和允许的代理人。

(6)"一方"和"各方"是指业务和咨询工程师。"第三方"是指上下文要求的任何其他当事人或实体。

(7)"协议书"是指包括业主/咨询工程师标准服务协议书的第一部分和第二部分条件以及附件 A（服务范围）、附件 B（业主提供的职员、设备、设施和其他人员的服务）、附件 C（报酬和支付）、中标通知书和正式协议书（若已签订），或在第二部分中的其他规定。

(8)"日"是指任何一个午夜至下一个午夜的时间段。

(9)"月"是指按公历从一个月份中任何一天开始的一个月的时间段。

(10)"当地货币"（LC）是指项目所在国的货币，"外币"（FC）是指任何其他的货币。

（11）"商定的补偿"是指根据协议书支付在第二部分中所规定的款项。

2. 解释

（1）本协议书中的标题不应在其解释中使用。

（2）视上下文需要，本文中词的单数包含复数的含义，阳性包含阴性的含义，反之亦然。

（3）如果协议书条款中有相互矛盾之处，则按时间顺序以最后编写的为准。

咨询工程师的义务

3. 服务范围

咨询工程师应履行与项目有关的服务。在附件A中已规定了服务的范围。

4. 正常的、附加的和额外的服务

（1）在附件A中所述的那类服务称为正常服务。

（2）在附件A中所述的那类服务或通过双方的书面协议另外附加于正常服务的那类服务称为附加服务。

（3）那些既不是正常的也不是附加的，但按照第28条款咨询工程师需履行的服务称之为额外服务。

5. 认真地尽职和职权的行使

（1）咨询工程师应运用合理的技能，认真和勤奋地履行本协议书规定的义务。

（2）当服务包括行使权利或履行授权的或业主和任何第三方签订的合同条款要求的职责时，咨询工程师应：

① 根据合同进行工作，如果该权利和职责的详细规定未在附件A中加以说明，则这些详细规定应是他可以接受的。

② 如果授权，应在业主和第三方之间公正地证明、决定或行使自己的处理权，但不是作为仲裁人而是作为一名独立的专业人员根据自己的职能和判断进行工作。

③ 如果授权，拥有可变更任何第三方的义务。但对费用或质量或时间可能有重大影响的任何变更，则须事先征得业主的同意（且发生任何紧急情况，咨询工程师应尽快地通知业主）。

6. 业主的财产

由业主提供或支付的供咨询工程师使用的任何物品均属于业主的财产，在实际可行时应加以标明。当服务完成或终止时，咨询工程师应将履行服务中未使用的物品库存清单提交给业主，并按业主的指示移交此类物品。此类移交应视为附加的服务。

业主的义务

7. 资料

业主应在一个合理的时间内免费向咨询工程师提供他能够得到的与服务有关的所有资料以不耽误服务。

8. 决定

业主应在一个合理的时间内就咨询工程师以书面形式提交给他的一切事情作出书面决定以不耽误服务。

9. 协助

在项目所在国，对咨询工程师和他的职员及下属，业主应尽一切努力按照具体情况提供以下协助：

(1) 入境、居留、工作和出境所需的文件条款；

(2) 在服务所需要的任何地方提供畅通无阻的通道；

(3) 个人财产和服务所需物品的进口、出口以及海关结关；

(4) 发生意外事件时的遣返；

(5) 允许咨询工程师因服务目的和他的职员因个人使用将外币带入该国以及允许将履行服务中所赚外币带出该国的权利的条款；

(6) 为了方便咨询工程师收集他要获取的信息，应提供与其他组织相联系的渠道。

10. 设备和设施

为了服务的目的，业主应免费向咨询工程师提供附件 B 中所规定的设备和设施。

11. 业主的职员

在与咨询工程师协商后，业主应根据附件 B 的规定，自费从其雇员中为咨询工程师挑选和提供职员。此类职员在涉及服务时只应从咨询工程师处接受指示。

12. 其他人员的服务

业主应按附件 B 的说明，自费安排其他人员的服务供给。咨询工程师应与此类服务的提供者合作，但不对此类人员或他们的行为负责。

职员

13. 职员的提供

由咨询工程师派往项目所在国工作的职员应接受体格检查并应能适应他们的工作，同时他们的资格应得到业主的认可。

根据第 11 条款，由业主提供的职员应得到咨询工程师的认可。

如果业主未能提供他应负责提供的业主的职员或其他人员的服务，而双方都认为有必要提供此类服务以便于满意地履行服务时，则咨询工程师可安排此类服务的提供，并作为附加的服务。

14. 代表

每一方应指定一位职员或个人作为其代表以便于本协议书的管理。

如果业主要求，咨询工程师应指定一人与项目所在国的业主代表建立联络关系。

15. 职员的更换

如果有必要更换任何人员，则负责任命的一方应立即安排一位具有同等能力的人员来替换。

除非此类更换由另一方提出的，否则，这类更换的费用应由负责任命的一方承担。

(1) 此要求应以书面形式提出并申述更换理由；

(2) 如果不能把渎职或不能圆满地执行任务作为理由成立，则提出要求的一方应承担更换费用。

责任和保险

16. 双方之间的责任

(1) 咨询工程师的责任

如果确认咨询工程师违背了第 5 条第 (1) 款，则他应仅对由本协议书引起的或与此有关的事情负责向业主赔偿。

（2）业主的责任

如果确认业主违反了他对咨询工程师的责任，则业主应负责向咨询工程师赔偿。

（3）赔偿

如果认为任何一方对另一方负有责任，则仅在下列条件下进行支付赔偿：

① 这类赔偿应限于由此违约造成的可合理预见的损失或遭受的损害的数额，而对其他则不予赔偿；

② 在任何情况下，这些赔偿数额应限于第18条第（1）款规定的数额；

③ 如果认为任一方与第三方共同对另一方负有责任，负有责任的任一方所支付的赔偿比例应限于由其违约所应负责的那部分比例。

17. 责任的期限

无论是业主还是咨询工程师都不应对由任何事件引起的任何损失或损害负责，除非在第二部分规定的相应时段终止之前或法律可能规定的更早日期之前，已正式向业主或咨询工程师提出索赔。

18. 赔偿的限额和保障

（1）赔偿的限额

根据第16条款有关责任方面的款项，任何一方向另一方支付赔偿的最大数额应限于第二部分中规定的数额。此限额不影响按第31条第（2）款规定的或本协议书另外规定的任何商定的补偿。

在可能另外支付的赔偿总计超过应支付的最大数额的情况下，每一方均应同意放弃对另一方的所有索赔要求。

如果任何一方向另一方提出索赔要求而该要求不能确立，则提出索赔者应对由于该索赔所引起对方的各种费用完全补偿。

（2）保障

如果适用的法律允许，则业主应保障咨询工程师免受由索赔造成的不利影响，包括由本协议书引起的或与之有关的第三方提出的这类索赔，除非：

①这类索赔已包括在按第19条款规定办理的保险范围内；

②在第17条款提及的责任期终止后提出的这类索赔。

（3）例外

上述第18条第（1）、（2）款不适用于由下列情况引起的索赔：

① 故意违约或粗心引起的渎职；

② 与本协议书规定义务的履行无关的情况。

19. 责任的保险与保障

业主可以书面的形式要求咨询工程师：

（1）对第16条第（1）款规定的咨询工程师的责任进行保险；

（2）在业主首次邀请咨询工程师为服务提交建议书之日，对按第16条第（1）款规定的咨询工程师的责任进行保险的基础上，对其追加保险额；

（3）对公共的或第三方进行责任保险；

（4）在业主首次邀请咨询工程师为服务提交建议书之日，对公共的或第三方责任进行保险的基础上，对其追加保险额；

（5）对其他各项进行保险。

如果这样要求，在业主可接受的条件下，咨询工程师应做出一切合理努力，让此类保险或追加保险额由承保人来办理。

业主应负担此类保险的费用或追加保险额的费用。

20．业主财产的保险

除非业主有另外的书面要求，咨询工程师应按业主可接受的条件尽一切合理的努力，进行下列各项保险：

（1）按第6条款提供或支付的业主财产的损失或损害；

（2）因使用该财产而产生的责任。

业主应负担此类保险的费用。

协议书的开始、完成、变更与终止

21．协议书生效

协议书从咨询工程师收到业主对其建议发出中标通知书之日或完成正式协议书所需的最后签字之日（如有时）中较晚的那个日期起生效。

22．开始和完成

除根据协议书可延期外，服务必须在第二部分所规定的时间或期限内开始和完成。

23．更改

当任何一方提出申请并经双方书面同意后，可对本协议书进行更改。

24．进一步的建议

如果业主以书面的形式提出要求，则咨询工程师应提交变更服务的建议。这类建议的准备和提交应视为附加的服务。

25．延误

如果业主或其承包商使服务受到阻碍或延误，导致增加服务工作量或服务时间，则：

（1）咨询工程师应将此情况及其可能产生的影响通知业主；

（2）此增加部分应作为附加的服务；

（3）服务的完成时间应相应予以延长。

26．情况的改变

如果出现根据本协议书咨询工程师不应负责的情况，以及该情况使咨询工程师不负责或不能履行全部或部分服务，咨询工程师应立即通知业主。

在这种情况下，如果某些服务不得不暂停，则此类服务的完成期限应予以延长，直到这种情况不再持续。为了恢复服务还应加上一个不超过42天的合理期限。如果某些服务履行的速度不得不减慢，则完成该类服务的期限因此情况须给予延长。

27．撤销、暂停或终止

（1）业主的通知

①业主至少在56天前通知咨询工程师暂停全部或部分服务或终止本协议书，咨询工程师应立即对停止服务且将支出减到最小的事宜作出安排。

②如果业主认为咨询工程师没有正当理由而未履行其义务时，可通知咨询工程师并说明发出该通知的原因。如果在21天内业主未收到满意的答复，则他可发出进一步的通知终止本协议书，但该进一步的通知应在业主第一个通知发出后35天内发出。

（2）咨询工程师的通知

在下列情况下，当咨询工程师向业主发出通知至少14天后，咨询工程师可发出进一步的通知，在进一步通知发出至少42天后，他才能终止本协议书，或在不损害其终止权利的情况下，可自行暂停或继续暂停履行全部或部分的服务。

① 当支付单据应予支付的日期后30天，他仍未收到届时未提出书面异议的那一部分款项时；

② 当按第26条款或第27条第（1）款，服务已暂停且暂停期限已超过182天时。

28. 额外的服务

当发生第26条款所述情况时，或撤销或暂停或恢复服务时，或并不按第27条第（1）款第②项终止本协议书时，咨询工程师需做的任何工作或支出的费用除正常的或附加的服务之外应视为额外的服务。

咨询工程师有权获得履行额外的服务所需的额外的时间和费用。

29. 各方的权利和责任

本协议书的终止不应损害或影响各方应有的权利或索赔及责任。

支付

30. 对咨询工程师的支付

（1）根据合同条件和附件C中规定的细则，业主应向咨询工程师支付正常的服务报酬，并按附件C的规定费率和价格或基于此费率和价格支付附加的服务报酬，只要此费率和价格适用，否则根据第23条款商定的费率和价格支付。

（2）业主应就有关额外的服务向咨询工程师支付下列款项，除非另有书面协定：

① 在履行服务当中，咨询工程师的职员所花费额外的时间用于附加服务的报酬；

② 由咨询工程师花费的所有其他额外开支的净成本。

31. 支付的时间

（1）应迅速支付给咨询工程师的到期款项。

（2）咨询工程师在第二部分规定的时间内未收到付款时，则应根据第二部分规定的利率向其支付商定的补偿，每月将该补偿加到过期未支付的金额中，此补偿以过期未付金额的货币从发票注明的应支付之日起计算。

该商定的补偿不应对第27条第（2）款所规定的咨询工程师的权利产生影响。

32. 支付的货币

（1）适用于本协议书的货币是第二部分中所规定的货币。

如果使用其他货币支付，则应按第二部分规定的汇率计算并支付未加扣除的净额。业主应保证咨询工程师能将其在业主所在国内收到的与履行服务有关的那部分当地货币或外币迅速汇往国外，除非在附件C中另有规定。

（2）如果在签订本协议书之日或服务履行期间，业主所在国内的情况与协议书中规定的情况相反，如：

① 阻止或延误咨询工程师将业主国内收到的当地货币或外币汇往国外；

② 在业主所在国内限制外币的有效或使用；

③ 当咨询工程师因用当地货币开支而从国外向业主所在国汇入外币，以及随后将总额相等的当地货币再汇往国外时，对其征税或规定不同汇率，从而阻止咨询工程师的服务

的履行或导致他财务上的损失。

这时，若在财务上未作出其他令咨询工程师满意的安排，业主应保证此情况是适用于按第26条所规定的情况。

33. 有关第三方对咨询工程师的收费

除在第二部分或附件C中规定以外：

（1）对咨询工程师及其通常不居住在项目所在国内的职员因本协议书引起的，为该国政府或授权的第三方所要求的支付款，业主在任何情况下都应为他们办理豁免，包括：

① 他们的报酬；

② 他们进口的物品，除食品和饮料以外；

③ 用于服务的进口物品；

④ 文件。

（2）如果业主未能成功地办理上述豁免，则他应偿付合理支付的此类款项给咨询工程师。

（3）当不再需要上述物品用于服务且上述物品不是业主的财产时，规定：

① 未经业主批准，不得在项目所在国内将上述物品处理掉；

② 未向业主支付从政府或授权的第三方处加收并收到的退款或退税时，不得将上述物品出口。

34. 有争议的发票

如果业主对咨询工程师提交的发票中的任何项目或某项目的一部分提出异议，则业主应立即发出通知说明理由，但他不得延误支付发票中的其他项目。第31条第（2）款应适用于最终支付给咨询工程师的一切有关争议的金额。

35. 独立的审计

咨询工程师应保存能清楚证明有关时间和费用的最新的记录。

除协议书规定固定总价支付外，在完成或终止服务后12个月内，业主可在发出通知不少于7天后要求由他指定一家有声誉的会计师事务所对咨询工程师申报的任何金额进行审计，并应在正常工作时间于保存记录的办公室内进行该审计工作。

一般规定

36. 语言和法律

协议书的一种或几种语言、主导语言及协议书所遵循的法律在第二部分中作了规定。

37. 立法的变动

除第二部分指明的咨询工程师的业务总部所在地外，若在订立本协议书以后，因履行服务所在的任何国家的法规发生变动或增加从而引起服务费用或服务期的改变，则商定的报酬和完成时间应作相应的调整。

38. 转让和分包合同

（1）未经业主书面同意，除支付款的转让外，咨询工程师不得将本协议书涉及的利益转让出去。

（2）未经对方书面同意，无论业主或咨询工程师均不得将本协议书规定的义务转让出去。

（3）未经业主书面同意，咨询工程师不得开始实施、更改或终止履行全部或部分服务的任何分包合同。

39. 版权

咨询工程师拥有由他编制的所有文件的版权。业主仅有权为工程和预定的目的使用或复制此类文件，为此目的使用而复制这类文件时不需经咨询工程师的许可。

40. 利益的冲突

咨询工程师及其职员不应有也不应接受协议书规定以外的与项目有关的利益和报酬，除非业主另外书面同意。

咨询工程师不得参与可能与协议书中规定的业主的利益相冲突的任何活动。

41. 通知

本协议书的有关通知应用书面的形式，并从在第二部分写明的地点收到时生效。通知可由人员递送，或传真通信，但要有书面回执确认；或通过挂号信，或电传，但随后要用信函确认。

42. 出版

咨询工程师可单独或与他人联合出版与工程和服务有关的材料，除非在第二部分中另有规定。但若在服务完成或终止后两年内出版有关材料时，则须经业主批准。

争端的解决

43. 对损失或损害的索赔

因违反或终止协议书而引起的对损失或损害的任何赔偿，按第17条的规定，应在业主与咨询工程师之间达成一致意见。如未达成一致，则应按第44条款的规定，提交仲裁。

44. 仲裁

由协议书引起的或与之有关的任何争议或索赔，或违约、终止协议书或使之无效，均应按第二部分所订的、在协议书生效日期失效的规则，通过仲裁解决。

双方同意遵守裁决的结果，并放弃他们的任何形式的上诉权，只要这种弃权实际有效。

第二部分　特殊应用条件

A. 参阅第一部分条款

1. 定义

(1) 项目是＿＿＿＿＿＿＿＿＿＿＿＿＿＿＿＿＿＿＿＿＿＿＿＿＿＿＿＿＿＿＿＿＿

17. 责任的期限＿＿＿＿＿＿＿＿＿＿＿＿＿＿＿＿＿＿＿＿＿＿＿＿＿＿＿＿＿＿＿

计算起自＿＿＿＿＿＿＿＿＿＿＿＿＿＿＿＿＿＿＿＿＿＿＿＿＿＿＿＿＿＿＿＿＿

18. (1) 赔偿的限额＿＿＿＿＿＿＿＿＿＿＿＿＿＿＿＿＿＿＿＿＿＿＿＿＿＿＿＿

22. 开始＿＿＿＿＿＿＿＿＿＿＿＿＿＿＿＿＿＿＿＿＿＿＿＿＿＿＿＿＿＿＿＿＿

完成＿＿＿＿＿＿＿＿＿＿＿＿＿＿＿＿＿＿＿＿＿＿＿＿＿＿＿＿＿＿＿＿＿＿＿

31. (2) 支付的时间

当地货币＿＿＿＿＿＿＿＿＿＿＿＿＿＿＿＿＿＿＿＿＿＿＿＿＿＿＿＿＿＿天

外币＿＿＿＿＿＿＿＿＿＿＿＿＿＿＿＿＿＿＿＿＿＿＿＿＿＿＿＿＿＿＿＿＿天

用于过期应付款项

商定的补偿每天＿＿＿＿＿＿＿＿＿＿＿＿＿＿＿＿＿＿＿＿＿＿＿＿＿＿＿＿％

32. 协议书规定的货币

支付的货币			
协议书中货币的汇率			

36. 协议书的语言

主导语言＿＿＿＿＿＿＿＿＿＿＿＿＿＿＿＿＿＿＿＿＿＿＿＿＿＿＿＿＿

协议书遵循的法律＿＿＿＿＿＿＿＿＿＿＿＿＿＿＿＿＿＿＿＿＿＿＿＿＿

37. 业务总部所在地＿＿＿＿＿＿＿＿＿＿＿＿＿＿＿＿＿＿＿＿＿＿＿＿＿

41. 通知

业主的地址＿＿＿＿＿＿＿＿＿＿＿＿＿＿＿＿＿＿＿＿＿＿＿＿＿＿＿＿

电传号码＿＿＿＿＿＿＿＿＿＿＿＿＿＿＿＿＿＿＿＿＿＿＿＿＿＿＿＿＿

传真电话号码＿＿＿＿＿＿＿＿＿＿＿＿＿＿＿＿＿＿＿＿＿＿＿＿＿＿＿

咨询工程师的地址＿＿＿＿＿＿＿＿＿＿＿＿＿＿＿＿＿＿＿＿＿＿＿＿＿

电传号码＿＿＿＿＿＿＿＿＿＿＿＿＿＿＿＿＿＿＿＿＿＿＿＿＿＿＿＿＿

传真电话号码＿＿＿＿＿＿＿＿＿＿＿＿＿＿＿＿＿＿＿＿＿＿＿＿＿＿＿

44. 仲裁地及规则＿＿＿＿＿＿＿＿＿＿＿＿＿＿＿＿＿＿＿＿＿＿＿＿＿＿

B. 附加条款

1.4　全球新能源市场分析

我们所称的新能源是指风能、太阳能、地热能、海洋能、生物质能、核聚变能源（简称核能）等。

1.4.1　概况

自 2019 年 12 月新冠病毒出现以来，全球经济陷入了严重的衰退，能源需求大幅度下降，不确定因素大幅增加。全世界除中国、越南等少数经济体的能源需求正增长外，多数国家及地区电力能源行业均遭受到前所未有的衰退。但是，危机中孕育着转机，以光伏、风电为代表的新能源（或称可再生能源）却得到了快速发展，其发电量在逆境中得到了大幅度的提高，取代常规火电的趋势已经十分明显。

2018 年全球电力能源需求增长 4％，2019 年增长 1％。2020 年由于新冠肺炎疫情所致，全球电力能源需求下降 2％，其中：欧洲、北美、南美洲分别下降 4％、3％、4％；亚太地区电力能源需求与 2019 年基本持平。

根据国家能源局华经产业研究院提供的资料：尽管受到新冠肺炎疫情的影响，我国全社会的用电量依然持续增长，2020 年为 7.51 万亿 kW·h，2021 年已达到 8.31 万亿 kW·h，同比 2020 年增长 10.7％，增速为近十年来最高值。与此同时，中国电力投资规模 2021 年达到了 10481 亿元，同比 2020 年增长 5.4％。社会用电量与投资规模增长的主要原因是 2020 年新冠肺炎疫情导致部分企业停工，整体用电增速下降，2021 年企业复工需求增长加之国外持续停工影响，国内出口需求增长，同时冬奥会的举办也在一定程度上增加了用电量。预计未来我国电力能源需求仍将保持增长趋势，占全球电力能源的消耗量将超过 28%。

1.4.2 全球及中国新增装机情况

2020 年全球新能源（可再生能源）装机容量增长约 4%，风电和光伏发电装机容量比 2019 年增长 30%。而光伏发电新增装机容量达到 107GW，增速比 2019 年下降 1%。风电新增装机容量达到 65GW，增速比 2019 年增加 8%。水电新增装机容量达到 18GW；核电装机容量达到 8GW；天然气新增装机容量达到 40GW；增速比 2019 年下降 1%。

受新冠感染的影响，化石能源市场份额的下降及新能源（可再生能源）增速的上升，2020 年碳排放率下降约为 5%；欧洲及北美地区下降比较显著，分别下降 17%、10%。

根据中电联的数据：截至 2021 年年底，中国电力能源（发电）装机容量为 23.77 亿 kW，其中：火电装机容量 13.0 亿 kW，水电装机容量 3.9 亿 kW，风电 3.3 亿 kW，太阳能发电装机 3.1 亿 kW，生物质发电装机 3798 万 kW；分别同比增长 5.6%、16.6%、20.9%、28.7%。另外：全口径非化石能源发电装机容量 11.2 亿 kW，占总装机容量比重为 47.0%，同比提高 2.3 个百分点，历史上首次超过煤电装机比重；非化石能源发电装机比重比 2015 年底提高 12.2 个百分点，年均提高 2.0 个百分点。

另外，根据国家能源局发布的中国 2021 年光伏发电建设运行情况：2021 年新增装机 54.88GW，其中分布式光伏 29.27GW，占比 53.33%；集中式光伏发电站新增装机 25.6GW，占比 46.64%。全国光伏发电站累计装机 305.98GW，连续 9 年稳居世界首位，其中集中式累计装机 198.47GW，分布式为 107.5GW，占比 35%。分布式光伏装机规模的迅速增加超过了行业预期，根据国家能源局此前发布的行业资讯，"十四五"首年，光伏发电建设实现新突破，呈现新特点。一方面，从累计装机来看，截至 2021 年年底分布式光伏达到 1.075 亿 kW，突破 1 亿 kW，约占全部光伏发电并网装机容量的三分之一；另一方面，在新增光伏发电并网装机中，分布式光伏新增约 2900 万 kW，约占全部新增光伏发电装机的 55%，历史上首次突破 50%，光伏发电集中式与分布式并举的发展趋势明显；不仅如此，在新增分布式光伏中，户用光伏继 2020 年首次超过 1000 万 kW 后，2021 年超过 2000 万 kW，达到约 2150 万 kW。户用光伏已经成为我国如期实现碳达峰、碳中和目标和落实乡村振兴战略的重要力量。

1.4.3 全球电力能源结构情况

电力结构是指电力来自一次能源的比例。由于任何能源都可以发电，而各国所处的地理位置不同，电力的来源也就不同，这就构成了世界各国各不相同的电力结构。表 1-20 为 2015—2019 年全球电力生产结构变化情况。

目前，全球电力能源仍然是化石燃料发电占据主导地位，其中以燃煤发电为主，其次为燃气发电，燃油发电份额很小。可再生能源以水电为主，在新能源中风力发电和光伏发电进展较快。2020 年非再生能源发电占全球发电总量的 71.4%，比 2019 年减少了 1.7%；而可再生能源发电上升到 1.7%。根据国际能源署（IEA）《BP Statistical Review of World Energy June（2017—2021）》报告，2011—2020 年全球电力能源结构变化见表 1-21。

2015—2019 年全球电力生产结构变化表（单位：%）　　表 1-20

年份	2015	2016	2017	2018	2019
燃煤发电	39.5	37.9	38.2	38.0	36.4
燃油发电	4.1	3.8	3.4	3.0	3.1
燃气发电	22.9	23.5	23.2	23.2	23.3
核能发电	10.6	10.5	10.3	10.2	10.4
水力发电	16.6	16.6	16.4	15.8	15.9
风力发电	3.6	4.0	5.6	5.5	5.9
生物质发电	2.0	2.0	2.2	2.2	2.2
光伏发电	1.2	1.5	1.9	2.4	2.8
地热发电					
核能发电	0.4	0.4	0.4	0.4	0.4
海洋能发电					

资料来源：《2020 年全球电力报告》前瞻产业研究院整理

2011—2020 年全球电力能源结构变化表　　表 1-21

年份	2011	2012	2013	2014	2015	2016	2017	2018	2019	2020
全球发电总量（TW·h）	22257.0	22806.3	23435.2	24031.7	24270.5	24915.2	25623.9	26659.1	27001.0	26823.2
燃煤发电（TW·h）	9144	9168	9633	9707	9538	9451.0	9806.2	10101	9824.1	9421.4
燃油发电（TW·h）	1058	1128	1028	1023	990	958.4	870.0	802.8	825.3	758.0
燃气发电（TW·h）	4852	5100	5066	5155	5543	5849.7	5952.8	6182.8	6297.9	6268.1
核能发电（TW·h）	2584	2461	2478	2525	2571	2612.8	2639.0	2701.4	2796.0	2700.1
合计（TW·h）	17638	17857	18205	18410	18642	18872	19268	19788	19743.3	19147.6
非再生能源发电（%）	79.7	78.8	78.1	77.3	77.1	75.7	75.0	74.3	73.1	71.4
再生能源发电（TW·h）	4488	4811	5117	5406	5534	6058.3	6408.6	6827.3	7261.3	7675.6
（%）	20.3	21.2	21.9	22.7	22.9	24.3	25.0	25.7	26.9	28.6

　　鉴于任何能源都可以发电，再加上各国所处的地理位置不同，电力的来源也就不同，这就构成了世界各国差异很大的电力结构。所以，国际能源署在上述报告中，将能源清洁化定义为：能源清洁化（%）＝（核能＋水力发电＋再生能源＋其他）/发电总量，并用表格的方式，表示出"2020 年世界各国和地区电力清洁化程度"（表 1-22）。

2020 年世界各国和地区电力清洁化程度（单位：TW·h）　　表 1-22

国家	原油	天然气	原煤	核能	水力发电	再生能源	其他	总量	电力清洁化（%）
加拿大	3.3	70.9	35.6	97.5	384.7	51.2	0.7	643.9	82.9
墨西哥	33.7	183.1	18.9	11.4	26.8	39.2	—	313.2	24.7
美国	18.8	1738.4	844.1	831.5	288.7	551.7	13.4	4286.6	39.3
北美洲	55.8	1992.4	898.6	940.4	700.2	642.1	14.1	5243.6	43.8
阿根廷	7.4	79.8	2.5	10.7	30.5	11.2	1.0	142.5	37.5

续表

国家	原油	天然气	原煤	核能	水力发电	再生能源	其他	总量	电力清洁化（%）
巴西	7.5	56.3	22.9	15.3	396.8	120.3	1.0	620.1	86.0
其他国家	78.6	97.4	51.1	—	233.1	61.3	—	521.5	56.6
中南美洲	93.5	233.5	76.4	26.0	660.5	192.9	0.1	1282.8	68.5
德国	4.3	91.9	134.8	64.4	18.6	232.4	25.5	571.9	59.6
意大利	9.7	136.2	16.7	—	46.7	70.3	3.1	282.7	42.5
荷兰	1.3	72.1	8.8	4.1	—	32.0	4.0	122.3	32.8
波兰	1.4	16.7	111.0	—	2.1	25.6	1.1	157.8	18.3
西班牙	10.7	68.7	5.6	58.2	27.5	80.5	4.6	255.8	66.8
土耳其	0.1	70.0	106.1	—	78.1	49.8	1.3	305.4	42.3
乌克兰	0.7	13.9	41.2	76.2	6.3	9.7	1.0	149.0	62.6
英国	0.9	114.1	5.4	50.3	6.5	127.8	7.7	312.8	61.5
其他国家	17.2	175.4	145.2	584.3	469.5	292.8	29.1	1713.5	80.3
欧洲	46.3	759.1	574.8	837.4	655.3	921.0	77.4	3871.3	64.3
哈萨克斯坦	—	21.3	73.0	—	9.8	3.7	1.4	109.2	13.6
俄罗斯	10.7	485.5	152.3	215.9	212.4	3.5	4.9	1085.4	40.2
其他 CIS 国家	0.8	151.1	4.2	2.1	43.4	0.9	0.1	202.5	23.0
独联体国家	11.6	657.7	229.4	218.0	265.6	8.1	6.4	1397.1	35.7
伊朗	82.1	220.4	0.7	6.3	21.2	1.0	—	331.6	8.6
沙特阿拉伯	132.8	207.0	—	—	—	1.0		340.9	0.3
阿联酋	—	131.2	—	1.6	—	5.6		138.4	5.2
其他中东国家	142.6	277.4	19.0		4.3	11.0		454.3	3.4
中东	357.5	836.1	19.7	8.0	25.4	18.6		1265.2	4.1
埃及	25.8	150.0			13.1	9.7		198.6	11.5
南非	1.4	1.9	202.4	15.6	0.5	12.6	5.1	239.5	14.1
其他非洲国家	42.4	180.3	33.6	—	128.9	20.0	0.6	405.8	37.9
非洲	69.6	332.2	236.0	15.6	142.6	42.3	5.7	843.9	18.8
澳大利亚	4.5	53.1	142.9	—	14.5	49.9	0.3	265.2	24.4
中国	11.4	247.0	4917.7	366.2	1322.0	863.1	51.6	7779.1	33.5
中国台湾	4.2	99.9	126.0	31.4	3.0	10.3	4.9	279.8	17.7
印度	4.9	70.8	1125.2	44.6	163.6	151.2	0.6	1560.9	23.1
印度尼西亚	6.8	51.3	180.9	—	19.5	16.8	—	275.3	13.2
日本	41.6	353.5	298.8	43.0	77.5	125.6	64.8	1004.8	30.9
马来西亚	0.9	45.6	89.6	—	20.3	3.1	—	159.6	14.7
韩国	7.0	153.3	208.5	160.2	3.9	37.0	4.1	574.0	35.7
泰国	0.7	113.9	36.8	—	4.5	20.5	—	176.4	14.2

国家	原油	天然气	原煤	核能	水力发电	再生能源	其他	总量	电力清洁化（%）
越南	1.2	35.1	118.6	—	69.0	9.5	1.2	234.5	34.0
其他亚太国家	40.5	233.5	141.4	9.3	149.3	34.9	0.8	609.7	31.9
亚太地区	123.8	1456.9	7386.4	654.8	1847.2	1322.0	128.3	12919.3	30.6
世界	758.0	6268.1	9421.4	2700.1	4296.8	3147.0	231.8	26823.2	38.7

表 1-22 中"再生能源"包括地热发电、生物质能发电和其他再生能源发电。

"其他"包括不是一次能源发电而产生的能源如抽水蓄能、非再生的废物发电以及统计差。

从表 1-22 中可以看出，全球电力清洁化程度平均值为 38.7%；电力清洁化程度最高的地区是南美洲达 68.5%；电力清洁化程度最高的国家是巴西（86%）、加拿大（82.9%）。

国际能源署预测：在 2050 年将会有 77 个国家、10 个地区和 100 个以上城市将达到净零碳排放。

1.4.4 新能源发展情况

（1）光伏发电

根据国家能源局、华经产业研究院提供的数据：2021 年全球光伏累计装机容量达到 942GW，新增装机容量为 175GW。2021 年我国光伏累计装机容量为 305.99GW，新增装机容量为 54.88GW。预计 2022—2030 年全球及中国新增光伏装机量将继续保持稳定增长的态势。

随着光伏产业的技术进步，大尺寸、高功率组件的不断推出与量产，2020 年组件已经步入 500Wp+时代，600Wp 组件也已经量产。2021 年光伏组件功率主流产品主要是 535~550W。鉴于 2020 年光伏产业链中各个环节的产品价格持续走低，EPC 总承包的报价也不断下降，由 2019 年的 4~5 元/W 降到 4 元/W 以下。而中国国内的 EPC 总承包的报价在 3.5 元/W 左右（不含线路），如果按 2019 年国内光伏年平均利用 169h 计算，对应的发电成本则为 0.36 元/kW·h。由此可见，在光伏发电技术的引领下，发电成本不断下降，竞争将更加激烈。

（2）风力发电

根据国家能源局、华经产业研究院提供的数据：2021 年全球风电累计装机容量为 837GW，新增装机容量为 93.6GW，累计及新增装机容量均保持大幅度上升趋势。2021 年我国风电累计装机容量为 328.5GW，新增装机容量为 47.57GW。据国网能源研究院预计，在 2040 年前后，风电和光伏发电将成为我国的主力非化石能源。

2020 年陆上风力发电风电机组单机功率平均为 4.5MW，世界风力技术领域的先驱维斯塔斯集团于 2020 年又推出了陆上风机 6MW 机组的产品，海上风机也出现了 10MW 的机组，由此也带来了机组大型化趋势，以及对应的智能化、定制化、轻量化的技术趋势。

（3）风光水火储能

为了解决新能源出力不稳定，对电网产生的冲击大、大面积弃风等问题，多种能源相互补充等技术已经越来越得到各国的重视，越来越多的光伏储能项目开始建设。中国在该领域走在了世界的前列。根据相关的统计资料，目前在中国的内蒙古、新疆、辽宁省等地已经有多个"风光水火储能一体化"项目，例如：内蒙古通辽市的"火电风光储制研一体化"示范项目，辽宁省铁岭市清河区"风光储能一体化"示范项目等。

1.5 全球电力能源市场的发展趋势

1.5.1 全球经济增长的预测

随着全球经济复苏，预计 2050 年全球 GDP 将增至 195 万亿美元，2022—2025 年年均增长约为 2.7%。预计亚太地区年均增长 3.9%，对全球 GDP 增长的贡献率将达到 57%，北美、欧洲年均增速将达到 1.7%，贡献率将达到 29%。

（1）世界各国越来越重视气候变化

可持续发展和经济绿色复苏正在成为国际社会的普遍共识，主要举措是发展新能源、绿氢产品及绿色建筑等。多国公布碳中和目标，有利于重振全球应对气候变化的信心。截至 2020 年年底，全球超过 30 个国家和地区明确了碳中和的时间表，合计碳排放量约占全球的一半。碳市场将更加成熟，覆盖范围和参与主体持续扩大（表 1-23）。

全球主要国家碳中和目标年份 表 1-23

国家/地区	目标年份	占 2019 年全球碳排放比例
加拿大	2050	1.70%
欧盟	2050	9.00%
英国	2050	1.00%
中国	2060	29.30%
日本	2050	3.10%
韩国	2050	1.90%
南非	2050	1.20%

（2）全球能源需求将会持续增长，能源结构发生根本性变化

随着经济的发展和人们生活水平的提高，全球能源需求将持续增长。在快速转型情景和净零情景中，由于能源效率的提升，一次能源需求将在 2035 年左右达峰并保持平稳。在 BAU 情景中，能源需求将持续增长，到 2050 年增长约 25%。

2050 年，亚太一次能源需求较 2019 年增长 14%，占全球比重提升至 45%，贡献全球增长约 70%；北美、欧洲均下降约 20%，占比分别降至 14%、15%。

（3）化石能源需求将在 2030 年左右达到峰值，非化石能源需求（包括核能及水电）将超过化石能源

化石能源中，煤炭需求持续下降，石油需求于 2030 年前达峰，天然气需求于 2035 年前后达峰。2050 年，非化石能源占全球一次能源需求的比重约 40%。其中：水能、核能

占比分别约 4%、6%；非水可再生能源占比约 30%，2045—2050 年间超过石油占一次能源中最大份额。

（4）全球发电装机快速增长，2050 年可再生能源发电装机占比超过 80%

2050 年，全球发电总装机约 251 亿 kW，较 2019 年增长约 2.3 倍。煤电 2030 年前后达峰，峰值约 22 亿 kW，2050 年降至约 15 亿 kW；2050 年气电、水电、核电分别约 23 亿 kW、20 亿 kW、5 亿 kW。

可再生能源装机占比在 2050 年前后约 50%，2050 年占比超过 80%，规模达到 200 亿 kW；发电量占比在 2035 年超过 50%，2050 年超过 70%。

（5）全球碳减排步伐加快，2025 年前后碳排放达峰

全球能源相关碳排放于 2025 年前后达峰，之后持续下行，2050 年约 223 亿 t，约为 2019 年的 2/3。

亚太能源相关碳排放于 2030 年前后达峰，欧洲、北美 2050 年较 2019 年均下降约 60%。

（6）可再生能源引领全球电力行业

成本下降和持续的政策支持将驱动可再生能源强劲增长，在拥有良好资源和廉价融资的地区，太阳能光伏和风电已经成为电力市场上的优先选择。风能和太阳能光伏总装机有望在 2023 年超过天然气，在 2024 年超过煤炭，并在 2025 年成为全球最大电力来源。

世界经济受新冠感染影响，还存在一些不确定性。随着新冠疫苗的推广，亚太经济的强力拉动，各国经济将缓慢恢复。在 2050 年之前，全球能源需求至少仍将继续增长一段时间。然而与此同时，能源需求结构将发生根本变化，化石燃料的比例持续降低，而可再生能源份额将不断增长，电气化将扮演更为重要的角色。

1.5.2　"一带一路"国际电力合作的趋势

（1）新能源项目增长与海外投资并购

按照《巴黎协议》碳减排的目标所规定的期限，到 2030 年，"一带一路"沿线国家的新能源或可再生能源新增装机预计发电量可达 3.5 万亿 kW·h。其中欧洲印度和非洲地区的可再生潜力居于前列，这与当地的资源禀赋和发展需求相契合；其次是东南亚、日本和中东地区。在过去的几年里，各国政策的制定者们不断调整上网电价的补贴，欧洲和亚洲国家的大型项目由电价补贴改为竞价上网。仅 2016 年中国在"一带一路"国家电力总投资额就达 76.55 亿美元，较 2015 年增加了两倍多。其中，水电和清洁能源占 48%，火电占 21%，输变电占 16%，矿产资源占 9%，其他约为 6%。2017 年中国电力行业海外并购交易有 50% 以上是以可再生能源资产和企业为标的。可以预见：未来"一带一路"沿线国家投资并购的项目会越来越多，海外收购项目的增长很大一部分将来自于目标国家现有电厂的扩张和现有投资者的退出。

（2）电网互联互通任重道远

基础设施互联互通是"一带一路"建设的优先领域，电网的互联互通是其中重要的组成部分。很多亚洲国家电网建设落后，输电损耗率高，电网升级改造为首要问题。如巴基斯坦输电和窃电损失占总供电量的近 25%，夏季用电高峰时，城市每日停电时间达 12h，农村每日停电时间可达 16h。

"一带一路"沿线跨国电网互联互通，应在各国家的主导下进行。在中东欧，覆盖国家面积小，距离近，电网联系比较紧密，中东欧国家内部，俄罗斯与中东欧之间均实现电网互联。在中亚，电网从北到南沿负荷中心呈长链式结构，在中部形成覆盖哈萨克斯坦、乌兹别克斯坦、吉尔吉斯斯坦和塔吉克斯坦的环网。在南亚，尼泊尔和印度之间，不丹与印度之间有输电线路相连。在东南亚，大湄公河次区域之间大部分国家实现了电网互联。如老挝和泰国、越南之间，柬埔寨和泰国、越南、老挝之间，马来西亚和泰国、新加坡之间。在中东，海湾国家合作委员会积极推动跨国电网互联，沙特阿拉伯、科威特、卡塔尔、巴林、阿联酋和阿曼之间实现了电网互联，据 EA 统计，"一带一路"沿线国家目前每年电力贸易量约 1300 亿 kW·h，占用电量的比例约 3.1%。

电网国际合作可以考虑优先开展与周边国家跨境联网和输电项目，小范围实现跨境电力消耗和供需平衡。在"一带一路"欠发达地区推动电力互联互通项目，开拓 EPC、BOT 市场，打造"中国技术＋中国标准＋中国装备＋中国建设"整体解决方案，同时跟踪境外优质电网资产并购机会。在欧洲、南美等"一带一路"外延区域，其电力资产可以在规范透明的监管框架下实现稳定回报，对中国电网企业或国际工程承包商也颇具吸引力。这些国家出售电网少数股权，进行私有化，为中国企业或国际工程承包商带来极好的海外收购机会。

（3）打造"走出去"大格局

我国国际工程承包商深耕"一带一路"，也需要大格局、新模式，以打包整合、本土化以及标准互联互通为关键。

在"一带一路"欠发达地区，我国许多国际工程承包企业采取"企业抱团取暖"的方式，承接"一揽子"业务模式，成功的案例屡见不鲜。总承包商统筹综合考虑整片区或园区的基础设施建设，包括房屋建筑、电力、道路、水务、楼宇管理等，通过这种大型项目与其他有经验的中国企业或外国企业的合作，形成强强联手，互惠同赢的利益共同体。此类综合项目不仅加快项目的进展，也可以更好地造福当地民众，盈利性也远高于单一项目。从纵向整合角度出发，我国从事电力承包的企业，也需要探索"投融资＋设计＋施工＋采购＋运营＋服务＋品牌"（简称 F＋EPC＋O）的全产业链国际工程总承包的新路径。同时，也需要关注发达国家最新的技术趋势，通过收购的方式，以资本换时间、换效益。

国际工程项目建设的"本土化与属地化"战略的实施，应从三个方面入手：第一，向国际工程决策阶段的早期市场开发前移，不仅通过新能源项目的建设，满足当地市场对于发电的迫切需求，也要在项目决策阶段为客户提供远见卓识的建议和方案，帮助他们根据本国能源需求，有效地规划能源建设的布局和电力分配。第二，人才属地化。不少中国企业在海外承接国际工程项目，依然从技术到生产人员全部由中国国内派遣，由于国内人工费上涨加快，而大量地使用国内外派人员，必然造成运营成本偏高与攀升。实践证明：国际工程人才属地化，是降低项目运营成本的有效途径。第三，积极回应和解决项目所在地政府和老百姓的利益诉求，及时公布项目细节，提高透明度，宣传中国投资对当地民众生活的改善益处，打造"一带一路"始于华夏，汇集四海的公共形象。

技术标准是互联互通的技术语言和准绳。国际工程是一个跨境的产业链，仅仅有中国装备和中国资本走出去还不够，还必须有中国技术标准和中国服务的海外认可。将中国技术标准带入到国际市场并不容易，中国工程承包企业需要制定中国标准走出去的规划。对于没有技术标准或标准不完善的国家、地区，要与沿线国家或地区通过友好协商的方式共同制定相应的标准，主导优势技术的标准制定。对于高标准的地区，则需要掌握别人已有的标准，考虑如何把国内先进的标准嫁接到海外的标准之上，或实现标准的转换。标准、技术和服务虽然是软性的，但软实力往往比硬实力更重要。

（4）创新融资模式

"一带一路"沿线国家普遍经济实力弱，电力与能源基础设施建设资金需求巨大。为实现"一带一路"项目的可持续发展，我国国际工程承包商需要发展以项目融资为主体的模式，撬动多种融资渠道。

据亚洲开发银行 2017 年预测，从 2016 年到 2030 年，亚洲发展中国家的基础设施建设投资需求总额达到 26 万亿美元，其中 14.7 万亿美元（占比 56%）为能源动力投资需求。按照这个预测，亚洲国家年均基础设施投资需求为 1.7 万亿美元，远远高于现在近 9000 亿美元的投资水平。

根据汤森路透全球贷款统计数据，仅 2017 年"一带一路"沿线国家能源动力行业贷款总额为 1832 亿美元，其中项目融资类贷款 112 笔，总金额 547 亿美元，位居各类贷款之首。相比企业担保的信用融资、贸易融资和传统企业融资，大多数业主更倾向于项目融资。

因此，我国国际工程承包商除了大力发展项目融资外，也要和业主合作，开始积极探索创新融资方式，如项目发债、发债＋银团贷款、股权投资融资等多种融资渠道的结合。

第 2 章　太阳能光伏发电

2.1　概述

2.1.1　定义及特点

太阳能光伏发电是根据光生伏特效应的原理，利用太阳能电池将太阳辐射到电池组件面板上的光能直接转化为电能的发电方式，太阳能光伏发电的电力输出与太阳辐射的输入成正比。

太阳能光伏发电系统与常用传统的火力发电系统相比较，其主要特点见表 2-1。

光伏发电系统的特点一览表   表 2-1

优点	缺点
1. 太阳能资源丰富，安全可靠，可再生，无枯竭的危险； 2. 发电的过程中不使用燃料，无噪声，没有污染物排放，环保无公害； 3. 不受资源地域的限制，可利用建筑物的屋顶及地形复杂的地区； 4. 可独立或就地实现发电供电； 5. 能源质量好； 6. 用户容易接受； 7. 系统构成简单，建设周期短，方便灵活。可根据用电负荷的增减，任意添加或减少太阳能电池方阵，避免浪费	1. 由于太阳能照射的能量密度低，因此实际应用时需要较大的占地面积，用以安装较大的太阳能收集设备（太阳能电池方阵）； 2. 获得能源与季节、昼夜、气候变化等条件有关； 3. 发电成本较高，受技术进步和产能扩大的影响较大，近几年光伏发电的成本与投入呈现逐年减少的趋势

2.1.2　光伏发电系统类别

太阳能光伏发电系统按照与国家电网的连接方式，主要分为离网型（也称独立光伏发电）、并网型两种光伏发电系统的形式。其特征与应用见表 2-2、图 2-1、图 2-2。

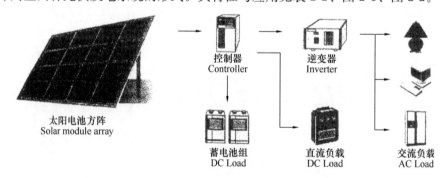

图 2-1　离网型光伏发电系统示意图

离网型与并网型太阳能光伏发电系统的定义、特征与应用　　表 2-2

名称	特征	原理与应用
离网型光伏发电系统（也称独立光伏发电）	离网型光伏发电系统主要特征是其所生产的电力能够就地消纳，无须远距离输送。但是如果有蓄能的要求，其投资将大幅度增加	主要由太阳能电池方阵、太阳能充放电控制器、蓄电池组、离网型逆变器、直流负载和交流负载等构成。若要为交流负载供电，还需要配置交流逆变器。 离网型光伏发电系统广泛应用于偏僻的山区、无电区、海岛、通信基站等场所
并网型光伏发电系统	并网型光伏发电系统是与电网相连接，并向电网输送电力。 　其中，集中式中大型并网光伏发电站投资大、建设周期长、占地面积大，发展难度相对较大。而分散式或分布式小型并网光伏发电系统，特别是光伏建筑一体化发电系统，由于投资小、建设快、占地面积小、政策支持力度大等优点，是并网光伏发电的主流	并网型光伏发电系统通常有集中式和分散式（也称分布式）两种。其中，①集中式中大型并网光伏发电站主要是利用一定数量的太阳能组件串联来接收太阳光，将辐射能转换为直流电，在汇流箱内并联，输出电流接入并网逆变器，通过并网逆变器将直流电逆变成符合电网需求的交流电，经过配电装置接入发电站升压变压器，达到符合电网要求的电压等级后，并入电网。②分散式（或称分布式）光伏发电站是指采用光伏组件，将太阳能直接转换为电能的分布式发电系统。该系统在用户场地附近建设，运行方式为以用户侧自发自用、多余电量上网，且在配电系统平衡调节为特征的光伏发电设施。分布式光伏发电遵循因地制宜、清洁高效、分散布局、就近利用的原则，充分利用当地太阳能资源，替代和减少化石能源消费。它是一种新型的、具有广阔发展前景的发电和能源综合利用方式，它倡导就近发电、就近并网、就近转换、就近使用的原则，不仅能够有效提高同等规模光伏发电站的发电量，同时还有效解决了电力在升压及长途运输中的损耗问题。目前，应用最为广泛的分布式光伏发电系统，是建在城市房屋建筑物屋顶的光伏发电项目

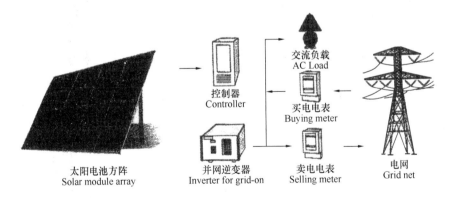

图 2-2　并网型光伏发电系统示意图

2.1.3　集中式光伏发电和分布式光伏发电系统的特点

根据太阳能光伏发电系统接入电网的不同形式，可分为集中式光伏发电和分布式光伏发电系统，其各自的特点如下：

1. 集中式光伏发电系统

集中式光伏发电的特点是所发电能直接输送到大电网，由大电网统一调配向用户供电，与大电网之间的电力交换是单向的。

1）主要优点是：

（1）选址灵活，光伏出力稳定，削峰作用明显。

（2）运行方式灵活，相对于分布式光伏可以更方便进行无功和电压控制，易实现电网频率调节。

（3）建设周期短，环境适应能力强，不需要水源、燃煤运输等原料保障，运行成本低，便于集中管理，受到空间的限制小，可以很容易地实现扩容。

2）主要缺点是：

（1）依赖长距离输电线路送电入网，易出现输电线路损耗、电压跌落、无功补偿等问题。

（2）大容量的集中式光伏接入需要有低电压穿越（LVRT）等新的功能。

2. 分布式光伏发电系统

分布式光伏发电系统是将太阳能直接转换为电能的分布式发电系统，遵循就近发电、就近并网、就近转换、就近使用的原则。

1）主要优点是：

（1）分布式光伏发电系统不受地域限制，在偏远山区、岛屿等地可以局部缓解用电紧张状况。

（2）分布式光伏发电接入配电网，要求尽可能就地消纳所发电能，以减小电能在传输过程中的损耗。

2）主要缺点是：

（1）分布式光伏发电系统接入将向电网输送电能，引起配电网潮流复杂化。

（2）分布式光伏发电系统接入将影响单向保护的灵敏性和可靠性。

（3）分布式光伏发电系统给传统配电网运维检修带来困难。

2.2　太阳能资源概况及气候条件的影响

2.2.1　太阳能资源概况

根据国际太阳能利用区域分类，其太阳能辐射强度与日照时间最佳的区域，主要有：

（1）中东及北非地区

其中阿尔及利亚太阳年辐照总量 9720MJ/m^2，摩洛哥太阳年辐照总量 9360MJ/m^2，埃及太阳年辐照总量 10080MJ/m^2，以色列太阳年辐照总量为 8640MJ/m^2，约旦的太阳年辐照总量约 9720MJ/m^2，突尼斯、利比亚等国的太阳年辐照总量大于 8280MJ/m^2，阿尔及利亚的高地和撒哈拉地区太阳年辐照总量为 6840～9540MJ/m^2，阿尔及利亚全国土地面积的 82% 适用于建设太阳能发电。

（2）美国及墨西哥等北美地区

美国太阳年辐照总量在 9198～10512MJ/m^2 的地区包括亚利桑那州和新墨西哥州的全部，加利福尼亚州、内华达州、犹他州、科罗拉多州和得克萨斯州的南部，占总面积的

9.36%。太阳年辐照总量为 7884~9198MJ/m² 的地区包括怀俄明州、堪萨斯州、俄克拉何马州、佛罗里达州、佐治亚州和南卡罗来纳州等地区，占总面积的 35.67%。

墨西哥太阳年辐照总量在 5780~8280MJ/m² 之间。

（3）澳大利亚

澳大利亚太阳年辐照总量在 7621~8672MJ/m² 的地区集中在澳大利亚北部，占国土总面积的 54%。

（4）欧洲南部地区

西班牙太阳年辐照总量为 8100MJ/m²，意大利太阳年辐照总量为 7200MJ/m²，希腊太阳年辐照总量为 6840MJ/m²，葡萄牙太阳年辐照总量为 7560MJ/m²。

（5）我国太阳能资源概况

我国幅员辽阔，属于太阳能资源比较丰富的地区，其中青藏高原的新疆、青海、西藏地区以及宁夏、甘肃北部以及内蒙古南部的太阳能年辐射总量为 6680~8400MJ/m²，特别是西藏拉萨地区太阳辐射总量最高值达 9210MJ/m²，是全国光资源最丰富的地区。

在全球气候变暖及化石能源日益枯竭的大背景下，可再生能源开发利用日益受到国际社会的重视，大力发展可再生能源已成为世界各国的共识，在各种不同类型的可再生能源的开发利用中，光伏发电行业依靠科技进步，使发电系统的效率不断提升。发电系统发电成本的快速下降，使光伏发电成为可再生能源发电方式中最具有价格优势的发电方式，行业规模在过去 10 多年得到了快速扩张，2020 年，全球光伏发电新增装机约 130GW，创历史新高，预计在未来的 10 年中，光伏发电仍将维持快速增长趋势，预计 2021—2025 年全球光伏新增装机约 210G~260GW。

从国内市场上看，尽管受新冠感染的影响，2020 年新增装机 48.2GW，根据习近平主席在全球气候峰会上宣布的目标，到 2030 年，中国非化石能源占一次能源消费的比重将达到 25%，为达到这一目标，2022—2030 年我国年均新增光伏装机将在 70~90GW 之间。

从世界太阳能资源分布情况看，太阳能资源分布具有明显的地域性。靠近赤道的东南亚、中东和非洲大部分地区，以及部分美洲国家年太阳总辐射量大于 6500MJ/m²，属于太阳能资源丰富的地区，我国除西藏西部地区外，大多数地区均属于太阳能资源较丰富及可利用的区域。

2.2.2　太阳能资源的评估

太阳能资源是以达到地面的太阳总辐射量表示的，一个国家或地区的太阳总辐射量主要取决于所处地球的纬度、海拔高度和天空的云量。太阳能辐射量可以从项目所在地国家气象部门获取，一般应包括水平面的总辐射量、直接辐射量和散射辐射量，而来自卫星扫描辐射数据，一般是水平面的总辐射量。因此，精准的太阳能资源评估是利用太阳能开发光伏发电项目的前提，是项目投资者进行项目投资建设的必要保证。我国制定的气象行业标准《太阳能资源评估办法》GB/T 37526—2019 明确规定：我国对太阳能资源的评估是利用实测多年的气候平均值及太阳总辐射的年总量指标，对太阳能资源的丰富程度、稳定程度进行划分分级评估太阳能资源。

在进行太阳能资源评估时，可按表 2-3 划分太阳能资源丰富程度的等级。

太阳能资源丰富程度等级划分表 表 2-3

资源代号	资源丰富程度	年辐射总量 （MJ/m²）	年辐射总量 （kW·h/m²）	平均日辐射量 （kW·h/m²）
Ⅰ类	最丰富	≥6300	≥1750	≥4.8
Ⅱ类	很丰富	5040～6300	1400～1750	3.8～4.8
Ⅲ类	丰富	3780～5040	1050～1400	2.9～3.8
Ⅳ类	一般	<3780	<1050	<2.9

太阳能资源稳定程度是用各月的日照时数大于 6h 的最大值（天数）与最小值（天数）比值表示，比值越大不同月份日照时长的差距就越明显，太阳能资源的稳定程度就越差（表 2-4）。

太阳能资源的稳定程度等级表 表 2-4

太阳能资源的稳定程度指标	稳定程度
<2	稳定
2～4	较稳定
>4	不稳定

一般来说，日照充足，太阳能资源丰富并稳定的地区，适合太阳能资源的开发与利用。除此之外，光伏发电项目的开发建设，还要结合项目所在地国家、地区的地理环境、交通、水文地质气象和政策法规与经济发展的实际情况予以综合性评价后决策。

2.2.3 气候条件对光伏发电系统的影响

这里所说的气候条件主要是指特殊气候条件对光伏发电系统的影响，主要是：

（1）极端温度的影响：极端低温和极端高温都将影响设备的生存；极端低温会导致地表产生冻胀现象，毁坏基础；极端高温对电池板输出电能不利，气温的升高将导致组件表面温度的升高，组件的发电效率会急剧下降。

（2）极端大风的影响：极端大风会影响电池板的安全，导致光伏组件被大风吹翻；极端大风还会降低支架的防腐性能。

（3）极端降雨、洪水的影响：洪水会造成基础沉降、塌陷，导致光伏阵列变形，进而损坏光伏组件。

（4）极端雷暴的影响：雷暴可能导致电气设备雷击毁坏，不能工作，影响光伏发电站电能输出。

（5）极端降雪的影响：积雪有可能造成光伏组件的大面积损坏，影响光伏发电站电能输出。

特殊气候条件对整个光伏发电站的经济性和投资影响极大，因此在进行光伏发电系统设计时，需要对以上因素进行考虑。

从投资的角度看，我国 2020 年地面光伏发电系统初始投资约为 3.99 元/kW，较 2019 年下降 0.56 元/kW，降幅达到 12.3%。2021 年下降到 3.81 元/kW，预计 2025 年

将下降到 3.37 元/kW，而到 2030 年将下降到 3.15 元/kW。

2.3　太阳能光伏发电系统的组成与主要设备

2.3.1　太阳能光伏发电系统的组成与作用

太阳能光伏发电系统主要由太阳能电池板组成的方阵（简称太阳能电池方阵）、控制器、蓄电池、逆变器等部分组成。其发电容量从几十瓦到上百千瓦（一般用于家庭或楼宇独立自用），中大型光伏发电站可达到兆瓦级别（一般用于并网发电）。

不论是独立使用还是并网发电或分布式发电，太阳能光伏发电系统均由太阳能电池组、太阳能控制器、蓄电池（组）组成。如果输出电源为交流 220V 或 110V，还需要配置逆变器（图 2-1）。其主要设备都是由电子元器件构成，不涉及机械部件。各部分的作用主要为：

（1）太阳能电池板

太阳能电池板是太阳能发电系统中的核心部分，也是太阳能发电系统中价值最高的部分。其作用是将太阳的辐射能量转换为电能，或送往蓄电池中存储起来，或推动负载工作，由其组成的太阳能电池方阵是光伏发电系统的重要组成部分。

（2）太阳能控制器

太阳能控制器的作用是控制整个系统的工作状态，并对蓄电池起到过充电保护、过放电保护的作用。在温差较大的地方，合格的控制器还应具备温度补偿的功能。其他附加功能如光控开关、时控开关都应当是控制器的可选项。

（3）蓄电池

一般为铅酸电池，小微型系统中，也可用镍氢电池、镍镉电池或锂电池。其作用是在有光照时将太阳能电池板所发出的电能储存起来，到需要的时候再释放出来。

（4）逆变器

太阳能的直接输出一般都是 12VDC、24VDC、48VDC。为能够向 220VAC 的电器提供电能，需要将太阳能发电系统所发出的直流电能转换成交流电能，因此需要使用 DC-AC 逆变器。

综上可见，太阳能光伏发电系统设备组成比较精练，具有可靠稳定、寿命长、安装维护简便的特征。从理论上讲，光伏发电技术可以用于任何需要电源的场合，上至航天器，下至家用电源，大到兆瓦级发电站，小到玩具，光伏电源可以无处不在。

2.3.2　太阳能光伏发电系统的主要设备

如前所述，从图 2-3 可见，太阳能光伏发电系统主要由光伏组件（电池方阵）、逆变器等配套的电气系统和电子元器件等设备组成。随着光伏发电系统初始投资的逐年下降，衡量项目全生命周期的平准化单位发电成本（LCOE）也逐年下降。根据国际可再生能源机构（IRENA）提供的数据：2010—2019 年全球范围内 PV 系统 LCOE 下降了 82%，预计到 2030 年 PV 系统的发电成本仅为 0.04 美元/kW·h，极大地促进太阳能光伏发电系统的应用与发展。

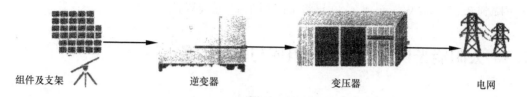

组件及支架 逆变器 变压器 电网

图 2-3 太阳能光伏发电系统

1. 太阳能光伏电池及其组件

（1）太阳能光伏电池

太阳能光伏电池（简称光伏电池）是在太阳光的照射下，把光能直接转化为电能，并能够发电的最小发电单元。光伏电池按其所用的材料不同，大致分为晶硅电池和薄膜电池，目前市场上采用的主要电池形式和分类如图 2-4 所示。

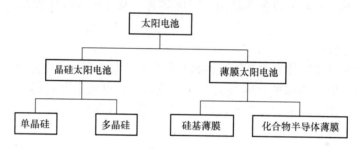

图 2-4 光伏电池形式和分类

（2）光伏组件

按照应用与需求，太阳能电池经过一定的组合，达到一定的额定输出功率和输出的电压的一组光伏电池，叫光伏组件。根据光伏发电站大小和规模，光伏组件可组成各种大小不同的阵列。

光伏组件采用高效率单晶硅或多晶硅光伏电池、高透光率钢化玻璃、抗腐蚀铝合多边框等材料，使用先进的真空层压工艺及脉冲焊接工艺制造。即使在最严酷的环境中也能保证较长的使用寿命。组件的安装架设十分方便，组件的背面安装有一个防水接线盒，通过它可以十分方便地与外电路连接。对每一块太阳能电池组件，都保证 20 年以上的使用寿命。

晶硅电池及其组件一直是国内外光伏发电市场最主要的电池形式，市场占有率在90%以上。2015 年以前与单晶硅组件相比较，多晶硅虽然光电转化率较低，但是由于其适合规模化生产、生产设备投资较低、省电和节省原材料的特点，具有成本优势，市场占有率较高。从 2015 年开始，单晶硅在各个生产环节上的技术突破，大幅度地降低了生产成本，也进一步提高了单晶硅产品的转化效率。截至 2020 年单晶硅太阳能电池的市场份额达到了 65%，多晶硅太阳能电池市场份额为 35%。

薄膜太阳能电池具有衰减低、重量轻、材料消耗少、制备能耗低、适合与建筑物结合等特点，其主要分为硅基薄膜太阳能电池和化合物半导体薄膜太阳能电池两大类。其中硅基薄膜太阳能电池相对于晶硅电池材料，具有制造成本低、易于生产、温度系数低等优点。但是由于没有解决转化率低和寿命短的技术难题，所以一直没有进入商业化应用。化合物半导体薄膜太阳能电池由于成本较高、生产规模不大以及稳定性差等缺点，目前仍然处于实验室研究阶段。

2. 逆变器

逆变器的主要功能是将光伏组件产生的直流电转化成交流电，输送到电网。

光伏逆变器按其跟踪的光伏组件数量和跟踪回路数，可分为微型逆变器、单路跟踪逆变器和多路跟踪逆变器。

微型逆变器只有一个跟踪单位，连接一个或少数几个组件，安装在光伏组件上，可以最大限度跟踪组件的最大功率点，提高光伏发电系统效率，单位成本高。

单路跟踪逆变器也只有一个跟踪单元，连接单个或多个组串，但当连接多个组串时，由于遮挡的原因可能导致因为一个组串的出力减少而降低其他组串的输出功率，从而降低系统效率。

多路跟踪逆变器具有多个跟踪单元，光伏发电系统每个组串或多组组串连接到独立的跟踪单元，以获得每个组串或多组组串的最大功率点。

大型地面光伏采用的组串式逆变器，为多路跟踪逆变器。集中式逆变器为单路跟踪。

根据我国光伏行业协会发布的 2020 年中国光伏产业发展路线图的统计数据，2020 年，光伏逆变器市场以集中式和组串式逆变器为主，其中组串式逆变器占比为 66.5%，集中式逆变器占比为 28.5%，其他小型光伏逆变器约 5%。

2.4　太阳能光伏发电的形式与技术方案

2.4.1　地面光伏发电

地面光伏发电或称地面光伏发电站，是指安装在光资源优越，土地资源丰富的荒漠、戈壁、沙漠等地或利用废弃的土地，建设安装容量从几十兆瓦到百兆瓦以上的大型集中光伏发电站，并采用升压变压器，与 110kV 以上的高压电网相连接，实现发电与电力输送。这是目前采用光伏技术，进行太阳能发电的主要形式和技术方案。

地面光伏发电站系统主要包括地面光伏发电场区和汇流升压站，其中：地面光伏发电场区（图 2-5）为光伏发电系统，由太阳能光伏发电电池组件及支架、汇流箱、逆变升压单元组成。汇流升压站包括汇流集电线路和升压变电站系统，通过汇流和升压，将光伏场区生产的电能输送到电网。

大型地面光伏发电站应根据建设位置的地势，优化确定朝向布置，选择合适的支架，实现发电效率的最大优化。通常光伏发电场区支架系统主要包括：

（1）固定式光伏支架

固定式光伏支架是指支撑和固定电池面板的骨架，使其安装后方位、角度等保持不变的支架系统。固定式光伏支架其骨架通常采用钢管或角钢、槽钢等材料通过焊接或螺栓连接制成（图 2-6）。

光伏发电场区以全年发电量最优化的原则设置电池面板组件安装的朝向角度（或称最佳倾角），光伏支架采用固定安装的方式可以使电池面板组件与地面成固定的角度，较好

图 2-5　地面光伏发电场区

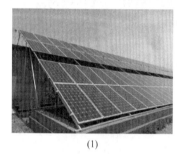

　（1）　　　　　　　　　　　（2）　　　　　　　　　　　（3）

图 2-6　固定式光伏支架示意图

地接收太阳能辐射，以串联的方式组成太阳能光伏阵列，达到和实现全年发电优化的目的。因此，固定式光伏支架由于具有良好的抗风性、稳定性和可靠性，以及系统结构简洁，安装方便，不需要维护，节约投资等特点，也被称为最佳倾角固定光伏支架，是目前普遍采用的最佳倾角的支架形式。

除了最佳倾角固定光伏支架，目前也有倾角可调的固定式光伏支架，是在固定式光伏支架的基础上，增设可调整角度的支撑构件或螺栓，根据季节的变化，调整太阳入射的角度，增加全年发电量。

（2）跟踪式光伏支架

由于太阳光线只有垂直照射到电池面板时，其接收的太阳能量最大，发电效率最好，因此根据地球自转和公转，太阳光线辐射时刻变化的原理而采用自动跟踪控制方式的可转动支架，称为跟踪式光伏支架，可实现光伏组件面板单位面积接受的太阳光线更多，发电量更大。

跟踪式光伏支架也称跟踪式光伏支架系统，主要包括单轴跟踪式光伏支架和双轴跟踪式光伏支架两大类，其种类、基本原理及应用范围见表 2-5。

跟踪式光伏支架的类别一览表　　　　　　　　　　表 2-5

序号	名称	种类	基本原理及应用范围	备注
1	单轴跟踪式光伏支架	平单轴跟踪式	可跟踪太阳一天内入射角的变化，提高发电的效率，其发电量的增加值在低纬度地区明显高于高纬度地区。 适合于在纬度低于 30°的地区；相对于采用最佳倾斜角的固定支架，可提高发电量 20%～30%；在高纬度地区可提高发电量在 20%以内	如图 2-7 所示
		斜单轴跟踪式	结合最佳倾斜角的固定支架和单轴跟踪式光伏支架的优点，南北向以固定角度面向太阳，同时跟踪太阳一天内入射角的变化。适合高纬度地区；倾斜角 5°的斜单轴跟踪式光伏支架，可提高发电量在 20%以上	如图 2-8 所示
2	双轴跟踪式光伏支架		可以让光伏阵列沿着两个旋转轴运动，能同时跟踪太阳的方位角与高度角的变化，从理论上讲可以实现太阳的运动轨迹以实现入射角为零，使任意时间段光伏发电系统输出功率最大，可增加发电量在 35%以上	如图 2-9 所示

综上，从投资、占地、运行维护、故障率以及发电效益上分析和评价，在光伏支架的选择上，双轴跟踪式光伏支架＞斜单轴跟踪式光伏支架＞平单轴跟踪式光伏支架＞固定可调式光伏支架＞最佳倾角固定式光伏支架。

图 2-7　平单轴跟踪式光伏支架

图 2-8　斜单轴跟踪式光伏支架　　　　　图 2-9　双轴跟踪式光伏支架

2.4.2 屋面光伏发电

屋面光伏发电是将光伏发电系统安装在工业与民用建筑物的屋顶，利用屋面的空间设置电池面板，用以接收太阳能辐射而生产电能，产生的电能除了满足建筑物本身的需求外，多余的电能通过电网进入国家公共电网（图2-10、图2-11）。

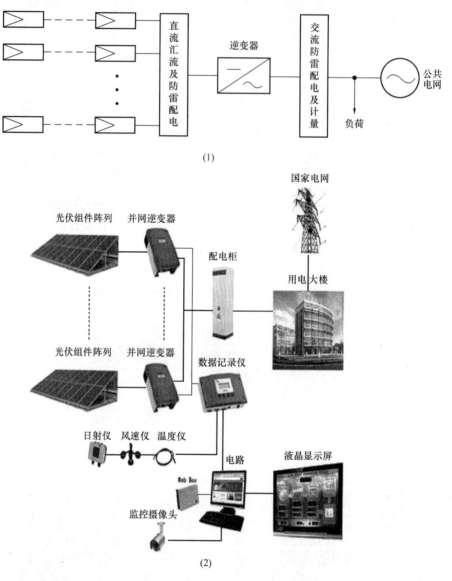

图 2-10　屋面光伏发电系统示意图

1. 屋面光伏发电具有以下特点：

（1）利用建筑物屋面，无须占用土地资源；

（2）安装容量规模小，安装灵活，生产的电力可就地消纳或送入低压配电网络，有效减少工商业和公共设施场地的用电，节约用电成本；

（3）直接吸取屋面太阳辐射，降低建筑物内的温度，具有明显的节能效果。

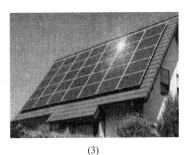

(1)　　　　　　　　　　(2)　　　　　　　　　　(3)

图 2-11　屋面光伏发电

2. 屋面光伏项目开发需要考虑以下条件：

（1）资源条件，要优先选择太阳辐照量大、阴雨天气少、污染程度小的地区，靠近海边场地，需考虑防盐雾、防腐蚀、抗台风的措施费用以及运行维护对系统的影响，光伏设备所在地区沙尘大则需考虑防风沙和增加清洗的措施；若在寒冷地区则需要考虑防冻和除雪措施。

（2）当地对屋面光伏的电量消纳的政策。

（3）建筑物业主背景，选择信誉好、有实力的业主共同开发。

（4）建筑物结构形式，如建筑物寿命、材质、面积和朝向以及屋面结构、屋面荷载情况等，要关注风荷载对建筑物的不利影响。

屋面光伏发电系统的投资主要由组件、逆变器、支架、电缆、建安费用、电网接入、屋顶租赁、屋顶加固以及一次设备、二次设备等部分构成，相比地面光伏，接入电网的费用较低，但支架、建安费用、屋顶租赁以及屋顶加固的费用较高，根据中国光伏行业协会的统计数据，2020 年我国以屋面光伏为主的工商业分布式光伏系统初始投资成本为 3.38元/W，2021 年下降至 3.24 元/W，在未来随组件价格的降低，屋面光伏发电系统的单位投资仍然会保持缓慢的下降。

平准化发电成本（LCOE）除与单位投资有关外，还与发电单位等效利用小时有密切的关系，根据 2020 年的测算，单位利用小时在 1800h、1500h、1200h、1000h 的LCOE 分别为 0.17 元/kW·h、0.2 元/kW·h、0.26 元/kW·h、0.31 元/kW·h，目前国内分布式光伏主要分布在山东、河北、河南、浙江等省份，等效利用小时数通常为 1000～1100h。

2.4.3　水面光伏发电

在土地资源稀缺的地区，利用湖泊、水库、鱼塘等场地开发利用太阳能发电，近年来得到了很快的发展。

除了节约土地资源外，水面光伏发电相比同地区的地面光伏发电具有更高的光电转化率，由于水对环境的冷动作用，可以降低组件的温度，组件清洗便捷，水面相对于地面平坦，组件几乎没有遮挡和朝向不一致导致的适配问题，这些都可以有效提高光伏发电的效率，与同地区地面光伏相比，水面光伏单位发电量比地面光伏可增加 10%～15%，同时还可以因地制宜兼顾水产养殖，提高水产品产量，获得综合效益。

水面光伏支架系统，目前有两种形式：

（1）固定打桩式支架

桩基底部进入池（塘）底不小于3m，上部桩端高出设计洪水位不小于0.4m，固定打桩式光伏安装坚固，可按当地太阳最佳倾角进行安装，以达到最高发电量。

固定打桩式光伏日常巡检需划船完成，在丰水期，水面上涨，用于电缆走线的桥架可能阻挡船只前行，在枯水期，水面下退，淤泥较深，船只无法划行，人也无法行走，后期运维难度成本高。

另外当水深超过3m时，考虑桩基底部进入池塘底不小于3m，上部桩端高出设计洪水位不小于0.4m，桩基高度至少需要6.4m，地桩建设成本较高，固定打桩式支架仅适用于水深不超过3m的水面光伏（图2-12）。

图2-12　固定打桩式水面光伏

（2）水面漂浮式支架

水面漂浮式是近几年来发展起来的新型水面光伏发电系统应用的形式，是通过浮体及钢结构，将光伏组件固定安装，并漂浮在水面上。目前，采用的浮体材料主要是浮管、浮桶（箱）式（图2-13、图2-14）。

图2-13　浮管式支架水面光伏

浮体材料须具有良好的抗腐蚀性能、低密度、抗冻胀、抗风浪等特性，要严格考量组件长期在潮湿环境中的可靠性、浮体的承载能力和使用寿命。

图 2-14　浮桶（箱）式支架水面光伏

水面光伏发电投资主要由光伏组件、逆变器、线缆、电气系统设备、支架和基础、其他建筑工程等组成，其中组件、逆变器、电气系统设备投资与常规地面光伏差异不大。水深不超过 3m 采用固定打桩式支架的水面光伏线缆投资约增加 20%，基础和支架约增加 30% 以上，但基本没有场地道路及场地平整和清理费用，总投资约增加 5%～10%。

2.4.4　光伏与建筑一体化发电系统

光伏与建筑一体化发电系统（BIPV）是指将先进的光伏发电技术应用到现代建筑领域，使光伏组件与建筑物相互结合，融为一体，成为建筑物的有机组成部分。

目前的 BIPV 有两种，一种为全集成 BIPV，使用光伏组件作为建筑物基础结构的一部分，与建筑物构件一体化，既具有发电功能，又具有建筑构件和建筑材料的功能，甚至还可以提升建筑物的美感，与建筑物形成完美的统一体。

另外一种是光伏发电系统依托建筑物结构，与建筑物功能不发生冲突，不破坏或削弱原有建筑物的功能。

BIPV 技术应用的场景，包括以下几类：

1. 大规模玻璃幕墙

将单晶硅或多晶硅等光伏电池组件封装到两片透明的钢化玻璃中，做成具有光伏电池板功能的光电玻璃，将此玻璃应用到双层玻璃幕墙。光电玻璃幕墙技术突破了传统玻璃幕墙的单一功能，把以前设计需要考虑屏蔽在建筑物外的太阳光，转化成人们日常利用的电能。由于晶体硅的不透明，在设计时需要调整光伏电池单体之间的间隙来增加透光量。

另外也可将非晶薄膜电池封装在双层玻璃中，做成透光性能好的玻璃幕墙，由于非晶薄膜电池可多样性加工，根据建筑造型，做成点状、布纹状、条形状等各类形状，既不影响视觉效果，又增加了建筑物的美观。

2. 大型建筑物顶棚（屋面）BIPV

将太阳能光伏组件集成到建筑物屋面，代替传统意义上屋面功能，同时带来发电效益

（图 2-15、图 2-16）。

图 2-15　大型厂房（购物中心）屋面 BIPV

图 2-16　车站顶棚 BIPV

BIPV 节约土地资源，减少建筑物能耗，降低墙面及屋顶温升，具有明显的绿色环保的效果，设计方面需要重点考虑建筑物的美观、采光、安装方便以及使用寿命的要求。

3. 其他比较普遍的场景

（1）工业型厂房

大型工业生产厂的用电量较大，所产生的费用也很昂贵，无形中增加了生产成本。而厂房通常屋顶面积开阔、平坦，有搭建光伏设备的余裕空间，由于工厂用电负荷一般都较大，且屋顶光伏系统所转化的电能便于就地消化，为工厂抵消部分的电量，正好减轻了成本与电费的负担。

（2）商业建筑物

正常情况下，商业设施在白天消耗高，夜晚低一些，符合太阳能光伏发电的特性。商务写字大楼基本上是钢筋混凝土框架结构的建筑，与光伏安装有共性，而对美观度的要求也很高。

（3）市政建筑物

为了更好地规范管理，城市政府的公共建筑物相对来说会比较统一，集中连片式的建筑对分布式光伏系统十分友好，且用户的安装意愿更积极，使用行为也相对可靠。

（4）农业建筑物

乡村城镇位于公共电力的低层，位置偏远、施工障碍等因素皆影响了村民的用电体验。目前，我国许多乡村将光伏系统合理利用起来，在屋顶、花园、农棚、池塘、自家住宅等可稍加利用的空余处，增设了分布式光伏系统，不仅提高了用电质量和用电保障，也为农村和农民脱贫开辟了新的途径。

不局限于以上应用场景，光伏发电还可以与其他建筑位置共建，例如：光伏车棚、光伏屋顶、光伏遮阳棚、光伏停车场等，从而形成各种各样的光伏建筑产品类。

2.5　太阳能光伏发电的标准、参数与技术指标

2.5.1　太阳能光伏发电的标准

（1）国际标准

国际电工委员会（International Electrotechnical Commission）简称 IEC，颁布的太阳

能光伏发电的相关标准主要有《光伏（PV）系统—电网接口的特性》（*Photovoltaic（PV）systems- Characteristics of the utility interface*）IEC 61727：2004；《地面用光伏组件—设计鉴定和型式认可》（*Terrestrial photovoltaic（PV）modules-Design qualification and type approval*）IEC 61215：2021；《光伏组件安全认证》（*Photovoltaic（PV）module safety qualification*）IEC 61730：2016；《光伏系统性能》（*Photovoltaic system performance*）IEC 61724：2021。

其中：《光伏系统性能》（*Photovoltaic system performance*）IEC 61724 的最新版本将其划分为三个部分：《光伏系统性能—第一部分：监控》（*Photovoltaic system performance- Part 1：Monitoring*）IEC 61724-1；《光伏系统性能—第二部分：容量法》（*Photovoltaic system performance- Part 2：Capacity evaluation method*）IEC 61724-2；《光伏系统性能—第三部分：能量法》（*Photovoltaic system performance - Part 3：Energy evaluation method*）IEC 61724-3。新版标准对于监控系统给予了等级的划分，此等级的划分主要基于采集设备的精度及完整度，共分为三个等级（等级 A、等级 B、等级 C），具体划分依据见表 2-6。

采集设备的精度及完整度等级划分　　　　　　　　　　　　　表 2-6

典型应用	等级 A 高精度	等级 B 中等精度	等级 C 基础精度
基础系统性能评估	×	×	×
性能保证文档	×	×	
系统损耗分析	×	×	
电网交互评估	×		
故障定位	×		
光伏技术评估	×		
精准光伏系统衰减测量	×		

针对以上等级划分的应用场景，等级 A 及等级 B 主要适用于大型的地面发电站，而等级 B 及等级 C 适用于小型工商业系统及户用系统。同时也建议根据项目实际情况进行选择而并非完全基于项目容量。

与此同时，对于采样及记录频率也提出了明确的要求，具体见表 2-7。

采样及记录频率要求　　　　　　　　　　　　　　　　　　　表 2-7

	等级 A 高精度	等级 B 中等精度	等级 C 基础精度
最大采样频率（辐照、温度、风速、电气输出）	3 秒	1 分	1 分
最大采样频率（降尘、降雨、降雪、湿度）	1 分	1 分	1 分
最大记录频率	1 分	15 分	60 分

针对监控方法、文档、数据格式、数据筛选及质量检查部分，并无太大的改动。除以上介绍的内容外，标准中对于系统效率的计算方法，包含一般性系统效率、标准情况下的系统效率（即加入温度补偿）的计算方法也给予了说明，具体如下：

一般性系统效率：

$$PR = \left(\sum_k \frac{P_{\text{out},k} \times \tau_k}{P_0} \right) \Big/ \left(\sum_k \frac{G_{i,k} \times \tau_k}{G_{i,\text{ref}}} \right)$$

标准情况下的系统效率：

$$PR'_{\text{STC}} = \left(\sum_k P_{\text{out},k} \times \tau_k \right) \Big/ \left(\sum_k \frac{(C_k \times P_0) \times G_{i,k} \times \tau_k}{G_{i,\text{ref}}} \right)$$

其中：

$$C_k = 1 + \gamma \times (T_{\text{mod},k} - 25℃)$$

从《光伏系统性能—第一部分：监控》IEC 61724-1：2021 可以看出，针对光伏系统性能评价，标准从前端数据获取到数据采集方法频次、数据处理及筛选、性能指标的计算指导等方面均给出了明确的要求，这对光伏发电站的性能评价和解决监控系统及系统效率计算提供了有益的指导。

（2）中国国家标准

2017 年 4 月工信部制定了《太阳能、光伏产业综合标准化技术体系》。该标准化技术体系涵盖了光伏产业链即按生产过程和产品分为光伏材料、光伏电池、光伏组件、光伏部件、光伏发电系统、光伏应用以及光伏设备等（图 2-17）。

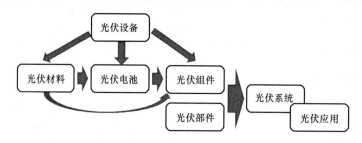

图 2-17　光伏产业链

光伏产业综合标准化技术体系框架主要包括基础通用、光伏制造设备、光伏材料、光伏电池和组件、光伏部件、光伏发电系统及光伏应用等 7 大方向、35 小类（图 2-18）。

光伏产业综合标准化技术体系涵盖了中国国家标准和行业标准，包括现有标准、制修订中的标准、拟制修订的标准和待研究的标准，共 500 多项。目前，现行的光伏发电工程中国国家标准和行业标准主要有：《太阳光伏能源系统术语》GB/T 2297—1989；《太阳能发电工程技术标准：光伏发电工程规划报告编制办法（试行）》GD 001—2011；《太阳能发电工程技术标准：光伏发电工程预可行性研究报告编制办法（试行）》GD 003—2011；《光伏发电站环境影响评价技术规范》NB/T 32001—2012；《光伏发电站设备后评价规程》NB/T 32041—2018；《光伏发电站太阳能资源实时监测技术规范》NB/T 32012—2013；《光伏发电站设计规范》GB 50797—2012；《光伏发电站施工规范》GB 50794—2012；《光伏发电工程施工组织设计规范》GB/T 50795—2012；《光伏发电工程验收规范》GB/T 50796—2012；《地面用晶体硅太阳电池组件》DB13/T 1289—2010；《光伏并网逆变器技术规范》NB/T 32004—2018；《光伏发电站接入电力系统技术规定》GB/T 19964—2012；《光伏发电站接入电力系统设计规范》GB/T 50866—2013；《光伏发电系统接入配电网技术规定》GB/T 29319—2012；《光伏发电站电压与频率响应检测规程》NB/T

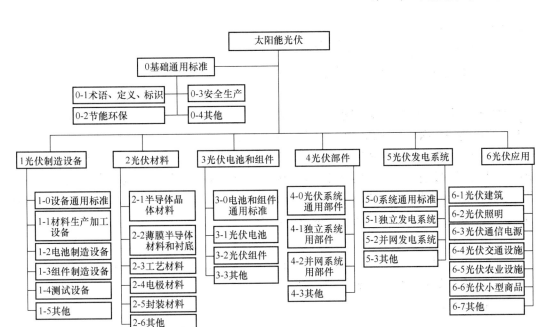

图 2-18 光伏产业综合标准化技术体系框架

32013—2013；《光伏发电站防孤岛效应检测技术规程》NB/T 32014—2013；《光伏发电系统接入配电网检测规程》GB/T 30152—2013；《光伏发电站无功补偿技术规范》GB/T 29321—2012；《光伏建筑一体化系统运行与维护规范》JGJ/T 264—2012 等。

2.5.2 光伏发电站主要参数

光伏发电站的主要参数有：

1. 发电系统组成部分

（1）PV 板

PV 板（也称太阳能板、太阳能电池板、太阳能光伏组件），其功能主要是吸收光能并把光能转化为电能，PV 板常用材料有单晶硅、多晶硅和非晶硅三种，其中单晶硅转换效率为 14%～20%，多晶硅转换效率为 13%左右，非晶硅则为 8%～10%。

（2）储电设备

目前离网型发电系统的储电设备以免维护电池为主，电池能把 PV 板产生的电能储备起来。

（3）充电和输出控制器

控制器的作用是控制整个系统稳定安全地工作。

（4）其他机械设备

2. 发电系统主要成本构成及影响因素

1）PV 板

PV 板是光伏发电站的主要设备，其价格的高低直接影响光伏发电的成本。在满足光伏发电系统技术指标的前提下，控制成本，除了从 PV 板单价上控制之外，最重要就是控制 PV 板的使用数量，其影响因素有以下几点：

（1）发电功率：从一定意义上说，要求发电功率越大，PV 板使用量越多，成本越高，适当控制发电功率即可适当控制成本。

（2）PV 板所在地的天气情况：很明显，在同一个地区，同一块 PV 板，它在晴天一天所产生的电能远远比阴天要多，这一点就可以说明不同的地区对 PV 板的使用量有所不同。

（3）PV 板所在地的纬度：同一天内太阳对不同的纬度照射是不同的，这就造成同一块 PV 板在同一天内在不同纬度上产生的电量不同。

（4）PV 板使用环境：举个例子，PV 板使用在山顶上，一天下来，没有任何遮挡物遮挡照射在 PV 板上的阳光，发电能力肯定好；如果 PV 板使用在山脚，那一天下来，或多或少会有遮挡物遮挡照射在 PV 板上的阳光，所以 PV 板使用的周围环境是否有阳光遮挡物存在，在一定程度上影响 PV 板的发电能力。

2）储能设备

一个发电系统一天要给用户供多少电能，决定了储能设备的容量问题，发电系统每天供给用户用电量越多，储能设备的容量要求越大，成本越高。

3. 技术特长

（1）匹配器

匹配器能有效地提高整个发电系统的储电能力，对整个系统的关键环节起着重要支撑作用，有效地提高整个系统的稳定性和高效性，为整套系统节省 PV 板成本，降低系统造价。匹配器具有知识产权保护。

（2）PV 板吸收阳光技术

PV 板能有效吸收阳光，更大程度地发挥 PV 板发电能力，大大提高日发电量，降低 PV 板成本。

2.5.3 光伏发电站的主要技术指标

光伏发电站的主要技术指标有：

1. 光伏组件光电转换效率

（1）光电转换效率定义

光伏组件光电转换效率是指在标准测试条件下（AM1.5，组件温度 25℃，辐照度 1000W/m²）光伏组件最大输出功率与照射在该组件上的太阳光功率的比值。

（2）光电转换效率的确定

光伏组件光电转换效率由通过具有中国计量认证（MA）资格的第三方检测实验室，按照《光伏器件　第 1 部分：光伏电流-电压特性的测量》GB/T 6495.1—1996 规定的方法测试，必要时可根据《晶体硅光伏度器件的 1-V 实测特性的温度和辐照度修正方法》GB/T 6495.4—1996 规定作温度和辐照度的修正。

计算公式为：

$$组件光电转换效率 = \frac{标准测试条件下组件最大输出功率}{组件面积 \times 1000W/m^2} \times 100\%$$

（其中：组件面积为光伏组件含边框在内的所有面积）

批量生产的光伏组件必须通过经国家认证认可监督管理委员会批准的认证机构认证，每块单体组件产品实际功率与标称功率的偏差不得高于 2%。几种常用标准规格晶体硅组件光电转换效率对应峰值功率技术指标见表 2-8。

常用晶体硅组件光电转换对应峰值功率指标表　　　　表 2-8

材料类型	电池片尺寸 (mm×mm)	电池片数量	15.5%转化效率对应组件峰值功率 (Wp)	16%转化效率对应组件峰值功率 (Wp)	16.5%转化效率对应组件峰值功率 (Wp)	17%转化效率对应组件峰值功率 (Wp)
多晶硅	156×156	60	255	—	270	—
	156×156	72	305	—	325	—
单晶硅	156×156	60	—	260	—	275
	156×156	72	—	315	—	330

对于非标准晶体硅光伏组件（如双玻组件），转化效率可不以上述公式计算，但其使用的电池片效率应和工信部发布的《光伏制造行业规范条件（2021 年本）》中对电池片光电转换效率的要求一致，且必须通过经国家认监委批准的认证机构认证。

对于聚光型光伏组件，其标准测试条件为 AM1.5，组件温度 25℃，辐照度 1000W/m²，组件面积为相对应的透镜面积。

2. 光伏组件衰减率

（1）光伏组件衰减率定义

光伏组件衰减率是指光伏组件运行一段时间后，在标准测试条件下（AM1.5，组件温度 25℃，辐照度 1000W/m²）最大输出功率与投产运行初始最大输出功率的比值。

（2）光伏组件衰减率的确定

光伏组件衰减率的确定可采用加速老化测试方法、实地比对验证方法或其他有效方法。加速老化测试方法是利用环境试验箱模拟户外实际运行时的辐照度、温度、湿度等环境条件，并对相关参数进行加倍或者加严等控制，以实现较短时间内加速组件老化衰减的目的。加速老化测试完成后，要在标准测试条件下，对试验组件进行功率测试，依据衰减率公式，判定得出光伏组件发电性能的衰减率。

实地比对方法是自组件投产运行之日起，根据项目装机容量抽取足够数量的组件样品，由具有中国计量认证（CMA）资格的第三方检测实验室，按照《光伏器件　第 1 部分：光伏电流-电压特性的测量》GB/T 6495.1—1996 标准规定的方法，测试其初始最大输出功率后，与同批次生产的其他组件安装在同一环境下正常运行发电，运行之日起一年后再次测量其最大输出功率。将前后两次最大输出功率进行对比，依据衰减率计算公式，判定得出光伏组件发电性能的衰减率。

计算公式为：

$$组件衰减率 = \frac{P_{max(投产运行初始)} - P_{max(运行一段时间)}}{P_{max(投产运行初始)}} \times 100\%$$

2.6　光伏发电站主要成本构成与评价指标

2.6.1　光伏发电站主要成本构成

光伏发电成本主要有土地费（土地出让金及使用与管理费）、设备购置费、建筑安费（含规划设计费）等。其中：设备购置费（组件、逆变器、支架）与建筑安装的成本构成（图 2-19）中，组件占比最高，占地面光伏系统初始成本的比例为 40.7%。技术进步、原料降价等因素推动组件具有更大的成本下降速度和下降空间。

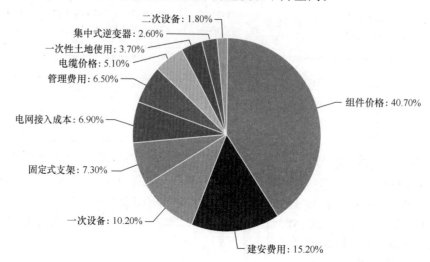

二次设备：1.80%
集中式逆变器：2.60%
一次性土地使用：3.70%
电缆价格：5.10%
管理费用：6.50%
电网接入成本：6.90%
固定式支架：7.30%
一次设备：10.20%
建安费用：15.20%
组件价格：40.70%

图 2-19　设备购置费（组件、逆变器、支架）与建筑安装的成本构成示意图

从图 2-19 可以看出，组件价格和建安费用占比之和超过了地面光伏系统投资额比例的 55%，其余各部分所占比例最大的为一次设备的 10.2%。另外，一次性土地使用、集中式逆变器等所占比例都不超 5%。建安费用所占比例之所以较大，是因为现在的人力成本在逐年上升，要想减少建安费用的投入，还是需要更成熟的自动化水平，这在短时间可能无法实现，所以建安费用的投入在短期内难以降低。

土地使用和管理费用预计在今后的地面光伏系统投资额中所占比例还会继续提升，这是因为随着国家和地区的经济发展，土地的价值也在逐年攀升，所以光伏发电站的土地使用费会越来越高。尽管现在光伏行业在大力提倡智能运维，但就目前情况来看，智能化的程度还不足以实现对运维管理成本进行降本，要想实现降本，需要更高级的智能化以及高性价比的智能化，在保证运维管理质量的情况下，减少人力成本的输出，这样才能实现运维成本的降低。而其他成本输出，例如电网接入成本、固定式支架、电缆价格，短期内可能不会有太大浮动。所以要想实现降低地面光伏系统成本投入、实现平价上网，降低组件的价格还是最行之有效的措施。

2.6.2　光伏发电站的评价指标

1. 光伏发电站的盈利能力

"性价指数"是光伏发电站赢利能力及其他性能的引领性指标。图 2-20 为光伏发电站赢利能力评价指标的总体框架。

对光伏发电站投资，投资者最关心的是光伏发电站的建设和运营成本及投资收益。目前，核心的考量指标主要有 2 个，包括发电站运营期的度电成本及内部或全部投资收益率。

涉及发电站运营期的度电成本，目前尚缺少适合我国实际、统一规范、科学合理的

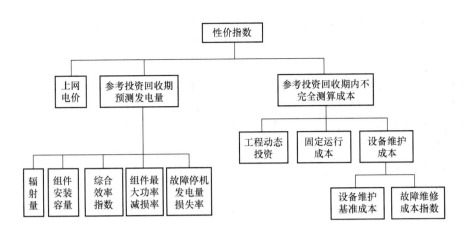

图 2-20　光伏发电站盈利能力评价指标框架图

核算方法，公开发表的文献中主要参考了 Fraunhofer-ISE 及 SUNPOWER 给出的计算模型。

Fraunhofer-ISE 及 SUNPOWER 给出的模型，参照国外的会计及税收制度设计，对国内并不完全适用；另外，计算"度电成本"时所使用的某些参数的量值，尚没有足够的数据支撑。

等效于项目的投资收益率，为更客观地反映光伏发电站的实际盈利能力，便于横向比较，并与光伏发电站的财务、法律及其他方面的尽职调查相衔接，导入"性价指数"这一评价指标。主要是：

（1）旨在采用简易的财务性指标统领光伏发电站的技术性能。

（2）以目前较为理想的项目收益水平为基准，综合考虑银行贷款或投资回收的一般期限及其他因素，采用"参考投资回收期（注：视为基准投资回收期）与实际测算投资回收期（注：按不完全成本简易计算）的比值"核定光伏发电站的性价指数，旨在比较发电站的投资价值，并为交易型发电站的定价提供参考性技术支撑。

（3）指标计算时，一是剔除了开发企业可控程度较低的非技术性因素；二是尽可能采用实测数据核定指标计算中的某些变量，有效地克服了当前项目投资收益率计算时采用经验数据，与实际偏差较大的不足。

针对当前光伏发电站建设和运维中存在的问题，除光伏发电站的初始投资和发电性能，如图 2-20 所示，将与可靠性有关的指标纳入"性价指数"的计算。包括："组件最大功率减损率""故障停机发电量损失率""故障维修成本"。

《光伏发电站设计规范》GB 50797—2012 中给出了光伏发电系统可利用率（ʄ）这一可靠性评价指标，并参与"发电站综合效率系数"的计算，该指标的计算公式为：

$$ʄ=\{[8760-（故障停用小时数＋检修小时数）]/8760\}×100\%。$$

从上述计算公式可以看出，该指标存在两方面的不足：

① 计算"发电站综合效率系数"时，"ʄ"以"日历时数"为核定基数，其他参数以"日照时数"为核定基数并取值，二者不统一。

② 光伏发电系统中，不同端点的设备故障，对发电量影响程度的差异很大，不是简

单的时间概念。以 100MW 的光伏发电站为例，主变停机 1h 所造成的发电量损失会是某台汇流箱停机 1h 的几千倍，二者不可同日而语，这也是有的国家强制要求有备用主变的原因之一，但上述公式并未反应这一点。另外，方阵中的某个或某些组件可能存在未导致系统停机、但影响发电量的隐性故障，需要详查并单独核定。

为准确反映可靠性对发电量及运营成本的影响，《光伏发电站设计规范》GB 50797—2012 中将与可靠性有关的指标进行分拆，并参与发电量和运维成本的计算。

2. 光伏发电站的发电性能

用"综合效率指数"作为评价光伏发电站发电性能的综合性指标。图 2-21 为光伏发电站发电性能评价指标的总体框架。

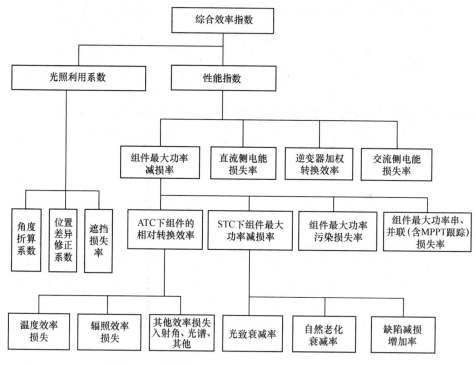

图 2-21　光伏发电站发电性能评价指标总体框架图

目前，在进行项目前期可研或初步设计时，大多参照《光伏发电站设计规范》GB 50797—2012 中给出的效率及其影响因素核定光伏发电站的系统效率；而在光伏发电站的验收或后期检测中，主要参照《光伏系统性能》IEC 61724：2021 中给出的指标和方法。二者不完全统一。比较而言，按照《光伏发电站设计规范》GB 50797—2012 中"发电站综合效率系数"核定发电站的发电能力，考虑因素较全，特别对不同的支架形式和多角度设计；缺点是由于该指标基于水平辐射量核定发电站的效率，时效性较差，特别对固定倾角或跟踪形式的支架。按照《光伏系统性能》IEC 61724：2021，采用"性能指数（PR）"核定光伏发电站的发电能力，时效性较强，但考虑因素不全，特别是没有将支架形式和组件安装角度这一关键的设计要素考虑在内。

在现有标准要求的基础上，为更客观、全面地反映光伏发电站的发电性能及建设质量，用"综合效率指数"这一评价指标。该指标：

（1）如图 2-21 所示，对《光伏发电站设计规范》GB 50797—2012 中给出的"发电站综合效率系数"及《光伏系统性能》IEC 61724：2021 中给出的"性能指数（PR）"进行了有效整合，并给出了"年度综合效率指数"的核算方法。同时，为更准确地预测整个运营期的发电量，依据光伏发电站现地常年温度、辐照度的概率分布，通过核定组件在现地条件下的相对转换效率，给出了"性能指数"的修正方法。

（2）《光伏发电站设计规范》GB 50797—2012 中系统地规划了各类发电量影响因素，并给出了效率因素的检测和评定方法。

（3）"综合效率指数"采用两种方法核定，一是依据经核正的端口运行数据进行测算，即"实测综合效率指数"；二是依据效率因素的检测结果进行核算，即"核算综合效率指数"。两种方法的测算结果相互比对、互相印证，并可依据"核算综合效率指数"的扩展数据对"实测综合效率指数"进行必要的修正，大大提高了测试结果的准确度。

3. 光伏发电站的安全性能

"安全指数"为评价光伏发电站安全性能的综合性指标。图 2-22 为发电站安全性能评价指标的总体框架图。

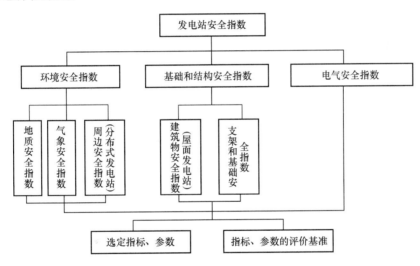

图 2-22　发电站安全性能评价指标总体框架图

目前，有些项目在进行前期准备和设计时，地质和气象灾害的调查和评估工作不充分，防灾设计不到位，为光伏发电站的后期运行留下诸多隐患。例如：有的光伏发电站在运行一段时间以后，出现明显的地面沉降；有的光伏发电站，特别是山地和低洼地势的光伏发电站，水土保持和排水设计不合理，雨季水土流失严重，包括出现组件水淹的情况；有的光伏发电站，在进行结构设计时，没有针对当地的气象条件，进行必要的设计确认，出现大风天气下组件吹落的情况。

安全是光伏发电站长期运行的基础，针对当前光伏发电站建设中存在的问题及长期运营的需要，《光伏发电站设计规范》GB 50797—2012 给出了发电站各方面安全性能的评价指标及评定方法。

4. 光伏发电站的性能可靠性

"性能可靠性指数"是评价发电站可靠性的综合性指标。图 2-23 为发电站可靠性评价指标的总体框架图。

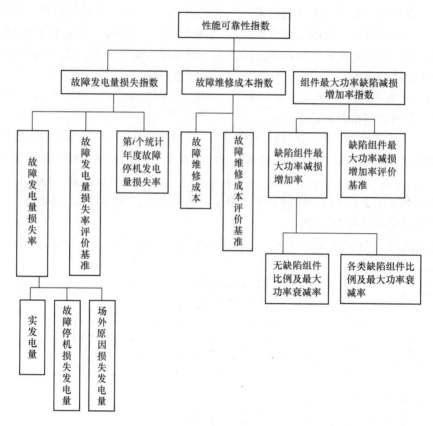

图 2-23　发电站可靠性评价指标总体框架图

光伏发电站设备的可靠性一直是业内关注的焦点问题。从已经竣工的光伏发电站检测结果的统计情况看，光伏发电站设备的可靠性不容乐观。突出表现在：有的光伏发电站，汇流设备和逆变器故障频发，特别在高温季节；有的光伏发电站，缺陷组件的比例偏高，个别光伏发电站甚至超过 60%；有的光伏发电站，移交生产或运维单位后，权责不明，设备更换或大、中修的资金不落实，导致有些设备长期带病作业，严重影响光伏发电站的发电能力和安全性能。

针对业内关注及现实管理中存在的突出问题，根据光伏行业的特点及设备运行的一般规律，以发电量及设备的维护成本为轴心，设计了与可靠性有关的系列评价指标。

5. 光伏发电站项目建设和运维能力

将"项目建设和运维能力指数"作为评价光伏发电站项目建设和运维质量的综合性指标。图 2-24 为光伏发电站项目建设和运维能力评价指标的总体框架图。

归根结底，光伏发电站存在的工程质量问题是由于光伏发电站项目建设和运维过程控制不当或管理不严造成的。其中，有技术和标准方面的问题，更主要的还是管理问题。针对光伏发电站项目建设和运维存在的问题和主要控制环节，《光伏发电站设计规范》GB 50797—2012 从 3 个方面规定了 23 项评价指标，旨在：

（1）与光伏发电站各方面性能检测结果对照分析，全面评估光伏发电站项目建设和运

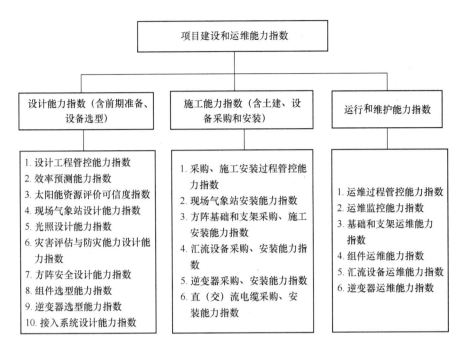

图 2-24　项目建设和运维能力评价指标总体框架图

维各环节的过程能力，特别是光伏发电站项目建设和运维质量对光伏发电站性能的影响程度。

（2）为光伏发电站开发企业后续的光伏发电站建设提供可借鉴的参考，引导光伏发电站建设单位及上游企业规范化运作、精细化管理。

2.6.3　光伏发电站生产运行指标体系

1. 并网光伏发电系统工程验收标准

（1）光伏组件串测试前应具备下列条件：

① 所有光伏组件应按照设计文件数量和型号组串并接引完毕。

② 汇流箱内各回路电缆应接引完毕，且标示应清晰、准确。

③ 汇流箱内的熔断器或开关应在断开位置。

④ 汇流箱及内部防雷模块接地应牢固、可靠，且导通良好。

⑤ 辐照度宜在高于或等于 $700\mathrm{W/m^2}$ 的条件下测试。

（2）光伏组件串的检测应符合下列要求：

① 汇流箱内测试光伏组件串的极性应正确。

② 相同测试条件下的相同光伏组件串之间的开路电压偏差不应大于 2%，且最大偏差不应超过 5V。

③ 在发电情况下应使用钳形万用表对汇流箱内光伏组件串的电流进行检测。当相同测试条件下且辐照度不应低于 $700\mathrm{W/m^2}$ 时，相同光伏组件串之间的电流偏差不应大于 5%。

2. 发电站验收指标或运维评价——组串电流离散率

根据逆变器组串电流的离散率，把逆变器分为四个等级：

（1）运行稳定的——离散率≤5%；

（2）运行良好的——5%＜离散率≤10%；

（3）运行待提高的——10%＜离散率≤20%；

（4）运行必须改进的——离散率＞20%。

3. 太阳能资源指标

太阳能资源指标用以反映光伏发电站在统计周期内的实际太阳能资源状况（共6个指标）。

（1）平均风速：指在统计周期内瞬时风速的平均值，通过光伏发电站内的环境监测仪测量得到。

（2）平均气温：指在统计周期内通过环境监测仪测量的光伏发电站内的环境温度的平均值。

（3）相对湿度：指空气中的绝对湿度与同温度下的饱和绝对湿度的比值。

（4）水平面总辐射量：是指在统计周期内照射到水平面的单位面积上的太阳辐射能量［单位：$kW \cdot h/m^2$（或 MJ/m^2）。$1kW \cdot h = 3.6MJ$］。

（5）倾斜面总辐射量：指在统计周期内照射到某个倾斜表面的单位面积上的太阳辐射能量。

（6）日照时数：也称实照时数，指在统计周期内太阳辐射强度达到或超过 $120W/m^2$ 的时间总和。

4. 电量指标

电量指标用以反映光伏发电站在统计周期内的出力和购网电量情况（共10个指标）。

（1）能量指标：

① 理论发电量：指在统计周期内入射到光伏方阵中的太阳辐射按电池组件峰瓦功率转换的发电量。

② 发电量：指在统计周期内光伏发电站各支路电流表计量的有功电量之和。

③ 上网电量：指在统计周期内发电站向电网输送的全部电能，可从发电站与电网的关口表计量处读取。

④ 购网电量：指在统计周期内由光伏发电站关口表计量的电网向光伏发电站输送的电能。

⑤ 逆变器输入电量：指在统计周期内光伏方阵中向逆变器输入的直流电量，即逆变器直流侧电量。

⑥ 逆变器输出电量：指在统计周期内发电单元出口处计量的交流输出电量，即逆变器交流侧电量。

（2）规范化指标：

① 等效利用小时数。

② 标准等价发电时（峰值日照时数）。

③ 逆变器输入等价发电时（光伏方阵等价发电时）。

④ 逆变器输出等价发电时（最终光伏系统等价发电时）。

5. 能耗指标

能耗指标反映光伏发电站电量消耗和损耗（共13个指标）。

（1）能量指标

① 厂用电量：指在统计周期内站用变压器计量的正常生产和生活用电量（不包含基建、技改用电量）。

② 厂用电率。

③ 综合厂用电量：指在统计周期内发电站运行过程中所消耗的全部电量，包括发电单元、箱变、集电线路、升压站内电气设备（包括主变、站用变损耗和母线等）和送出线路等设备的损耗电量。

④ 综合厂用电率：指在统计周期内综合厂用电量占光伏发电站发电量的百分比。

⑤ 光伏方阵吸收损耗：指在统计周期内光伏方阵按额定功率转换的直流输出电量（理论发电量）与逆变器输入电量的差值，光伏方阵吸收损耗包括组件匹配损耗、表面尘埃遮挡损耗、光谱失配损耗、角度损耗、MPPT 跟踪损耗、温度影响以及直流线路损耗等。

⑥ 逆变器损耗：指在统计周期内逆变器将光伏方阵输出的直流电量转换为交流电量（逆变器输出电量）时所引起的损耗。

⑦ 集电线路及箱变损耗：指在统计周期内从逆变器交流输出端到支路电表之间的电量损耗。集电线路及箱变损耗包括逆变器出线损耗，箱变变换损耗和厂内线路损耗等。

⑧ 升压站损耗：指在统计周期内从支路电表到关口表之间的电量损耗。升压站损耗包括主变损耗、站用变损耗、母线损耗及其他站内线路损耗。

（2）规范化指标：

① 光伏方阵吸收损耗等价时。

② 逆变器损耗等价时。

③ 集电线路及箱变损耗等价时。

④ 升压站损耗等价时。

6. 设备运行水平指标

光伏发电站设备运行水平指标用于反映发电站设备的运行效率及可靠性（6 个指标）。

（1）综合效率：指在统计周期内光伏发电站上网电量与理论发电量的比值。光伏发电站综合效率受很多因素的影响，包括：当地温度、污染情况、光伏组件安装倾角、方位角、光伏发电系统年利用率、光伏方阵转换效率、周围障碍物遮光、逆变器损耗、集电线路及箱变损耗等。计算公式为：

$$综合效率＝上网电量/理论发电量$$

（2）逆变器输出功率的离散率（最佳运维控制在 5% 内）。

（3）最大出力：指在统计周期内发电站并网高压侧有功功率的最大值。

（4）逆变器转换效率：指在统计周期内逆变器将直流电量转换为交流电量的效率。

（5）光伏方阵效率：表示光伏方阵的能量转换效率，即光伏方阵输出到逆变器的能量（逆变器输入电量）与入射到光伏方阵上的能量（按光伏方阵有效面积计算的倾斜面总辐射量）之比。光伏方阵效率表示光伏方阵转换能量的能力，数值越高，光伏方阵转换能量的能力越强。

（6）性能比：指在统计周期内逆变器输出电量（逆变器交流侧电量）与理论发电量之

间的比值。性能比表示光伏系统由于方阵温度、辐照的不完全利用，系统部件（包括汇流箱、直流柜、逆变器和直流线路）失效或故障引起光伏方阵额定输出损失而造成的综合影响。

7. 系统效率和各类损失的影响

系统效率和各类损失包括：系统效率包括控制器、逆变器、变压器等电气设备的效率；各类损失包括：光伏组件串并联损失、电池板衰降、温升损失、灰尘、遮挡、线路损失及其他损失。计算并网光伏系统的效率主要有：

（1）独立光伏发电站效率：65%～70%；

（2）并网光伏发电效率：75%～85%；

（3）大型光伏发电站按照80%系统效率测算；

（4）分布式发电按照75%效率测算。

8. 光伏发电站性能评价指标

性能比＝满功率发电小时数/峰值日照时数＝ 实际交流发电量/理想状态直流发电量。

（1）性能比是发电量和资源量的比值，因此所反映的因素包括：系统的电器效率（组件串并联损失、逆变器效率、变压器效率、其他设备效率、温升损失、线路损失等）、组件衰降、遮挡情况、光反射损失、MPPT误差、测量误差、故障情况和运行维护水平。因此"性能比"等同于"综合发电效率"；

（2）这个指标排除了地域和资源差异，比较客观地反映了光伏系统自身的性能和质量；

（3）还没有排除温度差异和光谱偏离的差异，也没有将占地因素考虑进去。

9. 光伏发电站经营指标

发电站经营指标主要反映发电站的经济效益情况，主要由以下6个指标组成：

（1）单位千瓦成本费：发电站成本费用与发电站装机容量之比，用以反映单位容量成本费用的高低。

（2）单位千瓦材料费：发电站三项可控费用中材料费与发电站装机容量之比，用以反映单位容量材料费的高低。

（3）单位千瓦修理费：发电站三项可控费用中修理费与发电站装机容量之比，用以反映单位容量修理费的高低。

（4）单位千瓦其他费用：发电站三项可控费用中其他费用与发电站装机容量之比，用以反映单位容量其他费用的高低。

（5）电网限电弃光率：电网限发弃光电量占实际发电量与电网限发弃光电量之和的百分比。

（6）故障弃光率：因光伏发电站内输变电设备故障导致发电单元停运和发电单元本体设备故障停运产生弃光电量占实际发电量与故障弃光电量之和的百分比。

2.6.4　光伏发电站常用的考核指标

（1）安装容量（Installed capactiy）：光伏发电站中安装的光伏组件标称功率之和，计量单位（WP）。

（2）光伏发电站系统效率（Performance Ratio，简称"PR"），考虑光伏组件在光电转化工程中的各种损失、系统发电可用率、逆变器效率、集电线路损耗、升压变压器损耗等各种损耗在内的理论发电量计算值与标称发电量之比。根据《光伏系统性能—第一部分：监控》IEC 61724-1：2021 给出的光伏发电站系统效率计算公式如下：

$$PR_{\rm T} = \frac{E_{\rm T}}{P_{\rm e} \cdot h_{\rm T}}$$

式中　$PR_{\rm T}$——在 T 时间段内光伏发电站的平均系统效率；

$E_{\rm T}$——在 T 时间段内光伏发电站输入电网的电量（kW·h）；

$P_{\rm e}$——光伏发电站组件装机的标称容量（kW）；

$h_{\rm T}$——T 时间段内方阵面上的峰值日照时数；

通常光伏发电站的系统效率在 80% 左右。

（3）年发电量（Annual power generation）：对应光伏发电站建设地年太阳能辐射总量，并考虑组件衰减系数后的光伏发电站逐年发电量理论计算值。

（4）光伏组件峰值功率（Peak power）：在标准测试条件（AM1.5，组件温度 25℃，辐射照度 1000W/m²）下，光伏组件的输出功率。

（5）光伏组件的衰减率（Attenuation rate）：光伏组件衰减率是指光伏组件运行一段时间后，在标准测试条件（AM1.5，组件温度 25℃，辐照度 1000W/m²）下，最大输出功率与投产运行初始最大输出功率的比值。

2.6.5　光伏发电项目投资价值链分析

通过对光伏发电项目投资价值链的分析，对投资收益率造成影响的因素主要有：系统造价、光照资源、售电价格、运营成本。经营成本中由于系统造价引起的折旧、融资费用约占总成本费用的 74%；其余成本，如：土地租金、人工费用、保险费用等，由于占比较小，对收益的影响比较有限。根据国内三类地区地面光伏发电站统计分析资料，得出上述指标对光伏发电项目投资影响的分析见表 2-9。

光伏发电项目投资影响的分析表　　　　表 2-9

序号	指标名称	价值分析	敏感程度
1	系统造价	单位造价每下降 0.5 元/W，资本金（30%）内部收益率约上升 1.7%	敏感
2	光照资源	年利用小时数每增加 50h，资本金（30%）内部收益率约上升 1.5%	敏感
3	售电价格	售电价格每降低 0.02 元/kW·h，资本金（30%）内部收益率约下降 0.55%	较敏感
4	土地租金	约占总成本的 5%	不敏感
	折旧费	约占总成本的 54%	由投资、造价水平和贷款利息利率决定
	融资费用	约占总成本的 20%	
	人工费用	约占总成本的 2%	基本固定
	维修及材料费	约占总成本的 10%	
	保险费	约占总成本的 5%	
	其他	约占总成本的 4%	

从表 2-9 可见，影响光伏发电项目的主要因素是系统造价、光照资源和售电价格，运营成本的影响相对较小。从而也告诉了我们降低成本的途径，一是要寻求较高的光照资源；二是要从技术的角度优化光伏发电系统的设计；三是选择较好的售电价格。

2.7 典型案例

2.7.1 新疆石河子 20MW 分布式光伏发电站

1. 地理位置与光能资源

该光伏发电站位于新疆维吾尔自治区石河子市境内，场址距石河子市约 71km，场址中心坐标为：$N=44°54'15''$，$E=86°21'15''$。站址所在地区太阳能资源较丰富，年太阳能总辐射量为 5391.18MJ/m^2，在倾斜角度为 35°时，倾斜面所接收到的年总辐射量为 6357.64MJ/m^2。

由于我国新疆地区太阳能资源十分丰富，全年日照时数为 2550～3500h，日照百分率为 60%～80%，年辐射总量达 5430～6670MJ/m^2，年辐射照度总量比我国同纬度其他地区高 10%～15%，比长江中下游地区高 15%～25%，居全国第二位，仅次于西藏高原。

该项目位置太阳能利用前景广阔，能够为光伏发电站提供充足的光照资源，实现社会、环境和经济效益。

2. 工程地质

（略）

3. 技术方案

该项目太阳能发电站为高压并网光伏发电站。光伏阵列单元由太阳能电池板、阵列单元支架组成。阵列单元按平板固定倾角式方案进行经济技术比较分析。以优化阵列单元间布置间距，降低大风影响，减少占地面积，提高发电量为布置原则。该工程系统装机容量 20MWp，组件用量大，占地面积广，组件安装量大，所以设计优先选用单位面积功率大的电池组件，以减少占地面积，降低组件安装量。该工程选用多晶硅电池组件规格为 300Wp。

（1）光伏阵列单元基本形式

该工程选用固定式运行方式。其固定阵列布置方式以 1MWp 为一个基本发电单元，共 20 个基本发电单元。每 18 块电池组件组成一串，每 36 块电池组件组成一面电池板阵。每个方阵相应设置一个 315V 低压配电室。单个光伏方阵容量为整个光伏发电站 5% 容量，单个光伏方阵故障或检修对整个光伏发电站的运行影响较小。具有降低工程造价、便于运行管理、电池板布局整齐美观等优点。

经计算，该地面分布式光伏发电项目 25 年的总发电量约为 69189 万 kW·h，年平均发电量 2767.56 万 kW·h，年等效利用小时数为 1385.51h。

（2）逆变器与方阵接线

该工程采用某公司生产的 500kW 光伏并网逆变器。每个 1MWp 电池子方阵由 2 个 500kWp 阵列逆变器构成，1MWp 电池子方阵由 185 路太阳电池组件串联而成，每个电池组由 18 块太阳电池组件串联而成。各太阳电池组串按接线划分的汇流区，输入防雷汇流箱经电缆接入直流配电柜，然后经光伏并网逆变器和交流防雷配电柜接入 35kV/0.315kV 升压变压及配电装置升压后送至 35kV 配电室。

逆变器室布置方式为：每 20MWp 电池方阵按 20 座逆变器室设计，每座逆变器室安装 2 台 500kW 逆变器，每座逆变器室外安装 1 台 1000kVA 室外箱式变。

（3）电气工程

该发电站装机容量为 20MWp，接入系统电压等级为 35kV。利用原有 35kV 开关站，出 2 回 35kV 架空线路接于 110kV 联合升压站 35kV 侧，线路长约 2.0km。线路拟选用 LGJ-240 型导线。

① 该工程建设规模为 20MWp，全部采用多晶硅电池组件，发电站共设 20 个 1MWp 的子方阵。每 500kWp 太阳电池经一台直流柜与一台 500kW 逆变器构成一个光伏发电单元，每个光伏发电单元经 500kW 逆变器将直流电转换为低压交流电，逆变器室两个光伏发电单元经 1 台 1000kVA 双分裂绕组升压变压器将逆变器输出交流电压升压。

② 光伏发电站交流并网电压为 35kV，逆变器出口电压为 0.315kV，升压方式为：0.315kV 升压 35kV 直接并网的方式。

③ 该项目为每个 1MWp 逆变器的 2 台 500kW 逆变器出口电压（0.315kV）经一台容量为 1000kVA 升压变电站升压至 35kV 后，采用 35kV 电缆汇至 35kV 配电装置后接入电网。此方式光伏发电站主要电气设备需 20 台 1000kVA、35kV/0.315kV/0.315kV 箱式升压变电站，4 面 35kV 高压开关柜以及 35kV 户外设备（含断路器、CT、PT、避雷器等）。

该发电站共 20 个 1MWp 光伏发电单元，每个发电单元设置 1 台 1000kVA、35kV 双分裂绕组箱式变压器，10 台 35kV 双绕组箱式变压器在高压侧并联为 1 个联合进线单元；2 个联合进线单元分别接入 110kV 联合升压站 35kV 母线侧，经 110kV 出线接入地方电网。

（4）土建工程

该工程本期规划容量 20MWp，根据现场地形及规划，将整个发电站分为生产区和管理区两大区域。

生产区由光伏阵列中的电池组件及逆变器（含基础）、箱变（含基础）等组成。管理区由综合控制室及办公室、35kV 配电室、综合水泵房、蓄水池等建构筑物组成，此部分已于一期建成。

该工程光伏组件支架采用固定式支架，独立灌注桩基础，热镀锌钢材支架。

（5）其他

在光伏发电站内配置一套环境监测仪，实时监测日照强度、风速、风向、温度等参数。

光伏发电站至 110kV 联合升压站的通信采用光纤通信为主要通信方式。通信主通道采用光纤以太网通信，通信媒体介质为 12 芯直埋光缆进行场内各设备与监控系统间通信，与 35kV 集电线路一同敷设。利用 110kV 联合升压站已建成的通信电源，容量为 −48V/60A/60Ah。

4）效益情况

该光伏发电站总投资为 2 亿元人民币，预计投资回收期为 10 年。2011 年 5 月开工建设，2014 年 12 月竣工验收投入运行以来，每年减排温室效应气体二氧化碳（CO_2）约 2.51

万 t，节约标准煤约 0.92 万 t、减少烟尘排放量约 1.83t、减少二氧化硫（SO_2）排放量约 6.24t、减少二氧化氮（NO_2）排放量约 7.88t、减少灰渣排放量约 4073.7t，电力生产过程不产生任何有害物质及噪声。对周围环境无不利影响，社会效益、经济效益比较好。

2.7.2 大港油田港狮小区 5.54MW 屋顶分布式光伏发电站

港狮小区 5.54MW 屋顶分布式光伏发电站是国家电力投资集团有限公司天津分公司与大港油田全面开展战略合作的项目，于 2018 年 4 月 26 日开工建设，7 月 31 日并网发电，项目所发电量由大港油田内部电网全部消纳。该项目是河北电网首例用户端自有电网接入的光伏发电站，也是国内首次采用光伏建筑一体化将住宅小区屋顶平改坡，建成光伏发电系统并解决屋顶防水的最大综合型分布式光伏项目。建筑光伏一体化技术与这个建成于 20 世纪 90 年代的小区完美结合，彻底解决了困扰大港油田已久的屋顶防水、防渗、防漏问题，同时具有隔热、保温效果，大大提升了小区居民的生活品质。项目年发电量近 700 万度，减少碳排放 5000 余 t，经济及环保效益显著。

该项目由光伏发电系统和防水系统组成，发电系统为传统的分布式光伏系统，防水系统分为两个区域，一个区域是光伏发电站的防水系统，由特制的支承构件将光伏组件和屋面结构连接在一起，通过光伏组件玻璃材料的憎水性、一定的屋面坡度、支承构件水槽，形成了一套完整的刚性构造防水系统，把组件缝隙之间的水导走，这样光伏发电站就具备了防水功能，导水槽防水系统的设计使得维修也比较方便；另一个区域是结合原建筑物的防水系统——天沟和缝隙，形成了完整的防水系统。

与传统的防水维修改造方案相比，采用光伏平改坡的方式在费用、使用寿命、居民舒适度、运维等方面有较大优势，不仅能够解决老旧小区防水问题，还可以提高居民居住舒适度，提升小区面貌与小区居民生活品质。在费用方面，从业主方的角度出发，此前该小区防水运维费用约为 100 万元/年，每 5 年左右进行一次大修，大约需要投入 300 万～400万元。采用这个方案之后，将防水难题转移给项目投资方，大大减少了防水运维费用的支出；从投资方角度分析，业主支付的防水运维费用，在一定程度上提高了光伏发电站的项目收益率。从实际防水效果看，经过近 2 年的降雨降雪考验，小区物业管理公司未收到居民漏雨投诉，经济环保效益显著（图 2-25）。

图 2-25 全景图

第3章 太阳能光热发电

3.1 概述

3.1.1 定义及特性

太阳能光热发电（简称光热发电）也称为聚焦型太阳能光热发电，是利用抛物线反射镜将太阳辐射能聚集在吸热装置上，将光能转化为热能，再利用吸热介质的热能，通过蒸汽发生系统产生的高温高压蒸汽，利用高温高压蒸汽通过汽轮发电机实现热能到机械能再到电能的转换。由于太阳能光热发电系统配置了储热系统，其光热发电机组可以实现稳定、连续的出力特性。

3.1.2 太阳能光热发电的优势与作用

表 3-1 及表 3-2 分别给出了太阳能光热发电与燃煤发电机组、光伏发电系统的性能比较。

太阳能光热发电与燃煤发电机组性能对比一览表　　　　　表 3-1

内容与名称	光热发电	燃煤发电
负荷调节范围	20%～100%	50%～100%
蒸汽发生器升温速率	允许 10℃/min	锅炉点火初期 1.5℃/min，允许 5℃/min
汽轮机启动时间（0～100%）	20～60min（热态—冷态）	60～240min（热态—冷态）

太阳能光热发电与光伏发电系统性能对比一览表　　　　　表 3-2

内容与名称	光热发电	光伏发电
出力特性	输出电力稳定，可实现连续发电	间歇式，波动性出力
调峰能力	可根据电网需求调峰	需要调峰电源或储能电站
系统电压支撑能力	作为同步发电机电源，可为电网系统提供短路容量，具备电压支撑能力	无法向电网系统提供短路容量支撑
调频能力	可参与一次和二次调频，并为系统提供转动惯量，增强系统稳定性	频率支撑能力弱，其间歇式、波动性出力可能会引发系统频率波动
谐波	基本不产生谐波	并网逆变器产生谐波
次同步振荡	作为同步发电机电源，可抑制次同步振荡	易引发同步振荡

有比较才能有鉴别，通过比较我们不能看出：

（1）太阳能光热发电与燃煤发电机组相比较，光热发电具备良好的、优异的调节性能，可以迅速地响应电网的负荷需求，快速地调节机组出力，具备参与电力系统调峰和调频的能力。

（2）太阳能光热发电与光伏发电系统相比较，光热发电出力稳定，调节性能优越。对电网系统友好。光伏发电为了可靠地保障电的安全，则必须配置至少 6h 的储能电站（以满足电网晚高峰的电力需求）；同容量的太阳能光热发电机组的年发电量是光伏发电的 2.5 倍，成本却比设有储能电站的光伏发电系统降低很多。同时，太阳能光热发电可以提供可靠的电力保障，100％地参与电力平衡，不需要额外配置和建设储能电站。

可见，太阳能光热发电由于配置了储热装置，可以平滑地发电出力，提高了电网的灵活性，弥补了光伏发电的波动特性，提高了电网消纳波动电源的能力。

3.1.3　国内外太阳能光热发电的发展状况

根据国家太阳能光热联盟的统计：2019 年全球新增太阳能光热发电装机容量 482.6MW，累计装机容量达到 6590MW。截至 2019 年年底全球太阳能光热发电累计装机容量如图 3-1 所示。其中，西班牙太阳能光热发电装机容量仍居世界首位，其次是美国。统计资料显示：2021 年全球新增太阳能光热发电装机容量 110MW，截至 2021 年年底全球太阳能光热发电累计装机容量约 6800MW。在全球主要国家和地区（统计数据覆盖西班牙、美国、中东、北非、南非、以色列、印度、智利、法国以及中国等国家和地区）的太阳能光热发电装机中，槽式技术路线占比约 76％，塔式约 20％，线性菲涅尔式约 4％。

截至 2021 年年底各国光热发电装机容量如图 3-2 所示。

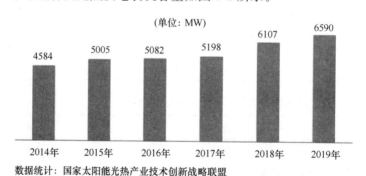

图 3-1　截至 2019 年年底全球太阳能光热发电累计装机容量

2016 年 9 月国家能源局发布了《关于建设太阳能热发电示范项目的通知》（国能新能〔2016〕223 号），共有 20 个项目入选我国首批太阳能光热发电示范，总装机容量为 1349MW。截至 2019 年，我国共有 4 座太阳能光热发电示范发电站并网发电，总装机容量 200MW，占全球新增装机容量的 6％。分别为：中电建共和 50MW 塔式发电站、鲁能格尔木 50MW 塔式发电站（多能互补示范项目）、中电哈密 50MW 塔式发电站，以及兰

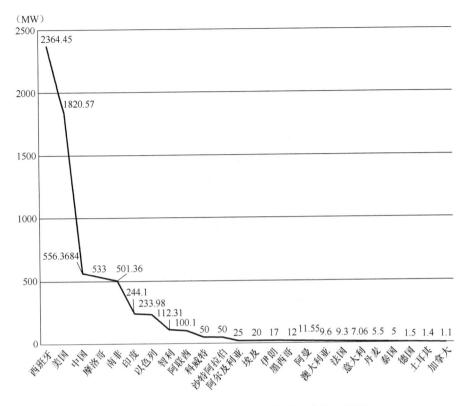

图 3-2　截至 2021 年年底各国光热发电装机容量图

州大成敦煌 50MW 线性菲涅尔发电站。2019 年底，我国并网发电的太阳能光热发电站达到 9 座，总装机容量为 420MW。根据华经产业研究院提供的统计资料：截至 2021 年年底，我国太阳能光热发电累计装机容量 538MW（含 MW 级以上规模的发电系统）。在我国已建成的太阳能光热发电系统中，采用塔式技术路线的占比约 60%，采用槽式技术路线的占比约为 28%，线性菲涅尔技术约占 12%。

3.2　太阳能光热发电的主要形式与主要设备组成

3.2.1　太阳能光热发电的主要形式

太阳能光热发电是利用大规模阵列抛物镜面或碟形镜面收集太阳热能，通过换热装置提供蒸汽，结合传统汽轮发电机的工艺，从而达到发电的目的。采用太阳能光热发电技术，避免了昂贵的硅晶光电转换工艺，可以大大降低太阳能发电的成本。而且，这种形式的太阳能利用还有一个其他形式的太阳能转换所无法比拟的优势，即太阳能所烧热的水可以储存在巨大的容器中，在太阳落山后几个小时仍然能够带动汽轮机发电。

依照聚焦方式及结构的不同，太阳能光热发电的主要形式可以分为塔式、槽式、碟式、菲涅尔式四种形式。如图 3-3～图 3-6 所示。

图 3-3　塔式太阳能光热发电

图 3-4　槽式太阳能光热发电

图 3-5　碟式太阳能光热发电

图 3-6　菲涅尔式太阳能光热发电

3.2.2　太阳能光热发电系统主要设备组成

太阳能光热发电系统的四种形式与定义、特点、主要设备组成见表3-3。

太阳能光热发电的主要形式与定义、特点、主要设备的组成一览表　　　表 3-3

形式名称	定义	特点	主要设备组成
塔式太阳能光热发电	塔式太阳能发电为点式聚焦系统，其利用大规模的定日镜形成的定日镜场阵列，将太阳辐射反射到置于高塔顶部的吸热器上，加热传热介质，使其直接产生蒸汽或者换热后再产生蒸汽，以此驱动汽轮机发电	塔式太阳能发电系统具有热传递路程短、热损耗小、聚光比和温度较高等优点。塔式太阳能发电系统必须规模化利用，占地要求高，单次投资较大，采用双轴跟踪系统，镜场的控制系统较为复杂	主要由定日镜场、吸热塔、吸热器、储热设备、换热设备和汽轮发电机组成。按照传热工质种类划分，塔式太阳能发电系统又分为水/蒸汽塔式太阳能发电系统、熔融盐塔式太阳能发电系统和空气塔式太阳能发电系统

形式名称	定义	特点	主要设备组成
槽式太阳能光热发电	槽式太阳能光热发电系统也称为槽式抛物面反射镜太阳能光热发电系统。是将多个槽型抛物面聚光集热器经过串并联的排列，加热工质，产生过热蒸汽，驱动汽轮机发电机组发电	1. 通过线聚光方式实现聚光，结构相对简单，容易实现标准化批量生产和安装，但线性聚光比小。典型槽式太阳能光热发电的聚光比为 80～100，系统工作温度、发电站效率提高受限制。 2. 由于采用抛物面长槽型的聚光器和吸热管，其真空集热管和抛物面反射镜属于特殊产品部件，生产工艺要求高。 3. 采用导热油等作为工作介质的双回路系统技术成熟，工作介质一般在 400℃，但其导热油对土壤和农作物有危害，且导热油更换周期短。 4. 发电站选址和工程施工条件要求高，对土地平整、厂址坡度等均有严格的要求，通常坡度不能超过 1%。 5. 聚焦分散使得散热面积增大，辐射损失随温度的升高而增加，热损耗大	主要由抛物面槽式聚光器、吸热管、储热单元、蒸汽发生器和汽轮发电机等单元组成
碟式太阳能光热发电	碟式太阳能光热发电系统也称为抛物面反射镜斯特林系统，是利用旋转抛物面反射镜，将入射太阳光聚集在焦点上，设置在焦点上的太阳能接收器收集到较高的热能，传热介质被加热后，驱动斯特林发动机进行发电	1. 高效率聚光，聚光比高，可达到数千，聚焦温度甚至可以超过 1000℃，效率较高。 2. 能流高，但分布不均匀，对吸热元件挑战较大。 3. 直接连接斯特林机，可获得不低于 30% 的太阳能—电效率。 4. 单机容量难以做大，只适合分布式利用。 5. 储热问题难以解决，碟式-斯特林发电系统大规模应用压力较大。成本上还缺少优势，技术上也有待于完善。 6. 可以单台使用或多台并联使用，适宜小规模发电	主要由聚光器、接收器、热机、支架、控制器及发电机组组成
菲涅尔式太阳能光热发电	菲涅尔式太阳能发电系统也称为线性菲涅尔式 CSP 发电站，是一种结构更为简单的系统，它采用靠近地面放置的多个几乎是平面的镜面结构（带单轴太阳跟踪的线性菲涅尔反射镜），先将阳光反射到上方的二次聚光器上，再由其汇聚到一根长管状的热吸收管，并将其中的水加热产生 270℃ 左右的蒸汽直接驱动后端的涡轮发电机	成本相对低廉，但效率也相应较低。 此类系统由于聚光倍数只有数十倍，因此加热产生的蒸汽质量不高，使整个系统的年发电效率仅能达到 10% 左右；但由于系统结构简单、直接使用导热介质产生蒸汽等特点，其建设和维护成本也相对较低	主要由线性菲涅尔反射镜、集热管、蒸汽冷凝器、涡轮发电机等组成

3.3　太阳能光热发电的技术标准

3.3.1　国际标准

国际电工委员会（IEC）于 2011 年 4 月正式批准成立 IEC/TS，主要负责研究制定太阳能光热发电系统及相关部件的国际标准，并在 2014 年 5 月、2014 年 11 月、2015 年 1 月、2017 年分别批准 9 个国际光热发电标准编制工作的立项。我国国家标准化管理委员会于 2015 年 10 月正式批准由中国大唐集团新能源股份有限公司担任 IEC/TC 117 第一国内技术对口单位，中国电器工业协会继续担任第二技术对口单位，并派出专家参加了 IEC/TC 117 中的多项国际标准的研究、编写工作。从而使中国的光热发电国际标准化工作取得了快速发展。这 9 个国际标准，分别是：

（1）IEC/TS 62862-1-1 *Solar thermal electric plants-Terminology*《太阳能光热发电厂术语》

标准内容：太阳能光热发电一般术语、典型太阳能相关术语，储热系统相关术语。

（2）IEC/TS 62862-1-2 *Creation of annual solar radiation data set for solar thermal electric plant simulation*《光热发电厂仿真用太阳年辐射数据的产生办法》

标准内容：典型太阳能年产生办法与用于光热发电站模拟的太阳能年辐射数据集产生办法，定义适用于本标准的数据集结构与数据格式。

（3）IEC/TS 62862-13 *Data format for meteorological data sets*《气象数据集数据格式》

标准内容：规范了用于太阳能光热发电站设计的气象数据集格式，目的是减少数据交换的工作量，以避免由于应用不同或不清楚的格式而导致的误差及进而导致的数据。

（4）IEC/TS 62862-2-1 *Thermal energy storage systems-General characterization*《太阳能光热发电热储能系数通用特性》

标准内容：光热发电站的储热系统分类与系统组成单元，储能系统特性参数（效率、存储容量、热损失与储能系统自消耗等）的测试方法、计算公式与验收依据，以及运行环境条件。

（5）IEC 62862-3-1 *General requirements for the design of parabolic trough solar thermal electric plants*《槽式太阳能光热发电站设计总体要求》

标准内容：规定了抛物面槽式太阳能光热发电站设计的一般要求。包括电力系统、太阳能资源评估、选址、总体规划、集热系统、传热系统、热能储存系统、蒸汽发电系统、汽轮机系统、太阳能发电场布局、发电单元布局、电气设备与系统、水处理系统、仪表与控制、辅助系统与辅助设施，以及有关健康和安全的考虑。适用于使用汽轮机的抛物面槽式太阳能光热发电站的新建、扩建或重建。

（6）IEC 62862-3-2 *General requirements and test method for parabolic trough collectors*《槽式太阳能集热器通用要求与测试方法》

标准内容：规定了大型抛物面槽式太阳能集热器特性的要求和试验方法，涵盖抛物面槽式太阳能集热器光学和热性能的测定，以及集热器单轴跟踪系统的跟踪精度。本试验方法仅适用于室外试验。适用于配备制造商提供的太阳跟踪机构的抛物面槽式太阳能集热器。

（7）IEC 62862-3-3 *General requirements and test method for solar receivers*《太阳能集热管通用要求与测试方法》

标准内容：规定了太阳能吸热器的主要性能参数与设计要求，吸热器光学与热力学性能（热损失测试、应用光谱仪的光透过率、吸收率与反射率等）测试，以及抗反射玻璃涂层耐久性试验的测试方法。适用于由吸热管与保温中空玻璃管组成的吸热器。

（8）IEC 62862-4-1 *General requirements for the design of solar tower plants*《塔式

太阳能光热发电站设计总体要求》

标准内容：规定了塔式光热发电站电力系统接入、太阳能资源评估、站址选择、总体规划、集热场布置、发电区布置、集热系统、传热储热系统、汽轮机系统、水处理系统、信息系统、仪表与控制、电气设备及系统、水工设施及系统和辅助系统及附属设施的技术要求。

（9）IEC 62862-5-2 *Linear Fresnel systems-General requirements and test methods for linear Fresnel collectors*《线性菲涅尔集热器通用要求与测试方法》

标准内容：规定了线性菲涅尔集热器等典型功能单元的技术要求，集热器的光热性能及其相关评估方法描述，以及集热器运行性能的测试方法描述。

3.3.2 中国国家标准

2017 年 3 月 17 日，国家标准化管理委员批复成立了全国太阳能光热发电标准化技术委员会。全国太阳能标准化技术委员会编制了太阳能光热发电标准体系（图 3-7）。

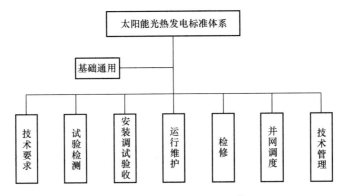

图 3-7 太阳能光热发电标准体系

目前已发布的光热发电相关国家标准如下：

（1）《太阳能资源等级 总辐射》GB/T 31155—2014

（2）《太阳能资源等级 直接辐射》GB/T 33677—2017

（3）《太阳能资源评估方法》QX/T 89—2018

（4）《聚光型太阳能热发电术语》GB/T 26972—2011

（5）《有机热载体炉》GB/T 17410—2008

（6）《有机热载体安全技术条件》GB 24747—2009

（7）《有机热载体》GB 23971—2009

（8）《太阳能热利用术语》GB/T 12936—2007

（9）《太阳能用玻璃 第 3 部分：玻璃反射镜》GB/T 30984.3—2016

（10）《直接辐射测量用全自动太阳跟踪器》GB/T 33692—2017

（11）《塔式太阳能光热发电站设计标准》GB/T 51307—2018

3.4 槽式太阳能光热发电站

槽式太阳能光热发电站简称槽式光热电站，由大面积的槽式集热器、传热流体、发电系统和可选的储热系统或与燃料辅助加热系统组成。

槽式集热器的聚光反射镜是抛物柱面聚光镜，利用抛物面将平行光集聚于焦线的吸热管上。标准的槽式集热器的镜面开口为5.7m，单列集热器可达到150m，一个回路由4列150m的集热器串联而成，根据所需要的功率大小，再与其他回路并联，成为线性聚焦。若干个槽式集热器单元串联就组成了一个集热器阵列，若干个集热器阵列回路并联就组成了一个集热场（或称镜场）。根据集热功率的不同，一个集热场包括从数十个回路到数百个回路。集热场的槽式集热器一般都是南北朝向安装，平行排列，聚光镜可绕单轴旋转从东到西同步跟踪太阳，使系统充分获得太阳能。同时，也大大地降低了跟踪控制的成本。

在槽式太阳能光热发电站中一般使用的传热流体是导热油，广泛使用的是由75%的二苯醚和26.5%的联苯组成，槽式太阳能光热发电站导热油系统的温度被限制在400℃以下。

槽式太阳能光热发电站广泛使用的储热介质是高温熔盐，也称太阳盐，是60%$NaNO_3$和40%kNO_3的混合物。储热系统通常采用冷热双罐系统，用双对50%的容量配置，或一对100%容量配置，或两个热罐、一个冷罐的组合。冷、热熔盐泵分开设置，并各有一台备用泵。

槽式太阳能光热发电站机组的运行模式主要有光场＋发电、光场＋储热充热＋发电、光场＋储热放热＋发电。

3.4.1　槽式太阳能光热发电站的技术方案

槽式太阳能光热发电站依据传热介质的不同，可分为槽式导热油发电站、槽式硅油发电站、槽式熔盐发电站、水蒸气槽式发电站。典型的槽式发电站多采用导热油传热和熔盐储热的技术方案。

集热场是槽式太阳能光热发电站的核心，一个集热器单元由槽式反射镜、支架、真空集热管和跟踪器（机构）组成。反射镜绕单轴旋转跟踪太阳，属于线聚焦方式，聚光比为50～100。目前，由于大开口集热器显著地提高了光效率，降低了导热油循环泵的功率，还减少了占地面积和投资成本，也得到了业主的广泛采用。大开口集热器的性能参数见表3-4。

储热系统采用熔融盐显热储热，冷热双储罐热系统为典型设计，系统优点是冷、热流体分开存储，缺点是双罐提高了储热的成本。

鉴于槽式太阳能光热发电站汽轮机组需具有快速启动、频繁变工况和低负荷运行的能力，汽轮机采用特殊缸结构和反动式通流模块，高低压缸之间配置SSS离合器，便于高压缸脱开运行。

槽式太阳能光热发电站的主要性能指标有集热场采光面积、储热时长、平均光电效率和年发电量。主流的槽式太阳能光热发电站传/储热的介质分别为导热油和熔融盐。

表3-5给出了各国典型的导热油槽式太阳能光热发电站的技术经济数据。

熔融盐槽式太阳能光热发电，由于采用熔融盐作为传热介质，提高了蒸汽温度，也提高了发电效率，传热储能介质都为熔融盐也使系统更加简单，发电站投资可降低20%～40%。但是，熔融盐槽式太阳能光热发电站需要注意和解决真空吸热管和熔融盐储罐热应力破坏的问题。

大开口集热器的性能参数表　　　　　　表 3-4

序号	项目名称	ET 槽	大开口槽 1	大开口槽 2
1	集热器开口宽度	5.8m	8.2m	14m
2	集热器长度	12m	14.02m	21.2m
3	集热管直径和长度	70mm，4m	90mm，4.76m	105mm，5.3m
4	设计点光热效率	71.4%	76.1%	78.83%

各国典型的导热油槽式太阳能光热发电站的技术经济数据表　　　表 3-5

名称	西班牙 Andasol 1	西班牙 Africana	美国 Solana	南非 Kaxu 1	摩洛哥 NOOR Ⅱ	中广核 德令哈	乌拉特 中旗
年 DNI（kW·h/m²）	2136	1950	2519	2700	2635	2078	2170
单机容量（MW）	50	50	2×140	100	200	50	100
集热场面积（万 m²）	51.012	55	220	80	177.99	62	122.6
储热时长（h）	7.5	7.5	6	2.5	7.3	9	10
年均光电效率（%）	14.5	15.85	17.03	14.81	16.73	15.33	14.73
年发电量（亿 kW·h）	1.58	1.7	9.44	3.2	7.848	1.975	3.92
单位投资（元/kW）	49600	—	48571	58480	34000	38860	28670

首台槽式太阳能光热发电站即西班牙 Andasol 1 太阳能光热发电站于 2008 年 11 月投运，单位投资达 49600 元/kW。国内槽式太阳能光热发电站的投资价格已从 2018 年 38860 元/kW 降至 28000 元/kW，产业规模化扩大后投资价格有望进一步下降。

3.4.2　槽式太阳能光热发电站的关键技术设备

通常槽式太阳能光热发电站共设有四个生产部分，即：太阳能集热区、循环换热区、汽轮发电机及辅助系统（或辅助车间），均纳入全厂 DCS 系统实现控制。槽式太阳能光热发电站的关键设备及设备供应商见表 3-6。

槽式太阳能光热发电站的关键设备及设备供应商一览表　　　表 3-6

设备名称	设备技术来源	设备供应商
槽式集热器	国外/国外引进/自主 Euro Trough Sener Trough E2 Sky Trough	SBP Abengoa Sener 常州龙腾光热科技股份有限公司 河北道荣新能源科技有限公司 成都博昱新能源有限公司 山东运达机械 威海市奥帆环保设备有限公司 中国电建集团上海能源装备有限公司 浙江海光能源有限公司 Tewer Engineering Sky fuel HELIOVIS AG

续表

设备名称	设备技术来源	设备供应商
吸热管	国外/国外引进/自主研发	Archimede 常州龙腾光热科技股份有限公司 威海金太阳太阳能科技有限公司 北京天瑞星光热技术有限公司 山东龙光天旭太阳能有限公司 北京奥普科星技术有限公司 瑞环（内蒙古）太阳能有限公司 皇明太阳能股份有限公司 兰州大成科技股份有限公司 山东汇银新能源科技有限公司 河北道荣新能源科技有限公司
反射镜	国外引进/自主研发	成都禅德太阳能电力有限公司 平湖凯盛大明光能科技有限公司 武汉圣普太阳能科技有限公司 中国电建集团上海能源装备有限公司 天津滨海设备配套技术有限公司 台玻悦达太阳能镜板有限公司 秦皇岛市瑜阳光能科技有限公司 瑞环（内蒙古）太阳能有限公司 山西国利天能科技有限公司
跟踪驱动装置	国外/国外引进/自主研发	中船重工重庆液压机电有限公司 四川川润液压液滑设备有限公司 江苏金陵智造研究院有限公司 天津欧陆重工机械制造有限公司 沙河旭孚新能源科技有限公司 上海意称液压系统有限公司 南京晨光集团有限责任公司 北京金日创科技股份有限公司 北京亿美博科技有限公司 天津滨海设备配套技术有限公司 青岛杰瑞工控技术有限公司 横河电机（中国）有限公司 特力佳（天津）风电设备零部件有限公司
熔盐泵	国外/国外引进/自主研发	江苏飞跃机泵集团有限公司 桂林市广汇泵业有限责任公司 江苏金麟化工机械有限公司 济南三科泵业有限公司 兰州兰泵有限公司 四川省自贡工业泵有限责任公司 苏州苏尔寿泵业有限公司 福斯（Flowserve） 深圳市爱能森设备技术有限公司 中国电建集团上海能源装备有限公司

续表

设备名称	设备技术来源	设备供应商
蒸汽发生器	国外/国外引进/自主研发	山东北辰机电设备股份有限公司 东方电气股份有限公司 上海电气集团股份有限公司 无锡化工装备股份有限公司 江苏力沃新能源科技股份有限公司 哈尔滨电气股份有限公司 上海电气亮源光热工程有限公司 西子清洁能源装备制造股份有限公司 北京巴威北京京能巴威电力技术有限公司 华西能源工业股份有限公司
聚光场跟踪控制成套系统及设备	国外/国外引进/自主研发	成都博昱新能源有限公司 北京金日创科技股份有限公司 中广核研究院有限公司北京分公司 横河电机（中国）有限公司 上海文迈自控工程有限公司 中国电建集团上海能源装备有限公司

3.5 塔式太阳能光热发电站

塔式太阳能光热发电站是利用布置于地面的定日镜将太阳光发射到位于塔顶的吸热器上，使传热流体达到一定温度后，通过管道输送到地面与蒸汽发生器系统进行热交换，产生高压过热蒸汽来推动汽轮发电机组发电。

3.5.1 塔式太阳能光热发电站的技术方案

塔式太阳能光热发电站主要由定日镜系统，集热系统，传热、储热与换热系统，汽轮发电机组及辅助系统以及辅助燃料系统构成（图3-8）。

塔式太阳能光热发电站定日镜镜面常见的有平面、球面和抛物面，是影响塔式太阳能光热发电站的重要因素，其镜场占地面积约为塔式太阳能光热发电总厂占地面积的40%，约占塔式太阳能光热发电站（带有储能装置）成本的50%。定日镜的排列方式与布置应充分利用地形条件，可采用辐射交错式、阵列式等多种形式。每个定日镜绕双轴旋转跟踪太阳，塔式的聚光比可达到1000，近千倍的太阳辐射能被反射到焦点处的吸热器表面，降低了热损失，大大提高了发电站的热效率。所以，此技术也称为点聚焦。

集热器与接收塔构成塔式太阳能光热发电站集热系统，集热器将光能转换成热能，集热器安装在塔顶，工质输送管道布置在空心塔体内，加热后的工质，经管道送回地面。接收塔有钢筋混凝土和钢结构两种结构形式，竖立在镜场中，塔的周围布置有众多的定日镜。塔的高度由镜场的规模决定，规模越大，接收塔越高。

塔式太阳能光热发电系统传热流体主要有熔盐、水/蒸汽、空气/压缩空气三种。如果传热流体是水/蒸汽，则将直接用来推动汽轮发电机组发电。对应不同的热流体，塔式太

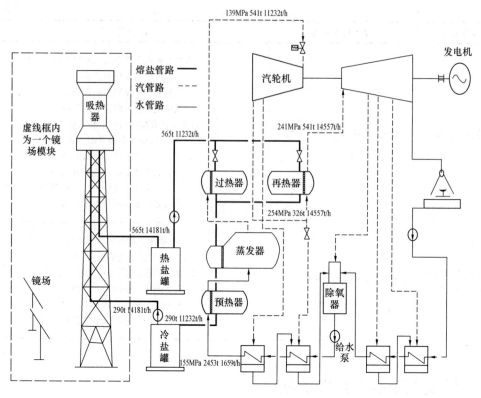

图 3-8　塔式太阳能光热发电站系统构成

阳能接收器的类型也有所不同。可分为熔盐塔式光热发电站、水工质塔式光热发电站、空气塔式光热发电站。以熔盐为吸热和储热介质的熔盐塔式光热发电技术目前相对比较成熟，其示意图如图 3-9 所示。

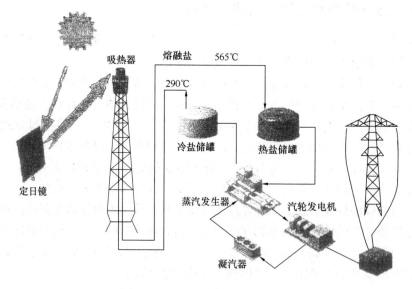

图 3-9　熔盐塔式光热发电站示意图

3.5.2 塔式太阳能光热发电站的运行模式与关键技术设备

1. 运行模式

熔盐式塔式光热发电站其运行模式可分为太阳岛和常规岛，通过储热岛连接，太阳岛和常规岛可分为两个独立的系统运行（图3-10）。

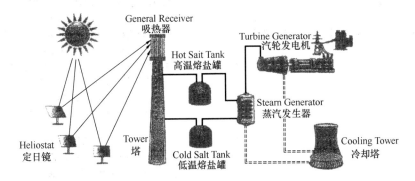

图 3-10 熔盐式塔式光热发电站运行模式图

（1）太阳岛部分

太阳岛部分包括镜场和吸热器，能量在此收集并通过熔盐传动，吸热器的工作模式决定了太阳岛其他部分的运动状态。

（2）储热岛部分

冷盐经过吸热器面板，温度上升，热盐回流到热盐罐，热能储存起来。

（3）常规岛部分

热盐流向蒸汽发生器，产生过热蒸汽，过热蒸汽推动汽轮机运转，冷盐回到冷盐罐。

根据储热系统的存储能力，发电站的运行时间会有所不同，对于大容量储热系统，发电站可以24h运行；对于普通储热系统发电站可采取太阳能同步发电＋夜间高峰电力需求时段运行的方式。

2. 塔式光热发电站的主要关键技术设备

塔式光热发电站的主要关键技术设备及供应商见表3-7。

塔式光热发电站的主要关键技术设备及供应商一览表　　　　表 3-7

设备名称	设备技术来源	设备供应商
定日镜	国外/国外引进/自主研发	台玻悦达太阳能镜板有限公司 浙江可胜技术股份有限公司 首航高科能源技术股份有限公司 东方电气集团东方锅炉股份有限公司 旭孚（北京）新能源科技有限公司 北京亿美博科技有限公司 钜光太阳能科技（北京）股份有限公司 浙江大明玻璃有限公司 成都禅德太阳能电力有限公司 瑞环（内蒙古）太阳能有限公司 天津滨海设备配套技术有限公司 武汉圣普太阳能科技有限公司

续表

设备名称	设备技术来源	设备供应商
吸热器	国外/国外引进/自主研发	西子清洁能源装备制造股份有限公司 杭州锅炉集团股份有限公司 首航高科能源技术股份有限公司 东方电气集团东方锅炉股份有限公司 南通万达能源动力科技有限公司 钜光太阳能科技（北京）股份有限公司 哈尔滨锅炉厂有限责任公司 北京巴布科克·威尔克斯有限公司 上海电气亮源光热工程有限公司 兰州大成科技股份有限公司 江苏鑫晨光热技术有限公司
定日镜场控制系统	国外/国外引进/自主研发	维谛技术有限公司 浙江可胜技术股份有限公司 北京金日创科技股份有限公司 中广核研究院有限公司北京分公司 横河电机（中国）有限公司 上海文迈自控工程有限公司 中国电建集团上海能源装备有限公司 华东装备扬州设备公司 兰州长信电力设备有限责任公司 浙江自力机械有限公司
定日镜执行机构 控制系统	国外/国外引进/自主研发	天津津伯仪表科技有限公司 成都博昱新能源有限公司 北京金日创科技股份有限公司 中广核研究院有限公司北京分公司 横河电机 上海文迈自控工程有限公司 中国电建集团上海能源装备有限公司
熔盐循环泵	国外/国外引进/自主研发	德国费亚泰克公司 江苏飞跃机泵集团有限公司 桂林市广汇泵业有限责任公司 四川省自贡工业泵有限责任公司 济南三科泵业有限公司 兰州兰泵有限公司 苏州苏尔寿泵业有限公司
蒸汽发生器	国外/国外引进/自主研发	东方电气集团东方锅炉有限公司 上海电气集团股份有限公司 无锡化工装备股份有限公司 江苏力沃新能源科技股份有限公司 哈尔滨电气股份有限公司 上海电气亮源光热工程有限公司 西子清洁能源装备制造股份有限公司 北京京能巴威电力技术有限公司 华西能源工业股份有限公司

设备名称	设备技术来源	设备供应商
太阳光斑测量跟踪系统	国外/国外引进/自主研发	浙江可胜技术股份有限公司 四川川润液压润滑设备有限公司 旭孚（北京）新能源科技有限公司 洛阳斯特林智能传动科技有限公司 煌承（集团）有限公司 长春晟博光学技术开发有限公司 龙岩智康太阳能科技有限公司

3.6　碟式及菲涅尔式太阳能光热发电站

3.6.1　碟式太阳能光热发电站

碟式太阳能光热发电是利用旋转抛物面反射镜，将入射太阳光聚集在焦点上，放置在焦点处的太阳能接收器收集较高温度的热能，加热工质后驱动如斯特林发电机组发电。碟式太阳能光热发电系统包括聚光器、接收器、热机、支架、跟踪控制系统等主要设备。系统工作时，从聚光器反射的太阳光聚焦在接收器上，热力循环的工作介质流经接收器吸收太阳光能后转换成热能，介质温度升高，即可推动热机运转并带动发电机发电（图3-11）。

图 3-11　碟式太阳能光热发电

碟式太阳能光热发电的技术特点有：

（1）高效率聚光，高聚光比，聚光比可达数千。

（2）能流高但分布不均匀，对吸热元件挑战大。

（3）直接连接斯特林机可获得不低于 30％的太阳能—电效率。

（4）采用空冷系统，运行过程中不需消耗水。

（5）单机容量难以做大，只适合于分布式利用。

（6）储热问题难以解决，碟式—斯特林发电系统大规模应用的成本压力很大。

3.6.2 菲涅尔式太阳能光热发电站

菲涅尔式太阳能光热发电是采用靠近地面放置的多个几乎是平面的镜面结构，先将太阳光反射到上方的二次聚光器上，再由其汇聚到一极长管状的热吸收管，将其中的水加热产生高温蒸汽直接驱动后端的涡轮发电机，如图 3-12 所示。

图 3-12　菲涅尔式太阳能光热发电

菲涅尔式太阳能光热发电的技术特点有：

（1）利用二次反射技术，提高了几何聚光比，容易获得较高的吸热器传热流体的出口温度。

（2）中心吸热管保持不动，不随主反射镜跟踪太阳运动，避免了高温高压管路的密封和连接问题以及由此带来的成本增加。

（3）主反射镜较为平整，可采用紧凑型的布置方式，土地利用率较高，且反射镜近地安装，大大降低了风阻，具有优良的抗风性能，选址更为方便灵活。

（4）采用平直镜面具有易于清洗，耗水少，维护成本低的优点。

（5）聚光场效率不高；早上和傍晚受余弦损失大；二次聚光器进一步降低了效率。

3.7　四种太阳能光热发电技术的比较与应用

3.7.1　技术比较

槽式太阳能光热发电系统结构简单，技术较为成熟，可以实现较大规模的发电站。但其聚光比小，系统工作温度偏低。核心部件——真空集热管在运行中易出现真空度降低、吸热管表面选择性涂层性能下降等问题。因此，真空吸热管能否可靠、长久、高效地工作是槽式发电技术的关键。

塔式太阳能光热发电系统聚光比高，可选择较高的工作温度，系统容量大、效率高。塔式发电技术易于实现储热，经济性好，但熔融盐熔点高，系统保温能耗较高，有一定的技术难度。塔式水/蒸汽系统的吸热器技术难度相对较小，可靠性高，但系统储热性能较差，高温高压下的系统安全性有待提高。由于蒸汽的热容小，为避免吸热器中蒸汽过热导致吸热器失效，系统对反射镜场的控制精度要求很高。

菲涅尔式太阳能光热发电系统由于聚光倍数只有数十倍，因此加热产生的蒸汽热能品质低，整个系统的年发电效率仅为10%左右。但是该发电技术系统结构简单，直接利用导热介质产生蒸汽，因此建设和运维成本较低。

碟式太阳能光热发电系统聚光比大，工作温度高，系统效率高，设施紧凑，安装非常便利，适合于分布式能源系统，有很好的应用前景。其缺点是核心部件斯特林发电机技术难度大。

四种太阳能光热发电技术性能指标比较见表3-8。

四种太阳能光热发电技术比较表

表3-8

技术特征	槽式发电	塔式发电	菲涅尔式发电	碟式发电
光照资源要求	高	高	低	高
聚光比	50～80	300～1000	25～100	1000～3000
工作温度（℃）	350～550	500～1400	270～550	700～900
传热介质	水、合成油、熔融盐	水、合成油、熔融盐、空气	水、合成油、熔融盐	空气
储能	可储热	可储热	可储热	不可储热
机组类型	蒸汽轮机	蒸汽轮机、燃气轮机	蒸汽轮机	斯特林机
热力循环模式	朗肯循环	朗肯循环、布雷顿循环	朗肯循环	斯特林循环
联合运行	可	可	可	视具体情况
峰值系统效率	21%	23%	20%	31%
系统年平均效率	10%～15%	10%～16%	9%～12%	16%～18%
适宜建设规模（MW）	30～200	30～400	30～150	0.005～0.5
用地面积（hm²/MW）	2.5～3	2～2.5	2.5～3.5	2
水耗值（m²/MW·h）	水冷3.03，空冷0.30	水冷1.89～2.84，空冷0.34	水冷3.8	很少量
应用程度	商业化、规模化	商业化、规模化	商业化、尚未规模化	商业化、尚未规模化

四种太阳能光热发电技术的优缺点比较见表 3-9。

四种太阳能光热发电技术的优缺点比较

表 3-9

系统类型	优点	缺点
槽式	技术成熟风险较低，已有商业化运行经验；聚光装置可批量化生产，成本低；系统跟踪控制精度较塔式要求低；安装维修方便，跟踪控制简单	聚光比低，工作温度较低，光电效率低于塔式；工质流程长，散热损失大；效率提高，造价降低空间小；抗风沙能力弱，地面平度要求高
塔式	1. 聚光比大，工作温度高；工质流程短，散热损失小；具有较高太阳能光电转化效率；2. 效率提高，造价降低空间大；3. 场址选择灵活，地面平度要求低于槽式；4. 易于实现大容量和长时间储热	1. 需将聚光场和吸热器偶合集成，技术难度较高；2. 投资成本较高，镜场、吸热器成本高；3. 跟踪控制精度要求高
线性菲涅尔式	1. 结构简单，镜面制造难度小、控制系统成本低，投资、维护成本相对低；2. 集热器不随主反射镜跟踪太阳而运动，避免高温高压管路的密封和连接问题以及带来的成本增加	1. 聚光比较小、光电效率低于槽式，占地面积大；2. 工作温度较低，工质流程长，散热损失大；3. 效率提高和造价降低空间小；4. 应用业绩少
碟式	1. 聚光比较大，发电效率高；2. 场址要求低，建设灵活，相对周期短；3. 系统无水工质，对水资源要求极低	1. 聚光镜成本较高；2. 核心设备斯特林机制造技术门槛高，存在泄漏可能，维修成本高；3. 小系统可配置电化学储能装置

　　槽式光热发电系统作为首个商业化的发电方式，其技术标准、运营经验都是比较成熟的，结构部件简单、系统控制容易、耗材少、易于实现工业上标准化批量生产和安装、跟踪装置简单，但其聚光效率和运行温度较低、热能耗较大；塔式光热发电系统具有集热温度高（560~570℃），能够生产高参数蒸汽，热动效率高，导热管回路短等优点，所以在造价控制和规模化商业应用中具有独到优势。但由于镜面与塔距离远，定日镜对焦难度大，导致光能损耗较高，对跟踪的命中率和精准度有很高的要求。线性菲涅尔光热发电系统结构部件简单，系统控制容易，耗材少，投资低，跟踪装置简单，但聚光比低，光电效率低。碟式光热发电系统尽管发电效率最高，但是因核心部件斯特林机故障率高，且难以实现大容量储能，仅适应于小容量分布式发电，因此，碟式光热发电系统发展暂时受限。

3.7.2　应用情况

　　目前，在全球投运的太阳能光热发电站装机中，各类技术形式应用多样，但仍以导热油槽式和熔盐塔式两种技术路线为主。

　　槽式技术路线在全球装机容量中占比最高，主要还是因为槽式是全球最早商业化运行的技术路线，始于美国 20 世纪 80 年代投运并运行至今的 9 座 SEGS 槽式发电站，总装机容量 354MW。而后期兴建的太阳能光热发电项目，银行更偏向于有参考样本、被商业化验证过、风险性较低的技术，因此造成西班牙绝大多数的项目均采用了导热油槽式技术路线。槽式光热发电站约占西班牙太阳能光热发电总装机容量的 96.5%，约占全球装机容量的 34.5%。

　　各主要国家光热发电技术在全球装机情况如图 3-13 所示。

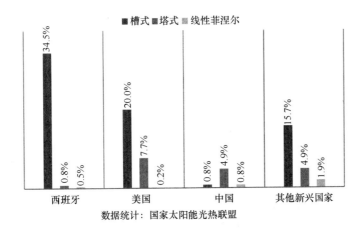

图 3-13　各主要国家光热发电技术在全球装机占比情况

3.8　太阳能光热资源的评估

太阳能辐射数据分析和太阳能光热资源评估工作涉及光热发电站的站址选择、发电量的计算、发电站的设计和财务评价，特别是在光热发电站的全生命周期中，都需要做好太阳能光热资源的评估。太阳能资源变化给光热发电站的预期运行与维护，也带来许多不确定性。因此，准确地分析和确定光热发电站太阳能光热资源的质量和可靠性，有利于光热发电站的规划设计，以及光热发电站的系统运行和财务可行性的精准分析。

依据典型太阳年数据对项目所在区域的太阳能资源进行评价，并结合地理条件和气象要素进行综合分析，使得光热站站址选择在太阳能资源丰富、资源稳定的区域。除了在站址现场设置太阳能资源环境观测站，进行连续至少 1 年的法向直接辐射和相关环境气象要素观测外，还需收集光热发电站参证气象站或卫星的再分析太阳能资源数据，对站址区域长期、不同设计水平年的太阳能资源状况及相关气象条件进行综合评估。

参证气象站不能仅以距离远近作为单一选择标准，需综合考虑地理、大气物理、气象环境等因素。参证气象站宜具有连续 10 年以上的太阳法向直射辐照量观测记录，以及水平面总辐照量、散射辐照量、日照时数等，且与现场观测站同期至少一个完整年的逐小时的观测记录。

3.8.1　计算方法

当法向直接辐射观测数据可获得时，可直接计算某一时段的辐照度和辐照量。当缺乏直接辐射实测数据时，可依据实测数据和项目需求，根据国家标准《太阳直接辐射计算导则》GB/T 37525—2019，选择合适的计算方法。

（1）具有总辐射和散射辐射实测数据时的计算方法

根据式（3-1）可计算法向直接辐射。

$$GHI = DIF + DNI \times \cos(\theta_z) \tag{3-1}$$

式中　　GHI ——水平面总辐照度（Global Horizontal Irradiance）（W/m²）；

DIF ——水平面散射辐照度（Diffuse Horizontal Irradiance）（W/m²）；

DNI ——法向直接辐照度（Direct Normal Irradiance）（W/m^2）；

θ_z ——太阳天顶角（°）。

法向直接辐照量 DNR（Direct Normal Irradiation）是指给定时间段内法向直接辐照度的积分总量，单位：$kW \cdot h/m^2$。

水平面直接辐照量 DHR（Direct Horizontal Irradiation）是指给定时间段内水平面直接辐照度的积分总量，单位：$kW \cdot h/m^2$。

如果总辐射和散射辐射的实测数据仅有日值、月值或年值，只能计算水平面直接辐照度 DHI（Direct Horizontal Irradiance）和水平面直接辐照量 DHR，不能计算 DNI 和 DNR。在总辐射和散射辐射的实测数据具有分钟或小时值时，才能用于计算法向直接辐照度 DNI 和法向直接辐照量 DNR。

（2）具有总辐射实测数据时的计算方法

先将总辐射进行直散分离，得到散射辐射和水平面直接辐射，再用式（3-1）计算法向直接辐射。

计算散射辐射时，可以用晴空指数法计算，见式（3-2）。

$$DIF = GHI \times f(K_T) \tag{3-2}$$

式中　K_T ——晴空指数，即总辐射与地外太阳辐射的比值；

$f(K_T)$ ——散射辐射与晴空指数的经验关系。

（3）缺乏太阳辐射实测数据时的计算方法

在缺乏实测数据时，可以采用气候学统计方法或物理反演方法来计算太阳辐射值。

气候学统计方法是根据气候学原理，建立 DHR 和 DNR 与相关气象要素的统计关系，获得水平面直接辐射和法向直接辐射。统计关系指建立水平面直接辐照量 DHR 与日照百分率、法向直接辐照量 DNR 与水平面直接辐照量 DHR 的经验关系。该方法缺点之一是未考虑地形影响；缺点之二是采用了统计方法。该方法只能用于计算月或更长时间尺度的 DHR 和 DNR，以及相应时段平均的 DHI 和 DNI。

物理反演方法又称为卫星遥感反演方法。当地面气象观测数据无法满足需求时，可采用卫星遥感数据。根据辐射传输原理，对大气层中影响直接辐射的因子分别建立参数化方程，逐步计算到达地表的法向直接辐射。影响因子有六项，即瑞利散射透射比、臭氧吸收透射比、混合气体和痕量气体吸收透射比、水汽吸收透射比、气溶胶散射和吸收透射比、云的散射和吸收透射比。该方法适用于计算瞬时、分钟或小时平均的 DNI 和 DNR，以及 DHI 和 DHR，对于日、月、年平均值（或总量），只需将计算结果进行对应时段的平均或累加。

3.8.2　太阳能光热资源的评估

（1）太阳能资源数据

太阳能资源数据来源可分为直接测量数据、间接测量数据、派生数据、合成数据、卫星数据（卫星图像数据）和气象模型数据（天气预报模型数据）。

太阳能资源数据系列可分为短期实测数据和长序列历史数据。短期实测数据一般指站址现场直接观测，至少是 1 年连续、完整的太阳能资源各要素实测数据。数据记录间隔通常为 10 分钟或 1 分钟，有效数据完整率应不低于 90%，有效数据完整率计算公式见式（3-3）。实测数据必须通过完整性、合理性和有效性的数据验证，其中缺测和不合理的数据应进行插补，验证插补后形成至少一个连续完整年的逐小时太阳能资源观测数据，有效完整率应达到100％。长序列历史数据是指时间序列10年以上的法向直接辐射小时数据。当站址附近有国家级辐射观测站时，可以将该观测站作为参证站进行分析。当没有参证站时，可选用卫星遥感反演、数值模拟或其他方法推算出该区域的长序列历史反演数据作为项目的太阳能资源数据。但在采用此类数据时，必须结合测光站同期至少一个完整年的逐小时观测数据进行匹配修正，可采用相关比值法、插补订正法或线性回归法等将其订正为站址的长系列数据。

$$有效数据完整率＝（应测数目－缺测数目－无效数据数目）/应测数目×100\% \quad （3-3）$$

式中　　应测数目——测量期间小时数；

　　　　缺测数目——没有记录到的小时平均值数目；

　　无效数据数目——确认为不合理的小时平均值数目。

太阳能光热发电站现场直接测量数据主要包括法向直接辐射、水平面总辐射和水平面散射辐射，此外干球温度、风速和风向、气压和相对湿度、降水量等环境因素也是测量项目。太阳能资源数据应能从时间和空间上较好地代表项目位置的资源数据，并且能够反映最近10年以上的太阳能资源变化特征，至少需具备逐时数据系列。对于地形复杂地区，除了上述条件外，还应考虑测光站位置与所评估的太阳能光热电站项目的地形、两地之间是否有地形差异、城市或高耸建筑的影响。

（2）太阳能资源评估代表年数据

太阳能资源代表年数据应基于至少最近10年的长时间序列数据，太阳能资源分析可采用气候平均法、频率最大法或典型气象年法（Typical Meteorology Year，简称TMY）。目前光热电站项目太阳能资源评估通常采用典型气象年法。

TMY法综合考虑影响大气环境状况的太阳辐射、气温、相对湿度、风速、气压和露点温度等，计算各气象要素的多年各月长期累积分布函数和逐年逐月累积分布函数，再根据当地气候和太阳能资源特点，赋予各气象要素合理的权重系数，挑选与所选时刻（月）的长期累积分布函数最接近的典型时刻（月），组成一年完整时间序列数据，作为光热电站太阳能资源代表年的时间序列数据。

依据典型太阳年数据，确定多年总辐照量、法向直射辐照量年际变化、月际变化、最近三年内连续12个月现场测量的各月法向直射辐照量日变化及各月典型日法向直射辐照度的小时变化。

（3）太阳能资源评估等级

太阳能辐照量的大小和资源质量，对于降低太阳能光热发电站的成本具有重要意义。根据目前光热设备制造能力、技术成熟程度和价格水平，在年法向直接辐射量大于1800kW·h/m² 的地区建设光热电站才有开发价值。

太阳能资源的丰富程度一般通过太阳能资源等级进行分类，目前中国对太阳能资源等级进行分类的国家现行标准有《太阳能资源等级　直接辐射》GB/T 33677—2017 和《电力工程气象勘测技术规程》DL/T 5158—2021，这两个标准对太阳能资源等级的分类定义分别见表3-10和表3-11。

太阳能资源等级分类表（《太阳能资源等级　直接辐射》GB/T 33677—2017）　表 3-10

等级名称	分级阈值（kW·h/m²）	分级阈值（MJ/m²）	等级符号
一类资源区	$H_{DN} \geqslant 1700$	$H_{DN} \geqslant 6120$	A
二类资源区	$1400 \leqslant H_{DN} < 1700$	$5040 \leqslant H_{DN} < 6120$	B
三类资源区	$1000 \leqslant H_{DN} < 1400$	$3600 \leqslant H_{DN} < 5040$	C
四类资源区	$H_{DN} < 1000$	$H_{DN} < 3600$	D

备注：H_{DN} 表示年法向直接辐射辐照量，采用多年平均值（一般取 30 年平均）。

太阳能资源等级分类表（《电力工程气象勘测技术规程》DL/T 5158—2021）　表 3-11

等级	法向直接辐射年总量 DNI［kW·h/（m²·a）］	丰富程度	应用于并网太阳能发电
1	DNI≥2455.6	很丰富	很好
2	2105.6≤DNI<2455.6	丰富	好
3	1755.6≤DNI<2105.6	较丰富	较好
4	1402.8≤DNI<1755.6	一般	一般
5	DNI<1402.8	贫乏	不适宜

《电力工程气象勘测技术规程》DL/T 5158—2021 对太阳能资源等级分类要比《太阳能资源等级　直接辐射》GB/T 33677—2017 分类更细，因此，光热发电站项目宜依据表 3-11 分类等级评估太阳能资源。

太阳能资源稳定度是衡量太阳能的月变化程度，即先计算多年平均的总辐射各月平均日辐照量，然后求最小值与最大值之比。太阳能资源稳定程度或太阳能资源品质，可根据不同时段法向直接辐射辐照量的变差系数、优、良、劣日数，太阳能资源要素累计频率分布等情况进行综合分析。光热发电站进行太阳能资源评估时，除了太阳法向直接辐射外，还需要了解当地的气象特征，如云的特征、大气气溶胶、水蒸气等，对聚热系统存在威胁的大风风速和风向频率、冰雹直径和速度、雷暴日数、影响地面接收直接辐射的天气现象如雨、雾、雪、沙、霾和烟幕，常规的气象要素如气压，干湿球温度、湿度等也是必不可少的。

（4）太阳能资源评估在项目不同阶段的要求

在规划选址阶段，应收集不同站址区域太阳能辐射资料，包括站址附近有代表性的辐射站、辐射资源卫星数据及各种辐射区域分布图表，了解收集站址区域影响辐射气候形成的自然因子，对不同站址处太阳能资源进行对比分析和站址初步筛选。必要时可进行现场踏勘。

在预可研阶段，应结合已有地面辐射数据以及长系列模型生成数据，分析光资源的时空变化、年值变化和不确定度分析。

在可研阶段，应结合现场短期测光数据和站址处长系列模型生成数据，分析光资源小时变化、年际及年内变化，以及初步典型气象年数据。

在初设阶段和施工图阶段，应结合站址至少一年测光数据，和站址代表参证站的长系

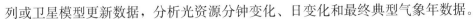

列或卫星模型更新数据，分析光资源分钟变化、日变化和最终典型气象年数据。

在运行维护阶段，应结合测光站连续多年高质量测光数据和站址处连续长系列模型更新数据，得到高质量的光资源预报数据，从而不断降低太阳能资源评估的不确定度。

光热发电站的太阳能资源评估工作复杂而困难，涉及评估要素多而且相互关联，太阳能资源要素在不同区域特性也不尽相同，资源的品质存在差异，这些因素都会直接或间接影响光热发电站电源质量和发电小时数，所以光热发电站站址的太阳能资源评估需结合站址地区的气候环境特征进行综合分析。

3.9　太阳能光热发电站的主要技术经济指标

太阳能光热发电站的性能目前还没有统一的规范与规定，我们以槽式和塔式光热发电站为例，分别阐述其发电站的性能参数与评估。

3.9.1　槽式太阳能光热发电站的性能参数与评估

槽式太阳能光热发电站的性能参数主要有：

（1）集热系统性能评估

集热器年总效率、年运行小时数、年无故障运行小时数、年故障运行小时数、年故障停机小时数、年故障次数、平均故障间隔时间。

（2）储/换热系统性能评估

性能指标应包括：储热小时数、热盐罐日温降、热盐罐年平均温度、储/换热介质年损耗量、换热器年平均效率、年工作小时数、年无故障运行小时数、年故障运行小时数、年故障停机小时数、年故障次数、平均故障间隔时间。

（3）发电系统性能评估

性能指标应包括：汽轮发电机组的年平均发电效率、年故障运行小时数、年故障停机小时数、冷态启动时间、温态启动时间。

（4）发电站性能评估

统计光热发电站历史发电量，计算历史光热发电站月等效利用小时数、年等效利用小时数、年启动次数、年站用电率、年单位发电量耗水率、年单位天然气耗量、年外购电量等指标。

需计算年平均效率：

$$\eta = Q/(W_{DNI} \times A)$$

式中　η——年平均效率（%）；

　　Q——年发电量（kW·h）；

　　W_{DNI}——年法向直接辐射量（kW·h/m²）；

　　A——定日镜总面积或回路集热器开口面积（m²）。

根据上述性能参数，我们可以按表 3-12 的内容对槽式太阳能光热发电站的性能进行评估。

槽式太阳能光热发电站的性能评估表 表 3-12

项目		评估结果
集热系统		
质量检查	现场检查	
	资料核查	
性能指标	集热场年效率	
	集热器年总效率	
	年运行小时数	
	年无故障运行小时数	
	年故障运行小时数	
	年故障停机小时数	
	年故障次数	
	平均故障间隔时间	
储/换热系统		
质量检查	现场检查	
	资料核查	
性能指标	储热小时数	
	热盐罐日温降	
	热盐罐年平均温度	
	储/换热介质年损耗量	
	换热器年平均效率	
	年工作小时数	
	年无故障运行小时数	
	年故障运行小时数	
	年故障停机小时数	
	年故障次数	
	平均故障间隔时间	
发电系统		
质量检查	现场检查	
	资料核查	
性能指标	汽轮发电机组的年平均发电效率	
	年故障运行小时数	
	年故障停机小时数	
	冷态启动时间	
	温态启动时间	
整站评估		
历史发电量评估	月等效利用小时数	
	年等效利用小时数	

项目	评估结果
年平均效率	
年启动次数	
年站用电率	
年单位发电量耗水率	
年单位天然气耗量	
年外购电量	

3.9.2　塔式太阳能光热发电站的性能参数与评估

塔式太阳能光热发电站的性能参数主要有：

（1）集热场面积

集热器面积限定了太阳能集热场的面积，可用简化式来估算：

$$C = \frac{kW_\mathrm{d} \times CF \times h}{eff \times I}$$

式中　C——聚光器面积（m^2）；

　　kW_d——发电站设计容量（kW）；

　　CF——容量因子，其值等于实际的 $\mathrm{kW \cdot h}/（\mathrm{kW \cdot d} \times 8760）$；

　　h——一年的小时数，即 8760；

　　eff——净光年光电转换效率；

　　I——年辐射量（$\mathrm{kW \cdot h/m^2}$）。

对于一个给定尺寸和容量因子的电站，其集热场面积由净光年光电转换效率决定，当效率增大时，集热器面积可在原来比例的基础上相应的减少。

（2）年均光电效率

年均光电效率 $Enet$ 由下式计算：

$$Enet = HFE \times RE \times PE \times TSE \times ST \times SE \times P \times A$$

式中　HFE——集热场效率；

　　RE——年均接收器效率；

　　PE——年均管道效率；

　　TSE——年均储热效率；

　　ST——蒸汽循环效率；

　　SE——启动效率；

　　P——供电率，即供电量占发电量的比率；

　　A——发电站可用率。

年均集热场效率 HFE 由下式计算：

$$HFE = MR \times EFA \times EFO \times EMAC \times EMCL \times EFHWO$$

式中　MR——镜面反射率；

　　EFA——集热场可用率；

EFO——集热场光学效率；

EMAC——镜面避免腐蚀率；

EMCL——镜面清洁度；

EFHWO——集热场强风中断率。

（3）子系统效率

① 集热场效率。一段时间内，传热工质从集热场中获得的总能量与入射在定日镜场采光口面积上的太阳法向直接总辐照量之比。

② 集热器总效率。一段时间内，传热流体从集热器入口到出口获得的热能与可用的太阳能辐射之比。可以用有用太阳能辐射替代可用的太阳能辐射，这样能够明确反映太阳能提供的热量。

③ 光热发电站年平均效率。一年中光热发电站的发电量与投射至聚光场采光面积上太阳法向直射辐照量之比。

④ 热盐罐日温降。储热系统中的热盐罐在储满热量时，24h 后与初始温度的差值，单位为℃/1000t。

⑤ 储热小时数。蓄热系统传递的能量（MW·h）与发电机的额定功率（MW）的比值，对于一个电厂是固定的。对于电厂的等效小时数，有必要乘以校正系数，即发电机的额定功率与蓄热的额定释能功率的比值。

⑥ 等效利用小时数。一段时间内，光热发电站总发电量（MW·h）与发电站总容量（MW）的比值。

⑦ 年单位发电量耗水率。一年中，光热发电站总耗水量与总发电量之比，其中总耗水量包括发电站中聚光器清洗、发电机冷却等生产用水及生活用水量，单位为 kg/kWh。

⑧ 年站用电率。一年中，光热发电站总消耗的电量与总发电量之比，其中总消耗的电量包括来自于光热发电站自身发的电和来自电网的电量。

有关国家典型塔式光热发电站的技术经济数据见表 3-13。

有关国家典型塔式光热发电站的技术经济数据一览表　　　　　表 3-13

名称	西班牙Gemasolar	美国lvanpah	美国Dunes	智利Atacama	摩洛哥Nooriii	中控德令哈	首航敦煌
年 DNI（kW·h/m²）	2172	2717	2685	3000	2635	2058	2078
单机容量（MW）	19.9	2×133+126	110	110	150	50	100
镜场面积（万 m²）	31.8	262.5	107.14	148.4	131.72	54.27	118
储热时长（h）	15	0	10	17.5	7.5	7	11
平均光电效率（%）	15.93	15.13	17.38	17.3	15.27	15.04	15.91
年发电量（亿 kW·h）	1.1	10.79	5	7.7	5.3	1.68	3.9
单位投资（元/kW）	92462	38163	61818	68000	45333	25830	30000

备注：表中币种为人民币

从上表可见：世界上首台熔盐储热塔式光热发电站（西班牙 Gemasolar）的单位投资为 92462 元/kW，经过十多年的发展，发电站的单位投资在逐步下降，我国熔盐储热塔式光热发电站已经降至 30000 元/kW。而中控德令哈发电站由于其国产率较高，单位投资已经降至 25830 元/kW。

3.9.3　塔式与槽式太阳能光热发电站的技术经济对比

目前，国际上光热发电市场以槽式光热发电技术为主，超过 80% 的 CSP 发电站（含已建和在建项目）都采用了这种技术。实践证明，槽式热发电技术是最实用、最成熟、成本效益突出。根据统计资料：某国 50MW 光热发电站，配置 7.5h 熔盐储热系统，镜场面积 51 万 m^2。其投资成本构成见表 3-14。

50MW 槽式光热发电站的投资成本分析　　　　　　　　　　　　表 3-14

名称	投入（百万美元）	比例（%）
1. 施工支出	62.4	17.3
集热场	11.3	3.1
土地等基建	21.2	5.9
钢结构	9.1	2.5
管道建设	6.4	1.8
电气安装	14.4	4.0
2. 设备购置支出	140.3	38.8
反光镜	23.1	6.4
集热器	25.9	7.1
钢材	39.0	10.8
架线塔	3.9	1.1
基建	7.8	2.2
跟踪系统	1.6	0.4
旋转接头	2.6	0.7
传热系统（管道、换热器、泵等设备）	19.5	5.4
传热介质（导热油）	7.8	2.2
电气、控制系统等	9.1	2.5
3. 储热系统	36.1	9.9
熔盐	18.6	5.1
储热罐	6.6	1.8
隔热材料	0.7	0.2
换热器	5.1	1.4
泵	1.6	0.4
平衡系统	3.5	1.0
4. 发电系统	52.0	14.4
发电机	20.8	5.8
电厂辅助设施	20.7	5.7
电网接入设施	10.5	2.9
5. 其他	70.9	19.6
项目开发	10.5	2.9
EPC	28.1	7.8
融资	21.8	6.0
其他支出（津贴等）	10.5	2.9
总成本	361.7	100

根据上述性能参数，我们可以按表 3-15 的内容对塔式太阳能光热发电站的性能进行评估。

塔式太阳能光热发电站的性能评估表 表 3-15

项目		评估结果
集热系统		
质量检查	现场检查	
	资料核查	
性能指标	集热场年效率	
	集热器年总效率	
	年运行小时数	
	年无故障运行小时数	
	年故障运行小时数	
	年故障停机小时数	
	年故障次数	
	平均故障间隔时间	
储/换热系统		
质量检查	现场检查	
	资料核查	
性能指标	储热小时数	
	热盐罐日温降	
	热盐罐年平均温度	
	储/换热介质年损耗量	
	换热器年平均效率	
	年工作小时数	
	年无故障运行小时数	
	年故障运行小时数	
	年故障停机小时数	
	年故障次数	
	平均故障间隔时间	
发电系统		
质量检查	现场检查	
	资料核查	
性能指标	汽轮发电机组的年平均发电效率	
	年故障运行小时数	
	年故障停机小时数	
	冷态启动时间	
	温态启动时间	
整站评估		
历史发电量评估	月等效利用小时数	
	年等效利用小时数	

续表

项目	评估结果
年平均效率	
年启动次数	
年站用电率	
年单位发电量耗水率	
年单位天然气耗量	
年外购电量	

以 50MW～100MW 塔式与槽式光热发电站为例的经济性比较见表 3-16。

50MW～100MW 塔式与槽式光热发电站的经济性比较 表 3-16

项目	100MW 槽式	100MW 塔式	50MW 槽式	50MW 塔式
主机参数	高压、中温直接空冷	超高压、高温直接空冷	高压、中温直接空冷	超高压、高温直接空冷
传热介质	导热油	熔盐	导热油	熔盐
储热介质	熔盐	熔盐	熔盐	熔盐
储热时长（h）	8	8	8	8
传热介质温度（℃）	393/296	565/290	393/296	565/290
储热介质温度（℃）	386/289	565/290	386/289	565/290
集热镜场（万 m²）	109.5	102.6	64.74	51.5
镜场光学效率（%）	55.2	52	55	52.3
集热管/吸热器效率（%）	87.2	86.9	87.7	86.7
汽轮机组循环效率（%）	35.5	37.7	35	36.1
全厂光电效率（%）	15.62	16.79	15.55	16.36
单位千瓦投资（万元）	2.5911	2.5224	2.637	2.617

当前，槽式光热发电技术和塔式光热发电技术（不带储热）的成本大概在 4500～7150 美元/kW 之间。配置储热系统的 CSP 发电站的成本当然会更高，但其产能也将提高。计算得出，带储热的槽式和塔式 CSP 发电站的成本大概在 5000～10500 美元/kW 之间。

根据相关太阳能光热发电站项目的资料：以容量 50MW 的塔式与槽式太阳能光热发电站为例，塔式镜场造价为每平方米综合成本为 1000 元人民币，而槽式约为 950 元。但是在相同的储能量的情况下，塔式用盐量只有槽式的 1/3，因此槽式熔盐储能系统的投资会比塔式高出不少，如果储能 12h，塔式储能系统投资约为 2.5 亿，槽式则为 5.5 亿。因此整个项目投资槽式比塔式高一些，大约会高出 16%。

北纬 35°～43°光热发电站，塔式发电站发电量比槽式高 15%。塔式造价会比槽式低 16%。运维成本基本相当。按照经济性模型计算，北纬 36°以上的塔式储能电站的平准化度电成本会比槽式低 27%。国际能源署预计到 2025 年塔式发电站平准化度电成本为 9 美分、槽式为 11 美分,两者相差 22%,由于低纬度情况下槽式效率比较高,两者差距应该小于 22%,相反在高纬度情况下两者差距应该会高于 22%,中国在高纬度区域,两者相差 27%,与国际能源署的预计完全吻合。

综上,槽式对于光热效率的季节性和纬度的敏感性要明显高于塔式,50MW 发电站于北纬 30°以上,塔式光热效率高于槽式,100MW 发电站于北纬 32°以上,塔式光热效率高于槽式。东西方向布置的槽式发电站光热效率季节性差异大幅度减少,北纬 40°及高纬度地区可有效提升效率,年均效率提高 2 个百分点,我国适合发电站建设的光资源主要集中在高于北纬 36°的地区,塔式效率比槽式高 15%,现有条件下平准化度电成本比槽式低 27%。

3.10 太阳能光热发电站常用的考核指标

太阳能光热发电站常用的考核指标有:

(1) 集热场效率 (Efficiency of collection field of point-focus solar system):一段时间内,传热工质从集热场中获得的总能量与入射在定日镜场采光口面积上的太阳法向直接总辐照量之比。

(2) 集热器总效率 (Global collector efficiency of parabolic-trough or Fresnel linear collectors):一段时间内,传热流体从集热器入口到出口获得的热能与可用的太阳能辐射之比。可以用有用太阳能辐射替代可用的太阳能辐射,这样能够明确反映太阳能提供的热量。

(3) 光热发电站年平均效率 (Annual efficiency of solar thermal power plant):一年中光热发电站的发电量与投射至聚光场采光面积上太阳法向直射辐照量之比。

(4) 热盐罐日温降 (Temperature drop when the storage level is 100% during time "24h"):储热系统中的热盐罐在储满热量时,24 小时后与初始温度的差值,单位为℃/1000t。

(5) 储热小时数 (Heat storage hours):蓄热系统传递的能量 (MW•h) 与发电机的额定功率 (MW) 的比值,对于一个电厂是固定的。对于电厂的等效小时数,有必要乘以校正系数,即发电机的额定功率与蓄热的额定释能功率的比值。

(6) 等效利用小时数 (Annual equivalent utilization hours):一段时间内,光热发电站总发电量 (MW•h) 与发电站总容量 (MW) 的比值。

(7) 年单位发电量耗水率 (Annual water consumption rate per kW•h):一年中,光热发电站总耗水量与总发电量之比,其中总耗水量包括发电站中聚光器清洗、发电机冷却等生产用水及生活用水量,单位为 kg/kW•h。

(8) 年站用电率 (Annual electricity consumption rate per kW•h):一年中,光热发电站总消耗的电量与总发电量之比,其中总消耗的电量包括来自于光热发电自身发的电和来自电网的电量。

3.11　典型案例

青海中控德令哈太阳能光热发电项目位于我国青海省海西州德令哈市西太阳能工业园区。该项目分两期建设：一期为青海中控 10MW 塔式太阳能光热发电站，二期为青海中控 50MW 塔式太阳能光热发电站，是亚洲首个投入商业运行的光热项目。

2013 年，发电站一期项目并网发电，标志着我国自主研发的太阳能光热发电技术向商业化运行迈出了坚实步伐，为我国建设并发展大规模应用的商业化太阳能光热发电站提供了强力的技术支撑。

2016 年 8 月 26 日，该发电站一期经过熔盐吸热储热技术改造后成功投运，成为我国首座成功投运的规模化储能光热发电站，全球第三座投运的具备规模化储能的塔式光热发电站。二期项目青海中控太阳能德令哈 50MW 塔式熔盐储能光热发电站，是我国完全自主化开发的光热发电站，也是国家首批光热发电示范项目之一，其装机容量 50MW，配置 7h 熔盐储能系统、27135 面 20m² 的定日镜，镜场采光面积 54.27 万 m²，等效满负荷发电利用小时数 2920h，设计年发电量 1.46 亿 kW·h，相当于 8 万余户家庭一年的用电量，每年可节约标准煤 4.6 万 t，同时减排二氧化碳（CO_2）气体约 12.1 万 t，具有良好的经济效益与社会效益。

发电站二期于 2017 年 3 月 15 日正式开工建设，并于 2018 年 12 月 30 日并网发电。发电站采用由浙江中控太阳能技术有限公司（简称中控太阳能公司）自主研发并完全拥有知识产权的核心技术，95％以上的设备实现了国产化。于 2019 年 4 月 17 日 14 点 19 分实现满负荷运行，系统设备运行稳定，各主要指标均优于设计值。作为我国完全自主化开发的光热发电站，该项目的运行表现充分验证了我国自主研发的光热发电技术的先进性以及国产化装备的可靠性，标志着我国自主研发的塔式太阳能光热发电技术迈向新台阶（图 3-14）。

图 3-14　项目全景

1. 设计创新点

（1）高温、高效、大容量储热熔盐系统

项目采用完全拥有自主知识产权的塔式熔盐储能光热发电技术，相比国内建成的同类光热项目，该工程的技术路线、性能及可靠性均保持领先，95%以上的设备实现了国产化。

发电站配置 7h 熔盐储热系统，已实现超过 24h 连续稳定发电，2019 年 8 月 13 日至16 日已实现最高 75h 连续发电，单次不停机累计发电量达 240.7 万 kW·h，等效满负荷连续发电小时数超 48h（图 3-15）。

图 3-15　熔盐储热系统

（2）节约用地、紧凑模块化发电区布置

发电站发电区用地多为圆形，尽可能将定日镜靠近集热塔布置，发电区场地利用率达到了 70%以上。该项目熔盐发电区占地直径为 190m，占地 3.14hm²，中心发电区用地缩小较多（图 3-16）。

图 3-16　圆形场地

模块化布置主要体现在汽轮发电机组布置在汽机房，蒸汽发生器布置在储换热区域，塔内布置上下塔高温管道及空压机房，其他工艺设备独立布置，储换热配电区独立布置。同时，该工程尽量合并与毗连辅助厂房及附属建筑。

压缩空气机房布置在吸热塔内，节约项目用地。220m 高吸热塔管道支撑内塔采用独立钢结构，外塔为混凝土结构，最大程度控制了施工进度，间接节约工程费用。这一理念为国内外同类项目首例（图 3-17）。

图 3-17　高达 220m 的吸热器

（3）运行模式多样，热力系统复杂

项目采用低负荷阶段将末级高加汽源切换至汽轮机高压缸本体更高一级压力位置，当系统参数进一步降低时再投运额外的低负荷预热器的方式，相比传统的采用主蒸汽作为加热汽源的方式，提高了热力系统综合效率以及发电站经济性。

设计了完备的启动和停运辅助蒸汽系统，在机组夜间短期停机阶段，蒸汽发生系统产生辅助汽源。这些热力系统设计，可以实现在热备用模式下热力系统停运数月的功能。

（4）熔盐系统设计创新

考虑该工程发电站寒冷、风沙大等因素，蒸汽发生器系统布置在简易厂房内部，并采用熔盐罐坑的布置方式，所有熔盐管道及设备都设置完备的电伴热，可以实现系统启动前的预热和运行中的防凝。

熔盐管道弹簧等支吊架设计考虑特殊工况，给出合理的支吊架选型，确保熔盐管道的安全可靠，确保在管道冷态、热态及系统热态备用状态管道的坡度能够安全疏放参与熔盐的要求，避免特殊情况下弹簧反作用力过大，长期运行或可造成高温奥氏体不锈钢焊缝失效等问题。

（5）控制系统、运行模式探索

工程采用由镜场控制系统（SCS）、分散控制系统（DCS）组成的自动化网络，实现控制功能分散，信息集中管理的设计原则。

运行人员在集中控制室内通过 LCD 操作员站与大尺寸 LCD 显示器，在就地巡检人员的配合下，实现以 LCD/键盘为中心的集中监视和控制，在值班人员少量干预下自动完成机组的启动、停止，正常运行的监视控制和异常工况处理（图 3-18）。

（6）核心技术达国际领先水平

国外塔式熔盐光热发电站首年发电量达成率一般都在 50% 左右，三四年后才能达到 90% 左右。该项目在 2019 年 7 月 17 日至 8 月 16 日一个月内，发电站累计发电量达 1258.23 万 kW·h，同期理论发电量为 1386.35 万 kW·h，月发电量达成率为 90.76%，其中 8 月 9 日至 8 月 15 日一周的平均发电量达成率达 97.65%。发电站在实现满负荷运行 3 个月后就实现了月度发电量达成率超过 90%，足以验证该项目的核心技术能力及运维技术已达到国际领先水平。

图 3-18　集控室

2. 良好的经济和社会效益

（1）设计质量优良，运行指标先进

2019 年 10 月—2020 年 2 月，该项目累积发电量 6185.62 万 kW·h，上网电量 5545.19 万 kW·h，月度发电量达成率快速提升，平均发电量达成率 96.41%，在 2020 年初的两个月更是连续超过 100%，刷新全球同类型发电站投运后同期的最高纪录，达到设计预期。

（2）绿色节能环保，经济社会效益双赢

该工程年发电量保守计算约 1.46 亿 kW·h，根据初步推算，每年将替代燃煤约 4.6 万 t，减少 SO_2 排放量约 43t、NO_x 排放量约 43t、减少烟尘排放量约 13t，减排 CO_2 约 12.1 万 t。此外，还减少了燃煤电厂产生的噪声及燃料、灰渣运输处置带来的环境和生态影响。同时，该项目将原有戈壁荒地变为工业生产用地，变废为宝，给当地带来了可观的经济及社会效益。

中控德令哈 50MW 项目 2018 年底投运，至今已经运行 3 年多，最长 289h 不间断连续运行（超过 12 天连续供电）（表 3-17）。

二期项目青海中控 50MW 塔式太阳能光热发电站指标与数据表　　　　表 3-17

指标	数据
项目地点	青海省德令哈市
装机规模	50MW
储热时长	7 小时熔盐储热
占地面积	2.47km²
吸热塔高度	200m
镜场反射面积	542700m²
熔盐用量	10093t
蒸汽参数	13.2MPa，540℃
设计年发电量	146GW·h，1.46 亿 kW·h
开工日期	2017 年 3 月 15 日
建成日期	2018 年 12 月 30 日

第4章 风 力 发 电

4.1 概述

4.1.1 定义与工作原理

风力发电是把风的动能转为电能。利用风力带动风车叶片旋转，再通过增速机将旋转的速度提升，来促使发电机发电。依据目前的风车技术，大约是每秒三米的微风速度（微风的程度），便可以开始发电。

风力发电所需要的装置，称为风力发电机组。这种风力发电机组，大体上可分风轮（包括尾舵）、发电机和铁塔三部分 ［大型风力发电站基本上没有尾舵，一般只有小型（包括家用型）才会拥有尾舵］。

风轮是把风的动能转变为机械能的重要部件，它由两只（或更多只）螺旋桨形的叶轮组成。当风吹向桨叶时，桨叶上产生气动力驱动风轮转动。桨叶的材料要求强度高、重量轻，目前多用玻璃钢或其他复合材料（如碳纤维）来制造（现在还有一些垂直风轮、s 型旋转叶片等，其作用也与常规螺旋桨型叶片相同）。

由于风轮的转速比较低，而且风力的大小和方向经常发生变化，使转速不稳定。所以在带动发电机之前，还必须附加一个把转速提高到发电机额定转速的齿轮变速箱，以及一个调速机构使转速保持稳定，然后再连接到发电机上。为保持风轮始终对准风向以获得最大的功率，还需在风轮的后面装一个类似风向标的尾舵。

铁塔是支撑风轮、尾舵和发电机的构架。它一般修建得比较高，并具有足够的强度，为的是获得较大和较均匀的风力。铁塔高度视地面障碍物对风速影响的情况，以及风轮的直径大小而定，一般为 6～20m。

发电机的作用，是把由风轮得到的恒定转速，通过升速传递给发电机构进行均匀运转，从而把机械能转变为电能，并经过升压后将电能输送至电网（图 4-1）。

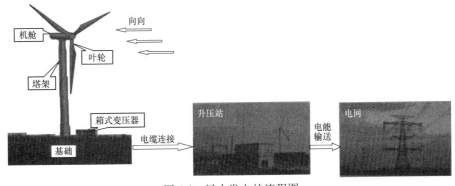

图 4-1 风力发电的流程图

4.1.2　风力发电系统的组成

利用风力带动风车叶片旋转驱动风力发电机生产电能，风力发电系统按其风电场设置有岸上（或称陆地）风电场和海上风电场两种。从图4-1可见，大型并网型风电场其风力发电系统均是由风力发电机组、升压变压器、中压集电系统及变电站和输电线路（送出线路）组成。

海上风电场的组成与岸上风电场基本一致，主要的差异在于海上风电场除了在海上设置一个风电场变电站之外，还有在岸上设置一个集中控制中心，所有监控均在集中控制中心实现和完成。海上风电场生产的电力，需要通过海上风电场变电站升压后，经敷设在海底的高压电缆输送到岸上集中控制中心，然后才能输送到电网。其组成如图4-2所示。

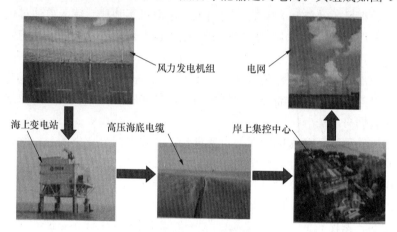

图 4-2　海上风电场的基本组成

4.1.3　国内外风力发电的概况

（1）全球风电规模增长迅速

风力发电是可再生能源领域中最成熟、最具规模开发条件和商业化发展前景的发电方式之一，且可利用的风能在全球范围内分布广泛、储量巨大。同时，随着风电相关技术不断成熟、设备不断升级，全球风力发电行业高速发展（图4-3）。

根据数据显示，2015—2020年全球风电累计装机容量呈现逐年上升的趋势，到2020年全球风电累计装机容量上升至742GW，同比上升14.15%。2020年全球风电新增装机容量93GW，同比增长52.96%。其中，陆上风电新增装机容量86.9GW，同比增长60.33%，海上风电新增装机容量6.1GW，同比下降1.61%。

从2020年全球风电累计装机容量的区域分布来看，亚洲地区继续引领全球风电的发展。2020年亚洲风电累计装机容量达332.09GW，占全球的比重达45.29%；北美风电累计装机容量139.45GW，占比19.02%；欧洲风电累计装机容量207.75GW，占比28.33%；拉美风电累计装机容量36.29GW，占比4.95%。截至2020年年底，中国风电累计装机达到2.81亿kW，其中：陆上风电2.71亿kW、海上风电约900万kW。

2021年尽管受到新冠病毒的影响，全球风电新增装机容量仍达到92.5GM，其中：

(a) 2015—2021年全球风电新增装机容量统计图（单位：GW）

(b) 2015—2022年全球风电累计装机容量统计图（单位：GW）

图 4-3　截至 2021 年全球风电新增与累计装机统计图

海上风电新增装机量 21.1GM，陆上风电新增装机容量 71.4GM。从 2021 年全球各地区新增风电装机区域结构来看，亚太地区风电新增装机占比为 59%，欧洲地区风电新增装机占比为 19%，北美风电新增装机占比为 14%，拉丁美洲风电新增装机占比为 6%，非洲及中东地区风电新增装机占比为 2%。2021 年中国新增装机容量占全球 51%，其次分别为美国、巴西、越南、英国，占比分别为 13%、4%、4%、3%。

通过分析可见，受新冠病毒的影响 2021 年全球陆上风电新增装机同比 2020 年下降了 17.99%。海上风电新增装机却同比 2020 年增长 205.80%。

2021 年全球陆上风电新增装机前三为中国、美国、巴西。其中，中国陆上风电新增装机占比 42%，美国陆上风电新增装机占比 18%，巴西陆上风电新增装机 5%。2021 年全球海上风电新增装机前三为中国、英国、越南。其中，中国海上风电新增装机占比 80%，英国海上风电新增装机占比 11%，越南海上风电新增装机 4%（图 4-4、图 4-5）。

2021 年全球风电累计装机量达到 839GW，同比 2020 年增长 12.80%。陆上风电累计装机量为 782GW，同比 2020 年增长 10.22%；海上风电累计装机 57GW，同比 2020 年增长 58.77%。

据全球风能理事会预测，未来五年（2022—2026）全球风电新增 557GW，复合年均增长率为 6.6%。2026 年全球风电新增装机容量将达到 128.8GW。其中，陆上风电新增

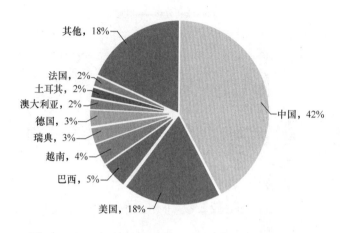

图 4-4　2021 年全球各国陆上风电新增装机主要分布情况

机 97.4GW，海上风电新增装机 31.4GW。按照中国碳达峰、碳中和的战略目标，预计到 2030 年，我国风电装机有望达到 8 亿 kW，2050 年达到 22 亿 kW，2060 年将突破 25 亿 kW。

（2）中国风电地位显著提高

如前所述，无论是累计装机容量还是新增装机容量，中国都已经成为世界规模最大的风电市场。根据国家能源局公布的信息，截至 2020 年年底，我国风电新增并网装机 7167 万 kW，其中陆上风电新增装机 6861 万 kW、海上风电新增装机 306 万 kW。到 2020 年底，全国风电累计装机 2.81 亿 kW，其中陆上风电累计装机 2.81 亿 kW、海上风电累计装机 939 万 kW。就风力发电总量而言，我国风力发电量逐年攀升，到 2020 年已经达到了 4146 亿 kW·h 的新高，同比增长 15.9%。

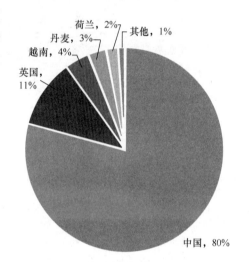

图 4-5　2021 年全球各国海上风电新增装机主要分布情况

2021 年，我风电新增并网装机 4757 万 kW，其中陆上风电新增装机 3067 万 kW、海上风电新增装机 1690 万 kW。截至 2021 年年底，全国并网风电装机容量达 32848 万 kW（含陆上风电 30209 万 kW、海上风电 2639 万 kW），同比增长 16.6%，占全部装机容量的 13.8%。

目前，全球已有 90 多个国家建设了风电项目，主要集中在亚洲、欧洲、美洲。从各国装机分布来看，截至 2021 年年底，我国陆上风电累计装机容量依然排名全球第一，遥遥领先其他国家。占全球陆上风电新增装机总量的一半以上（56%）。截至 2021 年 4 月底，我国海上风电并网容量达到 1042 万 kW，已超过英国 2020 年年底海上风电 1021 万 kW 的装机容量。占全球新增装机总量（6067MW）的一半（50.45%）。

综上可见，中国的风电在世界风电格局中，已经占有非常重要的领先地位。鉴于风电

作为现阶段发展最快的可再生能源之一，在全球电力生产结构中的占比正在逐年上升，因此，中国风电拥有广阔的发展前景。

4.2　风力发电的分类与特点

4.2.1　风力发电机组的分类

按分类方式不同，风力发电机组的分类主要有：

1. 按容量划分

按照风力发电机组的输出容量可将风力发电机组分为小型、中型、大型、兆瓦级系列。其中：

（1）小型风力发电机组是指发电机的输出容量为 0.1～1kW；

（2）中型风力发电机组是指发电机的输出容量为 1～100kW；

（3）大型风力发电机组是指发电机的输出容量为 100～1000kW；

（4）兆瓦级风力发电机组是指发电机的输出容量为 1000kW 以上。

2. 按与电网的连接关系划分

按照风力发电机组与电网的连接关系（或方式），可分为离网型发电机组和并网型发电机组。

3. 按风轮形式划分

风力发电机按照风轮轴的状态可分为：水平轴风力发电机，其风轮的旋转轴与风向平行；垂直轴风力发电机，其风轮的旋转轴垂直于地面或者气流方向。

（1）水平轴风力发电机

水平轴风力发电机可分为升力型和阻力型两类。升力型风力发电机旋转速度快，阻力型旋转速度慢。对于风力发电，多采用升力型水平轴风力发电机。大多数水平轴风力发电机具有对风装置，能随风向改变而转动。对于小型风力发电机，这种对风装置采用尾舵，而对于大型的风力发电机，则利用由风向传感元件以及伺服电机组成的传动机构。

风力发电机的风轮在塔架前面的称为上风向风力机，风轮在塔架后面的则成为下风向风力机。水平轴风力发电机的式样很多，有的具有反转叶片的风轮，有的在一个塔架上安装多个风轮，以便在输出功率一定的条件下减少塔架的成本，还有的水平轴风力发电机在风轮周围产生漩涡，集中气流，增加气流速度。

水平轴风力发电机是目前世界各国广泛使用的和最成功的型式，目前风力发电场所采用的风力发电机，水平轴风力发电机占绝大多数，达到 98% 以上。其主要优点是风轮可以架设到离地面较高的位置，从而减少了地面的扰动对风轮动态特性的影响。本文所指的风力发电机组即为大中型水平轴风力发电机。

（2）垂直轴风力发电机

垂直轴风力发电机在风向改变的时候无须对风，在这点上相对于水平轴风力发电机是一大优势，它不仅使结构设计简化，而且也减少了风轮对风时的陀螺力。

利用阻力旋转的垂直轴风力发电机有几种类型，其中有利用平板组成的风轮，这是一种纯阻力装置；也有 S 型风车，具有部分升力，但主要还是阻力装置。这些装置有较大的启动力矩，但叶尖速比低，在风轮尺寸、重量和成本一定的情况下，提供的功率输出低。

目前，垂直轴风力发电机由于发电效率低，需要设置启动设备，同时还有许多技术问题尚待解决，限制了其应用，所以生产垂直轴风力发电机的国家很少。

4. 按照风轮的叶片数划分

按照风轮的叶片数划分为单叶片、双叶片、三叶片和多叶片风力发电机组。

5. 按照功率调节方式分类

水平轴风力发电机组按风力机功率调节方式可分为：

（1）定桨距失速型风力发电机组。结构简单，容量从数十千瓦到兆瓦级，控制系统结构简单，制造成本低，可靠性高，但效率较低。

（2）变桨距失速型风力发电机组。效率较高，兆瓦级及以上机组多采用此类机组。

（3）变速恒频型风力发电机组。效率高，但结构复杂，造价较高，用于兆瓦级及以上机组，其性价比优于定速运行机组。

6. 按照有无齿轮箱划分

风力发电机组按照有无齿轮箱可以分为直驱式风力发电机组和双馈式风力发电机组。

目前，双馈风力发电机组技术十分成熟，性价比高，尤其适合变速恒频风力发电系统，生产厂商较多，业主选择性更强，运行经验丰富，是风电场开发的主流机型。而直驱风力发电机组技术尚未完全成熟，国内生产厂商较少，有些机型还处在设计研发阶段，运行业绩较少（表 4-1）。

直驱型风力发电机和双馈型风力发电机的特性比较　　表 4-1

机型和特性	双馈型风力发电机组	永磁直驱风力发电机组
系统维护成本	较高（齿轮箱故障多）	低
系统价格	中	高
系统效率	较高	高
电控系统体积	中	较大
变流器容量	全功率的1/3	全功率变流
变流系统稳定性	中	高
电机滑环	半年换碳刷，两年换滑环	无碳刷，滑环
电机重量	轻	重
电机种类	励磁	永磁，设计时要考虑永磁体退磁问题

4.2.2　风力发电的特点

风力发电具有：

（1）建设周期短。一个兆瓦级的风力发电场建设工期（从施工安装到试运行）不到一年即可竣工完成。

（2）装机规模比较灵活。可根据资金情况决定一次装机规模，也可以安装一台投产一台。

（3）可靠性高。随着技术的发展，风力发电机组的发电可靠性大大提高，已经从 20 世纪 80 年代的 50％提高到 98％，远远高于火力发电机组，且机组的寿命可达到 20 年。

（4）运行维护简单。随着风力发电机自动化水平的提高，风力发电机组完全可以在无人值守的情况下正常工作，只需要定期进行必要的维护，不需要像火力发电那样进行大修。

（5）发电方式多样化。风力发电机组既可以并网运行，也可以与燃油发电、太阳能发电、水力发电等机组形成互补系统，也可以独立运行。因此，风力发电机组为解决边远地区的用电问题提供了现实可行的途径。

（6）单机容量小。由于风能密度低，决定了单台风力发电机组的容量不能很大，这与现在的火力发电机组和核电机组无法相比。

（7）风力发电具有清洁，环境效益好；可再生，永不枯竭的优点。与此同时，风力发电也具有噪声高，视觉污染；占用土地面积较大；运行不稳定，不可控；成本高；影响鸟类的缺点。

4.3　风力发电机组的基本结构与机组的参数指标

4.3.1　风力发电机组的基本结构

大中型风力发电机组是由叶片、轮毂、主轴、齿轮箱、发电机、调向机构、塔架、控制系统及附属部件（机舱机座回转体制动器等）组成的（图 4-6）。

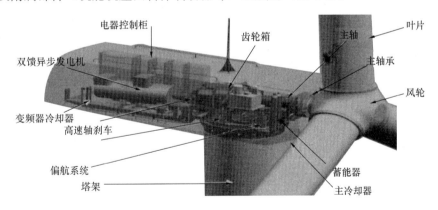

图 4-6　风力发电机组的组成

1. 风轮

叶片安装在轮毂上所组成的整体称作风轮，它包括叶片、轮毂、主轴等。风轮是把风的动能转变为机械能的重要部件，当风吹向叶片时，叶片上产生气动力驱动风轮转动。

叶片可分为变桨距和定桨距两种，其作用都是为了调速，当风力达到风力发电机组设计的额定风速时，在风轮上就要采取措施，以保证风力发电机的输出功率不会超过允许值。

轮毂是连接叶片和主轴的零部件。轮毂一般由铸钢或钢板焊接而成，其中不允许有夹渣、砂眼、裂纹等缺陷，并按桨叶可承受的最大离心力载荷来设计。

主轴也称低速轴，将转子轴心与齿轮箱连接在一起，由于承受的扭矩较大，其转速一般小于 50r/min，一般由 40Cr 或其他高强度合金钢制成。

2. 机舱

机舱包含着风力发电机的关键设备，包括齿轮箱、发电机、制动器等。

齿轮箱又称增速器，是风力发电机组关键部件之一。由于风轮机在低转速下工作，而发电机在高转速下工作，为实现匹配采用增速齿轮箱，可以将风电机转子上的较低转速、较高转矩转换为用于发电机的较高转速、较低转矩。国标中对齿轮箱的部分要求见表4-2。

齿轮箱的部分要求一览表   表 4-2

齿轮箱的机械效率	＞97％
齿轮箱的工作环境温度	－40～50℃
齿轮箱的最高温度	≤30℃
齿轮箱各轴承间的温差度	≤15℃
齿轮箱的噪声	≤85dB（A）
齿轮箱的使用寿命（正常情况下）	≥20 年
齿轮箱的保用期（正常情况下）	2 年

齿轮箱与发电机之间用联轴器连接，为了减少占地空间，往往将联轴器与制动器设计在一起。制动器是使风力发电机停止转动的装置，也称刹车系统。

发电机是风力发电机组中最关键的部件，是将风能最终转变成电能的设备。发电机的性能好坏直接影响整机效率和可靠性。大型风电机（100～150kW）通常产生 480V 或 690V 的三相交流电，然后电流通过风电机旁的变压器（或在塔内），电压被提高至 6～35kV（取决于当地电网的标准）。风力发电机上常用的发电机有以下几种：

（1）直流发电机，常用在微、小型风力发电机上。

（2）永磁发电机，常用在小型风力发电机上。现在我国已经发明了交流电压 440V/240V 的高效永磁交流发电机，可以做成多对极低转速的，特别适合风力发电机。

（3）同步或异步交流发电机，它的电枢磁场与主磁场不同步旋转，其转速比同步转速略低，当并网时转速应提高。

3. 调整装置

风速是变化的，风轮的转速也会随风速的变化而变化。保证使风轮在所需要的额定转速下运转的装置称为调速装置，调速装置只在额定风速以上时调速。目前世界各国所采用的调速装置主要有以下几种：

（1）可变桨距的调速装置；

（2）定桨距叶尖失速控制的调速装置；

（3）离心飞球调速装置；

（4）空气动力调速装置；

（5）扭头、仰头调速装置。

4. 调向（偏航）装置

调向装置就是使风轮正常运转时一直使风轮对准风向的装置，借助电动机转动机舱以使转子正对着风。偏航装置由电子控制器操作，电子控制器可以通过风向标来感觉风向。通常当风改变其方向时，风电机一次只会偏转几度。

5. 风力发电机微机控制系统

风力发电机的微机控制属于离散型控制，是将风向标、风速计、风轮转速、发电机电压、频率、电流、发电机温升、增速器温升、机舱振动、塔架振动、电缆过缠绕、电网电压、电流、频率等传感器的信号经 A/D 转换，输送给单片机再按设计程序给出各种指令实现自动启动、自动调向、自动调速、自动并网、自动解列、运行中机组故障的自动停机、自动电缆解绕、过振动停机、过大风停机等的自动控制。自我故障诊断及微机终端故障输出需维修的故障，由维修人员维修后给微机以指令，微机再执行自动控制程序。风电场的机组群可以实现联网管理、互相通信，出现故障的风机会在微机总站的微机终端和显示器上读出、调出程序和修改程序等，使现代风力发电机真正实现了现场无人值守的自动控制。

6. 电缆扭曲计数器

电缆是用来将电流从风电机运载到塔下的重要装置。但是当风电机偶然沿一个方向偏转太长时间时，电缆将越来越扭曲，导致电缆扭断或出现其他故障。因此风力发电机配备有电缆扭曲计数器，用于提醒操作员应该将电缆解开了。风力发电机还会配备有拉动开关，在电缆扭曲太厉害时被激发，断开装置或刹车停机，然后解缆。

4.3.2　风力发电机组的参数指标

（1）1.0～2.0MW 风力发电机主要参数见表 4-3。

1.0～2.0MW 风力发电机主要参数表　　　　　　　　表 4-3

机型	功率（kW）	直径（m）	叶尖速（m/s）	轮毂高（m）	发电机类型	控制方式	轮速（r/min）
Bonus 1.0MW/54	1000	54.2	62	50～70	异步	组合失速	15/22
Bonus 1.3MW/62	1300	62.0	62	68～90	异步	组合失速	13/19
De Wind 62	1000	62.0	73	68.5～91.5	双馈异步	变桨距	13.5～22.5
Enercon E-66	1500	66.0	76	67～98	直驱同步	变桨距	8～22
Fuhrlander FL1000	1000	54.0	70	70	异步	失速	15/22
HSW 1000/57	1000	57.0	68	55～70	异步	变桨距	15.3/22.9
MD 70	1500	70.0	70	65～85	双馈异步	变桨距	10.6/19.1
NEGM icon M1000/60	1000	60.0	57	60～70	异步	失速	14/21
NEGM icon M1500/60	1500	64.0	57	60～70	异步	失速	11.6/17.4
Nordex N54	1000	54.0	62	68～80	异步	失速	14/22
Nordex N60	1300	60.0	59	60～70	异步	失速	12/19
Tacke TW1.5	1500	65.0	68	46～120	双馈异步	变桨距	11～20

机型	功率（kW）	直径（m）	叶尖速（m/s）	轮毂高（m）	发电机类型	控制方式	轮速（r/min）
Tacke TW 1.5s	1500	70.5	73	67.4～100	双馈异步	变桨距	11～20
Vestas V66/1.65MW	1650	66.0	66	67～78	异步	变桨距	15/19
Windtec 1570	1500	70.0	60	63～87	双馈异步	变桨距	11～20

（2）3MW 以上风力发电机主要参数见表 4-4。

3MW 以上风力发电机主要参数表 表 4-4

参数	Repower 5MW	Vestas V120	Multibird M5000	Enercon E-112	Siemens 3.6MW	GE Wind 3.6s
额定功率（MW）	5.0	4.5	5.0	4.5	3.6	3.6
轮子直径（m）	126	120	116	114	107	104
扫掠面积（m²）	12469	11310	10568	10207	8992	8495
齿轮箱级数	3	3	1	0	3	3
传动比	197	188.6	19.92	1.1	1.119	1.117
发电机类型	双馈异步	双馈异步	永磁同步	电励同步	鼠笼异步	双馈异步
控制器功率	部分功率	部分功率	全功率	全功率	全功率	部分功率
叶片重量（t）	17.8	12.3	16.5	21	16	
轮毂、转子重量（t）	120	65	110		90	85
总重量（t）	290	145	200		120	210
塔顶总重量（t）	410	210	310	500	210	295
塔架重量（t）	750	200	1138	2500	250	250
轮毂高（m）	120	90	102	124	80	76.5
比功率（W•m）	401	398	473	441	400	424
比质量（kg•m）	32.9	18.6	29.3	49.0	23.4	34.7
安装年月	2004.11	2005	2004.12	2002.8	2004.12	2003.7

以上风力发电机参数仅供参考。

4.4 风力发电机组的选择与并网方案

4.4.1 风力发电机组的选择

风力发电机组按风轮与发电机的机械连接方式及发电机转速可分为直驱型、半直驱型以及高速机；按发电机类型可分为双馈感应发电机、同步感应发电机和异步感应发电机。按机械连接和发电机类型组合，风力发电机组目前的主流机型包括直驱（半直驱）永磁型同步感应发电机组、双馈感应发电机组和鼠笼感应发电机组。风力发电机组的选择，需要综合考虑项目对风力发电机组可靠性与经济性的要求。对于岸上风电，由于安装和检修相对简单，设备选择上偏重考虑其经济性的影响。对于海上风电则更偏重可靠性对项目的影响。

4.4.2 风力发电机组的并网方案

1. 高压交流联网方案

岸上风电场风力发电机组生产的电能通过风机升压变压器升压至中压后，通过中压集电线路，将风力发电场各机组产生的电力输送到高压变电站的中压母线，然后通过变电站升压变压器升压后，与高压电网相连（图4-7）。

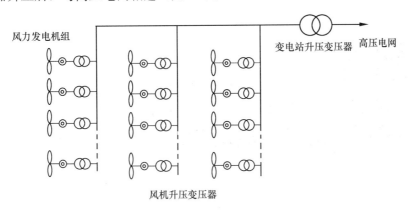

图 4-7　岸上风电场电网连接示意

距离较近的近海和中等离岸距离（70km以内）的海上风电场电网连接与岸上风电基本一致，主要差异是海上风电场除了在海上设一个海上风电场变电站外，还需要在岸上设置一个岸上集控中心，海上风电场变电站与岸上集控中心通过高压电缆相连，岸上集控中心承担海上风电场的监控，并与高压电网连接（图4-8）。

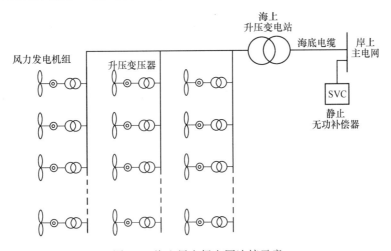

图 4-8　海上风电场电网连接示意

2. 高压直流联网方案

随着海上风电向远海开发，单个风力发电场的总装机容量以及输电距离在不断增加，高压交流输电技术已经不能满足电力输送的要求，主要存在以下的技术问题：

（1）高压交流电缆线路存在相当大的电容性充电功率（无功），由于海上特殊的环境条件，不适宜在线路中间设置补偿设备，导致输电系统工频过电压水平高，当输电电压在220kV及以上，线路长度在70km以上时，很难从技术上解决过电压的问题；

（2）高压交流输电存在电容性无功功率的输送，增加了线路的线损，降低了线路的输电能力，同时也影响了项目的经济效益。

高压直流联网方案采用直流输电技术，在大容量海上风电群中心设置海上直流换流站，汇集各海上高压交流电能经换流站转化成高压直流，并通过高压直流电缆与陆上直流换流站相连并连接至系统（图4-9）。

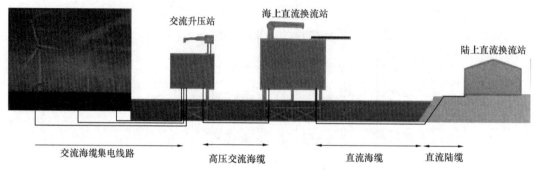

图4-9　海上风电场高压直流联网示意

3. 高压直流输电相对交流输电的特点

（1）高压海底电缆投资大大降低，不考虑交流系统集肤效应，采用相同截面的高压电缆，直流输送能力比采用交流的增加30%，并且由于采用直流输电技术只需要两根电缆，直流系统电缆投资只有交流方案的67%。

（2）直流输电需要在输电端和受电端建设价格昂贵的海上换流站和岸上换流站，但随着输送距离的增加，直流输电采用的高压电缆投资减少可以补偿换流站增加的投资。研究表明，以100MW风电为例，当输送距离在70km左右时，通过150kV交流与采用相同的直流输电的投资基本相当。

（3）对于距离超过70km的远海大型风力发电场，采用直流输电方式比高压交流输电方式在经济上更具有竞争性。

国外第一个采用柔性直流输电技术的海上风电项目是由Transpower公司投资建设，ABB公司承建的位于德国北海岸的BorWinl项目。2009年11月竣工试运行，2010年投产。该项目输送功率400MW；交流电压等级150kV（海上变电站）；380V（陆地变电站）；直流电压±154kV；输送距离海上为125km（海底电缆2条，线路长度为125km）；陆上为75km（陆上地下电缆2条，线路长度为75km）。该项目解决了海上风电一系列技术和建设存在的难题，验证了大规模、远距离海上风电接入内陆的技术可行性，为海上风电的发展提供了工程借鉴。

国内江苏如东800MW（H6、H10）海上风电项目采用海上风电柔性直流输电项目，是我国首个采用该技术的海上风电项目。

4.5　风力发电机组的基础形式

4.5.1　岸上风力发电机组的基础形式

风力发电机组的基础主要是为了确保塔筒底部的连接和固定，使风电机组在所有可能出现的荷载条件下均能保持稳定状态，不发生倾斜、失稳或其他破坏。岸上风机基础形式要根据地理位置及地勘报告选择采用扩展基础、梁板基础、岩石预应力锚杆基础、桩基础。

（1）扩展基础

扩展基础由基础底板、棱台及墩台组成，依靠基础及回填土自重抵抗较大的倾覆弯矩，优点是支模容易，施工简单，施工速度较快，适应性广，缺点是底面积较大，开挖回填工程量大，混凝土、钢筋用量大，适用于平原、丘陵及部分山地（图 4-10）。

图 4-10　扩展基础

（2）梁板基础

梁板基础由底板、肋梁及墩台组成，与扩展基础的区别在于采用肋梁取代扩张基础的棱台部分，由肋梁和板共同抵抗截面弯矩，优点是减小底板厚度，降低混凝土、钢筋用量，缺点是底面积较大，开挖回填工程量大，模板施工复杂，适用于平原、丘陵及部分山地（图 4-11）。

图 4-11　梁板基础

（3）岩石锚杆基础

岩石锚杆基础利用岩石良好的承载能力，将基础通过高强锚杆固定于岩石上，优点是承载力高，基础尺寸减小，节省混凝土及钢筋用量，缺点是锚杆防腐要求较高、对岩石种类、风化程度有一定要求，需要专业施工机械，施工要求高，适用山区岩石场地风电场（图4-12）。

（4）桩基础

桩基础依靠桩与土之间相互作用抵抗上部荷载，桩基可以采用预应力混凝土管状和钻孔灌注桩，优点是承载力大、沉降小、便于机械化施工、基础尺寸较小，缺点是造价较高，预制桩挤土效应会对周围建、构筑物及基础产生影响，大直径灌注桩施工工艺复杂，影响因素较多，质量难以控制，适用于滩涂、沼泽、较厚回填土场地以及极软土质等极端恶劣地质条件场地（图4-13）。

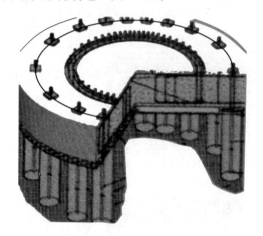

图4-12 岩石预应力锚杆基础

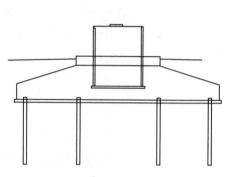

图4-13 桩基础

4.5.2 海上风力发电及基础形式

1. 海上风力发电

海上风力发电或称海上风力发电场，是利用海上风力资源发电的新型发电厂（场）。

海上风力发电具有风能资源稳定的特点。目前我国海上风力资源年利用小时为3000h左右，陆上风力资源在2000h左右，一类地区可能达到2300h左右，欧洲海上风力资源达到4000h，具有单位面积能源输出大、消纳条件良好等独特优势。

海上风力发电系统的主要结构如图4-14所示。目前，海上风电受风机、风机基础、安装、接入、运行和系统整合等技术驱动，海上风电逐步走入深远海，漂浮式海上风电将成为主要方式。

2. 海上风电产业链及主要设备

从海上风电产业链的角度，整个链条可以分为：①上游原材料的环节。包括叶片制造的玻纤、碳纤等材料。②中游零部件和整机环节。零部件包括主机、叶片、铸件、主轴、轴承等。由风机主机供应商进行风机整合。③下游风电运营商。目前主要是以国企、央企为主。

风力发电机各部分构成如图4-15所示。

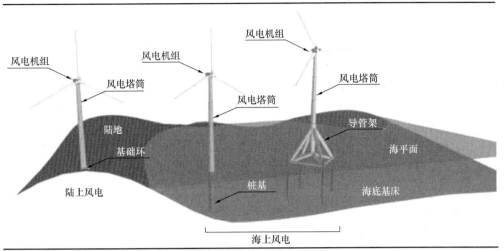

数据来源：国际可再生能源署，英大证券研究所

图 4-14　海上风力发电系统的主要结构

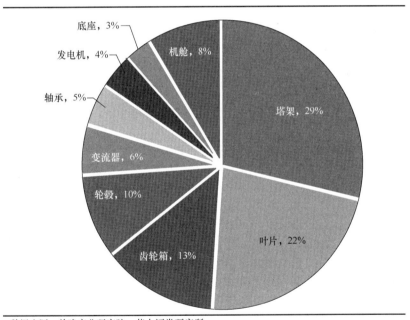

数据来源：前瞻产业研究院，英大证券研究所

图 4-15　风力发电机各部分构成

　　我国风电技术是通过引进、消化、吸收、再创新的模式发展起来的，目前基本形成了较为完善的风电设备配套产业链。据行业统计，我国风电产业链上游零部件的国产化率已经达到了 95％以上，如：中国东方电气集团有限公司 7MW 海上风电整机国产化率 96.2％，13MW 海上风电机组国产化率 90％。在叶片材料、电子器件、芯片、大型轴承、工具软件等部分核心零部件方面，国产替代化仍是近期重要发展趋势。

　　未来行业的降本驱动因素在于技术提升。随着海上风电行业的发展，行业的技术和市场门槛将得到进一步提升，核心企业将随着行业规模的扩张不断布局新产能，行业集中度不断提升，拥有核心技术壁垒及成本优势的产业链龙头或将迎来较快发展阶段。

大型化、轻量化催生碳纤维材料应用需求，叶片制造材料由最初的亚麻布蒙着木板发展至钢材、铝合金，直至目前的复合材料。风电叶片传统以玻璃钢（玻璃纤维增强复合材料）为主材制造，但玻璃纤维材料密度大于碳纤维，同时力学性能尤其是模量远低于碳纤维复合材料，但目前碳纤维的应用仍主要受制于价格。

风机大型化对叶片轻量化提出了更高要求，以明阳智能海上风电为例，在风机额定功率增长 50.9%、叶轮直径增长 12.7% 的情况下，叶片和叶轮重量分别下降 13.9% 和 8.5%。以碳纤维材料为基础的轻量化解决方案在大型叶片生产中的应用已成为一种重要趋势。

未来海上风电叶片的生产中将更多使用碳纤维。目前我国碳纤维进口份额超过 60%，随着叶片碳纤维渗透率的逐步提高，国产率将进一步提升，产业化程度明显增强。当前我国国内主要的碳纤维（及原丝）制造商为吉林碳谷碳纤维股份有限公司、吉林宝旌碳材料有限公司、中复神鹰碳纤维股份有限公司、江苏恒神碳纤维材料有限公司、威海光威复合材料股份有限公司、兰州蓝星纤维有限公司和中国石化上海石油化工股份有限公司等。

（1）叶片

叶片是风力发电机的核心部件之一，约占风机总成本的 15%～20%，它设计的好坏将直接关系到风机的性能以及效益。

目前我国风机叶片基本国产化，主要有中材科技风电叶片股份有限公司、中复连众风电科技有限公司、天顺风能（苏州）股份有限公司等，此外，明阳智慧能源集团股份公司和中国东方电气集团有限公司等整机厂商具有独立的叶片生产能力。

（2）塔筒

海上风电塔筒与陆上风电塔筒的功能类似，但相比陆上风电塔筒，海上风电塔筒的尺寸一般较大、防腐要求更高，相应技术要求更高。由于运输半径限制，海上风电塔筒对于就近建厂的要求更高。

塔筒定价一般采用成本加成模式，目前塔筒市场的参与者主要包括专业风电塔筒厂商、大型央企下属子公司以及区域性厂商这三大类。2016—2020 年塔筒 CR4 从 25% 上升到了 31%。随着区域小型塔筒厂商逐步退出，行业集中度也会大幅度提高。代表企业是天顺风能（苏州）股份有限公司、青岛天能重工股份有限公司、上海泰胜风能装备股份有限公司、江苏海力风电设备科技股份有限公司等。

（3）铸件

铸件是用各种铸造方法获得的金属成型物件，即把冶炼好的液态金属，用浇注、压射、吸入或其他浇铸方法注入预先准备好的铸型中，冷却后经打磨等后续加工手段，所得到的具有一定形状、尺寸和性能的物件。铸件是风力发电设备的重要部件，包括轮毂、底座、定子主轴、转动轴、行星架、主轴套、齿轮箱等。

其中，轮毂是风力发电机组中最为重要的大型铸件。全球风电铸件 80% 以上的产能在中国，生产成本、产业链上下游都比较完整，成本可控。

随着风机大型化的需求不断提高，国内铸件龙头企业日月重工股份有限公司、山东豪迈机械科技股份有限公司等均在大兆瓦、海上风电铸件项目方面有产能布局。

（4）齿轮箱

主要功用是将风轮在风力作用下所产生的动力传递给发电机并使其得到相应的转速。根据 GWEC 的数据显示：三大齿轮箱供应商南京高精传动设备制造集团有限公司（以下简称南高齿）、采埃孚腓德烈斯哈芬股份公司和威能极已占全球齿轮箱产能的 70%。其中，南高齿覆盖从 1.5MW 到 11.XMW 各种类型风力发电齿轮箱和偏航变桨产品，产能占比为 23.72%，为全球第一大风电齿轮箱供应商。

（5）轴承

轴承国产化进程得到进一步提速。轴承主要起支撑固定作用，支撑机械旋转体，降低其在运动过程中的摩擦系数，并保证其回转精度。风机轴承一般由 1 个主轴轴承、3 个变桨轴承、1 个偏航轴承以及变速箱和电机轴承组合而成。目前，我国配套大功率机型的高端轴承主要依赖进口，高端轴承的溢价较为明显。

根据能源顾问机构伍德麦肯齐（Wood Mackenzie）的统计：2020 年全球范围风电轴承仍然主要由德国、瑞典、日本、美国的厂商供应，国内的洛阳 LYC 轴承有限公司、瓦房店轴承集团有限责任公司、洛阳新强联回转支承股份有限公司等企业均已经成功研制了配套大兆瓦机型的轴承产品，但在规模化应用上仍需市场检验。

（6）整机制造商

截至 2020 年年底，我国海上风电整机制造企业主要有 13 家。其中：排名前五的为上海电气风电集团股份有限公司、远景能源有限公司、新疆金风科技股份有限公司、明阳智慧能源集团股份公司和中国船舶重工集团海装风电股份有限公司，累计装机容量占比 94.5%。其中 2020 年海上风电新增装机容量前五企业分别是上海电气风电集团股份有限公司、明阳智慧能源集团股份公司、远景能源有限公司、中国船舶重工集团海装风电股份有限公司、新疆金风科技股份有限公司。海上风电整机格局与陆上风电不同，存在一定进入壁垒。

（7）海底电缆

海底电缆（简称海缆）门槛相对较高，海缆运行的海底水下环境比较复杂，属于强腐蚀、大水压的应用环境，使得海缆对耐腐蚀、抗拉耐压、阻水防水等性能要求更高，其在材料选择、结构设计、生产工艺、质量管理、敷设安装、运行维护等方面的技术难度较高，2020—2021 年，国内海上风电处于抢装状态，集电海缆和送出海缆主要采用交流 35kV 和 220kV，深海风电开发进一步提升至 66kV 和 ±500kV。

海缆是海上风电的核心环节，随着海上风电项目的离岸化发展，海上风电项目的海缆需求量有望提升；同时，海缆具备较高的准入壁垒，竞争格局清晰、稳定，头部企业有望维持较高的市占份额，并享受海上风电大发展和海缆价值量提升的红利，国内海底电缆企业主要是宁波东方电缆股份有限公司、江苏中天科技股份有限公司、江苏亨通高压海缆有限公司、青岛汉缆股份有限公司等。

3. 海上风机的基础形式

海上风机基础形式主要是固定式的，水深主要为 40~60m，距离海岸最远 80km。固定式风机基础存在多种样式，最常见的是重力式底座（gravity-based foundation）、单桩基础（monopile foundation）、三脚架基础（tripod foundation）、导管架基础（jacket foundation）等。重力式底座通常用于 30m 水深以内，底座采用钢材＋混凝土的组合，提高强度，当水深在30～50m的时候，主要采用三脚架、导管架基础等。

海上风力发电机组的基础形式要根据地理位置、水工、地质勘查资料的不同，选择采用重力基础、高桩（混凝土桩或群桩）承台基础、单桩、三脚架、导管架、漂浮式基础。

（1）重力式基础

重力基础是利用自身的重力来抵抗整个系统的滑动和倾覆，一般利用岩边的干船坞进行制作，制作好以后，再将其漂运到安装地点，适用于水深小于10m的近海海床，特点是结构简单、造价低、稳定性好，但体积和重量都比较大，运输和安装不方便（图4-16）。

图4-16　重力式基础

（2）高桩承台基础

高桩承台基础由混凝土预制桩或钢管桩和混凝土结构的承台组成。混凝土预制桩或钢管桩在工厂预制，运到安装点后，打入海底后再浇筑钢筋混凝土承台。

混凝土群桩适合水深0～10m海域（图4-17），钢管群桩适合水深10～20m海域（图4-18），特点是物料运输方便、适合多种地质条件、锥形承台可减少水平撞击力、斜桩能有效减小结构水平位移、提高水平承载力、成本较低。

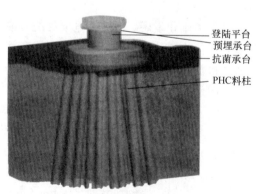

图4-17　高桩承台基础（混凝土群桩）

图4-18　高桩承台基础（钢管群桩）

（3）单桩风机基础

单桩基础是最简单的钢管结构基础，是目前应用比较广泛的形式，由焊接钢管组成，桩与塔架之间的连接可以是焊接连接，也可以是套管连接，通过侧土压力来传递风力机荷载，适用于水深小于 30m 且海床较为坚硬的水域，尤其在浅水水域，更能体现其经济价值，特点是特作简单，不需要做任何海床准备，对地质、水深以及海底冲刷条件敏感，安装需要专用的设备（图 4-19）。

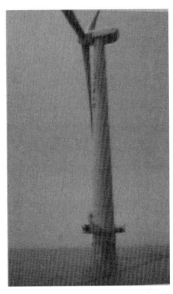

图 4-19　单桩风机基础

（4）三脚架基础

采用标准的三腿支撑结构，由中心柱、三根插入海床一定深度的圆柱钢管和斜撑结构构成，钢管桩通过特殊管架或装模与上部结构相连，中心柱提供风力机塔架的基本支撑，底部三角处各设一根钢桩用于固定基础，三个钢桩打入海床 10～20m。主要特点是制作简单，稳定性好，建造和安装成本比较高，可用于水深为 20～60m 且海床较为坚硬的海域（图 4-20）。

图 4-20　三脚架风机基础

（5）导管架基础

导管架基础为锥台形空间框架，先在陆上将钢管焊接好，再将其漂运到安装点，最后将钢桩从钢管导管中打入海底，导管架基础建造和施工方便，受到波浪和水流的作用荷载比较小，稳定性好，不需要冲刷防护，但建造和安装成本比较高，考虑经济性，一般用于水深大于40m的海域（图4-21）。

图 4-21　导管架风机基础

（6）漂浮式基础

漂浮式基础由浮体结构和锚固系统组成，浮体结构是漂浮在海面上的盒式箱体，塔架固定其上，锚固系统包括固定设备和连接设备，固定设备主要有桩和吸力桶两种，连接设备为锚杆和锚链，主要优点是施工灵活、安装与维护成本低，但结构稳定性目前处于研究试验阶段，技术上还有待进一步验证和完善。投运项目包括日本和法国各一座（图4-22）。

图 4-22　漂浮式风机基础

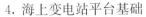

4. 海上变电站平台基础

海上变电站平台结构包括基础结构和平台结构，基础结构按照离岸距离和水深，可选择采用导管架式、单桩、重力式等，20～30m 水深的海域变电站基础型式主要采用导管式基础型式。

钢结构平台为陆上制作安装的全预制多层钢结构，变电站内所有设备均在预制场内制作安装完成（图 4-23）。

图 4-23　海上变电站及基础

4.6　风力发电的主要技术指标与评价

4.6.1　岸上风力发电的主要技术经济指标

风力发电的主要技术经济指标有：

1. 风能资源指标

风能资源指标是用以反映风电场在统计周期内的实际风能资源概况，是风力发电站建设经济性评价与生产运行状况评价的依据。通常采用平均风速、有效风时数和平均空气密度三个指标加以综合表示。

（1）平均风速

平均风速是指在给定的时间内瞬间风速的平均值，即由风电场内安装的有代表性的测风塔（或若干个测风塔）测量取得（读取）的平均值。测风塔的高度应与风机轮毂的高度相等或接近。其表达式为：

$$V = \frac{1}{n}\sum_{i}^{n} v_i$$

平均风速是反映风电场风资源状况的重要数据。

（2）有效风时数（有效风时率）

有效风时数是指在风电机组轮毂高度（或接近）处测得的、介于切入风速与切出风速之间的风速持续小时数的累计值。切入风速定为 3m/s，切出风速定为 25m/s。

$$T = \sum_{U_n = U_i}^{u_0} T(U_n)$$

式中　T——有效风时数（h）；

T（U_n）——出现 U_n 风速的小时数（h）；

　　U_i——切入风速；

　　U_0——切出风速。

为了便于比较，引入有效风时率的概念，用以描述有效风出现的频率。其表达式为：

$$K_t = T/T_0$$

式中　T_0——相应统计期的日历小时数（h）。

有效风时数和有效风时率是反映风电场可利用风资源的重要数据。

（3）平均空气密度

风电场所在处空气密度在统计周期内的平均值。其表达式为：

$$\rho = P/RT$$

式中　ρ——平均空气密度（kg/m³）；

P——当地统计周期内的平均大气压（Pa）；

R——气体常数；

T——统计周期内的平均气温。

平均空气密度反映了在相同风速下风功率密度的大小。

2. 电量指标

本类指标用以反映风电场在统计周期内的出力和购网电情况，采用发电量、上网电量、购网电量和等效可利用小时数四个指标加以表征。

（1）发电量

单机发电量：是指在风力发电机出口处计量的输出电能，一般从风电机监控系统读取。

风电场发电量：是指每台风力发电机发电量的总和。其表达式：

$$E = \sum_{i=1}^{N} E_i$$

式中　E_i——第 i 台风电机的发电量（kW·h）；

N——风电场风力发电机的总台数。

（2）上网电量

风电场与电网的关口表计量的风电场向电网输送的电能。单位：kW·h。

（3）购网电量

风电场与对外的关口表计量的电网向风电场输送的电能。单位：kW·h。

（4）等效利用小时数

风电机利用小时数也称作等效满负荷发电小时数。是指风电机统计周期内的发电量折算到其满负荷运行条件下的发电小时数。

风电机利用小时数＝发电量/额定功率

风电场利用小时数是指风电场发电量折算到该场全部装机满负荷运行条件下的发电小时数。

风电场利用小时数＝风电场发电量/风电场装机总容量

3. 能耗指标

反映风电场电能消耗和损耗的指标，采用场用电量、场用电率、场损率和送出线损率四个指标加以表征。

（1）场用电量

风电场场用电量指场用变压器计量指示的正常生产和生活用电量（不包含基建、技改用电量）。单位：$kW \cdot h$。

（2）场用电率

风电场场用电变压器计量指示的正常生产和生活用电量（不包含基建、技改用电量）占全场发电量的百分比。

$$场用电率 = 场用电量 / 全场发电量 \times 100\%$$

（3）场损率

消耗在风电场内输变电系统和风机自用电的电量占全场发电量的百分比。

$$场损率 = (全场发电量 + 购网电量 - 主变高压侧送出电量 - 场用电量) / 全场发电量 \times 100\%$$

（4）送出线损率

消耗在风电场送出线的电量占全场发电量的百分比。

$$送出线损率 = (主变高压侧送出电量 - 上网电量) / 全场发电量 \times 100\%$$

4. 设备运行水平指标

反映风机设备运行可靠性的指标，采用风机可利用率和风电场可利用率两个指标加以表征。

（1）风机设备可利用率

在统计周期内，除去风力发电机组因维修或故障未工作的时数后余下的时数与这一期间内总时数的比值，用百分比表示，用以反映风电机组运行的可靠性。

$$风机设备可利用率 = [(T-A)/T] \times 100\%$$

式中　T——统计时段的日历小时数（h）；

　　　A——因风机维修或故障未工作小时数（h）。

停机小时数 A 不包括以下情况引起的停机时间：

① 电网故障（电网参数在风电机技术规范范围之外）。

② 气象条件（包括环境温度、覆冰等）超出机组的设计运行条件，而使设备进入保护停机的时间。

③ 不可抗力导致的停机。

④ 合理的例行维护时间（不超过 80h/台年）。

（2）风电场可利用率

在统计周期内，除去因风电场内输变电设备故障导致风机停机和风力发电机组因维修或故障停机小时数后余下的时数与这一期间内总时数的比值，用百分比表示，用以反映包含风电机组和场内输变电设备运行的可靠性。

$$风电场可利用率 = [(T-A)/T] \times 100\%$$

式中　T——统计时段的日历小时数（h）；

　　　A——因风机维修或故障平均小时数和风电场输变电设备故障造成停机小时数之和（h）。

停机小时数 A 不包括以下情况引起的停机时间：

① 气象条件（包括环境温度、覆冰等）超出机组的设备运行条件，而使设备进入保护停机的时间。

② 不可抗力导致的停机。

③ 合理的例行维护时间（不超过 80h/台年）。

5. 运行维护费指标

反映风电场运行维护费用实际发生情况的指标（不含场外送出线路费用）。运行维护费构成科目如下：材料费、检修费、外购动力费、人工费、交通运输费、保险费、租赁费、实验检验费、研究开发费及外委费。

运行维护费指标采用单位容量运行维护费和场内度电运行维护费两个指标加以表征。

（1）单位容量运行维护费

是指风电场年度运行维护费与风电场装机容量之比，用以反映单位容量运行维护费用的高低。

$$单位容量运行维护费 = M/P \quad 单位:元/kW$$

式中　M——年度运行维护费（元）；

　　　P——风电场装机容量（kW）。

（2）场内度电运行维护费

是指风电场年度运行维护费与年度发电量之比，用以反映风电场度电运行维护费用的高低。

$$场内度电运行维护费 = M/E = M/(Te \cdot P) \quad 单位：元/kW \cdot h$$

式中　M——年度运行维护费（元）；

　　　E——年度发电量（kW·h）；

　　　Te——风电场年利用小时数（h）；

　　　P——风电场装机容量（kW）。

6. 风机机组运行指标

如前所叙，风电机组运行指标主要有：风机可利用率、发电量、利用小时数、单位容量年运行维护成本。

评价风电机组可靠性的指标有：

（1）计划停运系数（POF）

$$POF = \frac{计划运行小时}{统计期间小时} \times 100\%$$

其中计划停运指机组处于计划检修或维护的状态。计划停运小时指机组处于计划停运状态的小时数。

（2）非计划停运系数（UOF）

$$UOF = \frac{非计划停运小时}{统计期间小时} \times 100\%$$

其中非计划停运指机组不可用而又不是计划停运的状态。非计划停运小时指机组处于非计划停运状态的小时数。

（3）运行系数（SF）

$$SF = \frac{运行小时}{统计期间小时} \times 100\%$$

其中运行是指机组在电气上处于连接到电力系统的状态，或虽未连接到电力系统但在风速条件满足时，可以自动连接到电力系统的状态。运行小时指机组处于运行状态的小时数。

（4）非计划停运率（UOR）

$$UOR = \frac{非计划停运小时}{非计划停运小时 + 运行小时} \times 100\%$$

（5）非计划停运发生率（$UOOR$）（次/年）

$$UOOR = \frac{非计划停运次数}{可用小时} \times 8760$$

其中风电机组可用状态指机组处于能够执行预定功能的状态，而不论其是否在运行，也不论其提供了多少出力。可用小时指风机处于可用状态的小时数。

（6）暴露率（EXR）

$$EXR = \frac{运行小时}{可用小时} \times 100\%$$

（7）平均连续可用小时（CAH）（h）

$$CAH = \frac{可用小时}{计划停运次数 + 非计划停运次数}$$

（8）平均无故障可用小时（$MTBF$）（h）

$$MTBF = \frac{可用小时}{强迫停运次数}$$

（9）若风电场评价不同机型、不同厂家的风机性能时，可对以下两种性能指标进行统计和分析：

① 功率特性一致性系数

根据风机所处位置风速和空气密度，对观测风机输出功率与风机厂商提供的在相同噪声条件下的额定功率曲线规定功率进行比较，选取切入风速和额定风速间以 1m/s 为步长的若干个取样点进行功率特性一致性系数计算。

$$功率特性一致性系数 = \frac{\sum_{i=1}^{n} \frac{|i\text{点曲线功率} - i\text{点实际功率}|}{i\text{点曲线功率}}}{n} \times 100\%$$

式中　i——取样点；

　　　n——取样点个数。

如发现其功率特性一致系数超过 5% 则应联系技术人员及时进行调整。

② 风能利用系数

风能利用系数的物理意义是风力机的风轮能够从自然风能中吸取能量与风轮扫过面积内气流所具风能的百分比，表征了风机对风能利用的效率。风能利用系数 C_p 可用下式计算：

$$C_p = \frac{P}{0.5\rho \times S \times V^3}$$

式中　P——风力机实际获得的轴功率（W）；

　　　ρ——空气密度（kg/m³）；

S——风轮旋扫面积（m^2）；

V——上游风速（m/s）。

7. 设备运行水平指标

设备运行水平指标是指风机可利用率和风电场可利用率，含有多期项目的风电场平均可利用率，应按照项目容量以加权平均的方法进行计算得出平均可利用率。其表达式为：

$$K_p = \sum_{i=1}^{n} \frac{P_i}{P_z} \times K_i$$

式中　K_p——风电场机组的平均可利用率；

R_i——风电场第 i 期项目风电机组总容量（kW）；

P_2——风电场总装机容量（kW）；

n——风电场项目期数；

K_i——第 i 期项目可利用率。

需评价风电场可靠性指标时，应统计风电场非计划停运系数（$UOFs$），计算公式为：

$$UOFs = \frac{\Sigma(\text{非计划停运小时} + \text{受累停运小时}) \times \text{额定容量}}{\Sigma(\text{统计期小时数} \times \text{额定容量})} \times 100\%$$

4.6.2　海上风力发电的主要技术经济指标

由于海上风力发电场的特殊性，尽管上述岸上风力发电的主要技术经济指标部分适用于海上风力发电，但是其特殊性决定了其技术经济指标包括以下内容：

（1）风电场厂址特征数据

厂址坐标；海平面高出及范围；潮位；离岸距离；气温；年平均风速、极端风速及风向；空气密度；风功率密度。

（2）主要设备数据

风力发电机组，包含单台功率、安装台数、风轮直径、切入切出风速、额定风速、设计最大风速；主变压器电压、容量、台数；高压配电装置出线回路数。

（3）土建工程特征

风力发电机组及变电站地基特征及采用的基础形式。

（4）主要工程量数据

包括土建及安装主要工程量。

（5）投资估算指标

工程静态、动态总投资及单位千瓦投资；设备及安装工程投资；建筑工程投资；其他费用；基本预备费，价差预备费；建设期贷款利息。

（6）财务指标

装机总容量、年上网电量及等效年利用小时数；上网电价；主要盈利指标，包括项目投资财务内部收益率及财务净现值、项目资本金利润率、项目资本金财务净现值及内部收益率、投资回收期；贷款偿还期。

4.7　风力发电项目的成本构成与技术经济评价

4.7.1　风力发电项目的成本构成

风力发电项目的主要成本是由设备购置费、建筑安装工程费及其他辅助费组成，发电机组的成本占整个工程成本的47%。其中：

1. 岸上风力发电项目

（1）在风电场工程成本中，设备安装工程占70%；建筑工程占13%；基本预备费占2%；辅助工程占4%；其他费用占11%。

（2）在设备安装工程中，发电设备及安装工程占92%；升压变电设备及安装工程占3%；通信和控制保护设备安装工程占3%；施工辅助工程占2%。

（3）在发电设备及安装工程中，风电机组占73%；塔筒占20%；集电电缆线路占4%；箱变占2%；机组电气设备占1%。

2. 海上风力发电项目

海上风电的成本构成如图4-24所示。

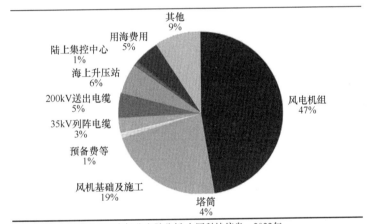

数据来源：中国海上风电行业上游分析.中国科技信息，2022年

图4-24　海上风电的成本构成

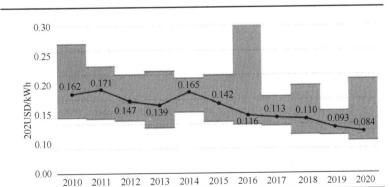

数据来源：国际可再生能源署，英大证券研究所

图4-25　近十年全球海上风电度电成本

从图 4-25 可见，近十年全球海上风电度电成本下降了 50%。在市场竞争力方面，海上风电全生命周期度电成本从 2010 年的 0.162 美元/kW·h 降低到 2020 年的 0.084 美元/kW·h。2010—2014 年间，受深海海上风电项目推动，LCOE 度电成本提高到 0.171 美元/kW·h。2014—2020 年 LCOE 度电成本步入快速下降区，海上风电市场竞争力逐步增强。

岸上（或称陆上）与海上风电项目的投资成本比较见表 4-5。

岸上（或称陆上）与海上风电项目的投资成本比较　　　　　表 4-5

	陆上风电	海上风电
总承包投资成本	7000～8000 元/kW	13000～20000 元/kW
风电机组	65%～75%	30%～50%
基础	5%～10%	15%～25%
内部和外部网格线	10%～15%	15%～30%
安装	0.5%～5%	15%～30%
其他	5%	8%

4.7.2　风力发电项目技术经济评价

本节所阐述的风力发电技术经济指标主要是指风力发电站项目前期工作中的技术经济性分析与评价。有关风力发电站生产运行的指标评价（如：风电场耗能指标、风电场运行水平与维护指标等），不在本节研究和讨论的范围之内，在此不予一一叙述。

风力发电站项目前期工作中的技术经济性分析与评价的内容，除了按第 4.6.1 节的内容进行分析和计算外，主要还要围绕风电场选择而进行的风电场的经济性能分析与评估。

（1）风电场的经济性评价

风电场的场址选择首先要考虑风能资源的情况，对风能资源进行评估。而从气象部门获得的统计资料，大多数是一个较大区域的风能资源情况，作为风力发电站选址的依据是不够精确的。所以在风电场选址时，要安装设置测风塔，采用自动测风系统，采集风能数据，通过计算风速确定风级（年平均风速、年有效风时数指标），然后进行风电场经济性能分析。

评估一个风电项目的经济性能，首先要研究风电场的成本，包括建设成本、运行成本、财务及其他费用的支出等，影响一个风电场的经济因素主要有风资源情况、风机特性情况、投资收益率和投资回收期、上网电价等。根据风电场的容量大小，生产发电机的成本大小也有所不同，容量越大，需要的发电机越多，生产的风机越多，其成本也就越低。

风电成本可以分为基本建设期、生产运行期两个阶段，在基本建设期需要研究风电场建设的总投资，包括固定资产投资（分为设备投资、建筑投资、安装投资、联网工程投资、其他费用投资、预备费用投资）、建设期贷款利息等财务费用投资、流动资金的投资。生产运行期的投资包括经营成本（含维修费用、工资福利费、保险费用、材料费、管理费）、折旧费用、摊销费和利息支出。

进行风电经济性研究的主要指标有风电场的单位千瓦造价、单位千瓦时投资成本、财务内部收益率、投资回收期、财务净现值、投资利润率、投资利税率、资本利润率和资产

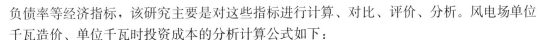

负债率等经济指标，该研究主要是对这些指标进行计算、对比、评价、分析。风电场单位千瓦造价、单位千瓦时投资成本的分析计算公式如下：

$$风电场单位千瓦造价＝总投资/总装机容量（单位：元/kW）$$

风电场单位千瓦造价就是风电场电机系统每发电一千瓦时的投资成本，此单价中包含了建设期的设备费、安装费、建筑工程费、前期费及其他费用等。

$$单位千瓦时投资成本＝(年固定费＋运行维护费＋大修费)/每年的发电量（单位：元/kW·h）$$

单位千瓦时投资成本是指在寿命期内每生产出 1kW·h 电量所需要的投资费用。它包含折旧费、利息、人工、管理、税金、维护费、使用期内的大修费用等。

（2）风电经济性的影响因素

发电量是最主要的影响因素之一。发电量是风电场收入的来源，直接影响风电场的经济性能，它的影响因素主要为风资源、电场发电机布置情况、机组选型、运行管理的水平及当地限电情况。其他影响因素还有投资情况、融资成本、运行成本及当地税收政策等。

人们通常认为，提高风与负荷的关系可以得到价格的响应，但却忽视了风电场的发电情况同时也会对当地电价产生一定程度的影响。风电变化和价格响应是相辅相成的关系，所以在大规模风电项目评价分析上，应考虑风电上网对地方电价、用户价格的影响，以及对电力系统的经济运行的影响，例如风电的入网对传统火电机组的分配和调度、电力系统的运行成本及 CO_2 的排放情况的影响，同时需要考虑的是为了尽量降低这些影响而需付出的经济成本。

风机选型，基本上都是按照变桨距风力发电机的最大功率捕获原理确定，在从风速切入到额定风速这一过程中，为达到发电机的工作工部最优化，大多都是通过变桨技术得以实现，而且从现场实际风速统计分析可知，这一工况是发电机运行最多、出力最多的时段，即最优风能捕获是从风速切入到发电机达到额定功率的一段时间。另一方面，风机选型也是风电项目固定资产投资中对投资影响最大的部分，相互间接组合方案和规模大小都是非常主要的因素。通过对选型的多方案比较，得到设备选型与项目规模的最佳配合，并采用适当的组合方案，就可以实现对风电设备投资的控制并得到风电设备的可利用率等主要的经济理想指标。

4.8 典型案例

4.8.1 某 B 国哈利 49.5MW 风力发电站

某 B 国哈利 49.5MW 风力发电站位于某 B 国塔里哈省塔里哈市北部、东科迪勒拉山脉达尔基维河谷地内，场址中心有 1 号公路通过，场址东侧有一条河流（位置图略）。业主于两年前在该项目选址区域内的峡谷口处设置 1 号测风塔，并在与该测风塔轴线距离 4.2km 处设 2 号测风塔。测风塔位置与坐标图（略）。

某 B 国哈利 49.5MW 风力发电站由中国某公司承担 EPC 总承包，工程设计、施工均采用中国国家标准。2005 年 2 月开工建设，2010 年 12 月竣工验收合格，质量等级为优良品。投入运行至今，效果良好。

1. 风能资源

根据该国气象部门提供的，距离该风力发电场址分别为 3km、9km、20km 的三个气象站 1955—2003 年的气象资料（逐月风速统计、测量高度为 2～20m）和 1 号、2 号测风塔自安装以来（2000—2003 年）的测风资料，分析得到了该风力发电场址范围内风能资源的变化规律，主要有多年平均年内变化图等（略）。

通过分析，全年最高风速（10 月）达到 2.32m/s；最低风速（6 月）达到 1.16m/s。主风向均为 SE 方向，主风向极为稳定，与峡谷的方向接近平行（数据分析报告略）。

气象数据报告与测风塔数据分析报告的测风时段相同的逐时风速、风向等数据，通过插补、修正，得到某 B 国哈利 49.5MW 风力发电站风能资源评价报告（略）。其主要结论是：

风电场 80M 轮毂高度处平均风速为 6.5m/s，年平均风功率密度为 29.2W/m²。按照国家现行标准《风电场风能资源评估方法》GB/T 18710—2002，该场址属于二级风电场，风能资源较好。

风电场完整年内平均最大风速 7.4m/s，月平均最小风速为 5.6m/s，月际变化幅度较小，风速稳定。同样，风功率密度也呈现同样的分布功率，有利于风电机组的选择和风资源的充分利用。可见，风能稳定，有利于更好地利用风能。

2. 主要技术方案

1) 风电机组的选型布置与发电量

根据风能资源评价报告，风电机组选择 1.5MW 永磁直驱风力发电机组，叶轮直径 8.7m，轮毂安装高度为 75m。风电场安装风电机组 33 台，装机容量为 49.5MW。风力发电场满负荷等效小时数计算为 1950h；年上网电量为 9652.5kW·h。

1.5MW 永磁直驱风力发电机组的主要技术参数见表 4-6。

1.5MW 永磁直驱风力发电机的主要技术参数　　　　　　　　　　　　　　表 4-6

名称	单位	规格
机组数据		
型号		87/1500
额定功率	kW	1500
功率调节方式		变桨变速调节
叶轮直径	m	86.6～88.34
轮毂高度	m	75
切入风速	m/s	3
额定风速（静态）	m/s	9.9
切出风速（10 分钟均值）	m/s	22
运行温度范围		−30℃～+40℃
机组生存温度		−40℃～+50℃
设计使用寿命	年	≥20
叶片		
制造厂家/型号		LM42.13 或类似叶片
叶片材料		玻璃纤维增强树脂
叶尖线速度	m/s	40.8～80.0
扫风面积	m²	5874～6112

名称	单位	规格
发电机		
额定功率	kW	1580
额定电压	V	690
额定电流	A	660
防护等级		IP23
润滑方式		加注润滑脂
润滑脂型号		SKF LGEP 2
额定转速及其转速范围	rpm	9～16.6（Swtich）/9～17.3（Freqcon）
绝缘等级		F
额定输出电压	V/V	620/690
额定输出电流	A/A	1397/1255
输出频率变化范围	Hz	47.5～51.5（可调节）
防护等级		IP54

2）升压变电站

风电场内设置升压变电站一座，主变二台，总容量为 $2 \times 25000 kW$（单台容量为 $25000 kW$），电压等级为 24.9/115kV，进线 8 回路，出线 2 回路，无功补偿电容器组为 $4 \times 3125 kvar$，两个 115kV 出线间隔。

电气一次设备及电气二次部分分别主要设有：

（1）电气一次设备

① 主变压器及其附件：$2 \times 25000 kW/115$ 台、包括变压器中性点设备。

② 115kV 断路器、隔离开关、互感器、避雷器等设备及其附件。

③ 电力金属构件，电力金具、母线。

④ 全套 24.9kV 配电装置：包括 40.5kV 高压开关柜及其附件，金属铠装移开式开关柜共 20 面。

⑤ 升压站的站用电力设备及电气安装。

⑥ 变电站电气一次部分电缆及电缆桥架，电缆埋管、盘柜和金属构件。

⑦ 变电站全套防雷接地系统。

（2）电气二次部分

① 变电站综合自动化系统。

② 直流电源设备。

③ 微机五防装置。

④ 风机设备的控制系统。

⑤ 通信系统设备。

⑥ 监控系统。

⑦ 火灾自动报警及联动控制系统。

⑧ 户外端子箱，控制箱。

⑨ 变电站电气二次部分光缆及电缆桥架，预埋电缆管及屏柜基础等。

⑩ 变电站通风空调系统。

3. 项目的工程范围

某 B 国哈利 49.5MW 风力发电站项目的主要内容包括风电场内和风电场外两部分。其中：风电场内除了风电机组（33 台）外，还有中央监控室、变电站、办公楼、休息室等建筑物以及场区集电线路（30km）、网络通信系统、场区道路、给水排水、消防等基础设施、防护（防洪、防雷、防火）设施。

场外项目包括一座 115/24.9kV 的变电站，24km 和 10.6km 的两条 115kV 输电线路。其主要内容与工程接口为：

（1）风电场与 24.9kV 配网线路的接口在风电场升压站内 24.9kV 开关柜接线端。

（2）从风电场到 Torrecillas 变电站的 115kV 输电线路，长度约为 24km，单回输电。其中 Torrecillas 变电站向城外方向 2.1km 范围内采用水泥杆塔，其他范围采用铁塔。

（3）Torrecillas 变电站为一座 115/24.9kV 的降压变电站，对外接口为 115kV 侧出线门构和站内 24.9kV 开关柜接线端。

（4）Torrecillas 变电站到哈利变电站的 115kV 输电线路，长度约为 10.6km，单回输电。设计范围为架空线路至哈利变电站 115kV 侧出线门构，杆塔组立从 Torrecillas 变电站建设至哈利电力服务公司（SETAR）在建的同塔双回线路的分支塔，该塔距哈利变电站 3.36km。

4.8.2 江苏省滨海海上风电场

1. 概况

江苏省滨海海上风电场场址位于江苏省滨海县废黄河口与扁担港口之间的近海海域。中心位置离海岸线直线距离为 21km，项目占用海面面积 4.62km²，安装 100 台 3.0MW 的风力发电机组，总装机容量为 300MW。在风电场内设有一座 220kV 海上变电站，并通过 220kV 高压海底电缆将电力输送到岸上集中控制中心。该项目总投资为 51.87 亿元人民币（位置图略）。该项目由大唐江苏发电有限公司投资建设，上海振华重工（集团）股份有限公司总承包。于 2018 年 7 月 30 日开工建设，2019 年 10 月 31 日竣工，2019 年 12 月 25 日并网发电。

2. 风能资源

为获得项目准确的风资源数据，在场址位置建设了一个测风塔，2010 年 6 月开始测风，根据测得的资源数据和分析，风电场 84m 高层的年平均风速分别为 7.3m/s，风功率密度 444W/m²，风资源等级为 3 级，风能具有较好的开发价值。

场区主要风频方向与主要风能方向一致，同为 SW、NW、ENE 及 SSW。

80m 及 90m 高层湍流强度 0.072，低于 IECC 类，50 年一遇最大风速 37.2m/s，机组安全等级 IEC ⅢC（表 4-7、图 4-26～图 4-28）。

风能要素变化成果表　　　　表 4-7

高度	类别	1 月	2 月	3 月	4 月	5 月	6 月	7 月	8 月	9 月	10 月	11 月	12 月	平均值
50m	平均风速（m/s）	6.8	6.6	7.0	7.4	7.3	6.0	6.0	6.2	5.4	6.3	6.9	8.8	6.7
	平均风功率密度（W/m²）	341	299	343	429	371	209	223	224	208	290	342	691	331
84m	平均风速（m/s）	6.9	7.3	7.9	8.4	8.1	6.7	6.7	6.7	5.7	6.5	7.2	9.2	7.3
	平均风功率密度（W/m²）	341	397	498	636	543	303	320	298	237	306	392	779	421
综合	最大风向扇区	NE	NE	SW	SW	SW	SSW	SSW	SSW	ESE	ENE	W	WSW	SW
	最大风向比率（%）	31.72	13.24	13.31	14.31	12.10	21.94	17.88	16.40	15.83	15.99	14.03	11.42	9.68
	最大风能扇区	NE	NE	SW	SW	SW	SW	SSW	SSW	ENE	ENE	SW	N	SW
	最大风能比率（%）	48.63	18.15	23.95	24.24	25.01	34.34	32.72	26.60	33.10	37.53	16.02	18.13	15.74

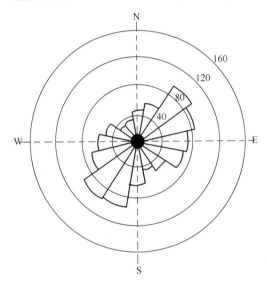

图 4-26　100m 高层风向玫瑰图

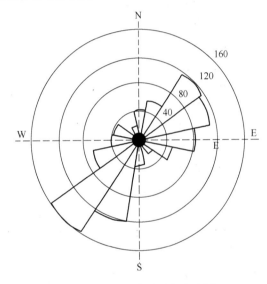

图 4-27　80m 高层风向玫瑰图

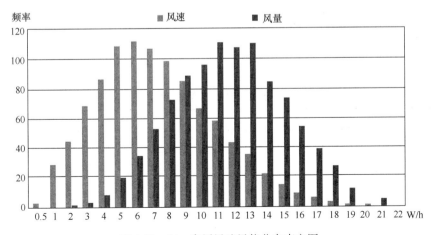

图 4-28　84m 高层风速风能分布直方图

3. 海洋水文气象

（1）气象

极端最高温度：38.5℃。

极端最低温度：—15.0℃。

年平均降雨量：949.5mm。

年平均大气压：1016.9hPa。

平均雷暴日：25.8d。

平均大雾天数：24.5d。

（2）台风

从统计数据上看，项目所在地江苏省出现台风年平均3.1次，最多7次，为近海区域，海域开阔，台风期间岸上气象站测得的数据风速可达30m/s以上，由于该工程所在区域为近海，海域开阔，风力及风速均大于近海，需要采取防台风措施。

（3）潮汐

最高潮位：1.63m。

最低潮位：—1.72m。

最大潮差：3.02m。

最小潮差：0.58m。

（4）水位

设计高水位：1.30m。

设计低水位：—1.24m。

（5）波浪（表4-8）

设计波浪要素组合 表4-8

重现期	计算水位	计算方向							
		N	NNE	NE	ENE	E	ESE	SE	SSE
50年	设计高水位	工况1	工况2	工况3	工况4	工况5	工况6	工况7	工况8
	极端高水位	工况9	工况10	工况11	工况12	工况13	工况14	工况15	工况16
5年	设计高水位	工况17	工况18	工况19	工况20	工况21	工况22	工况23	工况24
	极端高水位	工况25	工况26	工况27	工况28	工况29	工况30	工况31	工况32

（6）水深（表4-9）

代表点设计水深要素组合 表4-9

计算点	X	Y	高程（85高程）
Ⅰ#	542778.2890	3792801.1036	—18.6m
Ⅱ#	544915.9826	3784125.0829	—17.6m
Ⅲ#	559614.0440	3790831.7030	—19.5m
Ⅳ#	550594.7443	3797135.6954	—20m
Ⅴ#	549706.6791	3791241.8947	—18.9m

4. 地质

地处近海海域，海底滩面地形变化小，地势平缓，海底平均高程−17.5～−22.0m，海底表层以淤泥粉质黏土为主。

地震烈度Ⅵ级，场地稳定性差，风机基础及结构型式应具有防潮流、抗台风及防腐蚀措施。

5. 主机设备选型及发电量估算

结合当时风电市场现状，风机设备选用3.0MW等级的风力发电机组，总装机容量300MW，年设计发电量105.48万MW·h，年上网电量79.1MW·h，等效年利用小时2637h，平均容量利用系数0.301。

6. 主要技术方案

（1）变电站

设置1个220kV海上变电站和1个岸上集控中心，海上变电站设置2台容量为180MW的主变压器，220kV采用单母线接线方式，两台变压器通过1回220kV海缆出线，连接到岸上集控中心（图4-29）。

（2）风机基础设计

经过技术经济比较，风机基础采用单桩基础方案。

图4-29 变电站

7. 投资估算

按照国家能源局关于海上风电项目概算编制规定及现行的各项取费标准，该工程主要投资指标见表4-10。

（1）工程静态总投资：507038万元。

（2）单位静态投资：16901元/kW。

（3）工程总投资：518651万元。

（4）单位动态投资：17288元/kW。

总投资估算表（币种：人民币）　　　　　　表4-10

序号	项目名称	设备购置费（万元）	建安工程费（万元）	其他费用（万元）	合计（万元）	占总投资比例（%）
Ⅰ	风电场					
一	施工辅助工程		5245.11		5245.11	1.01
1	施工交通工程		2543.57		2543.57	0.49
2	大型船舶（机械）进出场费		1421.77		1421.77	0.27
3	风电设备组（安）装场工程		100.00		100.00	0.02
4	施工供电工程		100.00		100.00	0.02
5	施工供水工程		80.00		80.00	0.02
6	其他施工辅助工程		999.77		999.77	0.19
二	设备及安装工程	246012.90	50239.89		296252.79	57.12
1	发电场设备及安装工程	218937.43	44039.48		262976.91	50.70
2	升压变电站设备及安装工程	5685.98	599.10		6285.08	1.21
3	登陆海缆工程	11440.00	3801.43		15241.43	2.94

序号	项目名称	设备购置费（万元）	建安工程费（万元）	其他费用（万元）	合计（万元）	占总投资比例（%）
4	控制保护设备及安装工程	3527.98	718.65		4246.63	0.82
5	其他设备及安装工程	6421.51	1081.23		7502.74	1.45
三	建筑工程		161254.30		161254.30	31.09
1	发电场工程		143954.94		143954.94	27.76
2	升压变电站工程		9726.10		9726.10	1.88
3	房屋建筑工程		3159.39		3159.39	0.61
4	交通工程		205.08		205.08	0.04
5	其他工程		4208.79		4208.79	0.81
四	其他费用			34344.12	34344.12	6.62
1	项目建设用海（地）费			4561.56	4561.56	0.88
2	项目建设管理费			20468.77	20468.77	3.95
3	生产准备费			850.09	850.09	0.16
4	科研勘察设计费			8463.70	8463.70	1.63
	（一～四）部分合计	246012.90	216739.30	34344.12	497096.32	95.84
五	基本预备费 2%				9941.93	1.92
	工程静态投资（一～五）部分合计				507038.25	97.76
六	价差预备费					
七	建设期利息				11612.71	2.24
八	工程总投资（一～七）部分合计				518650.96	100.00
	单位千瓦静态投资（元/kW）				16901	
	单位千瓦动态投资（元/kW）				17288	
Ⅱ	陆上送出工程（不计）					
Ⅲ	项目总投资				518650.96	

8. 经济评价及主要财务指标

（1）资金来源

资本金：20%。

银行贷款：80%，贷款利率5.15%。

（2）税金

增值税：税率为17%，并享受相关退税政策。

销售税金附加：包括城市维护建设税和教育税附加，分别为5%和3%。

所得税：税率为25%。

（3）上网电价

按国家现行关于海上风电的政策规定，上网电价为0.85元/kW·h。

9）计算结果

该项目全部投资的财务内部收益率为10.13%（税前），资本金内部收益率14.32%

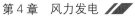

（税后），投资回收期13年，总投资收益率6.45%（表4-11）。

项目投资分析表（币种：人民币）　　　表4-11

序号	项目	单位	指标	备注
1	总投资	万元	520112	含进项税35445万元
1.1	固定资产投资	万元	507038	
1.2	建设期（含初期运行期）利息	万元	11574	
1.3	流动资金	万元	1500	
2	含税上网电价	元/kW·h	0.8500	
3	不含税发电销售收入	万元	1623912	
4	补贴收入	万元	155755	
5	销售税金及附加总额	万元	24062	
6	总成本费用	万元	937733	
7	发电利润总额	万元	782427	
8	盈利能力指标			
8.1	总投资收益率	%	6.45	
8.2	资本金净利润率	%	21.43	
8.3	全部投资财务内部收益率（税前）	%	10.13	
8.4	全部投资财务净现值	万元	262435	Ic=5.00%
8.5	资本金财务内部收益率（税后）	%	14.32	
8.6	资本金财务净现值	万元	80418	Ic=8.00%
8.7	投资回收期	年	13	
9	清偿能力指标			
9.1	借款偿还期	年	15	
9.2	资产负债率	%	79.99	最大值

第5章 生物质发电

5.1 概述

5.1.1 定义与工作原理

生物质发电是指利用生物质所具有的生物质能进行的发电，是可再生能源发电的一种。我国的生物质资源分类如图5-1所示。

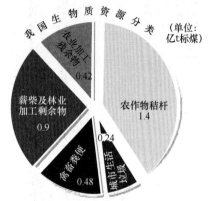

图 5-1 我国的生物质资源分类图

生物质发电的原理是利用生物质直接燃烧或转化为某种燃料后燃烧所产生的热能发电。生物质发电的流程，一般分为两个阶段：先把可利用的生物质原料收集起来，通过一定的程序进行加工处理，转化为可以高效燃烧的燃料；再把燃料送进锅炉中燃烧，以产生高温高压蒸汽，驱动汽轮发电机组发出电能。作为一种可再生能源，生物质能近几年来越来越受到各国的重视，并得到了广泛的应用。

5.1.2 生物质发电的类型与特点

1. 生物质发电的类型

生物质发电的类型主要包括直接燃烧发电（指农林废弃物）、气化发电（指农林废弃物）、垃圾发电（焚烧）、沼气发电及与煤混合燃烧发电（指垃圾或农林废弃物）等（图5-2）。

生物质发电主要有以下五种形式：

（1）直燃发电

目前我国生物质的大规模利用方式主要是直接燃烧发电，它是将生物质在锅炉中直接燃烧，生产蒸汽带动蒸汽轮机及发电机发电。生物质直接燃烧发电的关键技术包括生物质原料预处理、锅炉防腐、锅炉的原料适用性及燃料效率、蒸汽轮机效率等技术。

（2）混燃发电

生物质还可以与煤混合作为燃料发电，称为生物质混合燃烧发电技术。混合燃烧方式主要有两种：一种是生物质直接与煤混合后投入燃烧，该方式对于燃料处理和燃烧设备要求较高，不是

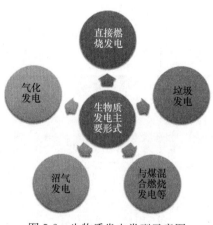

图 5-2 生物质发电类型示意图

所有燃煤发电厂都能采用；一种是生物质气化产生的燃气与煤混合燃烧，这种混合燃烧系统生产的蒸汽送入汽轮机发电机组。

（3）气化发电

生物质气化发电技术是指生物质在气化炉中转化为气体燃料，经净化后直接进入燃气机中燃烧发电或者直接进入燃料电池发电。气化发电的关键技术之一是燃气净化，气化出来的燃气都含有一定的杂质，包括灰分、焦炭和焦油等，需经过净化系统把杂质除去，以保证发电设备的正常运行。

（4）沼气发电

沼气发电是随着沼气综合利用技术的不断发展而出现的一项沼气利用技术，其主要原理是利用工农业或城镇生活中的大量有机废弃物经厌氧发酵处理产生的沼气驱动发电机组发电。用于沼气发电的设备主要为内燃机，一般由柴油机组或者天然气机组改造而成。

（5）垃圾发电

垃圾发电包括垃圾焚烧发电和垃圾气化发电，其不仅可以解决垃圾处理的问题，同时还可以回收利用垃圾中的能量，节约资源。垃圾焚烧发电是利用垃圾在焚烧锅炉中燃烧放出的热量将水加热获得过热蒸汽，推动汽轮机带动发电机发电。垃圾焚烧技术主要有层状燃烧技术、流化床燃烧技术、旋转燃烧技术等。发展起来的气化熔融焚烧技术，包括垃圾在 450～640℃温度下的气化和含碳灰渣在 1300℃以上的熔融燃烧两个过程，垃圾处理彻底，过程洁净，并可以回收部分资源，被认为是最具有前景的垃圾发电技术。

2. 生物质发电的优势与特点

生物质燃料与化石燃料相比较，具有以下优点：

（1）可再生性；

（2）低污染性，生物质燃料含硫、氮量低；

（3）生物质作为燃料时，由于它在生长时需要的二氧化碳量相当于它燃烧时排放的二氧化碳量，因而对大气的二氧化碳净排放量近似于零，可有效地减轻温室效应；

（4）农业秸秆、林业废弃物分布地域广；

（5）采集危险性小；

（6）电厂收购生物质作物，农民有经济效益；

（7）锅炉灰渣含丰富的营养成分（钾、镁、磷、钙）用作高效农业肥料，返回农田；

（8）燃料的收购——粉碎——储存——运输产业链条能够直接吸纳农村劳动力，提供就业机会。

5.1.3 国内外生物质发电的概况

（1）从 20 世纪末期，世界石油危机爆发以后，丹麦积极探索发展可再生清洁能源，率先采用了秸秆等生物质颗粒发电，生物质发电由此诞生。此后生物质作为一种可持续发展的能源，在国际上越来越受到重视。目前，全球生物质发电装机容量已经超过了 5000 万 kW，可替代 9000 多万 t 标准煤。

现在，美国生物质发电技术处于世界领先水平，在工业生产中得到了大量利用，生物质发电量已被视为该国现存配电系统的基本发电量。近年来，已建成 350 多座生物质发电站，生物质发电的总装机容量已超过 10000MW，单机容量达 10～25MW，处理的生物质大部分是农业废弃物或木材厂、纸厂的森林废弃物。

可见，在欧美等发达国家生物质发电已经成为非常成熟的产业，成为一些国家重要的发电方式。

（2）根据我国制定的碳达峰、碳中和的战略目标，"十三五"期间我国生物质发电规模增长迅速，在我国可再生能源发电的比重呈现不断上升的态势。有关统计资料显示：截至 2019 年，我国生物质能源累计装机容量和发电量，占可再生能源装机和发电量的比重分别为 2.84% 和 5.45%。分别较 2014 年上升了 0.71 和 2.21 个百分点。到 2020 年第三季度生物质能源累计装机容量和发电量，占可再生能源装机和发电量的比重分别为 3.13% 和 6.26%。截至 2020 年 9 月底，我国生物质发电新增装机 248 万 kW，累计装机容量达到 2617 万 kW，同比增加 20.3%。其中：垃圾焚烧发电新增装机 136 万 kW，累计装机容量达到 1350 万 kW；农林生物质发电新增装机 100 万 kW，累计装机容量达到 1180 万 kW；沼气发电新增装机 12 万 kW，累计装机容量达到 87 万 kW。仅 2020 年前三个季度我国生物质发电 958 亿 kW·h，同比增加 19.1%。其中：垃圾焚烧发电量为 564 亿 kW·h，同比增加 28.3%；农林生物质发电量为 368 亿 kW·h，同比增加 7.6%；沼气发电量为 27 亿 kW·h，同比增加 14.7%。到 2020 年年底生物质发电新增装机容量为 540 万 kW，累计装机容量达到 2909 万 kW。2021 年 1—9 月生物质发电新增装机容量为 555 万 kW，垃圾焚烧发电新增装机 411 万 kW，农林生物质发电新增装机 126 万 kW。累计装机容量达到 3526 万 kW，其中：垃圾焚烧发电装机容量达到 1943 万 kW，占 55%；农林生物质发电装机容量达到 1486 万 kW，占 42%。其余为燃气发电装机容量为 107 万 kW，占 3%。可见，生物质发电继续保持稳步增长的发展态势。

2020 年 9 月 22 日，习近平主席在第七十五届联合国大会上提出："中国将提高国家自主贡献力度，采取更加有力的政策和措施，二氧化碳排放力争于 2030 年前达到峰值，努力争取 2060 年前实现碳中和。"2020 年 12 月 12 日习近平主席在全球气候峰会上宣布：到 2030 年，中国单位国内生产总值二氧化碳排放将比 2005 年下降 65% 以上，非化石能源占一次能源消费比重将达到 25% 左右，森林蓄积量将比 2005 年增加 60 亿 m³，风电、太阳能发电总装机容量将达到 12 亿 kW 以上。随后，从 2020 年 12 月的中央经济工作会议开始，我国陆续出台一系列关于实现碳达峰、碳中和的工作部署和目标。明确规定：2030 年前实现碳达峰的目标，其中：到 2025 年，绿色低碳循环发展的经济体系初步形成，重点行业能源利用效率大幅提升。单位国内生产总值能耗比 2020 年下降 13.5%；单位国内生产总值二氧化碳排放比 2020 年下降 18%；非化石能源消费比重达到 20% 左右；森林覆盖率达到 24.1%，森林蓄积量达到 180 亿 m³，为实现碳达峰、碳中和奠定坚实基础。到 2030 年，经济社会发展全面绿色转型取得显著成效，重点耗能行业能源利用效率达到国际先进水平。单位国内生产总值能耗大幅下降；单位国内生产总值氧化碳排放比 2005 年下降 65% 以上；非化石能源消费比重达到 25% 左右，风电、太阳能发电总装机容量达到 12 亿 kW 以上；森林覆盖率达到 25% 左右，森林蓄积量达到 190 亿 m³，二氧化碳排放量达到峰值并实现稳中有降。2060 年前实现碳中和的目标，到 2060 年，绿色低碳循环发展的经济体系和清洁低碳安全高效的能源体系全面建立，能源利用效率达到国际先进水平，非化石能源消费比重达到 80% 以上。碳中和目标的顺利实现，将使生态文明建设取得丰硕成果，开创人与自然和谐共生新境界。要实现上述目标，从装机结构的角度分析，我国发电的装机结构要从 2020 年装机容量的 21.6 亿 kW，到 2030 年达到 40 亿 kW，到 2050 年达到 62 亿 kW，到 2060 年达到 69 亿 kW。其新能源的比重将分别达到 26％、48％、59％、78％。预计可再生发电的装机容量占电力总装机的比例将达到 50％以上，可见生物质发电在我国电力领域具有良好的发展前景。

5.2　生物质发电的主要技术

本节所阐述的生物质发电的主要技术是指为实现生物质发电要达到的目标，所采取的技术手段、步骤及解决关键性问题的方法等。

由于生物质发电是利用农林类生物质的资源发电，所采取的技术路线是农林类生物质直接燃烧发电、与煤等化石燃料混合燃烧发电、生物质气化发电三种技术方案。

5.2.1　生物质直燃发电

生物质直燃发电主要是将生物质（主要是农林类生物质）直接送入锅炉燃烧后，所产生的蒸汽驱动汽轮发电机组发电。这种直燃发电技术最为成熟，是国内外应用比较广泛的主要方式。但是由于受到燃料供给的限制，与燃煤发电站相比较，生物质直燃发电规模较小，大多在 20～50MW 左右。一般锅炉热效率可达 90％，系统发电效率为 20％～30％。

生物质锅炉是生物质直燃发电形式的核心设备，对发电系统能效影响很大。目前，更高参数和热效率的循环流化床锅炉已经在我国生物质发电领域得到了广泛的应用。

生物质直燃发电系统的示意图与流程图如图 5-3、图 5-4 所示。

生物质直燃发电技术又分为层燃炉燃烧技术和循环流化床燃烧技术。

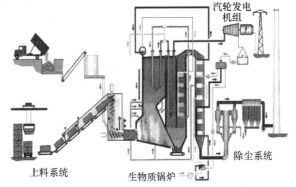

图 5-3　生物质直燃发电系统的示意图

层燃炉燃烧技术主要以水冷振动炉排锅炉为代表，燃料在振动的炉排上实现燃烧，空

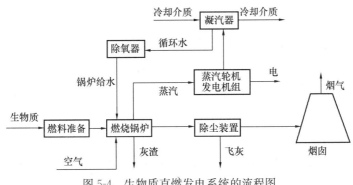

图 5-4　生物质直燃发电系统的流程图

气从下方透过炉排供应上部的燃料，燃料入炉后的燃烧时间可由炉排的振动来控制。

生物质直燃循环流化床锅炉与燃煤的循环流化床锅炉类似，流化风穿过布风板由炉膛底部送入，使炉膛内的物料处于流化状态，燃料在炉膛中燃烧。较细小的颗粒被气流夹带飞出炉膛，并由分离装置分离收集，通过返料器送回炉膛循环燃烧。

对于生物质直燃，水冷振动炉排锅炉和循环流化床锅炉各有特点。

对燃料适应性进行比较，水冷振动炉排锅炉较好地结合了国外先进技术和中国燃料的实际状况，可以适应多达60多种的农林废弃物，既可纯烧某种燃料，也可掺烧多种燃料，在燃料水分高达40%时亦可稳定燃烧。循环流化床锅炉仅适用于燃料粒径和密度差别不大的燃料，对燃料的要求较为苛刻。

对燃料预处理进行比较，水冷振动炉排锅炉基本无需燃料预处理系统。而循环流化床锅炉对燃料预处理要求较高，对燃料颗粒要求比较严格，需要对秸秆进行一系列破碎、筛分等预处理工作，入炉秸秆尺寸一般要求为150～200mm，而且要求尽量均匀，该部分投资费用较高。

对经济进行比较，水冷振动炉排锅炉设备初期投资较大，但设备运行稳定，年发电小时数多，设备磨损轻，日常维护、部件更换费用低，设备厂用电率低。

截至2018年年底，我国生物质直燃发电装机容量约7866MW，机组数量共365台，其中循环流化床锅炉205台，其他形式锅炉160台。

生物质直燃发电发展过程中，依次出现了中温中压机组、次高温次高压机组、高温高压机组。高温高压机组凭借较高的经济性逐渐成为当前生物质电厂的首选，常见规模为130t/h燃生物质锅炉配30MW纯凝发电机组。高参数机组必定带来造价的提高，而且高参数导致受热面的高温腐蚀，参数越高腐蚀越严重。因此，高参数机组的造价高出部分，以及因高参数导致的高温腐蚀受热面损失，是否能由高效率多发的电量来弥补，需要根据项目具体情况进行技术经济比较来确定。

5.2.2　生物质气化发电

生物质气化发电技术是生物质通过热化学转化为气体燃料，将气体燃料直接在二燃室进行燃烧，燃烧产生的热烟气进入余热锅炉加热给水，产生过热蒸汽驱动蒸汽轮机发电机组产生电力。或者将净化后的气体燃料送入内燃发电机、燃气轮机中燃烧来发电。如果采用内燃机或者燃气轮机发电，则需要把气体燃料进行净化。因为气化出来的燃气都含有一定的杂质，包括灰分、焦炭和焦油等，需经过净化系统把杂质除去，以保证燃气发电设备的正常运行。为了提高发电效率，还可以增加余热锅炉和蒸汽轮机，采用燃气-蒸汽联合循环。

生物质气化发电流程如图5-5所示。

生物质气化发电相比燃烧发电是更洁净的利用方式，它几乎不排放任何有害气体，比较合适于生物质的分散利用，规模化的生物质气化发电已进入商业示范阶段。利用现有技术，研究开发经济上可行、效率较高的生物质气化发电系统是今后能有效利用生物质的关键。

气化发电可配不同类型的发电机组，发电规模大小不等。小于500kW为小型，大于5MW为大型，500kW～5MW之间的为中型。大型发电机组的系统效率约为30%～50%，

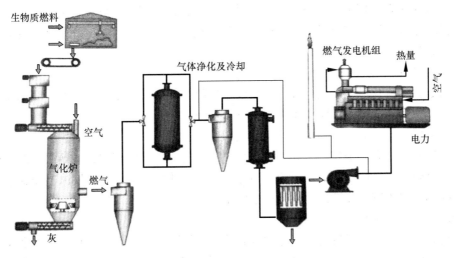

图 5-5　生物质气化发电系统流程

小型和中型发电的系统效率约为 12%～30%。小型生物质气化发电技术非常成熟，由于具有装机容量小、布置灵活、投资少、经济效益显著和对燃气质量要求较低等特点，因而在发展中国家得到广泛的推广与应用，但由于劳动强度大，在发达国家的应用非常少。中、大型气化发电系统技术较成熟，但设备造价和发电成本都很高，在发达国家应用也很少。

1. 气化发电原理

生物质气化发电技术的基本原理就是将各种低热值固体生物质能源资源（如农林业废弃物、生活有机垃圾等）通过气化转换为燃气，再利用可燃气推动燃气发电设备进行发电。

根据图 5-6 生物质气化发电路径图，说明实现气化发电的三种途径。

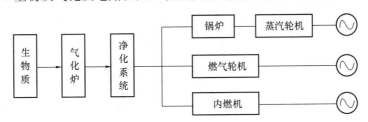

图 5-6　生物质气化发电路径图

第一种：生物质经气化后，产生的燃气（不经过净化系统）作为燃料直接进入燃气锅炉产生蒸汽，再驱动蒸汽轮机发电。

第二种：将经过净化后的燃气，送给燃气轮机燃烧发电。

第三种：将经过净化后的燃气送入内燃机直接发电。

上述三种发电的路径，在发电和投资规模上，分别对应大规模、中等规模和小规模发电。

可以看出，气化发电的过程主要包括 3 个方面：一是生物质气化，把固体生物质转化为气体燃料；二是气体净化，气化出来的燃气都含有一定的杂质，包括灰分、焦炭和焦油等，需经过净化系统把杂质除去，以保证燃气发电设备的正常运行；三是燃气发电，利用燃气轮机或燃气内燃机进行发电，有的工艺为了提高发电效率，发电过程可以增加余热锅炉和蒸汽轮机。

2. 气化发电主要设备

生物质循环流化床气化发电装置主要由进料机构、燃气发生装置、燃气净化装置、燃气发电机组、控制装置及废水处理设备 6 部分组成。

（1）进料机构

进料机构采用螺旋加料器，动力设备是电磁调速电机。螺旋加料器既便于连续均匀进料，又能有效地将气化炉同外部隔绝密封起来，使气化所需空气只由进风机控制进入气化炉，电磁调速电机则可任意调节生物质进料量。

（2）燃气发生装置

气化装置可采用循环流化床气化炉或其他可连续运行的气化炉，它主要由进风机、气化炉和排渣螺旋构成。气化炉是将生物质能由固态转化为燃气的装置。生物质在气化炉内通过控制空气供应量，而进行不完全燃烧，实现低值生物质能由固体向气态的转化，生成包含氢气（H_2）、一氧化碳（CO）、甲烷（CH_4）、多碳烃（C_nH_m）等可燃成分的燃气，完成生物质的气化过程；气化后剩余的灰分则由排渣螺旋及时排出炉外。

（3）燃气净化装置

气化产生的燃气中含有未完全裂解的焦油及灰尘等杂质，因此燃气需经净化处理后才能用于发电，燃气净化包括除尘、除灰和除焦油等过程。为了保证净化效果，该装置可采用多级除尘技术，例如惯性除尘器、旋风分离器、文氏管除尘器、电除尘等。经过多级除尘，燃气中的固体颗粒和微细粉尘基本被清洗干净，除尘效果较为彻底。燃气中的焦油采用吸附和水洗的办法进行清除，主要设备是两个串联起来的喷淋洗气塔。

（4）燃气发电系统

可采用燃气内燃机、燃气发电机组或燃气轮机。由于目前国内燃气内燃机的最大功率为 2000kW，故大于 2000kW 发电系统可用多台 2000kW 的发电机并联组成。由于燃气轮机必须根据燃气的要求进行相应的改造，目前该项技术国内相对落后，均采用进口技术，所以成本较高。

（5）控制装置

由电控柜、热电偶、温度显示表、压力表、风量控制阀构成。在用户需要时可增加相应的电脑监控系统。

（6）废水处理设备

采用过滤吸附、生物处理或化学、电凝聚等办法处理废水，处理后的废水可以循环使用。

3. 气化发电类型及特点

气化发电可分为内燃机发电系统、燃气轮机发电系统及燃气—蒸汽联合循环发电系统。

内燃机发电系统以简单的燃气内燃机组为主，可单独采用燃用低热值燃气，也可以燃气、油两用，它的特点是设备紧凑，系统简单，技术较成熟、可靠，目前国内燃气内燃机的最大功率只有 2000kW，故大于 2000kW 发电机系统可用多台 2000kW 的发电机并联组成。

燃气轮机发电系统采用低热值燃气轮机，燃气需增压，否则发电效率较低，由于燃气轮机对燃气质量要求高，并且需有较高的自动化控制水平和燃气轮机改造技术，基本上均采用国外技术，成本较高，所以一般单独采用燃气轮机的生物质气化发电系统较少。

燃气—蒸汽联合循环发电系统是在内燃机、燃气轮机发电的基础上增加余热蒸汽的联合循环，称为生物质整体气化联合循环系统，该系统采用的是燃气轮机发电设备，可以有效地提高发电效率。由于生物质燃气热值低（约 5000kJ/m³），炉子出口气体温度较高（800℃以上），要使生物质气化联合循环系统具有较高的效率，必须具备两个条件：一是燃气进入燃气轮机之前不能降温，二是燃气必须是高压的。这就要求系统必须采用生物质高压气化和燃气高温净化两种技术才能使系统总体效率达到较高水平（>40%），否则如果采用一般的常压气化和燃气降温净化，由于气化效率和带压缩的燃气轮机效率都较低，系统的整体效率一般都低于 35%。目前由于造价太高，生物质燃气—蒸汽联合循环发电还很难进入大范围的商业推广应用。

各种生物质气化发电技术的特点见表 5-1。

各种生物质气化发电技术特点一览表　　　　　表 5-1

规模	气化过程	发电过程	主要用途
小型系统＜200kW	固定床气化 流化床气化	内燃机组 微型燃气轮机	农村用电 中小企业用电
中型系统 500～3000kW	常压流化床气化	内燃机	大中企业自备发电站 小型上网发电站
大型系统＞5000kW	常压流化床气化 高压流化床气化 双流化床气化	内燃机＋蒸汽轮机 燃气轮机＋蒸汽轮机	上网发电站 独立能源系统

5.2.3　生物质与煤混合燃烧发电

生物质与煤的混合燃烧有两种形式：一种是两类资源直接混合燃烧；另一种是生物质气化处理后，燃气与煤混合燃烧。

混合燃烧的技术优势在于：

（1）生物质是可再生能源，煤粉炉中生物质共燃，可以利用现役电厂提供一种快速而低成本的生物质发电技术，是一种很好地利用可再生能源发电的技术。

（2）大型燃煤发电机组效率高，生物质共燃正是借用其高效率的优点，这是现阶段其他生物质发电技术难以比拟的。

（3）生物质是低硫低氮的燃料，在与煤粉共燃时可以降低电厂的二氧化硫（SO_2）和氮氧化物（NO_x）排放量。

（4）对于燃煤发电站，共燃生物质意味着二氧化碳（CO_2）排放量的降低，被公认为是现役燃煤电厂降低二氧化碳（CO_2）排放量的最有效措施。

（5）生物质相对较便宜，对于燃煤电厂可以增加燃料的选择范围，提高燃料适应性，降低燃料成本。

生物质与煤在煤粉炉中混烧的主要技术路线如图 5-7 所示。

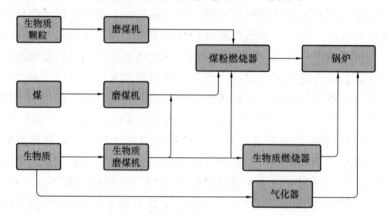

图 5-7　生物质与煤在煤粉炉中混烧的主要技术路线

燃烧锅炉生物质混烧技术发展路线可归纳为生物质颗粒混合燃烧和生物质气化后混合燃烧两种技术路线，这两种技术路线在国内外都已有实际应用。

美国和欧盟内部等发达国家已建成一定数量生物质与煤混合燃烧发电示范工程，发电站装机容量通常在 50～850MW 之间，燃料包括农作物秸秆、废木材、城市固体废物等。混合燃烧的主要设备是煤粉炉，也有发电厂使用层燃炉和采用流化床技术。美国应用的主要是直接混合燃烧发电，以木质废弃物与烟煤、粉煤混燃居多，生物质混燃的质量比例一般在 20% 以下。在瑞典、芬兰等国，通常采用沸腾流化床或循环流化床混合燃烧锅炉，泥煤、林业废弃物、树皮及木材加工废料等都可以一起混烧。以荷兰 Gelderland 电厂为例，它是欧洲在大容量锅炉中进行混合燃烧最重要的示范项目之一，以废木材为燃料，发电机组配置 635MW 煤粉炉，木材燃烧系统独立于燃煤系统，对锅炉运行状态没有影响。该系统于 1995 年投入运行，现已商业化运行，每年平均消耗约 6 万 t 木材（干重），相当于锅炉热量输入的 3%～4%，替代燃煤约 4.5 万 t。

我国首台生物质与煤混合燃烧发电机组于 2005 年投入运行。该项目是在一台 140MW 燃煤发电机组上进行改造，采用秸秆与燃煤混合燃烧，改造的主要内容是增加一套秸秆粉碎机输送设备，两台秸秆燃烧器，同时对烟风系统和控制系统进行相应的改造。改造后的锅炉既可实现秸秆与煤混合燃烧，也可继续单独燃烧煤粉。秸秆的额定掺烧比例为 20%，项目总投资约 8000 万元。

我国首个生物质气化与燃煤耦合发电项目于 2018 年投入运行。该项目建成了一套 8t/h 生物质循环流化床气化装置，折算生物质发电功率 10.8MW，项目总投资约 6000 万元。

5.3　秸秆直燃发电

5.3.1　秸秆直燃发电的原理与工艺流程

秸秆直燃发电属于生物质直燃发电，由于在我国生物质直燃发电所采用的燃料大多数是农作物秸秆。而农作物秸秆可分为灰色秸秆和黄色秸秆。其中：棉花秆、木屑、林间杂木、桑树条等密度较大的木本植物属于灰色秸秆，需要进行破碎加工后，输送至锅炉炉膛内进行燃烧；玉米、小麦、高粱等草类植物属于黄色秸秆，由于其体积大、重量轻、密度小，需要打捆到规定的体积（形状）和重量后，输送至锅炉炉膛内进行燃烧。

灰色秸秆与黄色秸秆直燃发电的工艺流程如图 5-8、图 5-9 所示。

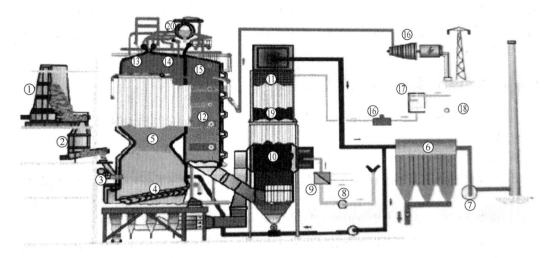

①—炉前给料仓；②—计量给料单元；③—给料机；④—振动炉排；⑤—燃烧室；⑥—布袋除尘器；⑦—引风机；⑧—送风机；⑨—空气预热器；⑩—烟气冷却器；⑪—省煤器；⑫～⑭—2-4 级过热器；⑮—1 级过热器；⑯—发电机；⑰—冷凝器；⑱—电网；⑲—给水箱；⑳—汽包

图 5-8　灰色秸秆直燃发电工艺流程示意图

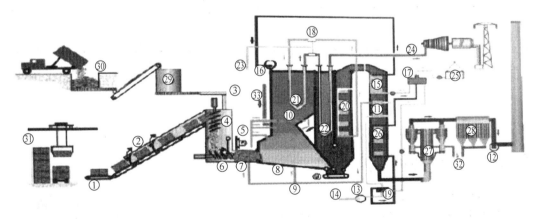

①—链条输输机；②—密封门；③—计量（给料）单元；④—破碎机；⑤—防火门；⑥—给料机；⑦—水冷套；⑧—振动炉排；⑨—捞渣输送机；⑩—燃烧室；⑪—空气预热器；⑫—引风机；⑬—送风机；⑭—取风口；⑮—空气预热器；⑯—热风；⑰—给水箱；⑱—汽包；⑲—省煤器；⑳—1 级过热器；㉑—2 级过热器；㉒—3 级过热器；㉓—减温器给水；㉔—主蒸汽；㉕—空气冷凝器；㉖—烟气冷却器；㉗—烟气预除尘分离器；㉘—布袋除尘器；㉙—木屑料仓；㉚—木屑；㉛—秸秆燃料仓；㉜—灰处理；㉝—点火油

图 5-9　黄色秸秆直燃发电工艺流程示意图

需要指出的是，当前生物质发电面临的主要问题，一是发电运营成本偏高。国内生物质发电的成本在燃煤发电成本的 1.5～2 倍之间，造成成本高的原因是燃料成本、建设投资的费用等比较高，以补贴后 0.75 元上网电价估算，燃料收购价格的盈亏平衡点达到了 300 元/t 左右，而燃料收购价格受市场变化影响较大，极易导致生物质发电企业出现亏损。二是生物质发电机组热效率比较低。目前生物质直燃机组主要采用高温高压或高温超高压参数。如需进一步提供效率，需相应提高主蒸汽参数。但生物质中的高碱金属含量导致生物质的灰熔点较低，易引起锅炉受热面积灰、结渣和腐蚀，造成锅炉寿命和热效率降低等。同时高的碱金属含量还易引起床料的聚团、结渣，破坏循环流化床锅炉炉内的流化，使燃烧工况恶化。温度越高，以上情况就越容易发生，因此目前更高参数难以实现。以上因素严重制约了生物质发电技术的推广。

5.3.2 秸秆直燃发电主机的配置与参数

目前，国内外生物质直燃锅炉技术和设备都比较成熟，火床炉和流化床两种炉型应用最为广泛。

我国应用的生物质直燃锅炉一部分是引进技术、国内制造，一部分是完全自主研发的国产生物质直燃锅炉。引进技术主要是丹麦 BWE 公司的秸秆生物发电技术，目前在国内应用的系统主要有两种模式，一种是 130t/h 的振动炉排高温高压锅炉配 25MW 的发电机组，一种是 48t/h 的振动炉排高温高压锅炉配 12MW 的发电机组。

国产生物质直燃锅炉有循环流化床、往复炉排、水冷振动炉排等多种炉型的秸秆燃烧锅炉，在参数选取上大多数锅为中温中压参数，目前国产系统大多是 75t/h 锅炉配 12MW 的发电机组。

国内生物质秸秆直燃发电机组的代表性参数配置见表 5-2。

国内生物质秸秆直燃发电机组的代表性参数配置表　　　　　　　表 5-2

燃料种类	发电机组参数与配置			
	锅炉额定蒸发量	主蒸汽参数	发电机组容量	分类
棉花秆	130t/h	9.2MPa、540℃	25MW	高温高压
玉米秆 小麦	48t/h	9.2MPa、540℃	12MW	高温高压
水稻秆	75t/h	3.822MPa、440℃	12MW	中温中压

5.3.3 秸秆直燃发电系统的组成与特点

1. 秸秆直燃发电系统的组成

秸秆发电与普通的燃煤发电站发电原理相同，主要系统也大致相同，分为：

1) 燃料输送系统

厂内燃料输送系统，包括自燃料（秸秆）从运输进厂开始至进入炉前料仓为止的整个输送流程，其中包括燃料计量、卸载、储存、输送等设备设施。

（1）燃料的计量及装卸。装载打包秸秆的汽车首先经重车衡称量，同时对秸秆包的含水率和含杂物率进行测量、记录，秸秆含水率应不得超过 30%，满足要求的料车进入汽车卸料站卸料，卸空后的运输车需经空车衡称量后方可离厂。

（2）燃料的储存。电厂内设置一个秸秆运行料仓，称重后的运输车辆进入指定的卸载

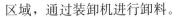

区域，通过装卸机进行卸料。

（3）燃料的输送。通过吊车、叉车、推送机把秸秆包运送到输送皮带上，经胶带机、沿线切碎机、锤磨机等将秸秆处理成秸秆碎片。

2）燃烧系统

秸秆输送系统和燃烧系统以料仓为界，料仓之前（不含）为秸秆输送系统，之后（含）为燃烧系统。

（1）给料系统。破碎后的燃料通过输送皮带进入炉前料仓，再通过螺旋给料机最后送入炉膛燃烧。

（2）烟风系统。经炉膛燃烧后产生的高温烟气和飞灰，流过过热器和省煤器，由引风机将烟气吸入除尘器净化，最后经烟囱排向大气。因秸秆成分中含有氯元素，烟气腐蚀性较强，烟气一般不通过空预器。

（3）锅炉本体设备及其辅机。

3）热力系统

（1）主蒸汽系统。主蒸汽系统的功能是将锅炉生产的新蒸汽自过热器出口送至汽轮机做功，同时在机组启动和停机过程中向汽轮机的汽封系统供汽。

（2）高压给水系统。

（3）回热抽汽系统。

（4）凝结水系统。

（5）抽真空系统。抽真空系统在机组启动时排除凝汽器内以及辅助设备和管道里的空气，使其真空达到要求的启动值（抽吸状态）；机组正常运行期间，该系统排除集结在凝汽器内的不凝结气体，以维持系统真空。

（6）工业水系统。工业冷却水系统主要为冷油器、给水泵、风机等提供冷却水，由水工专业的工业水管道接入主厂房。

4）电气系统（略）

5）控制系统（略）

6）除灰系统（略）

7）供水、排水系统（略）

8）化学水处理系统（略）

9）消防系统（略）

2. 秸秆发电的特点

1）秸秆电厂的投资远远高于燃煤发电站。秸秆电厂项目造价高的原因主要有：

（1）设备造价高。锅炉、秸秆破碎和上料等设备的设计和预造在我国尚处于起步阶段，加上秸秆中碱金属含量较高，容易腐蚀金属表面，为防止秸秆锅炉的受热面腐蚀而大量采用耐腐蚀钢材；虽然国产设备相比国外引进的设备在价格上有较大的竞争力，但是在产品质量上有所欠缺。

（2）燃料储藏成本高。且燃料易受潮，不容易保存。

（3）折旧费和财务费用相应较高。

2）大型秸秆电厂与常规燃煤电厂的区别主要在以下几个方面：

（1）经济条件的原因，秸秆资源收获半径以 30～50km 为宜；

（2）由于资源量的限制，主机参数一般以 2×15MW 或者是 1×25MW 为宜；

（3）由于秸秆的特殊性，导致运输车辆远远多于常规燃煤发电站的同类型机组；

（4）由于秸秆含水率较高，锅炉对燃料的适应性显得尤为重要，对于那些种类相对单一，能够成捆入厂的燃料，一般采用振动炉排炉；而对于那些种类相对复杂，大部分散料到厂的燃料，则一般采用循环流化床锅炉；

（5）由于炉前料仓容量有限，故上料系统出力并非按照全厂燃料消耗量的135％考虑，而是采用变频调节，在有条件的情况下尽量采用单元制布置；

（6）输送系统在密封及除尘方面要做特殊考虑；

（7）物料输送系统在防堵塞及防锅炉回火方面要做特殊的考虑。

5.4 城市垃圾发电

5.4.1 城市垃圾发电的定义、原理与特点

1. 城市垃圾发电的定义、原理

城市垃圾发电（简称垃圾发电）是城市生活垃圾处理的主要方式之一，把各种生活垃圾收集后，进行分类处理，再进行发电。垃圾发电主要原理是通过对燃烧热值较高的垃圾进行高温焚烧，在高温焚烧中产生的热能转化为高温蒸汽，推动汽轮机并带动发电机发电，从而实现生活垃圾的能源化利用。

2. 城市垃圾发电的特点

（1）节约土地，项目占地面积相对节省。同样的垃圾处理量，垃圾焚烧厂需要的用地面积仅为垃圾卫生填埋场的十分之一左右。

（2）垃圾处理速度快。垃圾在填埋场中约需 10～30 年才能完成分解，而垃圾焚烧只需 2h 左右就能处理完毕。

（3）减容效果好。同等量的垃圾通过填埋约可减容 30％，通过堆肥约可减容 60％，而通过焚烧约可减容 90％，垃圾焚烧的减重效果也优于填埋和堆肥。

（4）污染排放低。据德国权威环境研究机构研测，如采用同样严格的欧盟污染控制标准，垃圾焚烧产生的污染仅为垃圾卫生填埋的 1/50 左右；垃圾焚烧的二氧化碳减排效果也优于填埋和堆肥，焚烧 1t 垃圾相当于减排二氧化碳量约 300kg。

（5）能源利用高。焚烧 1t 垃圾约可发电上网 300 度，大约每 5 个家庭产生的生活垃圾，通过焚烧发电可满足 1 个家庭的日常用电需求。

综上所述，对于人口较密集、经济较发达、环保要求较高、土地资源较紧缺的大中城市，应优先选择垃圾焚烧方式。

5.4.2 城市垃圾发电的类别与工作流程

（1）垃圾发电的分类

城市垃圾发电分为垃圾焚烧发电和垃圾填埋气发电两大类，垃圾焚烧发电主要利用垃圾燃烧将化学能转变成热能，而垃圾填埋气发电则是垃圾在填埋场内经过厌氧消化（发酵）产生甲烷进行燃烧。具体见表5-3。

| 垃圾发电分类 | 表 5-3 |

垃圾发电分类

类型	简介
垃圾焚烧发电	对燃烧值较高的垃圾进行高温焚烧，在高温焚烧中产生的热能转化为高温蒸汽，推动涡轮机转动，使发电机产生电能
垃圾填埋气发电	对不能燃烧的垃圾进行发酵、厌氧处理，最后干燥脱硫，产生甲烷（也叫沼气）。再经燃烧，把热能转化为蒸汽，推动涡轮机转动，带动发电机产生电能

需要说明的是本章节所阐述的垃圾发电均为垃圾焚烧发电。

（2）垃圾焚烧发电的工作流程

根据图 5-10 垃圾焚烧发电的工作流程，一般包括垃圾收集（运输）、垃圾干燥、垃圾燃烧和垃圾燃尽四个阶段。首先，垃圾收集后，由运输车运至垃圾焚烧发电厂，经地磅称重后，开启卸料门，卸到垃圾坑。垃圾吊车将垃圾送入给料斗，并送入炉内，在焚烧炉内燃烧。送风机的入口与垃圾坑连通，这样可将垃圾的臭气送入燃烧温度约 850～1100℃的焚烧炉内进行热分解，变为无臭气体。

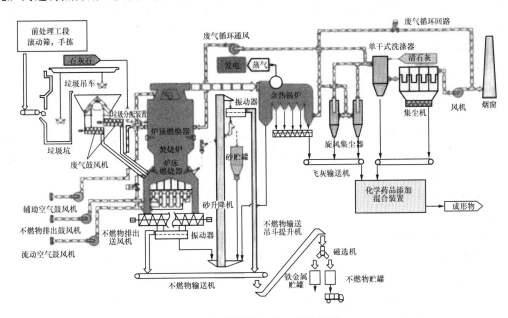

图 5-10 垃圾焚烧发电的工作流程图

垃圾焚烧炉内在 850～1100℃ 的高温下充分燃烧。通过 DCS 自动控制系统和自动燃烧控制系统能够即时监控和调整炉内垃圾的燃烧工况，及时调节炉排运行速度和燃烧空气量。焚烧垃圾燃烧产生的火焰及高温烟气，在余热锅炉中进行热交换，经自然循环锅炉，产生高温蒸汽，为汽轮发电机组提供汽源，推动汽轮发电机组产生电能。电能通过电网输送到各地，实现了垃圾处理的资源化。锅炉、汽轮发电机组由中央控制室集中控制和监视。

燃烧完的炉渣落入出渣装置，经冷却后转运到制砖厂综合利用。

预处理电除尘器系统收集的飞灰不属危险废弃物，收集后转运到水泥厂或搅拌站等处综合利用。

半干式烟气净化装置收集的飞灰属危险废弃物，输送至固化车间，经水泥固化养护后，运输至填埋场安全填埋。

垃圾渗滤液经处理后，达标排放。

经处理的烟气指标达到环保要求，由引风机送入烟囱排出。

5.4.3 垃圾发电的发展现状与前景

1. 根据国家能源局、中商产业研究院提供的数据，我国垃圾焚烧发电装机容量由 2016 年 549 万 kW，增至 2020 年 1533 万 kW，年均复合增长率为 29.27%。我国垃圾焚烧新增发电装机容量由 2016 年 81 万 kW 增至 2020 年 311 万 kW，年均复合增长率为 39.98%。

2. 从我国垃圾发电行业市场竞争格局来看，目前垃圾发电行业市场较分散，集中度低。就各企业市场份额来看，中国光大国际有限公司占比最大，达 11%；其次为绿色动力环保集团股份有限公司、上海康恒环境股份有限公司及中国环境保护集团有限公司，市场占比均达 6%；深圳能源集团股份有限公司、浙能锦江环境有限公司、上海环境集团股份有限公司、重庆三丰环保工程有限公司、北京控股集团有限公司、首创环境控股有限公司市场占比较小。

3. 垃圾发电行业发展前景

（1）政策利好垃圾发电行业发展

垃圾发电行业具有高度的社会敏感性，政策支持与引导规范是行业发展的关键。近年来，各级政府在产业规划、财税制度、电力销售等方面出台了一系列支持政策。随着相关政策的出台和落实，我国垃圾发电行业有望继续保持快速发展。

（2）垃圾焚烧需求带动垃圾发电行业发展

目前，我国城市生活垃圾无害化处理仍以填埋方式为主。但相较于卫生填埋、堆肥等无害化处理方式，垃圾焚烧处理具有处理效率高、无害化程度高、减容效果好、资源可回收利用、对环境影响相对较小等优势，是垃圾处理行业的主流发展方向。

根据我国各省人口数量、城市化进程及生态文明建设目标，按照我国城镇生活垃圾无害化处理设施建设规划，预计到 2025 年，我国城市生活垃圾清运量将达到 4.4 亿 t，垃圾焚烧发电占垃圾清运总量比例将超过 60%，日均焚烧处理能力约 72 万 t；到 2035 年，我国城市和县城生活垃圾清运量约 5.5 亿 t，垃圾焚烧发电占垃圾清运总量比例将达到 75%，日均焚烧处理能力约 112 万 t。

所以，随着国内生活垃圾产量持续增长，垃圾焚烧的需求也在日益增加。预计大量可燃生活垃圾将涌入垃圾发电行业，促进垃圾发电量增长，带动垃圾发电行业发展。

（3）碳中和发展需求推动垃圾发电行业发展

在"碳达峰、碳中和"大背景下，一方面，垃圾无害化处理成为需要重视的城市难题；另一方面，新型电力系统被赋予重要使命，切实推进实施垃圾焚烧发电项目，有利于"碳中和"目标的实现。垃圾焚烧相较于其他处理方式，可处理的垃圾成分广，不会产生

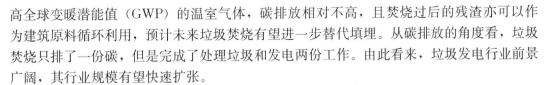

高全球变暖潜能值（GWP）的温室气体，碳排放相对不高，且焚烧过后的残渣亦可以作为建筑原料循环利用，预计未来垃圾焚烧有望进一步替代填埋。从碳排放的角度看，垃圾焚烧只排了一份碳，但是完成了处理垃圾和发电两份工作。由此看来，垃圾发电行业前景广阔，其行业规模有望快速扩张。

（4）垃圾发电技术助推垃圾发电行业发展

我国垃圾焚烧处理行业虽然起步较晚，但大部分技术主要通过引进国外先进设备或吸收消化国外技术而形成。近年来，随着垃圾发电行业的快速发展，以及垃圾回收、处理、运输、综合利用等各环节技术不断发展，我国通过引进创新和自主研发成功实现了垃圾焚烧技术国产化，并在我国长三角、珠三角等地区得到推广应用，有效促进了生活垃圾能源化利用。垃圾发电行业技术水平的不断提升，为我国垃圾发电行业快速发展奠定了坚实的基础。

另外，随着我国垃圾焚烧发电技术水平的不断进步，我国垃圾焚烧发电企业也逐步走向"一带一路"国家，实现产业技术与产能的"走出去"。自从 2017 年 9 月，由中国电力工程有限公司承建的非洲大陆第一座垃圾焚烧发电项目在埃塞俄比亚正式投运，该电厂从技术、工艺标准到施工建设均由我国企业自主完成，标志着我国垃圾焚烧发电技术实现了全产业链"走出去"的跨越。近几年，我国许多工程承包企业纷纷在海外开展垃圾焚烧发电项目的 F＋EPC 总承包。从而，促进了我国垃圾焚烧发电技术与产业的国际化发展。

5.4.4　垃圾发电技术

城市生活垃圾能否采用焚烧处理技术，取决于垃圾中可燃质量、低位发热值和垃圾含水率。一般要求，生活垃圾低位发热值在 3350kJ/kg 以上，垃圾含水率在 50％以下，垃圾能够自然焚烧，但无法满足炉膛内烟气 850℃/2s 的要求。当生活垃圾低位发热值在 6280kJ/kg 以上时，方可实现稳定燃烧，满足发电的需要，有效利用能源，建设垃圾焚烧发电厂。目前，国内已经建成的垃圾焚烧发电厂的城市，生活垃圾低位热值大多在 5000kJ/kg 上下，含水率一般大于 50％。

如前所述，如图 5-10 所示，可以比较容易理解垃圾发电厂的工艺流程。

垃圾焚烧发电厂主要由垃圾给料系统、焚烧炉及余热锅炉系统、烟气净化系统、热力汽水系统、原水预处理系统、压缩空气系统、燃料油供应系统等过程检测和控制系统，以及可燃气体检测系统、工业电视监视系统等组成。其垃圾焚烧发电的工艺路线是：从人们生活聚集处运来的垃圾，到达垃圾焚烧厂之后，卸载至称重计量设备，然后统一卸入垃圾池内，通过传送设备进入焚烧炉进行焚烧，产生的余热会被送至锅炉内回收，用于凝汽式汽轮机的发电；产生的废气通过除尘、脱硫脱硝等烟气处理技术处理之后，排入大气。产生的炉渣通过降毒环保处理之后，送到制砖厂综合利用或填埋场处置；烟气系统收集的飞灰收集处理之后，送至水泥厂或搅拌站综合利用或填埋场填埋。产生的渗滤液在厂内处理到达要求综合排放标准之后，排放到市政污水管网。

从上述工艺流程与工艺路线来看，垃圾焚烧炉是垃圾焚烧发电厂的核心，决定着垃圾处理的效果和运行的经济性。垃圾焚烧炉充分燃烧，才能达到垃圾无害化和减量化的目标。常用的焚烧炉有炉排炉、流化床焚烧炉、热解焚烧炉、回转窑等类型。因此，垃圾焚烧炉的选择，决定了垃圾发电厂的技术路线与技术方案。

1. 直燃发电技术

（1）往复炉排燃烧技术

往复炉排燃烧技术是层燃技术的一种，除了往复炉排燃烧，层燃技术的炉型还包括滚动炉排、振动炉排、链条炉等炉型，但在生活垃圾焚烧发电行业，往复炉排的应用最为广泛。

往复炉排通过炉排的移动，推动垃圾从上层向下层移动，炉排的移动对垃圾起到切割、翻转和搅拌的作用，从而实现垃圾的预干燥、着火和完全燃烧。

采用炉排燃烧技术的垃圾焚烧发电流程如图 5-11 所示。

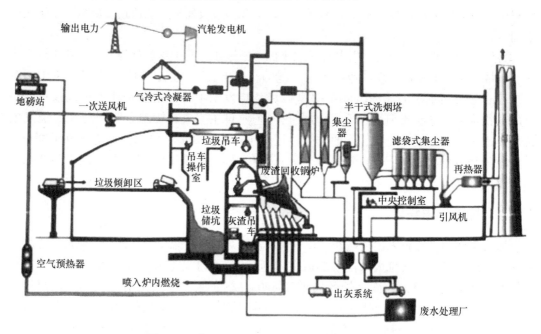

图 5-11　采用炉排燃烧技术的垃圾焚烧发电流程

往复炉排对垃圾的适应性强，垃圾无需预处理，运行可靠，连续运行时间可达 7800h 以上，垃圾处理能力大，单台处理能力可达 1200t/d，维修工作量相对较低。但往复炉排占地面积大，设备投资相对较高。

往复炉排燃烧技术在未来相当长的时间内将是垃圾焚烧发电的主流技术，其未来的发展方向是大型化、高效率、对低热值垃圾更好的适应性、更高的设备可靠性及更高的运行自动化。

（2）循环流化床燃烧技术

垃圾焚烧发电厂所采用的循环流化床锅炉与燃煤发电站中使用的循环流化床锅炉类似，炉床由多孔布风板组成，炉床上铺有床料，从炉底鼓入热风，使床料呈沸腾状态。用燃烧器加热床料，当床料达到一定温度后投入垃圾，垃圾被干燥，进而着火燃烧，大量未燃尽的炽热物料被气流带出炉膛，进入分离器，然后被分离下来重新送入炉膛，再次经历燃烧过程，进而建立起大量物料颗粒的稳定循环。

采用循环流化床燃烧技术的垃圾焚烧发电流程如图 5-12 所示。

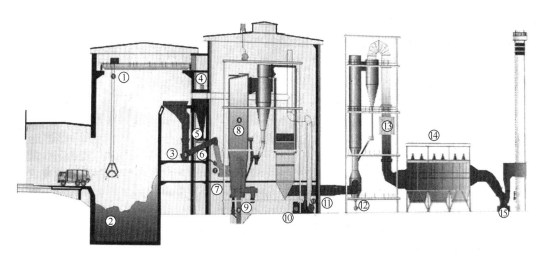

①—抓斗天车；②—垃圾储池；③—破碎机；④—给煤间；⑤—输煤机；⑥—给料机；⑦—干燥床；
⑧—焚烧炉；⑨—细灰回送机；⑩—一次风机；⑪—二次风机；⑫—燃气除污装置；
⑬—活性碳喷射器；⑭—袋式除尘器；⑮—引风机

图 5-12　采用循环流化床燃烧技术的垃圾焚烧发电流程

（3）回转窑焚烧技术

回转窑垃圾焚烧炉与水泥工业的回转窑类似，垃圾的干燥、着火、燃烧、燃尽都在筒体内完成。

回转窑本体是一个旋转的滚筒，滚筒倾斜放置，其内壁采用耐火材料砌筑，垃圾由滚筒一端送入，滚筒缓慢转动，垃圾靠重力作用缓慢落下，当在筒内翻滚时可以与空气和高温烟气充分混合，热烟气对垃圾进行干燥和加热，垃圾在达到着火温度后燃烧，随着筒体滚动，垃圾翻滚并向下向前移动，燃尽的炉渣在筒体末端的出渣口排出。在燃烧过程中，可调节筒体的转速，以调节垃圾在筒体内的停留时间。

采用回转窑焚烧技术的垃圾焚烧发电流程如图 5-13 所示。

回转窑焚烧技术多用于处理成分复杂、有毒有害的工业废弃物和医疗垃圾，在生活垃

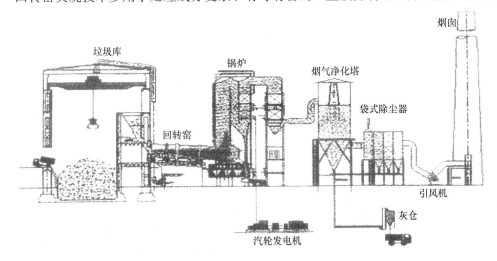

图 5-13　采用回转窑焚烧技术的垃圾焚烧发电流程

圾焚烧发电领域应用较少。

回转窑垃圾焚烧装置投资低，厂用电消耗与其他焚烧方式相比也比较少，但对低热值、高水分的垃圾适应性差，另外回转窑的处理量也比较小。

2. 热解气化发电技术

生活垃圾热解发电技术，是把垃圾置于一个密封炉膛内，通过加热使垃圾产生高温，在无氧状态下，垃圾中的有机物通过物理和化学过程分解为固体碳、热解油和热解气，这三种成分的比例由运行温度和垃圾组分决定。热解气组分主要包括一氧化碳（CO）、氢气（H_2）、甲烷（CH_4）等，把热解气引入燃烧室内进行充分燃烧，燃烧产生的热量在余热锅炉中产生蒸汽用于发电或供热。垃圾中不能热解的部分，如炉渣、金属、玻璃等经排渣系统排出。

热解通常可分为高温热解、中温热解和低温热解三种工艺，高温热解的产气量大于产油量，低温热解的产油量大于产气量。

采用热解技术的生活垃圾发电厂工艺流程如图 5-14 所示。

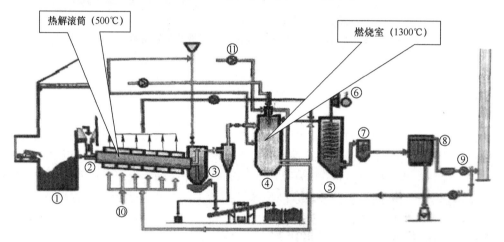

①—垃圾仓；②—热解炉；③—出渣机；④—燃烧室；⑤—余热锅炉；⑥—汽轮发电机；⑦—脱酸塔；
⑧—袋式除尘器；⑨—引风机；⑩—热炉烟气；⑪—送风机
图 5-14　采用热解技术的生活垃圾发电厂工艺流程

垃圾气化则是利用高温将垃圾在少氧状态下氧化，使其转化成为可燃合成气的技术，气化介质一般是氧气（空气）。垃圾被置于气化炉内，在高温少氧的情况下，产生合成气，合成气被输送到燃烧室进行充分燃烧，燃烧产生的热量在余热锅炉中产生蒸汽用于发电或供热。

采用气化技术的生活垃圾发电厂工艺流程如图 5-15 所示。

目前采用的生活垃圾气化炉主要有固定床气化炉、流化床气化炉和等离子气化炉。

生活垃圾热解气化发电技术的垃圾适应范围广，垃圾不需要预处理，设备结构简单，二噁英等有害气体排放量少，产生的飞灰量少。但由于生活垃圾的组分波动较大，受其影响，热解气化的产气量波动较大，可燃气的性质不稳定，另外垃圾热解气化过程慢，垃圾处理速度慢。生活垃圾热解气化发电技术目前在国内外有一定的应用，但处理规模都不大，单台设备的垃圾处理量一般不超过 200t/d。国内一些生活垃圾热解气化发电项目见表 5-4。

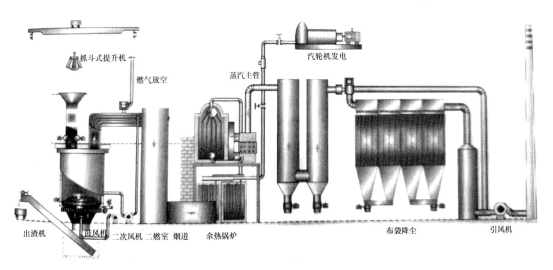

图 5-15 采用气化技术的生活垃圾发电厂工艺流程

国内一些生活垃圾热解气化发电项目　　　　　　　　　　　　表 5-4

序号	省份	项目名称	设计规模（t/d）	投运时间	工艺特点
1	广东	惠州垃圾焚烧发电厂	150×4	2015	空气气化-二燃室；余热发电
2	广东	东莞厚街垃圾处理厂	150×4	2010	回转炉气化-二燃室；余热发电
3	浙江	舟山市嵊泗县嵊山镇生活垃圾处理项目	25	2014	立式旋转气化-二燃室；产热
4	浙江	绍兴"城市生活绿岛"项目	100×2	2016	分段管式热解；热解炭产品
5	河北	河北霸州胜芳镇垃圾处理示范项目	200	2016	旋转床热解；热解气直接发电，热解炭产品
6	山东	青岛胶南垃圾源可燃物裂解处理项目	150	2015	回转窑热解；热解油产品
7	福建	平和县生活垃圾低温无氧裂解处理厂	60	2007	液化床热解；热解炭产品

生活垃圾热解气化发电技术虽然目前在应用上有一定的局限性，但是因为其有更好的环境效益，所以随着技术的进步，该技术应该是生活垃圾发电的发展方向，未来可以与垃圾直燃发电技术一样得到广泛的应用。

3. 气化熔融发电技术

气化熔融技术是 20 世纪 90 年代发展起来的新型垃圾处理方法，它结合了热解气化和熔融固化技术，是一种将生活垃圾的有机成分气化和无机成分熔融处理，得到可燃气体并回收金属、熔融渣等有用物质的处理技术。同传统垃圾焚烧技术相比，气化熔融技术可彻底分解二噁英，同时有效固化飞灰中重金属，解决飞灰中二噁英和重金属超标问题。

通过对气化熔融技术的理论与应用示范案例的研究，表明：气化熔融技术因其高效的垃圾能源转化，满足了更高的环境排放标准，是最具发展潜力的新型、环保、高效的垃圾处理技术。但是，由于气化熔融技术在系统运行中需要大量的加热燃料（氧气、焦炭、油、天然气等），其建设成本和运行成本都比较高，这是目前商业性推广的一个重大障碍。

因此，现阶段气化熔融技术的实际应用较少。

4. 垃圾焚烧发电技术特点与存在的问题

1）技术特点

（1）热解气化焚烧炉

热解气化焚烧属于控制空气燃烧技术，系统区域包含加热干燥、热解气化、残碳燃烧和可燃气燃烧等。热解气化焚烧炉具备的优点包括设备结构简单，烟气氮氧化物含量低，维护简易等。其缺点则是无法适应高水分，低热值垃圾焚烧，设备处理能力不足，热量回收率低。

（2）循环流化床焚烧炉

流化床燃烧技术是以一定的比例将生活垃圾和流化载体通过流化床上部朝着焚烧炉内转输，垃圾在流化载体作用下会在炉内激烈的翻腾，加之循环流动的缘故，会处于悬浮燃烧状态。此类工艺通常由循环流化床、转动流化床和鼓泡流化床等组成，其中循环流化床在我国得到了广泛运用。

循环流化床焚烧炉具备的优点是结构紧凑、投资低、运行稳定、氮氧化物生成量小、燃烧适应性强等。其缺点则是需补加煤炭、预处理垃圾，占地多且会影响环境，会产生过多的飞灰和动力消耗，存在严重的受热面磨损问题等。

（3）回转窑式焚烧炉

该技术是在炉本体滚筒连续缓慢转动下，借助内壁耐高温抄板通过筒体滚动将筒体下部的垃圾朝着筒体上部传输，随后垃圾靠自重下落。在燃烧水分高、热值低的生活垃圾时，难度较大。回转窑焚烧炉具有运行稳定、燃料适应性好等优点，而其缺点则是窑身较长，需设后燃室，投资较高，占地面积大等。

（4）机械炉排焚烧炉

机械炉排焚烧炉技术在国际上占据的市场份额约有 80%，相对成熟。按照炉排的具体形式，主要由链条炉排、滚动炉排和往复炉排等组成，其中往复炉排又由逆推倾斜往复炉排和顺推倾斜往复炉排组成。此类炉型技术运行稳定，在炉排机械运动下能够有效翻转、搅拌垃圾，有助于垃圾完全燃烧的实现。

机械炉排炉的优点主要是较高的运行可靠性、单台处理能力，无需预处理垃圾，不会产生过多的烟气排放，灰渣产量低，无需混煤燃烧，受热面磨损偏小。而其缺点则是较高的炉排加工精度、控制要求所导致的运行费用及投资偏高，后期维护检修涉及较大的工作量。原建设部、原国家环境保护总局、科学技术部联合发布的《城市生活垃圾处理及污染防治技术政策》（建成〔2000〕120 号）要求："垃圾焚烧宜采用以炉排炉为基础的成熟技术，审慎采用其他炉型的焚烧炉。"根据中国招标投标网信息统计，国内"十三五"期间的生活垃圾焚烧发电厂采用的焚烧炉以机械炉排式垃圾焚烧炉为主。可见，机械炉排炉作为生活垃圾焚烧炉的首选炉型，在未来几年的生活垃圾焚烧发电厂项目的建造中将依然以机械炉排焚烧炉为主。

2）存在的问题

垃圾焚烧虽能有效地实现垃圾"减量化、无害化、资源化"的处理，但因其成分复杂，垃圾在焚烧过程中会产生许多有毒有害的气体和物质，如酸性气体（SO_x、NO_x、HCl 等）、重金属（铜、铅、锌、汞、镍、钼、镉等）、飞灰及有机氯（二噁英、呋喃等）、渗漏液等污染物，对环境造成二次污染。其中，二噁英具有强致癌性，引起社会广泛关注。因此，如何有效对这些污染物进行无害化处理，以免对环境造成二次污染，是垃圾焚烧技术发展需引起重视的一个问题。

（1）垃圾渗滤液的处理

垃圾渗滤液是放置于垃圾储存池内的垃圾腐烂发酵后产生的一种成分复杂、高浓度的有机废水，处理难度较大。目前主要的处理方式有膜生物反应器、电解、催化湿式氧化、人工湿地处理等，其中采用厌氧反应池预处理＋膜生物反应器（MBR）生化处理＋纳滤处理组合工艺技术虽然能够较为有效地实现垃圾渗滤液处理后达标排放，但处理费用太高，经济性较差。因此寻找经济高效的垃圾渗滤液处理方式将成为解决垃圾焚烧渗滤液二次污染问题的发展方向。

（2）二噁英的处理

垃圾焚烧过程中二噁英的形成主要分为三个方面：一是垃圾自身含有微量的二噁英类物质；二是垃圾中含有的大量有机氯化物在燃烧过程中产生；三是燃烧后在尾气中形成。

根据二噁英在垃圾焚烧过程中的生产机理，可以从控制垃圾中含二噁英类物质的来源、切断二噁英的形成途径以及采取有效的二噁英净化技术三个方面进行控制二噁英的产生。

首先，垃圾焚烧前预处理。氯是二噁英生成的必要物质，重金属在二噁英生成中起催化剂作用。因此，在垃圾焚烧前可将塑料、废旧轮胎等含氯有机物进行分拣，最大限度地防止对含有氯的化工品与氯塑料等进行燃烧，从源头上控制垃圾焚烧过程中二噁英类物质的生成。

其次，优化燃烧过程控制。目前燃烧过程中通常采用"3T＋E"原则，即炉膛内燃烧温度在 850℃以上，高温烟气在炉膛内停留时间不少于 2s，增加炉膛内烟气湍流度和合适的过量空气系统（烟气中含氧量不低于 6％），确保垃圾在炉膛内充分混合搅拌达到燃烧完全。

最后，尾气处理控制。二噁英在前端高温分解后，当排烟温度冷却到 300～500℃时，在催化剂作用下又将重新合成二噁英。因此一般采用急冷却方式，使烟气急速冷却到 200℃以下，可有效规避二噁英形成的温度区，扼制其再合成。

此外，还有活性炭吸附和布袋除尘器相结合的方式，均能有效控制二噁英及重金属等有害物质的排放。

（3）飞灰与灰渣的处理

垃圾焚烧产生的炉渣，已经过高温无害化处理，再经磁选分离出大部分金属后即可用作铺路或填埋场的覆盖材料，或用于制砖等再利用。此外，烟气净化收集的飞灰含有大部分重金属、二噁英等有害物质，需经过无害化处理后进行填埋。

3）防治措施

（1）优化技术与设备，降低成本

针对我国垃圾中含水率高、低热值、厨余垃圾含量高等特点，企业在引进先进设备与技术之前，应对垃圾焚烧技术与设备关键技术进行深入研究与分析，并根据我国垃圾的主要特征与状况，对焚烧技术流程、参数实施全面的调整与优化，积极研究新技术新工艺，提高国产生活垃圾焚烧技术水平，开发生产适合我国国情的垃圾处理技术，尤其是发展焚烧余热利用技术，提高尾气净化处理技术的水平，减少二次污染。

（2）完善垃圾分类回收系统

当前我国垃圾焚烧处理能力还有着极大的发展空间，人们的环保意识也有待提升。目前大多数垃圾收集仍然为混合处理，垃圾中成分复杂、种类较多，不但造成可回收资源未得到有效利用而浪费，也使得垃圾焚烧后的污染物处理难度增大、成本提高，造成二次污染。因此，在垃圾分类源头进行科学的管理与规划，对垃圾实施分类规范化处理，不但可以最大限度地提升原料利用效率，真正使垃圾"资源化"，而且可有效从源头上控制二噁英氯源，从而更好地助力垃圾焚烧发电技术的运行。

首先，虽然目前我国不少大城市居民的环保意识已有很大提高，但整体的环保意识还有待加强，尤其是农村地区。因此，政府应加强垃圾分类的宣传教育力度，让人们树立良好的环保责任意识和养成利于环保的良好生活习惯，形成全社会良好的环保风气和氛围，使公众认识到环境污染的危害和资源再生的重要性，采取道德和法律双管齐下的方式，推动垃圾分类回收。

其次，政府应完善分类体系，统一标准，建立完善的废旧物回收利用制度。建设垃圾分类收集运输装置和垃圾分类后续处理产业链，如垃圾分选中心、大件垃圾处理设施、绿化垃圾堆肥设施等，做到回收利用相结合。

垃圾分类回收应制定相应的产业政策，采取市场化运作的方式。

（3）强化政府支持力度

在我国垃圾焚烧发电行业经济链条中，相关规章制度也有待完善与创新，对于垃圾处理费用也需要促进其规范性的提升。其中在各种因素影响下，我国较多数垃圾焚烧企业仍以政府相关政策补贴以及通过提升发电价格等方法确保着发电站的实际运行与生产。政府应加强对垃圾焚烧发电企业的监督及支持，督促企业在对先进的垃圾焚烧发电技术进行吸收的同时，也可利用资金众筹等模式对所有垃圾发电企业进行各种资助，并制定相应的支持性政策与补贴政策，确保垃圾焚烧发电技术快速发展与提升。

（4）垃圾焚烧发电全过程透明化

目前，因垃圾焚烧发电建设及运行过程的不透明，公众对垃圾焚烧发电技术的不了解，常常对垃圾焚烧发电项目存在误解，本身可通过技术手段实现达标排放的污染问题被放大，导致社会舆论对垃圾焚烧发电产生负面评价。因此，为消除公众的误解，政府和企业应加强垃圾焚烧发电厂建立前期的项目环评、项目选址、项目介绍以及建成运行期间污染物排放公示等过程的公开透明，甚至可定期邀请公众到厂内参观，确保整个过程在公众知情的情况下运行。

5. 垃圾焚烧发电技术优化与发展方向

1）技术优化

为提高垃圾焚烧电厂的经济效益，提高垃圾焚烧发电效率是关键且切实可行的措施。垃圾焚烧发电热力系统主要包含三大主机：焚烧炉、余热锅炉、汽轮发电机组，垃圾焚烧发电效率主要取决于三大主机的性能。目前我国的垃圾焚烧炉以炉排炉为主，主蒸汽参数为 $4.0MPa/400℃$，焚烧炉与余热锅炉的效率为 80%，汽轮机效率在 28% 左右，发电效率在 22% 左右。提高焚烧发电效率应重点从焚烧炉、余热锅炉、汽轮发电机性能着手。目前焚烧炉热灼减率 3% 以下，焚烧炉性能提升空间有限，因主蒸汽参数较低、余热锅炉排烟温度高达 $220℃$，提高主蒸汽参数、采用蒸汽中间再热、降低排烟温度成为提升垃圾

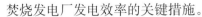

焚烧发电厂发电效率的关键措施。

（1）系统优化

① 垃圾前处理系统优化

垃圾前处理系统包括垃圾称重、垃圾卸料、垃圾贮坑、吊车及抓斗。主要是由环卫部门垃圾车将生活垃圾运输至垃圾发电厂，在进厂地磅房称重后，经垃圾运输坡道进入主厂房卸料大厅。汽车通过垃圾卸料门，将垃圾卸至贮坑内，贮坑上方设有吊车及抓斗，可以将垃圾送至焚烧炉内燃烧。其中：

垃圾称重系统由汽车衡及数据处理系统组成，这部分配置往往与垃圾发电厂的规模密切相关，汽车衡规格要按照规范最低要求选取，即按照垃圾车最大满载质量的 1.3 倍选择。我国垃圾车额定荷载通常为 24t，考虑车辆自重等其他因素，总质量约为 30t。因此，汽车衡规格可以选择 40t，考虑汽车衡同时要给大型运渣车和石灰车称重，大型焚烧厂设置的 2 台汽车衡可以为一大一小配置，相比正常配置可节约设备投资 5%～10%。

垃圾贮坑的作用不仅是对进厂垃圾进行储存和缓冲，更重要的作用是垃圾能在坑内经过几天的自然压缩、发酵等过程，排出部分渗滤液，提高入炉垃圾热值，稳定焚烧工况。因此，通常垃圾贮坑容积为 5～7d 额定垃圾焚烧量。通常垃圾密度设计值为 $0.3～0.4t/m^3$，但是由于垃圾自然堆积和起重机抓斗机械搅拌作用，垃圾密度可按 $0.5t/m^3$ 考虑，在同等规模垃圾处理量下，贮坑容积可以减少 20%～40%，既减少了土建造价，又可以缩短厂房跨距，降低起重机投资。

② 焚烧控制系统优化技术

焚烧控制系统的优化对象是 3T 优化。

a. 实现对第一个 T 的系统控制。主要是通过控制外部的焚烧炉的温度在 850℃ 以上，同时通过控制好通风量和燃料进炉时间以及助燃器的反应时间来控制垃圾焚烧温度大小。此时，就可以利用自动控制技术进行自动的投运工作。一旦燃烧炉控制的温度低于 850℃，该系统自动往复操作运行。

b. 对于第二个 T 的控制。主要是通过焚烧炉液压传动系统来控制给料的速度和垃圾停留时间。这两者要进行有机地结合。一旦给料速度快，必将造成垃圾停留时间短，无法控制好燃烧的时间，从而导致燃烧不充分，而反之，给料速度过慢，会导致焚烧炉的温度下降过快，造成焚烧时的温度不足，导致效率低下。因此要求通过液压控制系统的合理配置来完成该程序的有效控制，如调节给料速度，实现炉排运动周期的调整等。

c. 对于第三个 T 的控制。主要是采用为焚烧炉内提供阻燃空气的速度、数量和时间的方式来充分保证燃料与空气的混合状态符合标准，以达到对燃料与空气混合状态的优化控制。当供风量越大时，紊流度越大，混合越充分。这一原理的主要控制系统是燃烧空气系统，其由一次风机、二次风机、蒸汽式空气预热器组成。一次风机先行进行送风，到焚烧炉内温度达到 850℃ 之后，二次风机送风，加强烟气的扰动，延长烟气的燃烧形成，由此实现对燃烧空气系统优化。

③ 炉渣收运系统

炉渣处理系统由炉排下刮板输送机和渣吊组成，主要作用为炉渣的收集和输送。焚烧炉中炉渣通过炉排的往复运动直接掉入除渣机入口，然后所有的炉渣在除渣机中冷却，冷却后的炉渣经除渣机送至渣坑。安装在渣坑上方的渣吊将炉渣抓取输送至运输车上，然后送至政府指定地点。在炉渣收运系统中的炉渣需进行炉渣灼减率检测，可通过检测结果来判断并调节焚烧炉燃烧工况。炉渣灼减率是作为判断垃圾在焚烧炉中燃烧完全程度的一个重要指标。炉渣灼减率的检测值作为系统输出的参数，反馈到焚烧炉控制系统。一般来说，炉渣灼减率的标准在5％以下，当炉渣灼减率偏大时，就要实施相应的对策来降低，如降低垃圾含水率、提高热值、加强焚烧炉的3T控制等。

技术优化的主要途径是设计优化，设计优化是提高垃圾发电项目经济效益、降低工程投资的有力措施，参照其他实际运行项目，鉴于设计优化的局限性和项目业主特殊要求，从系统到局部，从全面到分项，要根据实际工程经验，展示出每个环节的优化空间。并结合垃圾发电技术的更新，总结出垃圾相关资源的综合利用技术，实现技术创新。特别是随着建设标准的逐步提高，要在焚烧炉型改进、飞灰固化处理、渗滤液处理和烟气净化等方面不断地实现技术革新与进步。

2. 技术的发展方向

（1）更严格的烟气排放指标：

采用温度场成像与自动燃烧控制相结合的智能燃烧控制系统，以实现垃圾在炉膛内的充分稳定燃烧，使炉渣热灼减率小于3％，并大幅降低烟气污染物的源头产生量。

在目前国内垃圾焚烧厂采用的SNCR脱硝、干法/半干法脱酸、活性炭吸附去除二噁英及重金属、布袋除尘器去除粉尘的基础上，采用脱酸效率更高的湿法工艺，并增设全球最先进的SCR低温催化脱硝及分解二噁英的设施，以大幅降低民众最关心的二噁英及NO_x等排放量，确保垃圾焚烧厂内的各类污染物排放严于国家标准、优于欧盟标准。

（2）更显著的能源利用效率

采用烟气再循环技术，在高效节能的同时大幅削减NO_x的产生量；采用SCR低温催化脱硝系统，在实现NO_x和二噁英同步高效去除的同时，较高温催化剂的能量消耗减少50％以上。

大型垃圾焚烧厂的汽轮机排汽方式采用自然通风冷却塔冷却，较目前常用的强制通风冷却塔的能量消耗降低90％以上。

采用智能燃烧控制系统，并优化炉膛和锅炉设计，适度提高蒸汽参数，优先采用大型焚烧炉设备，可使单位垃圾发电量提高15％以上。

（3）更先进的资源综合利用

垃圾焚烧厂内污水经处理后循环利用，实现全厂污水"近零排放"。支持多种固废高效协同处理，如协同处置市政污泥、医疗垃圾、餐厨沼渣、渗滤液浓水、一般工业垃圾等。

垃圾焚烧发电厂建设应优先应用新型节能材料、环保材料、再生材料，焚烧炉渣用于生产建筑材料，实现资源综合利用。

（4）更透明的企业运行

建设数字化垃圾焚烧厂，在厂界内、工房内设置无死角的监测和监控站点，完全实现"装、树、联"要求，在线采集各项工况指标和污染物排放指标，并实时上传到政府部门指定网站，公众可实时查询，也可调阅过往数据。

实行无厂界的开放式管理方式，公众可通过预约到垃圾焚烧厂进行参观和查询。同时定期公布垃圾焚烧厂的管理情况和运行状况等，全面接受社会监督。

由政府部门委托第三方机构对垃圾焚烧厂运行实行驻厂监管，并结合定期检查和不定期抽查的机制，对运行管理水平进行综合考评。

（5）更完善的公用服务设施

建设社区服务中心和活动场所，如卫生服务部门、教育宣传中心、干洗中心、健身广场、露天足球场、露天篮球场和室内游泳池等。

设置补偿机制，可通过电价补贴、垃圾处理费补贴、免费提供热源、区域公共服务优先权等方式，由政府对一定区域的居民进行补偿。

由政府主导在垃圾焚烧厂周边建设主题公园，增加绿化覆盖率，降低污染物本底浓度，通过垃圾焚烧厂建设带动周边环境升级，大幅提高区域整体环境质量。

5.4.5　垃圾发电厂主要系统设备组成与设备安装的关键点

1. 垃圾发电厂主要系统设备组成

垃圾焚烧发电厂大多采用机械炉排炉＋凝汽式（或抽凝式）的汽轮发电机组，同时配套烟气净化系统、循环冷却塔系统，厂内配有与机组配套的垃圾贮存库（坑），垃圾渗滤液处理系统等。其主要系统有：

1）焚烧炉排炉

原建设部、原国家环境保护总局、科学技术部联合发布《城市生活垃圾处理及污染防治技术政策》（建城〔2000〕120 号）第 6.2 条中规定：“垃圾焚烧宜采用以炉排炉为基础的成熟技术，审慎采用其他炉型的焚烧炉。禁止使用不能达到控制标准的焚烧炉。”可见相对于流化床垃圾焚烧炉，机械炉排炉更得到国家产业政策的支持。

炉排炉进料口较宽，由于我国至今未全面实施垃圾分类，采用炉排炉无需对垃圾进行分选和破碎；采用层燃方式，烟气净化系统进口粉尘浓度低，降低了烟气净化系统和飞灰处理费用。东南沿海地区煤炭资源缺乏，煤价较贵，因此，目前使用机械式炉排炉燃烧技术更为广泛。机械炉排炉为燃烧过程中的核心设备。燃烧过程可分为 3 个阶段：垃圾干燥脱水、烘烤着火；高温燃烧；燃尽排渣。已经燃烧的垃圾可以通过炉排的往复运动，在翻转和搅动的过程中，引燃处于底部的垃圾，连续的翻转和搅动可以松动垃圾层、加强透气性，有利于垃圾的干燥、着火、燃烧和燃尽。

垃圾在炉排上的燃烧过程如下：垃圾由推料器推动完成进料后进入干燥段，在干燥段内，由焚烧炉内侧壁及炉拱等部位的辐射热进行辐射干燥，由垃圾层下部的一次高温空气进行干燥，由接触垃圾层表面的高温燃烧火焰和气体来进行对流干燥；干燥后的垃圾经翻转并进入燃烧段，燃烧过程中产生的可燃气体首先燃烧，未燃尽的残渣继续燃烧。

炉排焚烧炉具有以下特点：可全部焚烧生活垃圾，启动时可以油为辅助燃料；炉排材质要求和加工精度高，炉排之间接触面光滑，排与排之间间隙小，进料垃圾不需要预处理；依靠炉排的机械运动实现垃圾的搅动与混合，促进垃圾完全燃烧；焚烧炉内垃圾为稳定燃烧，燃烧较为完全，灰渣由炉底排出，飞灰量少，炉渣酌减率低；生产运行技术可靠，设备年利用率高。

2）余热锅炉

在垃圾焚烧炉后利用余热回收可明显提高垃圾燃烧释放的热量的利用率。目前余热锅炉分立式、卧式等，卧式的占比较大。普遍采用 4.0MPa、400℃参数，可以有效防止过热器等受热面管高温腐蚀。一些锅炉厂家利用新技术，提高了余热锅炉的参数。目前国内采用中温中压以上蒸汽参数的垃圾焚烧厂有广州李坑生活垃圾焚烧发电厂、武汉深能环保新沟垃圾发电有限公司（6.4 MPa、450℃）、湖北黄石市生活垃圾焚烧发电厂、河北廊坊永清县生活垃圾焚烧发电厂（6.4MPa、485℃）等，其余大多为中温中压蒸汽参数。理论上，中温次高压高温过热器的管壁温度对应的金属腐蚀速率约为中温中压高温过热器管壁温度所对应腐蚀速率的2~3倍，实际运行中烟气成分、运行方式、余热锅炉的型号等也是影响腐蚀速率的因素。

3）汽轮机

垃圾发电厂中，首先要确定余热锅炉蒸汽参数，根据这个前提条件再对汽轮机进行选型。汽轮机应该具有优良的热力性能、高可靠性能、灵活的运行特点。国内的汽轮机选型大部分还是采用中温中压机组，容量规格常见6MW、12MW、15MW、18MW。因垃圾热值会随着季节变化波动，导致锅炉主蒸汽流量和参数发生一定幅度的变化，所以应选择对工况变化适应能力强的汽轮机机组。

汽轮机参数的选择，应与余热锅炉相匹配，汽轮机的参数也从中温中压逐渐向中温次高压发展，例如湖北黄石及河北廊坊垃圾焚烧项目，其发电机组参数已提高至6.4MPa、485℃。目前机组的布置形式普遍采用的都是常规排汽方式，即下排汽。

4）烟气净化系统

由于国内还没有全部实施垃圾分类，因此大部分地区的生活垃圾中含有大量的厨余垃圾、橡胶塑料制品等，这些垃圾燃烧后会产生颗粒物（粉尘）、酸性气体（HCl、HF、SO_x、NO_x等）、重金属（Hg、Pb、Cr等）和有机剧毒性污染物（二噁英、呋喃等）四大类。为了防止垃圾焚烧处理过程中对环境产生二次污染，必须采取严格的措施控制垃圾焚烧烟气中污染物的排放。控制垃圾焚烧烟气污染物的排放主要有两个阶段：焚烧阶段控制焚烧工艺条件减少各种污染物的原始排放浓度；利用烟气净化系统对烟气中各种污染物进行减量化去除。

国内垃圾发电站常用的烟气净化系统的工艺为炉内脱硝系统＋半干法烟气脱酸塔＋干粉喷射＋活性炭喷射吸附系统＋布袋除尘器。

（1）炉内脱硝系统

针对氮氧化物（NO_x）的去除，主要方法为利用非催化还原法（SNCR）和选择性催化还原法（SCR）将氮氧化物（NO_x）还原。

SNCR法是以氨水或者尿素为催化剂，一般在850~1150℃，喷入炉内燃烧区后部。氮氧化物（NO_x）在高温下被还原成氮气（N_2）和水（H_2O）。在这个方法中的烟气和还原剂在最佳反应温度区间内停留时间较短并且难以良好混合，所以该技术的脱硝效率比较低。

SCR法是利用金属为催化剂，最佳反应温度区间为250~420℃，烟气在进入催化脱氮器前需加热，此法的脱氮效率能达到80%~90%。

SCR法的投资和运行成本比SNCR法高很多，并且为了避免未净烟气中的重金属使SCR催化剂中毒，SCR法只能用在除尘装置后面，因此，目前国内的垃圾发电厂运用SNCR法较SCR法更普遍一些。

（2）脱酸塔

酸性气体主要有氯化氢（HCl）、二氧化硫（SO_2）、氢氟酸（HF）等。去除酸性气体的过程主要在脱酸塔中进行。石灰乳和水的雾化液滴与烟气在脱酸塔中充分混合,发生中和反应的同时,还降低了烟气的温度,使得部分飞灰和反应产物落入吸附塔底部,通过除灰系统排出。

（3）活性炭吸附装置及布袋吸尘器

烟气净化系统采用活性炭的吸附来去除烟气中的二噁英和重金属。活性炭吸附装置应位于减温塔和除尘器之间,专门用于对经过降温处理的烟尘气体进行进一步的净化处理。布袋吸尘器可以去除烟气中的颗粒物和重金属。烟气中的烟尘主要由颗粒物组成,如果不能有效去除烟气中的颗粒物,那么烟尘产生的污染是非常严重的。布袋除尘器不仅能有效吸附一定大小的颗粒物,一些由挥发性重金属物质、酸化物和氧化物凝结成的气溶胶,也会被布袋吸尘器吸附其中。

5）烟塔合一

烟塔合一技术起源于欧洲,主要是为了替代烟气换热器（GGH）来解决烟气湿法脱硫后低温、高湿烟气在大气中扩散困难的问题。该技术首先在德国获得了应用,并得到了推广。

电厂内的循环冷却塔的塔筒同时作为烟囱排烟,使烟气抬升高度比分离排烟方式更高,烟气混合了大量水蒸气和空气,浓度进一步降低,有利于污染物的稀释和扩散。

目前,我国垃圾发电厂内烟塔合一的方案比较常见,运行比较稳定。

6）垃圾贮存设施

垃圾贮存设施的目的是在贮存的同时使得垃圾在一定时间内发酵,提高热值并能沥干水分排出渗滤液。

我国南方的垃圾电厂贮存坑由于气候的原因,在有适当保温措施的情况下,全年都能保证贮存的垃圾不结冰,但是在北方一些地区,特别是严寒地区,冬季垃圾在产生和运输过程中就会结冰。因此要求在电厂设计过程中,应根据实际情况,从工艺设计、建筑及供热设计等方面进行优化,实现冬季正常焚烧运行,减少辅助燃料消耗。

7）垃圾渗滤液处理系统

垃圾渗滤液是指在垃圾处理过程中产生的废液、发酵液等,属于二次污染物。垃圾渗滤液具有水质复杂、危害性大、有机物含量高、金属含量高、氨氮含量高、盐含量高、微生物营养元素比例失调、水质水量变化大、色度深且有恶臭等特点,因此垃圾渗滤液需要单独处理,需要有针对性地去除污染物。

目前处理垃圾渗滤液的方式大致分为中温厌氧+机械蒸发和中温厌氧+膜生物反应器+膜深度处理两种方式。

（1）中温厌氧+多级闪蒸（MSF）

厌氧生物处理技术即为在厌氧状态下,污水中的有机物被厌氧细菌分解、代谢、消化,使得污水中的有机物含量大幅减少,同时产生沼气的一种高效的污水处理方式。

多级闪蒸过程原理是将原水加热到适当温度后接入闪蒸室,此时热盐水的饱和蒸汽压高于闪蒸室的控制压力,所以进入闪蒸室的热盐水部分发生快速的气化反应,热盐水的温度就会降低,所产生的蒸汽冷凝后即为所需的淡水。基于此原理,使热盐水依次通过多个存在压力差的闪蒸室,逐级蒸发降温,此时盐水的浓度也逐级增加,直到其温度大于等于原水温度。

除多级闪蒸以外，应用于渗滤液处理领域的蒸发方式还包含了机械压缩蒸发（MVC）、机械循环再压缩蒸发（MVR）等机械蒸发工艺。

（2）中温厌氧＋膜生物反应器＋膜深度处理

中温厌氧和中温厌氧＋多级闪蒸（MSF）工艺相同，不再赘述。

膜生物反应（MBR）系统通常由生化系统（一般为硝化/反硝化）和超滤膜系统组成，厌氧的出水剩余有机污染物质化学需氧量（COD）和无机态的氨氮在生化单元通过不同菌群的生长作用被代谢为二氧化碳（CO_2）和氮气（N_2），在膜的作用下，活性污泥被最大化地保留在生化反应器内，替代了常规生化二沉池，同时与传统活性污泥法相比，生物反应器内污泥浓度可从常规的 $3\sim5g/L$ 提高到 $15\sim30g/L$，因此 MBR 对有机物的去除率要高得多。

膜深度处理单元由纳滤（NF）和反渗透（RO）单元组成，纳滤的作用是进一步对有机物及二价态盐类物质进行截留，反渗透的作用是将纳滤的产水中的单价态盐类物质进行截留，保证产水的总溶解性物质浓度（TDS）达到回用要求。

另外，垃圾渗滤液处理过程的厌氧反应过程产生沼气，在正常工况下，沼气经过储存装置输送至锅炉内的沼气燃烧器，参与锅炉内燃料的燃烧过程，提高热值。在事故情况下，沼气经过火炬燃烧。

总之，垃圾发电厂以垃圾焚烧为主，发电为辅。因此对于垃圾焚烧效率，燃烧后的烟气、灰渣处理也是主要的控制指标。

2. 垃圾焚烧发电设备安装的关键点

垃圾焚烧发电设备主要由焚烧炉和余热锅炉、汽轮发电机设备、烟气净化设备、电控设备及相关辅助设备组成。其设备安装的关键点，主要包括：

（1）汽机房设备安装

汽机房在所有发电厂中都是非常重要的部分，主要负责将热能转化成为电能的工作，在垃圾焚烧发电厂中，汽机房设备安装方法也是一样的。针对生活垃圾，焚烧发电厂的汽机系统与火力发电厂不同，缺少再热系统。汽机房安装的主要设备有汽轮机、发电机、除氧器等，其中汽轮机和发电机为重点安装内容，安装详情与火力发电厂没有太大区别。汽轮机系统较为复杂，主要包括油系统、给水系统、蒸汽系统、真空系统以及冷却系统等。主要辅助设备有汽轮发电机、冷凝器、凝泵、真空泵、锅炉给水泵等。

（2）焚烧炉和余热锅炉安装

近几年，很多城市都相继建立垃圾焚烧发电厂，在处理生活垃圾方面具有很大的应用效果。采用生活垃圾焚烧设备处理垃圾，可以将垃圾作为原料进行发电，减少环境污染。生活垃圾焚烧发电厂将生活垃圾推进焚烧炉进行燃烧，采用的是机械炉排炉，可以将生活垃圾进行无害处理，如将垃圾进行高温碳化处理，起到消毒的作用，保护环境。在锅炉间设立焚烧炉和余热炉，可以一边焚烧垃圾一边流出残渣，但由于空间有限，所以在结构安排上需要重新设定和重视。焚烧炉根据生产厂家不同，可以分为悬吊式和搁置式两种模式，安装主要采取从下向上的方式。在安装过程中，应该同时安装输送机。焚烧炉安装中的钢架以及受热面需要使用 200/50t 的吊车作为主要吊装设备，25t 的吊车作为辅助吊装设备，钢架安装需要预留吊装的进口，方便锅炉内的水冷壁分段分片吊装。在完成受热面吊装之后，锅筒应在顶板梁吊装就位之后，使用汽车式起重机完成一次性吊装。焚烧炉

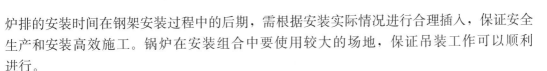

炉排的安装时间在钢架安装过程中的后期，需根据安装实际情况进行合理插入，保证安全生产和安装高效施工。锅炉在安装组合中要使用较大的场地，保证吊装工作可以顺利进行。

（3）电气及热控设备安装

垃圾发电厂的电气设备主要集中于高压配电间和低压配电间，包括发电机出线部分、厂用电系统、输电系统和防雷、照明系统等。这里说到的热工控制，主要依靠 DOS 系统完成，操作过程主要依赖显示器进行工作的监督和控制，最终实现对整个发电厂内各设备系统运用的全面监控，保证汽轮发电机的辅助系统和辅助设备可以正常运行，实施模拟量控制、数据采集控制等保护工作。一般来说，电气热控安装，主要涵盖热控取源部件安装、二次回路接线、热控仪表管道敷设、高低压配电装置电缆敷设等，具体施工顺序应该按照机务安装的原理进行，并满足机务水压和转动的需求。

（4）电气及自动控制系统安装

电气及自动控制系统包括电气设备及电气线缆组成的发送电、变配电、设备远程控制等系统。焚烧发电厂的主要电气及自动控制设备包括：成套配电柜、变压器、旋转电机、输配电线路、防雷接地装置、取源部件、控制柜和控制仪表等。安装要点：在安装之前，必须要详细检查与验收建筑工程；电气设备、设施，以及电气器材的保管期限必须要在一年以下；存储时，必须要有相应的防火、防潮、防尘等保护，如果有瓷件的设备，在存放及运输过程中必须要谨慎处理，不能有所损坏；在吊装或运输设备的过程中，必须要依据产品各项技术特性的要求，并与受力点的位置相结合，来进行吊装与运输工作；在安装互感器的过程中，各个接线端必须进行有效的接地处理，二次线圈必须先进行短路以后再进行接地处理；配电柜基础型钢安装的形状偏差和位置偏差应符合规范要求；振动场所的配电柜应加设橡皮垫、防振弹簧等减振设施。

（5）烟气净化系统安装

烟气净化系统是城市生活垃圾焚烧污染控制的关键，烟气净化后各种污染物的排放浓度应达到《生活垃圾焚烧污染控制标准》GB 18485—2014 的规定。由于烟气净化设备属于非标准件，没有相应法律标准规范，应严格按照设备图纸和技术说明的安装要点施工。烟气净化系统的安装与锅炉安装类似，主要为设备的焊接与吊装。烟气净化系统的安装时间在工程建设的中后期，设备多、预制场地受限，且与其他区域安装同时进行，需做好周密的安装计划，避免出现混乱及人手不足的情况。

5.4.6 垃圾发电项目的建设要求与主要技术经济指标

1. 垃圾焚烧厂的建设要求

为规范生活垃圾焚烧处理工程规划、设计、施工、验收和运行管理，国家相关部门发布了《生活垃圾焚烧污染控制标准》GB 18485—2014、《生活垃圾焚烧处理工程技术规范》CJJ 90—2009 等，从而明确了垃圾焚烧厂的选址要求、技术要求、入炉物要求、运行要求和排放要求等。

（1）选址要求

应符合城乡总体规划、环境保护规划和环境卫生专项规划，并符合当地的大气污染防治、水资源保护、自然生态保护等要求，依据环境影响评价结论确定厂址位置。

（2）技术要求

焚烧温度不小于850℃，停留时间不小于2s，焚烧渣热灼减率不高于5%；焚烧能力大于等于300t/d；焚烧炉烟囱不低于60m，其他焚烧炉烟囱不低于45m；烟囱应按规范要求设置采样孔。

保证垃圾充分燃烧。二次燃烧室内的烟气在不低于850℃的条件下，滞留时间不小于2s，焚烧炉渣热灼减率控制在3%以内。

（3）入炉物要求

混合生活垃圾、性质与生活垃圾相近的一般工业固体废物、生活污水处理设施污泥等可以直接入炉焚烧，危险废物、电子废物及其处理处置残余物不得入炉焚烧。

（4）运行要求

焚烧炉每年启动、停炉过程排放污染物的持续时间以及发生故障或事故排放污染物持续时间累计不应超过60h；焚烧炉启动时，温度达到850℃以上方可投入垃圾；焚烧炉停炉时，应启动垃圾助燃系统，保证剩余垃圾完全燃烧。

每条垃圾焚烧生产线的年运行时间在8000h以上，垃圾焚烧系统的设计服务期限不低于30年。

保证垃圾高效处理。垃圾池有效容积按5～7d的额定垃圾焚烧量确定，并在垃圾池内设置垃圾渗滤液收集设施。

（5）排放控制要求

焚烧炉颗粒物小时均值不高于30mg/m³，氮氧化物（NO_x）小时均值不高于300mg/m³，二氧化硫（SO_2）小时均值不高于100mg/m³，氯化氢（HCl）小时均值不高于60mg/m³，一氧化碳（CO）小时均值不高于100mg/m³，汞及其化合物测定均值不高于0.05mg/m³，二噁英类测定均值不高于0.1ngTEQ/m³。

严控二噁英的排放。包括：控制二次燃烧室内烟气温度和停留时间，减少烟气在200～500℃温度区的滞留时间，设置活性炭粉吸附喷入装置等。

净化焚烧烟气，设置袋式除尘器，以有效去除焚烧烟气中的粉尘污染物；设置干法、半干法、湿法等组合处理工艺，以有效去除氯化氢（HCl）、氟化氢（HF）、硫氧化物（SO_x）、氮氧化物（NO_x）等酸性污染物。

（6）监测要求

烟气在线监测指标应至少包括一氧化碳（CO）、颗粒物、二氧化硫（SO_2）、氮氧化物（NO_x）和氯化氢（HCl）。重金属类污染物和焚烧炉渣热灼减率的监测每月至少开展一次，对烟气中二噁英类的监测每年至少开展一次。

2. 主要技术经济指标

（1）垃圾处理量

目前世界上单台生活垃圾焚烧往复炉排最大垃圾处理量达到1200t/d，而目前世界上规模最大的生活垃圾焚烧发电厂是位于我国上海的老港再生能源利用中心二期项目。该项目建设规模为焚烧处理生活垃圾6000t/d，共配置8条750t处理能力的机械炉排炉焚烧线，设置3台50MW凝汽式汽轮发电机组。但生活垃圾热解气化发电厂的处理规模都不大，单台设备的垃圾处理量一般不超过200t/d。

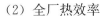

（2）全厂热效率

为了避免锅炉受热面的高温腐蚀，目前大多数生活垃圾焚烧发电机组的主蒸汽参数为4.0MPa、400℃，一般不超过4.5MPa、450℃。纯凝的中温中压机组全厂热效率通常为18%～23%。近年来，由于优质耐腐蚀材料应用于锅炉，锅炉受热面的寿命显著提高，中温次高压参数的应用有所增加，并有进一步向中温、高压和超高压参数发展应用的趋势。荷兰AEB垃圾焚烧厂是目前世界上热效率最高的垃圾焚烧发电厂，其主蒸汽参数已经提高至13MPa、440℃，并可允许主蒸汽温度提高至480℃，热效率达到30%。另外，中间再热机组也已在生活垃圾焚烧发电项目中开始使用。我国的光大环保能源（江阴）有限公司生活垃圾焚烧发电项目采用在炉内设置再热器的再热方式，主蒸汽参数为6.5MPa、450℃，再热蒸汽温度为420℃。采用在炉内设置再热器的再热方式，在主蒸汽参数为中温次高压的条件下，再热机组比非再热机组可提高机组效率约1%～2%。

（3）综合厂用电率

生活垃圾焚烧发电厂的综合厂用电率一般不高于20%。

（4）吨垃圾上网电量

近年来我国垃圾焚烧发电企业的吨垃圾上网电量有较明显的提升趋势，生活垃圾热值提高是带动吨垃圾上网电量提升的关键因素，技术进步是吨垃圾上网电量提升的重要补充。目前，我国经济发达地区的垃圾焚烧发电项目吨垃圾上网电量已经达到较高水平，如深圳能源环保股份有限公司投运项目主要在广东深圳，吨垃圾上网电量一直保持在310kW·h以上；上海康恒环境股份有限公司已投运项目主要在珠海以及宁波，2017年吨垃圾上网电量均值达324kW·h。但是对比发达国家，仍有较大提升空间，根据美国环保局数据，美国生活垃圾焚烧发电吨垃圾发电量在600kW·h以上，高吨发电量的背后是垃圾分类带来的高热值。

（5）大气污染物排放指标。

目前我国生活垃圾焚烧发电厂执行的大气污染物排放标准是《生活垃圾焚烧污染控制标准》GB 18485—2014，该标准与国外主要国家（地区）的类似标准对比见表5-5。

生活垃圾焚烧发电厂大气污染物排放标准对比　　　　　　　　表5-5

项目	单位	美国				欧盟	日本	中国
		35～250t/d	>250t/d	《商业和工业固体废料焚烧炉》 Commercial and Industrial Solid Waste Incineration Units	《其他固体废料焚烧炉》 Other Solid Waste Incineration Units			
PM	mg/N·m²	17	14	50	21	10	20	20
SO₂	mg/N·m²	61	61	40	6	50	57	80
NOₓ as NO₂	mg/N·m²	220	264	569	150	200	105	250
HCL	mg/N·m²	29	29	72	15	10	25	50
Mercury (Hg)	mg/N·m²	0.057	0.036	0.36	0.05	0.05	0.05	0.05
Pb、Cr、Co, etc.	mg/N·m²	0.14	0.098	0.03	0.16	0.5	0.5	0.5

续表

项目	单位	美国				欧盟	日本	中国
		35～250t/d	>250t/d	《商业和工业固体废料焚烧炉》 *Commercial and Industrial Solid Waste Incineration Units*	《其他固体废料焚烧炉》 *Other Solid Waste Incineration Units*			
Cd＋T1	mg/N・m²	0.014	0.007	0.003	0.013	0.05	—	0.1
Dioxins/Furan	ng TEQ/N・m²	9.3	9.3	0.3	23.6	0.1	0.1	0.1
CO	％	—	—			50	88	80

（6）设备可用率

以往复炉排焚烧炉为例，目前垃圾焚烧发电厂的单条生产线年运行时间可达8000h。

5.4.7 垃圾发电项目的投资分析

本节举例说明垃圾发电项目的投资分析的方法。

1. 工程概况

国内某城市垃圾发电厂项目建设规模为日处理城市垃圾600t/d（2×300t/d）。

2. 系统主要参数

锅炉参数为额定蒸汽蒸发量24t/h；额定蒸汽出口压力4.1MPa；额定蒸汽出口温度400℃；锅炉给水温度130℃；锅炉热效率80％。汽轮发电机：1×12MW（汽耗率按4.8kg/kW・h计取）。

3. 有关数据

上网电价为0.65元/kW・h；政府对垃圾处理的补贴为55元/t；年处理垃圾21.9万t。入炉垃圾热值：5643kJ/kg（设计点）。

厂内用电率及损耗为33％；每吨垃圾发电量为300kW・h/t；每吨垃圾发电上网电量为200kW・h/t；增值税即征即退（退税100％）。企业所得税三免三减半，之后所得税税率为25％。该项目总投资为3亿元人民币。

年折旧为855万元（30年平均折旧计，固定资产形成率按95％计取，残值10％）。预提大修理费为228万元（按固定资产的0.8％预提）。

4. 运行收入

垃圾处理费：20.9万t/年×55元/t＝1150万元/年。

供电收益：20.9万t/年×200kW・h/t×0.65元/kW・h＝2717万元。

收益小计：1150万元/年＋2717万元/年＝3867万元/年（未计炉渣等收益）。

5. 运营成本

全厂职工为100人，工资福利成本为500万元（100人计，工资5万元/人・年）；办公费用100万元/年。水费150万元（50万t×3元/t）；配件、材料、其他消耗品等为427万元（按固定资产的1.5％预算）；维护大修为228万元/年（按固定资产的0.8％预提）；其他为150万元/年（石灰、活性炭，飞灰填埋费等）。

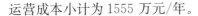

运营成本小计为 1555 万元/年。

6. 利润

息税摊销前利润为 3867 万元/年－1555 万元/年＝2312 万元/年。息税摊销后利润为（3867 万元/年－1555 万元/年－855 万元）×75％＝1093 万元。

7. 投资回报率

息税折旧前年投资回报率为 7.8％；息税折旧摊销后年投资回报率为 3.6％。

8. 结论

（1）垃圾发电厂只有达到一定规模才有望盈利，垃圾处理规模 600t/d 是一个临界点。

（2）项目投资回报率折旧摊销前 7.8％，折旧摊销后 3.6％。

（3）焚烧炉的选型可优先选择国产炉排炉，单位投资应争取控制在 40 万元/t 之内。

（4）争取政府垃圾补贴费 55 元/t 以上，垃圾补贴费应能补偿运营费用。政府如对环保排放指标、飞灰处理、渗沥液处理另有严格要求，垃圾补贴费还应相应提高。

（5）厂址尽量选择距电网、供水、排水较近的地方，并争取政府给予土地价格的优惠。

（6）垃圾热值设计点的选择和汽轮发电机的选型要适当考虑余量。

（7）设计和设备选型要合理，保证较高的锅炉热效率、较低的发电汽耗率和用电率。

5.5　典型案例

5.5.1　我国某城市生活垃圾焚烧发电厂

1. 概况

我国某城市生活垃圾焚烧发电厂项目采用炉排炉焚烧技术，设计生活垃圾总处理规模为 1500t/d。一期规模为 1000t/d，平均年处理生活垃圾 45.34 万 t，建设两条处理能力 500t/d 的生活垃圾焚烧线及余热锅炉，配套安装一台 18MW 凝汽式汽轮发电机组。机、炉的参数选定为中温、中压（锅炉 4.0MPa、400℃；汽机 3.83MPa、395℃）。预留一台 500t/d 的生活垃圾焚烧线及配套系统扩建场地。工程年处理原生垃圾 36.5 万 t，年发电量约为 $9.77×10^7kW·h$。项目由主体工程（包括焚烧炉、余热锅炉、汽轮机、发电机、主厂房）、公用工程（包括供水、排水、电力等系统）、辅助工程（包括燃油设施、压缩空气系统、化学水系统、垃圾贮存系统、门卫室）、环保工程（包括烟气净化系统、炉渣处理系统、飞灰处理系统、渗透液处理系统等）组成。

2. 工艺系统

该项目采用炉排焚烧，焚烧工艺分为八大系统：垃圾接收储存与输送系统、垃圾焚烧系统、热能利用系统、烟气净化系统、炉渣处理系统、飞灰处理系统、渗滤液处理系统、循环冷却水系统。

垃圾车经地磅秤称重后进入垃圾卸料平台，卸入垃圾贮坑。封闭式的垃圾贮坑正常运行时为负压，以确保坑内臭气不外逸。垃圾在垃圾贮坑内存放发酵后，通过垃圾吊车抓斗进入焚烧炉给料斗，经溜槽进入焚烧炉内燃烧。垃圾燃烧的助燃空气一次风取自垃圾贮坑，经蒸汽空气预热器加热后送入炉内。二次风（从锅炉房上部吸取）加压后进入炉膛，使炉膛烟气产生强烈湍流，用于消除化学不完全燃烧损失，有利于飞灰颗粒的燃尽。焚烧炉的点火燃烧器供点火升温用。当垃圾热值偏低、水分较高，炉膛出口烟气温度不能维持在850℃以上时，为保证炉温，用柴油作为辅助燃料，启动辅助燃烧器。垃圾在炉排上通过干燥、燃烧、燃尽三个区域充分燃烧，灰渣进入出渣机，炉渣送入灰渣贮坑，装车外运进行综合利用，不能利用部分送入填埋场处理。垃圾燃烧产生的高温烟气经余热锅炉回收热能产生蒸汽供汽轮发电机组发电。烟气冷却后进入烟气净化系统处理后通过烟囱排放至大气。飞灰集中到灰库，经离子矿化稳定固化后至填埋场处理。垃圾渗滤液入渗滤液收集和处理系统，处理达标后回用。

3. 技术特点

该项目一期两条处理能力500t/d的生活垃圾焚烧炉焚烧线路采用机械炉排技术。该焚烧炉是在我国多年垃圾焚烧炉运行经验的基础上，结合国内垃圾多水分、低热值的特点，对国外焚烧炉进行优化自主研发的新型焚烧炉。针对垃圾焚烧产生的废气、废渣、飞灰、渗滤液等污染物，采用先进、科技、环保的技术处理工艺。烟气净化采用SNCR脱硝＋半干式脱酸＋干法活性炭喷射装置＋布袋除尘组合工艺。飞灰采用稳定剂＋水泥固化/稳定化处理工艺，渗滤液处理采用除渣预处理＋混凝沉淀＋厌氧＋外置式MBR（膜生物反应器）＋NF（纳滤）/RO（反渗透）组合处理工艺。

（1）自主研发机械炉排焚烧炉

焚烧炉是垃圾焚烧处理工艺的核心设备。国内目前使用的焚烧炉主要有4种：机械式炉排炉、回转式焚烧炉、流化床焚烧炉、静态连续焚烧炉。机械炉排炉是目前世界上技术成熟、处理规模较大的生活垃圾焚烧炉。我国的生活垃圾、污泥、餐厨垃圾组成的复合型垃圾，高水分、低热值、不分拣，对焚烧炉技术要求较高。该项目采用的焚烧炉是在国外焚烧炉设计的经验上，结合国内生活垃圾的特点，自主研发的新型顺推段干燥＋逆推段燃烧、燃尽结构的复合式机械炉排炉。炉排炉主要由进料装置、推料装置、顺推炉排、逆推炉排、落渣灰斗、出渣机及液压站组成。

采用顺推段干燥＋逆推段燃烧、燃尽的结构设计，顺推段烘干垃圾，各段之间存在落差，可使垃圾跌落散开；顺推、逆推均为往复炉排，垃圾可有效地翻转、搅拌，延长了垃圾在炉内的停留时间，使垃圾燃烧更高效。热灼减率≤2.6％。烟气在炉膛内温度≥850℃的停留时间不少于2s，二噁英排放远低于$0.1ngTEQ/m^3$的欧盟排放标准，NO_x排放浓度较传统炉排炉降低30％以上。同时采用计算机软件CFD对焚烧炉进行模拟分析，保证产品安全稳定。燃烧控制系统采用ACC技术，实现产品自动化控制。

（2）烟气净化系统

烟气净化系统主要针对酸性气体（HCl、HF、SO_x、NO_x）、二噁英、重金属及颗粒物等进行控制，其工艺设备主要由四部分组成：即氮氧化物（NO_x）的去除、除氮氧化物（NO_x）外的其他酸性气体脱除、二噁英的去除和颗粒物捕集，其中氮氧化物（NO_x）的去除在锅炉部位进行，其他在烟气治理部分。另外，烟气中有机物、重金属等污染物在以上工艺治理过程中同时加以捕集。该项目烟气净化系统采用目前最成熟的半干式烟气处理系统，工艺流程为：SNCR脱硝＋半干法脱酸＋消石灰干粉喷射＋活性炭喷射装置＋布袋除尘器。

烟气净化系统布置在每台余热锅炉之后，依次是反应塔、布袋除尘器、引风机和烟囱。反应塔和布袋除尘器布置在室内，引风机布置在室外。SNCR脱硝用于脱除烟气中的氮氧化物（NO_x），脱除率为45％～55％。半干法脱酸脱除烟气中氯化氢（HCl）、氟化氢

（HF）、硫氧化物（SO_x）等气体。干粉喷射是对半干法脱酸的补充。活性炭喷射装置用于吸附烟气中的重金属和二噁英。布袋除尘器在捕捉粉尘的同时，还可以对附着粉尘进一步脱酸、吸附重金属和二噁英。净化达标后的烟气，再经引风机和烟囱排入大气。

（3）灰渣处理系统

该项目灰渣处理系统包括：炉渣、炉排漏渣、反应塔排灰、锅炉尾部烟道灰和除尘器收集的飞灰等。底渣和飞灰的处理以机械输送方式为主，灰渣外运采用汽车运输。锅炉尾部烟道灰排入湿渣系统一起处理。该工程对炉渣和飞灰分别进行收集和处理。炉渣处理系统主要包括除渣机、渣坑、炉渣抓斗起重机、制砖机等设备。炉渣属一般废弃物，经除渣机水冷后，外运至厂外制砖或做道路基材。飞灰处理系统主要包括飞灰输送机、灰仓、混炼机、水泥仓、药剂配送装置、飞灰打包机等设备。飞灰属危险废弃物，采用稳定剂＋水泥固化/稳定化的飞灰处理工艺，即水＋水泥＋螯合剂混合搅拌，养护并经检测合格后，再送填埋场或指定地点填埋。

（4）渗滤液处理系统

渗滤液处理系统主要设施设备包括调节池、厌氧处理站、好氧生物膜处理装置、超滤、纳滤、反渗透装置及其他辅助设施等。采用预处理＋混凝沉淀＋厌氧＋外置式 MBR（膜生物反应器）＋NF（纳滤）/RO（反渗透）组合系统。浓缩液量小于 15%，出水水质达到回用标准。污泥含水率＜75% 后进入垃圾池，产水用于厂区生产和杂用水。浓缩液采用半干法脱酸制浆、飞灰稳定化处理加湿，多余回喷焚烧炉。沼气回焚烧炉焚烧。臭味气体收集进垃圾池，一次风进焚烧炉高温消解臭味。

4. 运行情况

该城市生活垃圾焚烧发电项目于 2016 年 12 月竣工并投入试生产，工程的生产设备与环保设施运行正常。于 2016 年 11 月、12 月及 2017 年 7 月，对该项目的废气、废水、噪声进行了现场检测，工程排放的废气、锅炉排水、循环冷却水排水、噪声各污染因子均符合国家相关环保标准限值要求，固体废物得到妥善处置。该工程项目于 2018 年 2 月通过所在地省环保部门的竣工验收。

5. 点评

该城市生活垃圾焚烧发电项目，是针对城市生活垃圾多水分、低热值的特点，采用新型顺推段干燥＋逆推段燃烧、燃尽结构的复合式机械炉排炉。焚烧产生的烟气，采用SNCR 脱硝＋半干法脱酸＋消石灰干粉喷射＋活性炭喷射装置＋布袋除尘器组合烟气净化系统处理。炉渣经除渣机水冷后，外运至厂外制砖或做道路基材。飞灰属危险废弃物，采用稳定剂＋水泥固化/稳定化的飞灰处理工艺，即水＋水泥＋螯合剂混合搅拌，养护并经检测合格后，再送填埋场或指定地点填埋。渗滤液采用预处理＋混凝沉淀＋厌氧＋外置式MBR（膜生物反应器）＋NF（纳滤）/RO（反渗透）组合系统处理。项目采用高标准、先进技术、现代化管理，注重环保和资源再生、循环经济效益，实现城市生活垃圾减量化、资源化、无害化、产业化处理。技术先进、成熟、可靠，值得推广及应用。

5.5.2　我国三个生物质（秸秆）发电厂项目简介

案例 1. 生物质直燃发电

某生物质直燃发电厂，装机为 1×25MW 单级抽凝式汽轮发电机组，配合丹麦技术的

1×130t/h生物质专用振动炉排高温高压锅炉，燃料以破碎后的棉花秸秆为主，可掺烧部分树枝、桑条、果枝等林业废弃物。

案例2. 生物质联合循环

某生物质气化发电厂，总装机容量5MW，采用生物质气化—内燃机—蒸汽联合循环系统，配置为1台生物质循环流化床气化炉（20MWt）＋11台450kW的内燃机发电机组（1台备用）＋1台余热锅炉＋1台1500kW蒸汽轮机发电机组，主要利用稻秆、稻壳为原料，运行中气化效率最高达78％，燃气机组发电效率最高达29.8％，系统发电效率最高达27.8％。

案例3. 生物质混燃

某电厂原锅炉容量400t/h，配套机组容量140MW，实施秸秆—煤粉混合燃烧技术改造后，改造后增加了一套秸秆收购、储存、粉碎、输送设备，同时增加两台输入热负荷为30MW的秸秆专用燃烧器，占锅炉热容量的18.5％。锅炉原有系统和参数不变，秸秆耗用量为14.4t/h，可以替代原煤10.4t/h。

（1）上述生物质直燃发电、气化发电和混燃发电厂参数汇总见表5-6。

生物质直燃发电、气化发电和混燃发电厂参数一览表 表5-6

技术类型	生物质直燃	生物质气化联合循环	生物质-煤混燃
秸秆种类	棉花秆	水稻秆	小麦秆和玉米秆
秸秆收到基热值	15890kJ/kg	12545kJ/kg	15054kJ/kg
单位发电量秸秆消耗率	1.08kg/kW·h	1.05～1.3kg/kW·h	0.797kg/kW·h
锅炉参数	容量130t/h，额定蒸汽压3.82MPa，额定蒸汽温度450℃，锅炉效率＞90％，数量1台	气化炉：热容量1×20MWt，气化效率78％，数量1台 余热锅炉：额定蒸发量10t/h，额定蒸汽压1.35MPa，额定蒸汽温度325℃，锅炉效率＞75％，数量1台	容量400t/h，过热蒸汽压13.73MPa，过热蒸汽温度540℃，数量1台
	中压凝汽式机组额定功率25MW，机组最大功率30MW，数量1台	内燃机发电机组：额定功率450kW，数量10台运行，1台备用；蒸汽轮机发电机组：额定功率1500kW，数量1台	发电容量140MW
生物质发电容量	25MW	5MW	60MW
年利用小时	7396h	6000h	6000h
年发电量	221877MW·h	30000MW·h	生物质能转换的发电量168000MW·h
年供电量	201890MW·h	27000MW·h	生物质能转换的供电量139440MW·h
厂用电	11.47％	10.00％	9％
发电效率	23.09％	22.07％～27.33％	36.13％
年秸秆消耗量	217473t	31500～39000t	111188t
燃料平均运输距离	16.5km	15km	38km
单位千瓦投资	11000元/kW	6000元/kW	1400元/kW（仅针对改造部分）

（2）点评：

从上面三个生物质（秸秆）发电的典型案例，可见：

① 发电效率、年利用小时、燃料价格是影响项目运行经济性的主要因素。

② 发电规模是能源转换效率的关键因素。对于气化、直燃，属于"纯"秸秆发电，因为秸秆蓬松资源分散，它们的发电规模受到限制，发电效率小于 30%。相比之下，生物质混燃发电只是把多余的秸秆用来替代一部分煤，发电规模不受秸秆资源限制，只是烧多烧少的问题。混燃对秸秆的利用效率要比直燃和气化高。

③ 从供电成本构成比例来看，燃料费占供电成本比例最大，约为供电成本的 50%。主要是进厂前的田间收集阶段成本较高，以及进厂前的运输距离对秸秆成本影响很大。

④ 因此，提高生物质发电机组运行经济性的可行办法：一方面提高机组年利用小时数，另一方面取得 CO_2 减排收益。

第6章 地 热 发 电

6.1 概述

6.1.1 定义与工作原理

地热发电是利用来自地下的热能（地下热水和热蒸汽）作为动力源的一种新型发电技术。

所谓地下热能，是指来自地球内部的热能。由于地球内部是一个蕴藏着高温、高压的巨大热能库。据有关资料显示：地球内部的热能总储量是煤炭的 1.7 亿倍。而地下热水和热蒸汽主要是由地下不同深处被热岩体加热了的地下水所形成的。

根据地热能的赋存形式，地热能可分为蒸汽型、热水型、地压型、干热岩型和岩浆型五类。其中：

（1）蒸汽型。蒸汽型是指地下热储中以蒸汽为主的对流水热系统，它以产生温度较高的过热蒸汽为主，掺杂有少量其他气体，所含水分很少或没有。这种干蒸汽可以直接进入汽轮机，对汽轮机腐蚀较轻。但这类构造需要独特的地质条件，因而资源少，地区局限大。

（2）热水型。热水型是指地下热储中以水为主的对流水热系统，它包括喷出地面时呈现的热水以及水汽混合的湿蒸汽。这类资源分布广，储量丰富，根据其温度可分为高温（>150℃）、中温（90~150℃）和低温（<90℃）。

（3）地压型。地压型是尚未充分认识的，可能十分重要的一种资源。它以高压水的形式储存于地表以下 2~3km 的深部沉积盆地中，并被不透水的盖层所封闭，形成长1000km、宽数百千米的巨大热水体。地压水除了高压、高温的特点外，还溶有大量的碳氢化合物（如甲烷等）。所以地压型资源中的能量，实际上包括机械能、热能以及化学能三个部分。

（4）干热岩型。干热岩型是比上述各种资源规模更大的地热资源，是指地下普遍存在的没有水或蒸汽的热岩石。从现阶段来说，干热岩型资源专指埋深较浅、温度较高的有开发经济价值的热岩石。提取干热岩中的热量，需要有特殊的办法，技术难度大。

（5）岩浆型。岩浆型是指蕴藏在熔融状和半熔融状岩浆中的巨大能量，它的温度高达600~1500℃。在一些多火山地区，这类资源可以在地表以下较浅的地层中找到，但多数则是埋藏在目前钻探还比较困难的地层中。

地热发电的基本原理是把地下热能转换为机械能，然后再把机械能转换为电能，从地热能的开发和能量转换的角度来说，上述五类地热资源都可以用来发电，但目前开发利用得较多的是蒸汽型及热水型两类资源，其他类地热资源还有待研究和试验。

由于在全部地热资源中，其温度范围从 15~180℃均可利用，中、低温地热资源是十分丰富的，远比高温地热资源大得多；而利用地热能发电，对地下热水或蒸汽的温度要求，一般都要在150℃以上，否则将严重影响地热发电的经济性。因此，国内外对地热能的非电力应用，也就是地热能的直接利用发展十分迅速，已广泛地应用于工业加工、民用供暖和空调、洗浴、医疗、农业温室、农田灌溉、土壤加温、水产养殖、畜禽饲养等各个方面，收到了良好的经济技术效益。

6.1.2 地热发电的特点与发电方式

1. 地热发电的特点

如图 6-1 所示，地热发电与火力发电的原理相同，均为先将热能转变为机械能，再转化为电能。优点是：一般不需燃料，发电成本在多数情况下都比水电、火电、核电要低，设备的利用时间长，建厂投资一般都低于水电站，且不受降雨及季节变化的影响，发电稳定，可以大大减少环境污染等。

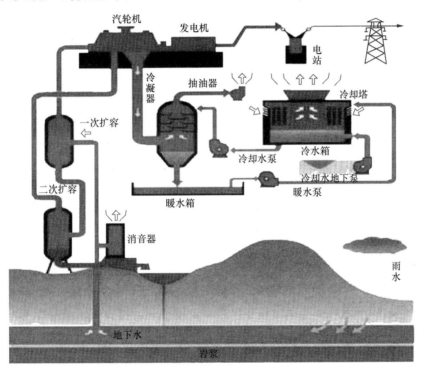

图 6-1 地热发电示意图

2. 地热发电的发电方式

如前所述，由于可利用的地热能主要有地下热水、地热蒸汽和地下熔岩，而可利用地热发电的地热能是地下热水和地热蒸汽。根据可利用地热资源的特点，采用不同技术方案，地热发电可分为地下热水发电和地热蒸汽发电。由于地热蒸汽发电应用得很少，本章节重点介绍地下热水发电中的热闪蒸地热发电、中间介质地热发电（双工质法）以及热闪蒸—双工质联合循环发电三种方式（图 6-2）。

（1）热闪蒸（或称扩容）地热发电的原理是将地热井口的地热水先送到闪蒸器中进行降压闪蒸或扩容，使其产生部分蒸汽，再引至常规汽轮机做功发电，可分为单级、两级、

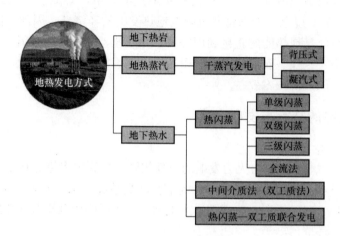

图 6-2　地热发电的方式

三级闪蒸法。采用闪蒸法的地热发电站具有设备简单、易于制造且可以采用混合式热交换器的优点，但设备尺寸大，腐蚀结垢问题突出，热电转化效率偏低，对于地下热水的温度、矿化度以及不凝气体含量等也有较高的要求。

（2）中间介质法地热发电又称为双工质法，是借助热交换器，利用地下热水加热某种低沸点的工质流体，使之变为蒸汽，以此蒸汽推动汽轮机，并带动发电机发电。工质流体应具有与地热资源相匹配的沸点和冷凝点，如卡琳娜（Kalina）循环的氨/水混合物、有机朗肯循环（ORC）的低沸点有机物。该发电方法具有利用低温位热能的热效率较高、汽轮机的尺寸小、能较好地适应化学成分比较复杂的地下热水等优点，但双工质法不能随意使用混合式蒸发器和冷凝器，且大部分低沸点工质传热性比水差，采用此方式需有相当大的金属换热面积，低沸点工质价格较高，来源不广，有些低沸点工质还有易燃、易爆、有毒、不稳定、对金属有腐蚀等缺点。

（3）热闪蒸—双工质联合循环发电是指将热闪蒸发电与中间介质法联合起来应用的方法。将闪蒸器产生的蒸汽直接用于发电，而产生的饱和水则作为低沸点的有机工质发电，这种特殊的能量转换系统，使地热资源得到充分的利用。该系统包括热闪蒸和中间介质（双工质）两部分，其发电输出的功率是两部分总和。

根据美国地热能协会（GEA）早在 2017 年公布的资料，截至 2016 年，对全球已有的地热发电厂所采用的发电方式进行统计分析，无论是从每一种发电方式的总装机容量，还是从每一种发电方式的发电厂数量上比较（图 6-3），其热闪蒸（或称扩容）地热发电方式，都占有较大的比重。法国市场调查公司 Reportlinker 于 2021 年公布的资料对美国地热协会的上述观点进行了印证，认定全球地热发电的模式主要包括适用于高温热田的干蒸汽发电、中高温热田的扩容式蒸汽发电、中低温热田的双循环发电。其中扩容式蒸汽发电在地热发电市场中占比约为 57%，是地热发电的主力。预计到 2027 年，上述三种地热发电模式的年均复合增长率将分别达到 8.4%、10.6%、8.8%，扩容式蒸汽发电仍将占据全球地热发电市场的主要份额。

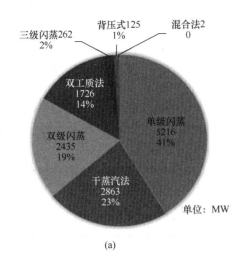
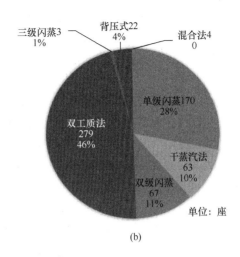

图 6-3　地热发电方式统计

（a）每一种发电方式的总装机容量；（b）每一种发电方式发电厂的数量

6.1.3　国内外地热发电的概况

2017 年 1 月，国家发展改革委发布的《地热能开发利用"十三五"规划》（发改能源〔2017〕158 号）明确提出，将地热能开发利用作为国家清洁能源战略的重点发展项目。"推进万千瓦级高温地热发电项目建设""因地制宜发展中小型分布式中低温地热发电项目""开展深层高温干热岩发电系统关键技术研究和项目示范"等地热资源开发利用举措正式提上日程。另一方面，据《联合国世界能源评估报告（WEA2004）》，可再生能源发电及非电直接利用建设成本见表 6-1，相比而言，地热发电成本较低，地热发电站的建设成本约 $2 \times 10^8 \sim 4.5 \times 10^8$ 欧元/MW，地热发电站发电成本 $40 \sim 100$ 欧元/MW·h，地热发电良好的经济效益指标为其发展奠定了有利的经济基础。

新能源（每瓦电）建设成本对比表（单位：美分/W）　　　　表 6-1

地热发电	风力发电	太阳能光伏发电	太阳能热发电	非电直接利用		
				生热电	物质能	太阳能利用
2～10	4～8	25～160	12～34	0.5～5	1～6	2～25

此外，中国地质科学院水文地质环境地质研究所编制的《中国地热资源分布图》显示：全国 336 个地级以上城市浅层地热能年可开采资源量折合 7×10^8 t 标准煤；全国水热型地热资源量折合 1.25×10^{12} t 标准煤，年可开采资源量折合 1.9×10^9 t 标准煤；埋深在 3000～10000m 的干热岩资源量折合 8.56×10^{14} t 标准煤。可见，合理开发这部分地热资源用于发电，对于降低化石能源依赖、促进可再生能源开发利用、减少 CO_2 等温室气体排放、实现经济可持续发展具有重要的战略意义。

国际能源署预测，到 2035 年、2040 年，全球地热直接利用装机容量将分别达到 500GW 和 650GW。全球地热发电总装机容量已经从 2015 年的 12283.9MW，增至 2020 年的 15950.46MW。根据 2020 年世界地热大会的统计资料显示：2020 年全球直接利用地热能的国家/地区已从 1995 年的 28 个增至 88 个。全球地热发电装机容量最高的国家为美国，2020 年装机容量为 3700MW；其次为印度尼西亚，2020 年装机容量为 2289MW；第三为菲律宾，2020 年装机容量为 1918MW。2020 年地热发电装机容量前十名的国家中，除美国外，其他国家国土面积狭小，而且很多都为岛国。从以上数据分析，我国 2020 年的地热发电装机容量为 34.89MW，相对世界上其他各国，我国地热发电开发利用与发展进度较缓。根据英国石油公司 BP 的数据显示，2011—2019 年，我国地热发电累计装机容量一直在 25～27MW 区间内，其发展态势如图 6-4 所示。而另一方面，中国作为地热资源富有国，适用于发电的地热资源主要分布在西南和东南沿海地区，总发电潜力 9.96×10^6 kW。其中，高温地热资源发电潜力为 8.46×10^6 kW，中低温地热资源发电潜力为 1.5×10^6 kW。为了尽快改变我国地热发电发展滞后与资源丰富的问题，2021 年 9 月国家能源局提出关于促进地热能开发利用的若干意见。明确提出：到 2025 年，全国地热能发电装机容量比 2020 年翻一番；到 2035 年，地热能发电装机容量力争比 2025 年翻一番的目标。可以预见，我国地热发电将进入快速发展的轨道。

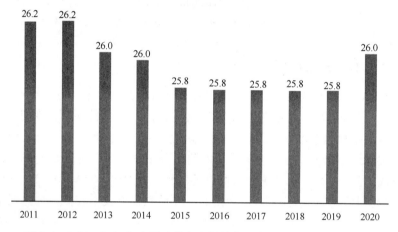

图 6-4　2011—2020 年中国地热发电累计装机容量规模（单位：MW）

6.2　地热发电的技术与考核指标

6.2.1　地热发电的技术

地热发电的技术涉及地热资源勘查与资源评价、地热钻井成井工艺、地热水保温及换热、地热利用的防腐防垢、地热发电系统、地热尾水回灌等技术环节，如图 6-5 所示。每一个环节均存在制约地热发电的关键技术问题。本章节主要从地热发电厂的技术路线与技术方案选择的角度，阐述地热发电技术。

（1）蒸汽直接发电技术

蒸汽直接发电技术是将干蒸汽或湿蒸汽从井中引出，分离杂质后直接引入汽轮机做功发电，汽轮机可以采用背压式和凝汽式，多数采用凝汽式。湿蒸汽相比干蒸汽多一个汽水分离单元。两种方式示意图如图 6-6、图 6-7 所示。

地热资源勘查与资源评价

地热钻井成井工艺

地热水保温及换热

地热利用的防腐防垢

地热尾水回灌

温度　主要利用途径
150℃　Ⅰ：发电、烘干、采暖
90℃　Ⅱ：发电、烘干、采暖
60℃　Ⅲ：采暖、医疗、洗浴、温室
40℃　Ⅳ：医疗、洗浴、采暖、温室、养殖
25℃　Ⅴ：洗浴、温室、养殖、农灌、制冷制热
Ⅵ：农灌、矿泉饮用、制冷制热

地热资源梯级利用

地热发电

图 6-5　地热发电的主要技术环节

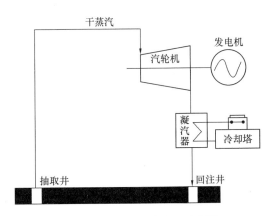

图 6-6　干蒸汽直接发电示意图

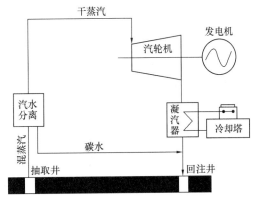

图 6-7　湿蒸汽直接发电示意图

（2）热水闪蒸发电技术

热水闪蒸发电技术是利用井中抽出的高温热水降压闪蒸出低压蒸汽，蒸汽再进入汽轮机做功发电。可以分为单级闪蒸和双级闪蒸，双级闪蒸是将单级闪蒸剩余的热水进一步降压，制取更低压力的蒸汽，与上级蒸汽一起进入双压汽轮机做功发电。双级闪蒸发电量一般可比单级闪蒸增加 15％～20％。闪蒸发电可以利用常规火电设备，热水温度越高经济性越好，高温热水比较适用。双级闪蒸示意图如图 6-8 所示。

（3）双循环发电技术

双循环发电是利用井中抽取的热水与低沸点工质进行换热，使低沸点工质蒸发，蒸发产生的蒸汽进入汽轮机做功发电。通常低沸点工质为有机工质，因此又称为有

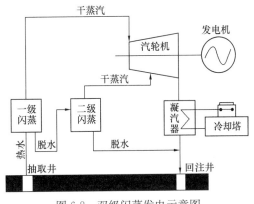

图 6-8　双级闪蒸发电示意图

211

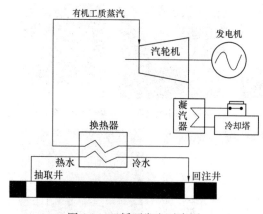

图 6-9　双循环发电示意图

机郎肯循环。根据有机工质的蒸发特性不同，可以适用的温度范围很广，高中低温热水都可以采用。由于低沸点工质的传热性能比水差，因此金属耗量大。再者有机工质价格较高，来源有限，也在一定程度上影响经济性。如果汽轮机排汽温度较高，可以再增加一个更低温循环，即双级双循环发电，这种方式虽然可以增加发电量，但同时也增加了系统复杂性，需要综合考虑。双循环发电示意图如图 6-9 所示。

（4）全流法发电技术

全流法发电技术是将井中抽取的全部流体，包括蒸汽、热水、不凝气体等直接送进全流动机械做功发电。全流动力机械主要是螺杆膨胀机。原理上全流体发电技术可以充分利用地热流体的全部能量，闪蒸和换热由于压差和温差都存在做功能力的损失，因此全流体发电技术是理想的发电技术，受限于螺杆膨胀机技术，功率一般比较小。

（5）其他发电技术

除上述几种常见的发电技术以外，还有把其中两种技术复合的发电技术，如热闪蒸/双工质联合循环技术，或热闪蒸/全流法发电技术等。需要说明的是：全流式地热发电方式是将地热介质全部引入全流发电机组。该方式理论上效率很高，可达 90%，但实际结果较低。目前，该方式在国内、外仍处于试验阶段，尚未付诸工业应用。

增强型地热发电技术，即通过将水回灌到地下水，创造出新的地热资源，以获得更高温度的地热资源，并达到 175～225℃。一般采用双循环发电，以维持地热水的压力，降低回灌的能耗。

卡琳娜循环发电技术，即采用氨水混合物作为工质替换水，利用混合物的沸点可以变化的特点，降低换热不可逆损失，提高常规郎肯循环效率。通过调节浓度变化，可以实现负荷变化。

6.2.2　地热发电厂（站）常用的考核指标

（1）发电站净效率：指发电站输出净功率的热当量与地热流体的循环加热量之比。

（2）地热资源利用效率：指发电站的净功率的热当量与地热流体的最大可用功之比。

（3）汽耗率：指发电站每发出 1kW·h 电所消耗的蒸汽量。

（4）每吨地热流体的净发电量：指每吨地热流体所发出的净发电量。

6.2.3　地热发电厂（站）建设存在的问题

1. 技术方面存在的问题

为了更好地发展我国的地热发电技术，规范指导地热发电厂（站）项目的建设，国家先后颁布了《地热电站岩土工程勘察规范》GB 50478—2008、《地热电站设计规范》GB 50791—2013 等一系列国家标准和规范，为指导我国地热发电项目建设中涉及的地热资源勘查与资源评价、地热钻井成井工艺、地热水保温及换热、地热利用的防腐防垢、地热发电系统、地热尾水回灌等技术工作，提供了纲领性依据。但是由于地热与风力、水流、太阳辐射等可再生能源不同，后者在地面上看得见摸得着，而地热储存于地下深处，其资源探测和储量评估难度大。同时，地热水引起的换热设备和管件的结垢和腐蚀问题也是制约地热能高效利用的瓶颈之一，从已经竣工的地热发电厂（站）的文献资料及实际运行状况来看，由于地热流体的复杂性、地热水的水化学特征及腐蚀结垢特性还缺乏广泛的数据资料及分析，对换热设备表面上污垢成核、生长、结垢过程的机理认识尚不深入，仍需进一步探讨换热表面结垢机理，才有可能找到解决该问题的途径。此外，现有的地热发电系统尚存在各种缺陷和技术障碍亟待攻克。

2. 社会经济效益方面

第一，地热发电工程初期钻井勘探投入高，约占整个项目投资的 50% 以上。第二，新地热开发区钻探风险大，由于地热资源储存的地质条件复杂，探测难度大，据统计，初勘的钻探成功率仅为 25%，进入开发阶段以后才有可能提升至 60%～70%。第三，地热能源勘探开发周期长，一个万千瓦级的地热能源项目从地质勘探到选址建造，再到建成投产通常需要 4～6 年甚至更长的时间，对于很多投资者吸引力不大。第四，地热能源项目集资困难，2012 年地热能源投资不足新能源项目总投资 1%。第五，从事地热勘探开发方面的人才短缺，这是制约地热能源开发的一个重要因素。据 2002—2011 年获得中国国家自然科学基金委员会资助立项涉及地热能、风能和太阳能的项目的统计分析，按数目计地热发电项目所占份额仅为 2%，而按金额计则仅为 1.81%。

现有的地热发电厂（站）发电效率低，通常不到 10%。对全球 91 个地热发电厂（6 个干蒸汽、34 个单级闪蒸、18 个双级闪蒸、31 个双工质、2 个闪蒸—双工质混合）的转换效率进行分析显示：其平均转换效率为 12%，某些双工质法的转换效率仅为 1%，普遍低于传统的热电厂。

3. 环境问题

现有的中低温地热发电系统尚存在一些环境问题，如地热能发电的有机工质或氨水混合地热水化学物质处置、地面沉降、管道与地面结垢等。其重点是：

1）腐蚀与结垢

地热流体中含有多种能导致金属和其他物质腐蚀和结垢的成分，其中的腐蚀成分主要有氧气、氢离子、氯离子、硫化氢、二氧化碳、氨和硫酸盐等。结垢成分主要是钙离子。

腐蚀和结垢是地热发电站运行中经常遇到的问题。我国西藏那曲、羊八井地热发电机组，有多套因为腐蚀和结垢问题关停。常用的防腐方式是采用防腐材料或防腐涂层，常用的除结垢方式首先是机械除垢，其次是化学方法、磁化除垢等。其中除垢问题难以解决，是影响运行的重要因素。

地热水结垢是地热系统运行中普遍存在的现象，是影响地热直接利用系统正常运行的重要问题之一。当地热水流经岩层时，在高温、高压的作用下，溶解了多种可溶性矿物质，当其通过系统时，可溶性矿物质附着在系统设备和管道的内表面上，形成垢层。垢层的出现和增厚使系统内地热流体的流动阻力增大，出水量下降。而换热器加热壁面上的结垢会导致传热效率下降，能耗增加，并有可能形成垢下腐蚀等，直接影响地热利用系统的正常高效运行。地热水垢虽然有多种形式，但最普遍存在的是碳酸钙垢。据调研，日本、冰岛等国家以及我国西藏、北京、天津、河南、辽宁等地区的地热系统都存在不同程度的结垢现象。

2）环境影响

地热发电厂的运行对环境带来一定程度的影响是不可避免的。然而在正常情况下，这种影响仅局限于发电厂附近区域，并且比其他的发电技术带来的影响小得多。

（1）气体排放

地热发电厂的气体排放量很低，虽然大部分是 CO_2，但与所有其他发电技术相比，地热发电厂平均每发电 1MW·h 所排放的 CO_2 量是正常的。双工质地热发电厂通常不排放气体。

（2）土地利用

地热发电厂所在的地方需要很多设备及配套设施，包括井场、变电站、进出道路和附属建筑物等，这些都取决于发电厂规模、能量转换系统的类型、地热储层流体的属性以及地热流体从生产井采出和废弃盐水到回注井运输所需的管理。发电厂必须建在靠近生产井的地区，这样可以避免较长输送管道中的热动力损失。仅仅一个 20～50MW 的电厂的井区就可占据相当大的土地面积，通常为 5～10km² 或更多，井场的面积仅为总面积的 2%，定向井可以在一个井区内钻多口井，最大限度减少了井场面积需求。

输送地热流体的管道一般沿着道路铺设，井区和农业、养殖业、畜牧业是共存的。

（3）固体废弃物

地热发电厂可能排入环境中的固体废弃物，最初仅限于溶解在地热流体中的物质和在发电厂生产过程中可以沉降的物质。运行后所带来的固体污染几乎可以忽略。

（4）用水及水污染

地热发电站开发的各个阶段都需要用水，然而对水的需求相对来说较易满足。用水主要是两个方面，一是钻井过程中的用水；一个是水冷却塔的用水。

在地热田的开发和生产过程中，一些地区的地热流体可能会进入到环境中。由于这些流体中可能含有对人类、动植物有害的矿物或元素，需要配套建设一定的保障设施。

（5）地面沉降

地热田的情况复杂，很难概括地面沉降的准确原因，一旦地热储层的流体开采速度远超过补给速度就会导致地面沉降。虽然回注不能保证完全避免沉降，但这样做可以维持储层流体压力，从而降低风险。

（6）诱发地震和山体滑坡

几乎每一个地热田在开发过程中都会诱发不同程度的地震活动。在正常的水热环境下这并不是一个问题，因为回注废盐水时不需要高压。

许多地热田都坐落在崎岖的火山地形上，一旦发生地震很容易引发自然山体滑坡。地热生产和注水虽都有可能诱发地震，但造成大地震是极不可能的。

山体滑坡在很多地热田所在区域内都发生过，但其诱因尚不清晰。

6.2.4　地热发电技术发展的趋势

新型联合循环发电技术以及除高温地热发电技术外，中低温地热发电技术均是地热发电技术发展的重要方向，不仅需要国家政策支持，更亟待技术上的全新突破。鉴于目前的

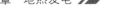

现状和技术瓶颈，迫切需要寻找一种高效率、低成本的新技术，重点开发和利用中低温地热资源，为国家地热发电作出战略补充。

1. 新型联合循环发电技术

新型的联合循环发电技术是地热发电技术的发展方向。单一的蒸汽朗肯循环发电技术循环效率较低，仅在 20% 以下；尾水排放温度较高，一般在 100℃ 以上，地热能利用不够充分。双工质循环和卡琳娜循环发电技术系统较为复杂，涉及两套工质系统，但循环效率高，尾水排放温度可以降至 60℃ 以下。在未来的地热发电技术中，可以采用联合循环的方式。在地热水的高温阶段，采用扩容式蒸汽发电系统，利用地热能的高温部分；在地热水温度不能满足扩容发电方式运行条件时，采用双工质循环或卡琳娜循环技术，充分利用地热能的低温部分，最大限度地提高地热发电循环的效率。土耳其 Kizildere 地热发电站在采用扩容系统的基础上，联合使用双工质循环技术进行试验机组的研究，最大功率达到 18.238kW，循环效率达到 38.58%，联合循环发电系统性能稳定。

还可以将地热发电与太阳能热利用相结合。在双工质循环或卡琳娜循环中，在低温地热水的热交换阶段引入太阳能热利用方式，克服地热温度较低、能源品位较差的弱点，提高循环效率。目前，这种技术已经在美国、智利等国家开展了实验室研究。

2. 热伏材料与地热发电的前后端对接

热伏材料与地热发电的前后端对接是影响地热发电大规模商业发展的重要环节。由于地热水温度较高且含有多种化学组分，导致地热水的开发和输送设备出现严重腐蚀性破坏和结垢现象，从而影响设备的效率和寿命。目前一般通过对地热流体腐蚀性和结垢趋势进行评价，采取防腐防垢的技术装置来减轻影响；已有的设备运行情况表明，该处置方法效果不佳，因腐蚀或结垢导致停产的热电发电厂不在少数。因此，探索一种全新的解决方案对于确保中低温地热发电装置长期稳定运行具有非常重要的意义。

3. 精准电网对接

对于风电、光电、光伏及太阳能光热发电、径流水电，其能源产出的不确定性，一方面造成了电网不稳定而产生安全隐患；另一方面因无法消纳导致中国目前存在严重的弃风、弃水和弃光等问题。通过热电转换的地热发电技术，可以构建能提供冷—热—电需求的能源供应系统。若采用精准电网对接技术，利用基于热电材料的地热发电，不仅可以通过储热、制冷系统消纳风电、光电、径流水电生产的过剩能源，也可以随意调控输出功率，弥补风电、光电、径流水电低谷时产能的不足，还可以为电网的安全稳定运行提供保障。因此，地热发电是冷、热、电三联供的完美结合体，是风电、光伏及太阳能光热发电、径流水电等不确定性清洁能源的优质储能系统，是能源互联网的天然调控中枢。地热发电、风电、光伏及太阳能光热发电、径流水电等多种清洁能源的冷热电综合供能系统将成为今后清洁能源的新模式。

在电网精准对接中，需要重点攻克的技术主要包括：

（1）研发地热发电电能并入电网的转接装置与控制技术；

（2）形成地热电能上网稳定与控制技术，及其对电网安全及电能质量影响的评估方法；

（3）研究地热发电的冷热电联产联供对接技术，探索基于地热发电技术的综合能源供给新模式；

（4）深入研究风电、光电、径流水电、地热发电等清洁能源的输出特性，揭示它们相互间的供能互补关系以及用户用能需求之间的关系，形成基于地热发电的多能源互补供能新技术；

（5）系统开展地热发电电热转换、电冷转换、热电转换的转换效益研究，构建基于地热发电的储能新技术；

（6）研究基于地热发电的生产供给特征及用户对冷、热、电的需求特征，发展基于冷、热、电联产联供的价格体系；

（7）研发基于地热发电的电网状态监控系统以及电网控制信息系统，形成基于地热发电的信息技术，建立基于能源流、信息流、价值流耦合特性的能源互联网技术体系。

6.3 国内外有关地热发电厂机组情况

6.3.1 国内有关地热发电厂机组情况简介

我国中、低温的地热资源非常多，但高温地热资源仅赋存于西藏自治区、云南省和四川省。我国已建成的地热发电机组情况见表6-2。

我国已建成的地热发电机组情况表　　　　表6-2

名称	机组编号	单机容量（MW）	运行时间	运行情况	备注
羊八井	1	1	1977	停运	除1号和5号机组外，其余均为青岛捷能电站工程有限公司生产的D3-1.7/0.5机型
	2	3	1981	运行	
	3	3	1982	运行	
	4	3	1985	运行	
	5	3.18	1986	运行	
	6	3	1988	运行	
	7	3	1989	运行	
	8	3	1991	运行	
	9	3	1991	运行	
那曲	1	1	1993	停运	ORMAT双循环
朗久	1	1	1987	停运	改装机组
	2	1	1987	停运	
广东丰顺	3	0.3	1984	停运	减压扩容，90℃热水

各类地热机组数量及装机容量汇总见表6-3。

各类地热机组数量、装机容量汇总表　　　　表6-3

类型	机组数量		装机容量		单机容量（MW）
	总量（MW）	占比（%）	总量（MW）	占比（%）	
干蒸汽	71	12.10	2893	27.12	40.75
1-闪蒸	169	28.79	4581.26	42.94	27.11

类型	机组数量		装机容量		单机容量
	总量（MW）	占比（%）	总量（MW）	占比（%）	（MW）
2-闪蒸	59	10.05	1856.1	17.40	31.46
3-闪蒸	6	1.02	225.8	2.12	37.63
双工质	234	39.86	707.76	6.63	3.02
闪蒸-双工质	47	8.01	398.6	3.74	8.48
混合种类	1	0.17	6	0.06	6
总量	587	100	10668.52	100	154.45

6.3.2 世界各国地热发电厂机组情况简介

世界各国地热机组发展情况汇总见表6-4。

世界各国地热机组发展情况汇总表　　表6-4

排名	国家和地区	机组数量	容量（MW）
1	美国	253	2774.43
2	菲律宾	48	1840.9
3	印度尼西亚	23	1134
4	墨西哥	39	983.3
5	意大利	35	882.5
6	新西兰	43	783.3
7	冰岛	31	715.4
8	日本	21	535.26
9	哥斯达黎加	8	205
10	萨尔瓦多	7	204.3
11	肯尼亚	13	166.2
12	土耳其	8	94.98
13	尼加拉瓜	5	87.5
14	俄罗斯	12	79
15	巴布亚新几内亚	6	56
16	危地马拉	9	44.6
17	亚速尔群岛	6	26
18	中国	8	24
19	瓜德罗普岛	2	14.7
20	埃塞俄比亚	1	8.5
21	德国	4	6.75
22	奥地利	3	1.45

续表

排名	国家和地区	机组数量	容量（MW）
23	泰国	1	0.3
24	澳大利亚	1	0.15
总计		587	10668.52
平均（MW/机组）			18.17

总之，地热发电站是开发成本高，运行成本低的项目。地热发电站的开发成本包括地质勘探、地质钻探、初始设备投资，同时需要很长的开发时间。在开发地热发电站过程中面临一系列挑战，包括确定含有高温流体的热储位置、设计经济可靠的开采方法。在合适的发电厂利用发电和采用环保的方式处理利用后的流体（通常是通过回灌井将其重新注入储层内）。整个系统必须能够达到设计要求，并至少能够运行 25～30 年，才能认为是经济可行的。

热储及流体的多变性带来了工程上更大的难题。虽然能够将热储及流体分成常见的几种类型，但是各个热储在一些具体细节上都有所不同，以至于每个都要在进行详细的研究了解之后才能合理开发利用。开发过程包括确定位置、深度、方向、井的数量和类型、待建发电厂的类型和规模、开发利用后地热流体的处理方式以及符合当地环保规定的排放系统。这些都必须提前设计好，才能进行初步的经济分析，以确定项目的可行性。

在发电厂投入运行之前，正常情况下初步工作需要几年时间，在遇到特殊困难时，还有可能花费十多年的时间。

6.4 典型案例

6.4.1 墨西哥塞洛普罗地热发电厂

塞洛普罗地热发电厂位于墨西哥西北部加利福尼亚州州府墨西卡利市东南方约 30km 处，总装机容量为 720kW。该地区地下蕴藏着极为丰富的地热资源，并由此建成了以它命名的世界第二大地热发电区并闻名于世。

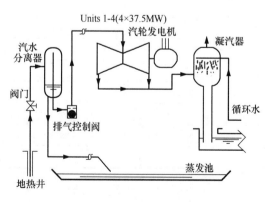

图 6-10　CP-Ⅰ的 4 个机组的简化流程示意图

塞洛普罗发电厂从 1973 年建立的 CP-Ⅰ机组（图 6-10）开始，之后不断发展，2000 年完成了第四个机组的安装建设，即 CP-Ⅳ机组，功率为 200MW。

这是一个基本的单级闪蒸设计，该设计包括地表废盐水向大型蒸发池排放的过程。

集输系统包括每口井中的旋风分离器、通向发电厂的蒸汽集输管线以及通向蒸发池的液体管线。

CP-Ⅱ和 CP-Ⅲ运行的是 4 个相同的

110MW 的机组，分别命名为 CP-Ⅱ机组 1～2 和 CP-Ⅲ机组 1～2。其汽轮机是所有地热发电厂中最大的双级闪蒸系统，由东芝公司提供。

发电站的流程如图 6-11 所示。

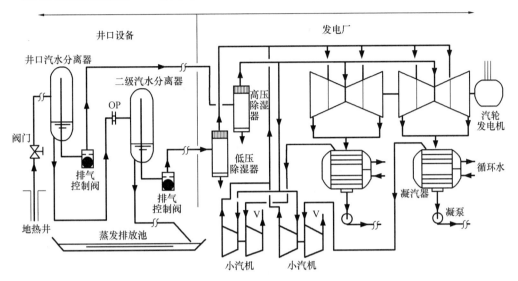

图 6-11 发电站流程图

这些汽轮机中的蒸汽来自井口的分离器和二级汽水分离器，每口井都有一对。因此每口井都有高压和低压双路蒸汽管道。在发电厂的外面，蒸汽在进入汽轮机之前都要经过大型的去湿装置。

CP-Ⅳ由 4 个相同的 25MW 的单级闪蒸机组组成。这个发电站位于先前建造的机组的东部，发电用的流体来自储层的最深部。汽轮机组由三菱公司提供，所有的机组都是于 2000 年并网发电。

总体来看，塞洛普罗的发电机组的生产动态与设计相比一直在递减，从 2008 年以来的数据表明，塞洛普罗发电厂的毛单位蒸汽消耗量（SSC）从最初的 1.94 增加到了 2.45，性能大约变差了 26%。

6.4.2 西藏羊八井地热发电厂

羊八井地热发电厂位于我国西藏自治区首府拉萨市（海拔标高 3600m）西北约 90km 的地方，海拔标高在 4300～4500m 之间。

羊八井地热发电厂是中国最大的地热能发电站，也是世界上唯一一座利用地热浅层热储资源进行工业性发电的电厂。在全球所有地热发电的国家和地区中，只有羊八井地热发电厂能够利用地下 200m 以内、150℃ 以下的浅层中温储热资源进行发电。该电厂位于我国西藏自治区当雄县境内，位于拉萨市西北约 90km 处，海拔高度为 4306m，其地热田地下深 200m，地热蒸汽温度高达 172℃。该电厂自 1977 年第一台机组投入运行，到 1986 年装机容量达 1.3 万 kW。由 5 眼地热井供水，单井产量为 75～160m³/h，水温为 145～170℃。每年二、三季度水量丰富时靠水力发电，一、四季度靠水热发电，能源互补。从 1977 年 9 月第一台 1MW 试验机组发电成功，至 1991 年陆续完成另 8 台 3MW 机组的安装投产，同时 1MW 试验机组退役，总装机容量达到 24.18MW。占拉萨电网总装机容量的 41.5%，在冬季枯水季节，地热发电出力占拉萨电网的 60.0%，成为其主力电网之一。尽管自 1995 年以来，浅地层地热持续衰减，但机组出力依然稳定在 13000~18000kW，每年发电在 1 亿度左右，一直持续运行至今。其机组的主要工艺路线如图 6-12 所示。

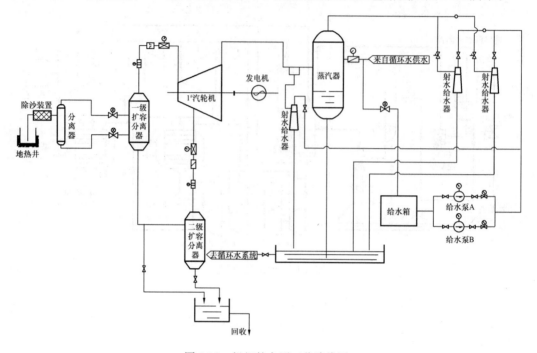

图 6-12　机组的主要工艺路线图

第7章　氢能的应用

7.1　概述

7.1.1　氢能及特点

氢是宇宙中分布最广泛的物质，氢能源是一种高效、清洁、可再生的二次能源，是现代能源体系的重要组成部分，它是通过一定的方法或利用其他能源制取的，而不像煤、石油、天然气可以直接开采。

氢能源所具有的高热值、低污染、来源广、转换灵活的优势，适用于大规模储存，便于运输，用途比较广泛，已经从工业原料，向大规模能源开发利用的方向发展。2022年3月23日国家发展改革委和国家能源局联合下发了《氢能产业发展中长期规划（2021—2035年）》，是我国首个氢能产业的中长期规划，首次明确氢能是未来国家能源体系的重要组成部分，是终端实现绿色低碳发展的重要载体，同时是战略性新兴产业的重点方向，是中国摆脱化石能源依赖和保障能源安全的理想选择。随着"双碳"目标的提出，围绕碳达峰、碳中和，能源转型的步伐，氢能源的应用将进一步加快。

氢能源被视为21世纪最具发展潜力的清洁能源，是一种不依赖化石燃料且储量丰富的新能源。氢能具有以下特点：

（1）重量轻：标准状态下，当密度为0.0899g/L，在$-252.7℃$时，可成为液体，若将压力增大到数百个大气压，液氢可变为金属氢。

（2）导热性极佳：氢气比大多数气体的导热系数要高出10倍。

（3）储量丰富：氢元素的质量大约可以占到宇宙物质总量的90%以上，它主要以化合物的形态储存于水中，而水是地球上最丰富的物质。据推算，如把海水中的氢全部提取出来，它所产生的总热量约等于9000倍地球上所有化石燃料放出的热量。

（4）可回收利用：利用氢能源的汽车排出的废物只是水，所以可以再次分解氢，进而回收利用。

（5）环保：氢燃烧时除生成水和少量氮化氢（NH_3）外不会产生诸如一氧化碳（CO）、二氧化硫（SO_2）等对环境有害的污染物质，且能大大减弱温室效应。

（6）利用形式多：既可以通过燃烧产生热能，在热力发动机中产生机械功，又可以作为能源材料用于燃料电池，或转换成固态氢用作结构材料。

（7）多种形态：以气态、液态或固态的金属氢化物出现，能适应储运及各种应用环境的不同要求。

（8）耗损少：以远近距离管道输氢替代远距离高压输电，从而提高安全性，减小能源损耗。

（9）运输方便：氢可以减轻燃料自重，增加运载工具有效载荷，从而降低运输成本。

7.1.2 氢能产业链

氢能产业链涵盖氢能源和燃料电池端。根据目前氢能源的产业链布局，可以将氢能产业链划分为由氢制取、氢储运、氢加注组成的上游，由燃料电池系统及电堆组成的中游和由氢燃料电池应用的各个领域组成的下游（图7-1、表7-1）。

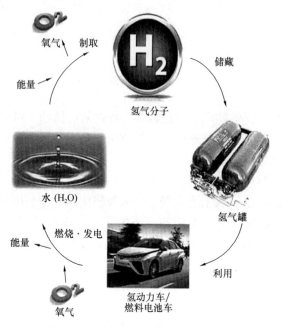

图 7-1　氢能上下游应用路线图

氢能上下游产业链与应用一览表　　　　　　　　　　　　　　　　　　　　　　表 7-1

上游：氢生产与供应			中游：燃料电池及核心零部件			下游：燃料电池应用			
氢制取	化石重整（煤、天然气）		燃料电池电堆	质子交换膜	碳纸/碳布	交通领域	乘用车	物流车	专用车
	工业副产品（焦炉煤气、化肥轻烃工业）	电解水		铂基催化剂	膜电极		重型卡车	大型客车	
	变压吸附PSA装置			双极板	密封垫片		船舶	有轨电车	飞机
氢储运	高压气氢拖车	储氢瓶	燃料电池系统配件	空气压缩机	压力调节阀	工业及新能源领域	固定式电源/发电站		
	液氢槽车	管道气氢		各种电磁阀及管路	稳压罐		天然气掺氢	氢能冶金	
					加湿器				
氢加注	加氢机	卸氢机	压缩机		氢气循环泵或引射器	DC/DC	建筑领域	天然气掺氢		
	站控系统、管道及阀门	储氢瓶组		传感器	储氢瓶	增湿器		新型热电联产		
		氢气汇流排								

目前，氢能的主要应用领域是交通运输、发电、工业、建筑节能等，这些领域将增加氢能的使用量。随着氢能产业的发展，以及氢能与燃料电池技术的全面成熟，氢能在工业领域的应用会快速增长，进一步拓展到冶金、化工、交通、电力等领域，充分发挥氢能在能源绿色低碳转型和高排放、高污染行业绿色发展中的重要支撑作用，从而满足国民经济的发展和广阔的市场需求。

7.1.3　国外氢能产业发展概况

近几年来，全球主要国家高度愈发重视氢能产业的发展，美国、日本、德国等发达国家已经将氢能上升到国家能源战略高度，不断加大对氢能及燃料电池的研发和产业化扶持力度。

美国、欧洲和日本氢能产业发展现状及规划见表 7-2～表 7-4。

美国氢能发展现状及其规划　　　　　　　　　　　　　　表 7-2

指标	2018	2020	2025
在营加氢站	42 座	75 座	200 座
燃料电池乘用车数量	5899 辆		

资料来源：前瞻产业研究院整理

欧洲氢能发展现状及其规划　　　　　　　　　　　　　　表 7-3

指标	2018	2020	2025	2030
在营加氢站	152 座		770 座	1500 座
燃料电池乘用车	1080 辆			

资料来源：前瞻产业研究院整理

日本氢能发展现状及其规划　　　　　　　　　　　　　　表 7-4

指标	2018	2020	2025	2030	2040
在营加氢站	113 座	160 座	320 座	900 座	
燃料电池乘用车数量	2839 辆		20 万辆	80 万辆	燃料电池车的普及

资料来源：前瞻产业研究院整理

7.1.4　我国氢能产业发展概况

自 2016 年氢能产业纳入我国国家能源战略以来，国家有关部门及各省（自治区）政府高度重视并积极推动氢能技术与产业发展。我国相关部委和地方政府已出台了近 200 个政策文件推动氢能在能源转型、科技创新、"双碳"行动等方面发挥更大作用。2022 年 3 月 23 日国家能源局、国家发展改革委联合下发了《氢能产业发展中长期规划（2021—2035 年）》，明确提出氢能是未来国家能源体系的重要组成部分，充分发挥氢能清洁低碳特点，实现绿色低碳转型，将氢能产业作为战略新兴产业和未来重点产业，并提出了氢能产业发展各阶段的目标：

（1）到 2025 年，基本掌握核心技术和制造工艺，初步建立以工业副产氢和可再生能源制氢就近利用为主的氢能供应体系，燃料电池车辆保有量约 5 万辆，部署建设一批加氢站，可再生能源制氢量达到 10～20 万 t/年，实现二氧化碳减排 100～200 万 t/年。

（2）到 2030 年，形成较为完备的氢能产业技术创新体系、清洁能源制氢及供应体系，有力支撑碳达峰目标实现。

（3）到 2035 年，形成氢能多元应用生态，可再生能源制氢在终端能源消费中的比例明显提升。

通过上述一系列的顶层设计、宏观引导，推动了关键技术装备攻关，探索多场景高效利用，建立健全标准化体系，积极推动了氢能产业发展，从而使我国氢能产业步入了高速发展的轨道。在国家和各地政府的政策引导和鼓励下，我国国企、民企、外企对发展氢能产业都展现了极大的热情，长三角、粤港澳大湾区、环渤海三大区域的氢能产业呈现集群化发展态势。

有关统计数据显示：从 2018 年开始我国氢气年产量超过 2000 万 t，2020 年达到 2500 万 t。截至 2021 年年底我国氢气产能量超过 3300 万 t，电解水制氢技术已经相对成熟，每年可以达到 9 亿 m³ 的制氢能力，我国氢能产业已初步形成"东、西、南、北、中"五大发展区域，集中分布在长三角、粤港澳大湾区、京津冀等区域。我国氢能全产业链规模以上工业企业已经从 2019 年的 215 家，到 2021 年已经超过了 300 家，涵盖了氢能源产业链由上游到下游的三段，即：上游——氢生产与供应；中游——燃料电池及核心零部件，下游——燃料电池应用。在交通领域，我国正在运营的以氢燃料电池为动力的客车和重卡车辆数量超过 6000 辆，约占全球运营总量的 12%。首批入选的 5 个燃料电池汽车示范应用城市群拥有加氢站数量占比超过 50%。

2022 年 4 月国家能源局科技司副司长刘亚芳在"中国国际经济交流中心—联合国开发计划署氢能产业高峰论坛"上透露的信息显示：截至 2022 年 4 月，我国已累计建成加氢站超过 255 座，约占全球数量的 40%。其中在营 183 座，累计建成加氢站数量、在营加氢站数量、新建成加氢站数量在全球首次实现三个"第一"，首批入选的 5 个燃料电池汽车示范应用城市群拥有加氢站数量占比超过 50%。

随着我国氢能产业加速发展，氢气的应用将会越来越广泛，在碳中和及碳达峰的大背景下，我国氢气需求与产量预期将会持续增长。根据《中国氢能源及燃料电池产业白皮书 2020》估算，2030 年中国氢气年需求量 3715 万 t，在终端能源消费中占比约 5%，其中可再生氢产量约 500 万 t，部署电解槽装机约 80GW。预计到 2050 年，氢能在中国终端能源体系中的占比将达到 10%，氢能产业产值将达到 1 万亿元，进而使氢能成为终端能源体系的消费主体。到 2060 年，中国氢气年需求量将增加到约 1.3 亿 t，在终端能源消费中占比达到约 20%。目前工业领域的用氢比例约为总需求量的 60%，其次是交通运输、新工业原料、工业燃料等领域（图 7-2）。

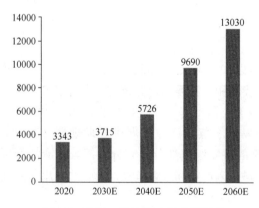

图 7-2　2020—2060 年中国氢能需求情况（单位：万 t）

总体来看，《氢能产业发展中长期规划（2021－2035 年）》为我国"双碳"目标的

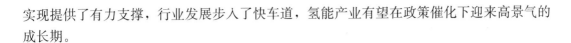

实现提供了有力支撑，行业发展步入了快车道，氢能产业有望在政策催化下迎来高景气的成长期。

7.2 制氢技术

7.2.1 传统的制氢技术

目前，氢气的来源主要有三条技术路线：煤炭、天然气等化石能源制氢，即灰氢；工业副产氢，即蓝氢；可再生能源制氢，即绿氢。

化石能源制灰氢的碳排放量很高，制取每公斤氢气平均排放 $10\sim30kg$ 二氧化碳；蓝氢需要等待副产制氢设备、CCUS 技术的普及；可再生能源电解制绿氢成本高、转换效率低，还处于起步阶段。天然气制氢和石油制氢占比分别为 48% 和 30%；煤气化制氢为 18%；而电解制氢虽占比仅为 4%，但其制氢的纯度可达到 99.7%。从成本的角度看，天然气制氢的成本最低，约为 $0.6\sim1.5$ 元/m^3；电解制氢成本高，约为 7.1 元/m^3。

（1）化石原料制氢

化石原料制氢技术成熟，成本较低，适合大规模制氢。但是制氢的碳排放量高，氢气产物中杂质多，需要复杂的提纯工序。化石原料制氢虽然是大规模制氢的主体技术路线，但是受到清洁低碳发展目标的制约。化石原料制氢结合碳捕捉和封存技术，可以实现清洁低碳发展，但是需要研究大幅降低成本的技术方法。

（2）工业副产氢

工业尾气副产氢来源广泛，经济性高，适合大规模制氢。缺点是氢气提纯工艺较复杂。

（3）化合物热分解制氢

甲醇、合成氨热分解制氢技术原料易得，转化效率高，氢气收益高。该技术制氢成本高。

（4）水电解法制氢

水电解法制氢技术系统简单，氢气纯度较高，近零排放。缺点是耗能大，制氢成本高。目前国内外已建成或在建的电制氢工程已达 200 余座。

水电解法根据电解质不同可分为碱水电解、质子交换膜（PEM）纯水电解和固体氧化物电解三种，三种技术的对比情况见表 7-5。

水电解制氢技术对比表　　　　　　　表 7-5

水电解技术	电解效率 （%）	单位能耗 （kW·h/m^3）	投资和运维	技术成熟度	废物情况
碱水电解	$65\sim75$	$4.5\sim5.5$	投资低，运维复杂	成熟，已商业化	碱液污染
PEM 纯水电解	$70\sim90$	$3.8\sim5.0$	投资高，运维简单	国外已商业化	无污染
固体氧化物电解	$85\sim100$	$2.6\sim3.6$	无运维需求	试验研究	无污染

其中固体氧化物电解槽制氢因为过高的工作温度造成了材料降解问题，尚待研究。

7.2.2　几种制氢的新工艺

（1）风电、光电电解水制氢

在利用风能、太阳能、地热能和水力发电耦合电解槽系统的制氢方式中，风电与太阳能制氢应用得比较多，尤其是太阳能制氢是比较适合大规模推广的方式。由于可再生能源的发电成本偏高，利用富裕的电量与水电解制氢耦合的技术尚未显现其经济优势。太阳能光伏组件直接连接到电解槽/储存/分配系统里，其制氢成本比电网电量制氢降低约59%。

中国氢能联盟预计：到2030年，中国氢气需求量将达到3500万t。目前氢气的制备主要依靠工业副产氢和电解槽制氢实现，其中，PEM电解槽制氢技术的运行电流密度高、能耗低、产氢压力高，是目前电解水制氢的主流方案之一，也是行业聚焦的重要方向。

风电、太阳能电解水制氢的基本原理如图7-3所示。

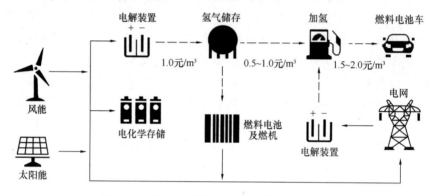

图7-3　风电、太阳能电解水制氢的基本原理

风电、太阳能电解水制氢主要有低温电解、高温电解两种技术路径，其技术路径与特点见表7-6。

电解水制氢的技术路径与特点一览表　　　　　　表 7-6

电解水制氢技术路径	低温电解			高温电解		
	碱性(OH⁻)电解	质子(H⁺)交换电解		氧离子(O²⁻)电解		
	液体	固体聚合物电解质(SPE)		固体氧化物电解质(SOE)		
	ALK	AEM	PEM	质子-固体氧化物	氧离子-固体氧化物	二氧化碳联合电解
导电离子	OH⁻	OH⁻	H⁺	H⁺	O²⁻	O²⁻
温度	20～90℃	20～200℃	20～200℃	500～1000℃	500～1000℃	750～900℃
电解质	液体	固体(聚合物)	固体(聚合物)	固体(陶瓷)	固体(陶瓷)	固体(陶瓷)
阳极电极	Ni＞Co＞Fe(氧化物)钙钛矿	Ni	IrxRul-xO₂	质子导通型钙钛矿	LaxSrl-xMnO₃＋Y-Stabilized ZrO₂(LSM-YSZ)	LaxSrl-xMnO₃＋Y-Stabilized ZrO₂(LSM-YSZ)
阴极电极	镍合金	Ni，Ni-Fe，NiFe₂O₄	Pt/C MoS₂	镍-金属陶瓷	Ni-YSZ Subst. LaCrO₃	Ni-YSZ 钙钛矿

电解水制氢技术路径	低温电解			高温电解		
	碱性(OH⁻)电解		质子(H⁺)交换电解	氧离子(O²⁻)电解		
	液体	固体聚合物电解质(SPE)		固体氧化物电解质(SOE)		
	ALK	AEM	PEM	质子-固体氧化物	氧离子-固体氧化物	二氧化碳联合电解
效率	59%~70%	60%~79%	65%~82%	达到或接近100%	达到或接近100%	—
应用程度	商业化	实验室→商业化	商业化	实验室	示范、证明	实验室
优点	低成本,稳定性高,工艺成熟,长寿命	集合了碱性和质子交换膜的优点	结构紧凑,启动和响应快速,氢气纯度高	较高的热力学、动力学性能,能耗低,成本低		直接生成氢气和一氧化碳合成气
缺点	腐蚀性电解液,气体混合,动力学性能低	聚合物膜中较低的OH⁻导通率,碱稳定性较差	聚合物膜成本高;酸性属性;贵金属催化剂	电极机械强度差(破裂);安全问题;密封性		

CO_2 表示中 O^{2-} 中的符号见表格。

目前,世界上许多国家、地区都在采用风电制氢的方法,以解决风电富余电量的问题。风电制氢就是将风力发出的电,直接通过水电解制氢设备将电能转化为氢气。根据典型案例统计分析:用风力发电进行电解水制备氢气,每生产 $1m^3$ 氢气需要消耗电 5.1~5.2kW·h。其工作流程为:风力发电—电解水—制氢制氧—氢气能源—发电、制热、炊事、取暖、交通工具使用等。

风电制氢的基本原理如图 7-4 所示。

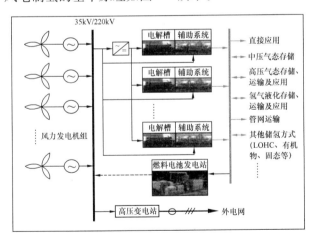

图 7-4　风电制氢的基本原理

利用大规模的风电进行电解水制氢,不仅可以减少化石能源消耗,降低污染物排放,提升电网消纳能力,还可以实现风电与煤化工、石油化工的多联产。

风力发电机发出的风电只需进行简单的变压、整流处理,将电压通过变压器调整到所需电压、将交流电整流为直流电即可制氢。如果采用风电制氢的模式，风电场就不用建设并网设备，风电机组会大大简化，风能的利用率也可得到有效提高。

风电制氢能产生巨大的社会环境效益。以千万千瓦级风电场为例，假设风电场满发，1h产生1000万kW·h的电，按5kW·h电能产生1m³氢气计算，则可以生产200万m³氢气，相当于24000t优质煤炭热值的能量。

从我国国内的应用情况看，风电制氢依然停留在示范阶段，其风电制氢的成本仍然高于煤制氢的成本。

（2）化学链制氢

化学链制氢工艺是将化学链燃烧与蒸汽铁法制氢相结合，以载氧化为媒介，烃类水蒸气反应生成二氧化碳和氢气。所用燃料主要是气体燃料。与水蒸气重整制氢相比，该工艺系统简单，投资少，能耗低；氮氧化物（NO_x）生成量极少，污染气体排放少。但是需要改进的是载氧体的性能和载氧体在反应器之间的循环方式，以及适用于液态和固态燃料的化学链制氢反应器。该技术处于实验研究阶段。

（3）太阳能制氢

太阳能制氢分为太阳能热分解水制氢、太阳光电解水制氢、太阳光催化分解水制氢。

太阳能热分解水制氢是利用聚光器收集太阳能，将水加热到2500K高温从而分解为氢气和氧气。需解决的技术问题是聚焦装置和反应器等采用的高温材料，以及高温下氢气和氧气的有效分离。以色列科研人员发现在水中加入催化剂可使水分解分步进行且温度大大降低，在1000K时制氢效率约50%。

太阳光电解水制氢是在电解质环境下，光化学电池的阳极吸收太阳能产生电子，阴极接收电子产生氢气。受限于电极材料和催化剂，目前研究得到的光电解水效率低至10%~13%，澳大利亚某研究团队采用泡沫镍作为电极材料，制氢效率达22%。

太阳光催化分解水制氢是利用紫外光照射二氧化钛（TiO_2）分解水产生氢气。该技术与光电解制氢类似，但反应过程简单。抑制光催化逆反应的发生是该技术发展的关键，目前光催化技术正处于试验研究向规模化应用的关键阶段。

（4）生物质制氢

生物质气化制氢是在1000℃以上高温下，生物质与气化剂反应产生富氢燃气。该工艺流程简单，氢气产率高，但是产生的少量焦油会腐蚀设备和管道。该工艺技术接近成熟阶段。

生物质热裂解制氢是在500~600℃隔绝氧气条件下，生物质被间接加热后热解转化为焦炭和氢气，也产生焦油。该工艺流程简单，生物质利用率高。该技术尚处于工业试验阶段，国内已有小规模工业示范装置。

生物质超临界水制氢是生物质在超临界水中经过热解、水解、缩合、脱氢等热化学转化生成氢气、一氧化碳、二氧化碳和甲烷等。该技术不需对原料进行干燥预处理，减少了能耗，但该技术尚处于试验研究阶段。

微生物降解制氢分为光合微生物制氢和发酵生物制氢。光合微生物制氢需要太阳能，利用光合微生物分解生物质产生氢气，但该技术无法降解大分子有机物，产氢率低，运行成本高，目前处于试验研究阶段。发酵生物制氢是发酵细菌在黑暗环境降解生物质制氢，该技术综合成本低，易于实现规模化生产。

7.2.3 各类制氢方式的比较与成本分析

如前所述，由于氢能与传统化工燃料汽油、柴油相比，具有三大优势：

一是较高的含能特性：除核燃料外，氢的燃烧热值居所有化工燃料榜首，燃烧 1kg 氢可放出 12MJ（28.6Mcal）的热量，约为汽油的三倍。

二是较高的能源转化效率：氢能可以通过燃料电池直接转变为电，过程中的废热可以进一步利用，其效率可达到 83%。氢气燃烧不仅热值高，而且火焰传播速度快，点火能量低。所以，氢能汽车比汽油汽车总的燃料利用效率可高 20%。

三是碳的零排放：与化石能源的利用相比，氢燃料电池在产生电能的过程中不会产生碳排放，可以实现良性循环。

因此，氢能的市场前景广阔。当前制氢方式主要有以下几种：化石燃料制氢、工业副产物制氢、电解水制氢、生物质制氢及其他。其中：化石燃料制氢与工业副产物制氢凭借较低的成本占据制氢结构的主体地位，然而随着化石燃料产量下降、可持续发展理念的深化，氢能市场在远期（2050 年左右）将形成以可再生能源为主体、煤制氢＋CCS（碳捕获）与生物质制氢为补充的多元供氢格局。

虽然制氢方法多样，但各存优劣。

天然气制氢：虽然适用范围广，但是原料利用率低，工艺复杂，操作难度高，并且生成物中的二氧化碳等温室气体使其环保性降低。

工业尾气制氢：利用工业产品副产物，成本较低。但是以焦炉气制氢为例，不仅受制于原料的供应，建设地点需依靠焦化企业，而且原料具有污染性。

电解水制氢：产品纯度高、无污染，但是高成本限制其推广。

光解水与生物质制氢：技术尚未成熟，实现商业化还需一定的时间。

几种制氢方式对比见表 7-7。

几种制氢方式对比表 表 7-7

制氢方式		优点	缺点	能源效率（%）	氢气价格（美元/kg）	氢气成本（元/N·m³）
化石燃料制氢	天然气制氢	产量高，成本低	排放温室气体	83	0.75	0.6~1.2
	煤制氢	产量高，成本低，商业化技术成熟	排放温室气体	63	0.92	1~1.2
工业副产物制氢	焦炉气制氢	利用副产物，成本低	焦炉气具有污染性，建设地点受制于原料供应	—		1.2
	氯碱制氢	产品纯度高，原料丰富	建设地点受制于原料供应			1.3~1.5
电解水制氢		环保，产品纯度高	耗电量大，成本高	45~55	1.95	3~5
光解水制氢		无污染、零排放	技术不成熟，转化率低	10~14	4.98	—
生物质制氢		环保，产量高	技术不成熟，产品纯度低	40~50	1.21~2.42	—

从制氢成本方面看，煤制氢和天然气制氢成本相对较低。就目前四类制氢方式，天然气制氢经济性最显著。目前，天然气制氢仍是我国最主要的制氢来源，占总制氢量的48%。醇类重整制氢及煤制氢也占有相当大的比重，来自电解水的制氢量最低，仅为4%。

根据对我国氢能源供给结构预测：未来供氢主体将以电解水制氢为主，可再生能源电解水制氢将上升为未来供氢的主体。在氢能市场发展初期（2020—2025年），化石燃料制氢与工业副产物制氢凭借较低的成本，占据制氢结构的主体地位，随着化石燃料产量下降，这两种方式的占比逐渐下降；到氢能市场发展中期（2030年左右），煤制氢配合CCS（碳捕获）技术、工业副产物、可再生能源电解水制氢，将成为有效供氢主体，同时开发生物质制氢等其他技术；在氢能市场发展远期（2050年左右），我国将形成以可再生能源为主体、煤制氢＋CCS与生物质制氢为补充的多元供氢格局。

1. 电解水制氢

电解水制氢是通过电能给水提供能量，破坏水分子的氢氧键来制取氢气的方法。其工艺过程简单、无污染，制取效率一般在75%～85%，每立方米氢气电耗为4～5kW·h。由于电费占整个水电解制氢生产费用的80%左右，导致其竞争力并不高。因此，解决水电解制氢成本的关键在于耗能问题。由此引出两条降低成本的途径：一是降低电解过程中的能耗；二是采用低成本电力为制氢原料。

1）降低电解过程的能耗，提高电解效率

目前主流的电解水制氢技术有三种类型：碱性电解水制氢、质子交换膜电解水（PEM）制氢和固态氧化物电解水（SOEC）制氢，其中碱性电解水制氢是最为成熟、产业化程度最高的制氢技术，但其电解效率仅为60%～75%，国外研发的PEM技术与SOEC技术均能有效提高电解效率，尤其是PEM技术已引入国内市场。

三种电解水制氢技术所采用的电解池性能对比，见表7-8。

三种电解池性能对比一览表 表7-8

电解池类型	碱水电解池	固体氧化物电解池（SOEC）	质子交换膜电解池（PEM）
电解质	20%～30%KOH	Y_2O_3/ZrO_2	PEM（常用Nafion）
工作温度（℃）	70～90	700～1000	70～80
电流密度（A/cm²）	1～2	1～10	0.2～0.4
电解效率	60%～75%	85%～100%	70%～90%
能耗（kW·h/N·m³）	4.5～5.5	2.6～3.6	3.8～5.0
操作特征	启停较快	启停不便	启停快
动态响应能力	较强		强
电能质量需求	稳定电源	稳定电源	稳定或波动
系统运维	有腐蚀液体，后期运维复杂，成本高	目前以技术研究为主，尚无运维需求	无腐蚀性液体，运维简单，成本低
电堆寿命	可达到120000h		可达到100000h

电解池类型	碱水电解池	固体氧化物电解池（SOEC）	质子交换膜电解池（PEM）
技术成熟度	商业化	实验室研发	国外已商业化，国内处于研发走向工业化前期阶段
有无污染	碱液污染，石棉致癌	无污染	清洁无污染
电解槽成本美元(kW)	400～600	1000～1500	约 2000
特点	最为成熟，商业化程度最高，成本低	部分电能被热能取代，转化效率高，高温限制材料选择，尚未实现产业化	可再生能源适应性，无污染，成本高（质子交换膜和铂电极催化），产业化程度低
国外代表企业	法国 Mcphy 美国 Teledyne 挪威 Nel		Proton Hydrogenics
国内代表企业	苏州竞立制氢设备有限公司 天津市大陆制氢设备有限公司 中国船舶重工集团公司第七—八研究所(邯郸净化研究所)		中国船舶重工集团公司第七—八研究所 北京中电丰业技术开发有限公司 中国科学院大连化学物理研究所 南通安思卓新能源有限公司 山东赛克赛斯氢能源有限公司 中国航天科技集团有限公司 507 所

资料来源：《氢气生产及热化学利用》、高工锂电、广证恒生

2）以低成本电价为制氢原料

采用低成本电力为制氢原料，关键在于依靠光伏和风电的发展。以大工业电价均价 0.61 元/kW·h 计算，当前电解水制氢的成本为 3.69 元/N·m³。当用电价格低于 0.50 元/kW·h 时，电解水制备的氢气成本才可与汽油相当。光伏系统发电成本 0.5930 元/kW·h，风电度电成本约为 0.3656 元/kW·h，且在未来仍有一定的下降空间。

（1）我国大工业电价低于世界平均水平，国内西北地区电价最低

与其他国家相比，我国工业电价位于中低水平。根据 2016 年的统计数据：我国工业电价平均为 0.107 美元/kW·h，居世界第八，仅为第一名的三分之一。相对较低的电价为我国发展电解水制氢提供了有利条件。西北地区大工业电价偏低。从省份来看，波谷、波峰电价在全国排名第一的分别是河北省和安徽省，青海省无论是波峰还是波谷电价均为最低，全国波谷电价平均为 0.33 元/kW·h，波峰电价平均为 0.90 元/kW·h；西南地区、西北地区的大工业用电价格普遍在全国平均线以下，对于发展电解水制氢节约能耗更为有利。

（2）西北地区弃风弃电可用于电解水制氢

我国弃风弃电问题突出，利好电解水制氢。近年来，新能源的持续快速发展已经远远

超过电网承载能力，新能源消耗矛盾十分突出。弃风、弃水电量呈逐年增加趋势。我国目前正大力推进可再生能源的发展，由大量弃风、弃水产生的弃电是发展电解水制氢的有利条件。随着我国可再生能源装机量逐年增长，每年可再生能源弃电量也很惊人。2018年我国全国弃风弃电量277亿kW·h，其中：西北地区为166.9亿kW·h，占全国的60.25%，其次是华北地区（占全国33.68%），东北地区占少量份额（占全国5.45%）。如果按照每立方氢气耗电5kW·h来计算，全国弃风电量可生产55.4亿m³高纯度氢气。

（3）长期来看，低成本电力的主要来源是光伏和风电

虽然，我国每年产生大量的弃风弃电，但由于弃风弃电产生的电压不稳定、难以大规模推广等原因，其终究不是解决电解水制氢成本问题的最佳选择。长期来看，光伏和风电是电解水制氢企业获得低成本电力的主要来源。

3）电解水制氢的成本

为测算电解水制氢的成本，假定制氢规模为1000N·m³/h，年产氢100万N·m³。测算结果见表7-9。

电解水制氢的成本测算表　　　　　　　　　　　表7-9

项目		数值（万元）	基本假设
初始投资	设备成本	1200	
	设备安装费用	48	取设备价格的4%
	土建工程	162	
	总投资	1410	
成本估算	用电费用	2700	按照1N·m³氢气消耗4.5kW·h电力计算，电价取2018年各省波峰波谷价格平均值0.6元/kW·h
	用水费用	3.2	按照1N·m³氢气消耗0.8t水计算，水费取4元/t
	设备及土建折旧	132.9	设备按10年折旧，土建按20年折旧，采用直线折旧法
	维修费	24.9	取设备成本与安装费用的2%
	人工及管理费	60	按5个工作人员计算
	财务费用	33	按总投资70%贷款，年利率为6%，等额本息按10年还贷估算
	合计	2954	
对应每标方氢气成本（元/N·m³）		2.95	
对应每标方氢气售价（元/N·m³）		3.69	假设毛利率为20%

资料来源：《天然气制氢、甲醇制氢与水电解制氢的经济性对比探讨》、广西恒生

根据上述测算，水电解制氢设备、安装、土建及其他总投资1410万元，每年用电等费用为2700万元，每年成本合计2954万元，对应氢气成本3.69元/N·m³。现分别计算出在不同制氢成本情况下的用电价格，见表7-10。

水电解制氢成本与用电价格表　　　　　　　　　　　　　　　表 7-10

氢气成本（元/N・m³）	1	1.5	2	2.5	3	3.5	4	4.5	5
用电价格（元/kW・h）	0.17	0.26	0.37	0.48	0.59	0.71	0.82	0.93	1.04

可见，氢气成本与用电价格成正比关系，如果要求氢气成本低于 2.6 元/N・m³，则用电价格要低于 0.50 元/kW・h。

2. 天然气制氢

天然气的主要成分是甲烷（体积含量大于 85%），因此一般说的天然气制氢就是甲烷制氢。甲烷制氢方法主要有甲烷水蒸气制氢（SMR）、甲烷部分氧化（POX）和甲烷自热重整（ATR）。其中：甲烷水蒸重整（SMR）是工业上最为成熟的制氢技术，约占世界制氢量的 70%。三种制氢方法与技术特点见表 7-11。

三种制氢方法与技术特点一览表　　　　　　　　　　　　　　表 7-11

制氢技术	优点	缺点
甲烷水蒸气重整	应用最为广泛；无需氧气；反应温度最低；对于制氢，有最佳的 H_2/CO 比例	通常需要过多蒸汽；设备投资多；能量需求高
自热重整	需要低能量；比部分氧化过程的温度低；H_2/CO 比例很容易受到 CH_4/O_2 比例的影响	商业应用有限；通常需要氧气
部分氧化	给料直接脱硫不需要蒸汽；较低的 H_2/CO 比例，常用于比例小于 20 的场景	不适用于 H_2/CO 需求比例大于 20 的场景；操作过程所需温度高；通常需要氧气

资料来源：《氢与氢能》、广证恒生

甲烷水蒸气重整是指在催化剂存在及高温条件下，使甲烷与水蒸气发生反应生成合成气。为防止催化剂中毒，原料天然气需进行脱硫预处理至硫的质量分数小于 1×10^{-7}，然后经过重整反应制备合成气，再经过水煤气变换反应将一氧化碳进一步转化为氢气和二氧化碳，最后将二氧化碳通过变压吸附（PSA）脱除得到氢气。

因此，本文重点对甲烷水蒸气重整制氢（SMR）方法进行降成本的测算。

对于天然气制氢，天然气成本是占比最大的部分，约占生产成本的 45%～75%（IEA）。因此其降成本策略应首先关注天然气价格。

天然气价格在很大程度上受自然资源禀赋的影响，天然气资源丰富的地区，价格相应偏低。我国天然气资源主要分布在中西盆地地区。因而沿海地区天然气价格偏高，西北地区价格最低。非居民天然气价格目前正在逐步市场化。2019 年 3 月国家发展改革委调整了各省天然气基本门站价格，经价格调整后，上海、广东、浙江等东南沿海地区天然气价格普遍高于平均价 1.68 元/千 m³，新疆、青海等西北地区价格则低至 1.2 元/千 m³ 左右。

在对甲烷水蒸气重整制氢成本测算中，假定制氢规模为 1000N・m³/h，年产氢 100 万 N・m³。其天然气制氢成本测算结果见表 7-12。

天然气制氢成本测算表 表 7-12

项目		数值（万元）	测算假设
初始投资	设备成本	1300	包括天然气重整制氢及纯化设备
	设备安装费用	52	按设备价格的 4％
	土建工程	176	
	总投资	1528	
成本估算	天然气费用	672	假设生产 $1N \cdot m^3$ 氢气需要 $0.4N \cdot m^3$ 天然气，天然气价格取 1.68 元/$N \cdot m^3$
	循环水费用	20	假设生产 $1N \cdot m^3$ 氢气需要 0.02t 循环水，循环水价格取 1 元/t
	脱盐水费用	3.5	假设生产 $1N \cdot m^3$ 氢气需要 0.00035t 循环水，循环水价格取 10 元/t
	用电费用	60	假设生产 $1N \cdot m^3$ 氢气消耗 $0.1kW \cdot h$，电价取 0.6 元/$kW \cdot h$
	设备及土建折旧	144	设备按 10 年折旧，土建按 20 年折旧
	维修费	27	按设备成本＋安装费的 2％计算
	人工及管理费	120	按 9 个工作人员计算
	财务费用	36	按总投资 70％贷款，年利率为 6％，等额本息法 10 年还贷估算
	合计	1082.5	
对应每标方氢气成本（元/$N \cdot m^3$）		1.08	
对应每标方氢气售价（元/$N \cdot m^3$）		1.35	假设毛利率为 20％

根据上述测算，天然气制氢设备、安装、土建及其他总投资为 1528 万元，每年天然气费用为 672 万元（占总成本的 62.11％），每年成本合计 1082.4 万元，对应氢气成本为 1.08 元/$N \cdot m^3$。现分别计算不同制氢成本情况下，对应的天然气价格见表 7-13。可见，天然气制氢相比电解水制氢具有明显的成本优势。

天然气制氢成本与天然气价格表 表 7-13

氢气成本（元/$N \cdot m^3$）	0.60	0.80	1.00	1.20	1.40	1.60
天然气价格（元/$N \cdot m^3$）	0.22	0.64	1.06	1.47	1.89	2.31

3. 煤制氢

煤气化制氢是最常用的一种煤制氢手段。煤是我国制氢的主要原料之一，可以通过多种方式制取氢气，但目前在我国氢气生产中占据主要地位的还是煤气化制氢。

三种煤制氢技术方法的比较见表 7-14。

三种煤制氢技术方法的比较 表 7-14

制氢技术	过程	产品
煤间接制氢	将煤转化为甲醇，再由甲醇重整制氢	
煤焦化制氢	煤经过干燥、预热、软化等过程被炼制成焦炭，副产品的焦炉煤气中含有氢气	焦炉煤气中氢气含量 55％～60％，其余是甲烷、一氧化碳等气体
煤气化制氢	煤炭先与氧气反应，后和水反应，得到以氢气和一氧化碳为主要成分的气态产品，脱硫净化后，一氧化碳和水蒸气反应生成更多的氢气，最后分离提纯得氢气	变压吸附提纯后，氢气纯度可以提高到 99.9％以上

资料来源：《氢能与制氢技术》、广证恒生

对于煤气化制氢，煤炭成本占比最大，能够占到总成本的 40%～45%。因此，在制氢设备价格较为固定，工艺流程中所需条件难以大幅度改变的基础上，降低煤气化制氢成本应该从降低煤炭价格入手。我国煤炭资源较为丰富且分布广泛，全国 32 个省市（除上海外）都有煤炭资源，但是区域分布极不均衡，主要的格局是西多东少、北富南贫。其中：山西、内蒙古、陕西、新疆、贵州等五省煤炭探明储量占全国比重达到 81% 以上，且这些地区的煤质普遍较好。从 2018 年上半年全国各省原煤产量也可以看出，内蒙古、陕西、山西三个省市产量占全国的 68%，由此可见西北部煤炭产量具有明显优势。

在对煤气化制氢成本的测算中，本文参考中石化经济技术研究院 2015 年对煤气化制氢成本的分析模型。假定的条件是：煤炭的价格是 600 元/t，水煤浆制氢装置为 12.4 亿元，生产的氢气规模为 $9 \times 10^4 m^3/h$；直接工资成本每年以 9% 的速度增长；辅助材料和装置投资等其他部分以每年 5% 的速度增长；煤炭价格依旧为 600 元/t。其成本测算表见表 7-15。

煤气化制氢成本测算表　　　　　　　　　　　　　　　　　　表 7-15

成本项目	价格（元/t）	成本项目	价格（元/t）
原材料	3690	成本合计	11739
辅助材料	108	扣除副产品	−446
燃料及动力	4535	单位生产成本	12185
直接工资	219	单位生产成本（元/N·m³）	1.1
装置投资	3187		

资料来源：中石化经济技术研究院、广证恒生

通过上述测算，可以发现当煤炭价格为 600 元/t 时，大规模煤气化生产氢气的成本为 1.1 元/N·m³。如果将制氢场所选定在内蒙古，煤炭价格降低为 200 元/t，制氢气的成本可能降低为 0.34 元/N·m³。

由于目前煤炭资源几乎全部掌握在国家手中，煤炭价格难以有大幅度下降；另外，我国正在推进节能减排和实现碳中和、碳达峰的战略目标，已经限制煤气化项目；再加上人工费用逐渐增长，未来煤气化企业很难通过规模效应来减少每立方米氢气的生产成本。因此虽然目前通过测算证明煤气化制氢的成本较低，但未来煤气化制氢成本的下降空间有限。

4. 化工副产品制氢

氯碱制氢为主要生产方式，降低成本可从节能降耗方面入手。化工副产品制氢主要可以分为焦炉气制氢、氯碱副产品制氢、丙烷脱氢和乙烷裂解等几种方式。其中：氯碱副产品制氢由于工艺成本最为适中，且所制取的氢气纯度较高等优势，成为目前化工副产品中较为适宜的制氢方式。

氯碱制氢是以食盐水（NaCl）为原料，采用离子膜或者石棉隔膜电解槽生产烧碱（NaOH）和氯气（Cl_2），同时得到副产品氢气的工艺方法。之后再使用 PSA 等技术去除氢气中的杂质即可得到纯度高于 99% 的氢气。

根据国家统计局的数据：2018 年我国氯碱厂的产量为 2620.5 万 t，根据氯碱平衡表，烧碱与氢气的产量配比为 40∶1，理论上 2018 年氯碱副产品制氢产生了 65.5 万 t 氢气，

即 73.8 亿 N·m³ 的氢气。目前，氯碱工业中成本最高的部分是用电成本，使用离子膜法生产烧碱所需的电耗为 2150～2200kW·h/t。由于化工副产物制氢的成本难以单独核算，在此就不做赘述。

（1）丙烷脱氢

2013 年，丙烷开始作为化工原料被大规模使用，当年中国进口丙烷数量为 245t，其后进口量逐年上升至 1350 万 t。与此同时，丙烷脱氢项目也在不断发展。截至 2019 年 1 月，我国已经建成的丙烷脱氢项目共计生产能力 467 万 t/年，其中山东和江苏两个省份处于领先位置。行业内已经公布的规划和在建的丙烷脱氢项目共计 45 个，涉及生产能力 2605 万 t/年。若规划和在建的丙烷脱氢项目都已完成，预计可以副产并外售 86.8 万 t 氢能，未来发展空间巨大，丙烷脱氢副产的氢气将成为未来具有潜在优势的燃料电池车用氢源选择之一。

（2）乙烷裂解

乙烯是中国需求量最大的烯烃之一，是合成塑料、纤维和橡胶的基础原料。根据中国产业信息网的信息，过去十年我国的乙烯消费快速增长，从 2008 年的 1096 万 t 增长到 2017 年的 2143 万 t，年均复合增长率为 8%。随着乙烷裂解技术的逐渐成熟，国内企业开始布局乙烷裂解的大规模生产，到 2021 年，乙烷裂解生产的乙烯产量占比接近 41%，而氢气作为乙烷裂解的副产品之一，也随着乙烷裂解技术的不断进步而产量快速增长。目前我国规划中的乙烷裂解产能达到 1460 万 t，可以副产并外售的氢气达到 90.4 万 t。所以乙烷裂解副产品制氢同丙烷脱氢制氢相同，都是未来最具潜在优势的燃料电池车用氢源选择之一。

7.3　氢能的存储与运输

7.3.1　氢的储存

氢是气体，它的输送和储存比固体煤、液体石油更困难。一般而言，氢气可以气体、液体、化合物等形态储存。氢的储存是一个至关重要的技术，涉及氢能的生产、运输、最终应用等所有环节。氢的储存技术已经成为氢能利用走向规模化的瓶颈，其关键技术是提高储氢的密度、降低储氢的成本和提高充放氢的速度。

氢的储存方式主要分为物理存储和化学存储两类。其中：物理存储主要有高压气态储氢、低温液态储氢等。化学存储主要有金属氢化物存储、有机液态存储和无机物用储氢等（表 7-16）。

表 7-16

氢的几种储存方式一览表

储氢方式	质量储氢密度（wt%）	体积储氢密度（g/L）	应用领域
高压气态储氢	4.0～5.7	—39	大部分用氢行业，如车用、化工、运输等
低温液态储氢	＞5.7	—70	航天、电子、运输等
金属氢化物储氢	2～4.5	—50	军用（潜艇、船舶等）、特殊用途
有机液体储氢	＞5.7	—60	车用、运输等

1. 物理存储

1）高压气态储氢

高压气态储氢是最常用的氢气储存方式，也是最成熟的储氢技术，以气罐为储存容器，通过高压压缩的方式存储气态氢。应用较广泛的是灌装压力为 15.2MPa 的储氢钢瓶，它是一种应用广泛、简便易行的储氢方式，其优点是成本低、能耗相对小，可以通过减压阀调节氢气的释放速度，充放气速度快，动态响应好，且在常温下就可以进行，能瞬间开关氢气。但是，它最大的弱点是单位质量的储氢密度只有 1％（质量分数）左右，无法满足更高应用的要求。因此，需在满足安全性的前提下，通过对材料和结构的改进来提高容器的储氢压力以增大储氢密度，同时降低储氢的成本，满足商业应用。在我国，高压气态储氢应用最为广泛。

高压气态储氢可分为车用高压气态储氢和固定式高压气态储氢：

（1）车用高压气态储氢

主要应用于车载系统，大多使用金属内胆碳纤维全缠绕气瓶（Ⅲ型）和塑料内胆碳纤维全缠绕气瓶（Ⅳ型）。当前国内车载系统中主要以Ⅲ型瓶为主，国内做车用氢瓶的生产企业有北京科泰克科技有限责任公司、北京天海低温设备有限公司、沈阳斯林达安科新技术有限公司、中国中材集团有限公司、张家港富瑞特装特种装备股份有限公司等多家企业。

（2）固定式高压气态储氢

主要应用在固定场所，如制氢厂、加氢站以及其他需要储存高压氢气的地方。目前主要使用大直径储氢长管和钢带错绕式储氢罐。大直径储氢长管，石家庄安瑞科气体机械有限公司 2002 年在国内率先研制成功 20/25MPa 大容积储氢长管，并应用于大规模氢气运输。继而开发的 45MPa 储氢瓶组，已成功用于国内众多加氢站。长管气瓶材料为铬钼钢4130X，强度高，具有良好的抗氢脆能力。

钢带错绕式储氢罐，目前有 45MPa 和 98MPa 两种型号，如浙江大学与浙江巨化装备工程集团有限公司制造生产的两台国内最高压力等级 98MPa 立式高压储罐，安装在常熟的丰田加氢站中。

2）低温液态储氢

低温液态储氢是指在 101kPa 下，将氢气压缩后冷却到 −253℃ 以下即变为液态氢，使之液化并存放在绝热真空储存器中。低温液态储氢的质量和体积储氢密度都有大幅度提高，通常低温液态储氢的质量储氢密度可以达到 5.7％。液化氢气具有存储效率高、能量密度大（12～34MJ/kg）、成本高的特点。氢的液化需要消耗大量的能源。理论上，氢的液化消耗 28.9kJ/mol 能量，实际过程消耗的能量大约是理论值的 2.5 倍，每千克液态氢耗能在 11.8MJ 以上。因为液化温度与室温之间有 200℃ 以上的温差，加之液态氢的蒸发潜热较小，所以不能忽略从容器渗进来的侵入热量所引起的液态氢的气化。罐的表面积与半径的二次方成正比，而液态氢的体积则与半径的三次方成正比，所以由渗透热量引起的大型罐的液态氢气化比例要比小型罐的小。因此，液态储氢的适用条件是存储时间长、气体量大、电价低廉。

仅从质量和体积储氢密度分析，低温液态储氢是比较理想的储氢技术，是未来重要的发展方向，它的运输能力是高压气态氢气运输的十倍以上，可配合大规模风电、水电、光电电解水制氢储运。在欧、美、日等国家，液氢应用相对比较成熟，在运输、加氢站和车载中都有应用。我国液氢主要应用在航天领域，以及少数的电子行业。

2. 化学存储

化学存储主要是金属氢化物储氢、有机液态储氢和无机物储氢。氢以金属氢化物形式存储在某些金属或合金中，经加热方式释放氢，是代表性的固态储氢方式。氢转化为氨或者液态芳香族化合物与氢气发生可逆反应，属于有机液态存储。

固态储氢存储密度最大，操作安全方便，但是充放氢温度偏高导致循环性能较差，成本高，该技术处于试验到商业应用的过渡阶段，是未来储氢技术的重要发展方向。有机液态储氢的储氢密度高和效率高，储存运输安全；缺点是脱氢效率较低，催化剂成本高且易被毒化，该技术已实现商业应用，是未来储氢应用的重要补充。

（1）规模化储氢

规模化储氢通常为气态储氢方式，根据存储容器不同可分为管段存储、地下存储和地上球形或圆形罐存储。地下存储容量最大，地上圆形罐存储容量最小。

地下存储又分为枯竭油气藏储气库、地下含水层储气库和盐穴储气库，地下存储单位投资成本不超过 1 元/kW·h。枯竭油气藏储气库具有建库周期短、投资费用低的优点，但是对盖层、储层周围环境要求高。地下含水层储气库优点是构造完整，缺点是气、水界面控制风险和建设周期长。盐穴储气库具有良好的物理特性，是应用最多的最佳地下储氢方式。

（2）储氢成本

研究表明，氢存储的平准化存储成本（LCOS）可从 2015 年的 3.6 美元/kW·h 下降到 2050 年 1.2 美元/kW·h，且氢存储（液态存储除外）转化效率基本不变。而压缩空气储能和抽水蓄能的 LCOS 下降空间很小，约在 3.2 美元/kW·h；电能的存储方式初始效率较高，随着时间增加效率将逐渐降低。因此，储氢有望在将来成为主要的储能方式。

7.3.2 氢能的运输

氢能的运输主要包括压缩氢气的运输（槽车）、液态氢的运输（罐车）、利用储氢介质输送、利用管道输送和制造原料的输送。压缩氢气的运输是把氢气压缩成高压气体后进行的运输，适用于往离站制氢型加氢站运输的场合。该方法的特点是在运输、储存、消费过程中不发生相变，能量损失小，但一次运输的量也比较少，因此适合距离较近、运输量少的场合。如果是实验室用等小规模场合，一般可采用氢气瓶来运输压缩氢气，而加氢站的场合则需要大规模的运输方法，为此开发出了转载大型高压容器的牵引车。对于牵引车运输，重要的是一次可运输的量，但是行驶在普通道路上的牵引车的大小要受到道路交通法的限制，尤其是对质量和大小的管制。由于钢制容器过重，无法提高装载量，目前正努力实现轻型化及高压化，从而提高氢气装载量。

液态氢运输的原理和压缩氢气差不多，主要区别是储存罐装的是液态氢，对保温性能要求更高。因为液态氢制造时的液化效率低，因此会导致整体运输的能量效率降低。另外，当将液态氢从液氢罐转移到加氢站储氢罐里时，不能忽略把配管冷却到液态氢温度时的蒸发损失。此外，防止水蒸气、氮气、氧气等可能聚集于液氢罐内的物质的混入也是很重要的。可以看出，当运输规模较大时，有利于提高能量效率，降低运输成本。

利用储氢介质输送是利用储氢技术把氢吸收于载体进行输送的方法。但是上述的几种储氢载体的储氢质量百分比较低，意味着运输相同质量的氢，该种方法总质量更大。可知，运输过程中为了降低运输成本，质量的重要性要高于体积，所以这是该方法的主要缺点。以有机氢化物为例介绍该种方法，通过一定的条件将氢气与环己烷进行反应生成液态的苯，之后将苯储存在油罐中，然后利用油罐车将苯运送到目的地，再通过一定的化学反应将苯进行脱氢分离得到氢气。

管道输送无论在成本上还是在能量消耗上都是非常有利的方法。在大型工业联合企业中，氢气的管道输送已被实用化。例如：利用现有的城市煤气管道输送天然气和氢气的混合物，在加氢站里根据需要抽取提纯氢气的方法，已经开始在我国试点。

综上比较压缩氢气的运输（槽车）、液态氢的运输（罐车）以及管道输送的三种主要方式，可见：

（1）管道输送在输送容量和效率、输送距离方面有优势，缺点是投资成本高，适合将氢输送到远距离和需求量大的区域；

（2）压缩氢气槽车运输容量小，灵活性好，适合将氢运输到近距离和需求量小的区域；

（3）液态氢罐车的运输容量和效率介于中间，可大容量远距离运输和向液态加氢站供氢。

此外，有机液态输氢在储氢密度和储运便利性上均有优势，可以利用现有的石油管道输送，但是催化剂成本和效率难以兼顾。固体储氢材料的研究还处于探索和改进阶段，成本也较高，实现规模化的运输还有待时日。

由于氢能输送网络很不成熟，将氢混入天然气或者甲烷化后注入天然气管道输送，是目前的一种过渡手段。加入氢后输送压力需提高，导致损耗增加，而且由于氢极易挥发的特点使天然气管道材料不适用，需要选用昂贵的低碳钢材料。欧洲一些国家已建成或在建的天然气掺混氢气示范工程的数量还不多。

氢能输送投资高，在技术上也有挑战，因此终端用氢形式、输氢成本和市场需求是决定输氢方式的关键。

7.4 氢能的应用

氢能作为一种清洁高效的新能源，正在成为全球争相发展的未来能源新星。由于其灵活高效、清洁低碳、目前已经得到广泛的应用。2022 年 3 月 23 日国家能源局、国家发展改革委联合发布了《氢能产业发展中长期规划（2021—2035 年）》，再次将氢能发展推向一个新高度。规划明确指出：氢能是未来我国能源体系的重要组成部分，是用能终端实现绿色低碳转型的重要载体，到 2035 年，我国将形成涵盖交通、储能、工业等领域的多元氢能应用生态。

7.4.1 储能领域

欧、美、日等多个国家制定氢能发展战略，储氢、运氢、加氢等氢能基础设施建设加快，氢燃料电池在商用车等领域率先开展示范应用。碳中和及碳达峰战略是推动氢能发展的主要动力，随着氢能技术突破和规模化应用，氢能全产业链将迎来发展爆发期。

根据国际氢能委员会预计，到 2050 年氢能将承担全球 18％的能源终端需求。《欧盟氢能战略》提出，在 2024 年之前可再生能源绿色制造氢达到 100 万 t，2030 年达到 1000 万 t。中国的氢能和燃料电池发展了 20 年，现在也正处于向规模产业化发展的阶段，未来 5 年应该会有大规模的发展，这将给氢能产业发展带来很大动力。

大规模利用可再生能源富余电力制氢，即电转气（P2G）技术已为市场普遍看好。当风电、光伏出力受限时，可利用富余的可再生能源进行制氢，并作为备用能源储存下来；在负荷高峰期发电并网，提高新能源的消纳能力，减少弃风、弃光，增强电网可调度能力并确保电网安全。未来随着规模化的氢储能系统的应用，可利用储氢实现跨季调峰等应用。

7.4.2　电力领域

（1）分布式发电

利用燃料电池开展分布式发电，被视为电网削峰填谷的一种解决方案，具备四大优点：一是稳定性好，不受天气、时间和区域影响；二是发电效率高，理论成本低；三是天然气属于低碳清洁能源；四是与现有加气站等基础设施相匹配。

目前，全球燃料电池分布式发电主要由美国、韩国和日本三个国家推动。其中，美国以 Bloom Energy 为代表，主要发展 SOFC 大型商用分布式发电；韩国以斗山集团为代表，主要发展 PAFC 大型商用分布式发电；日本以松下和东芝为代表，主要发展 PEMFC 小型家用分布式发电。2015 年全球氢能发电容量已经达到 1GW，预计到 2030 年将达到 30GW，我国营口营创三征 2MW 氢燃料电池发电站已经于 2019 年投入运营。

另外，氢燃料电池在大型数据中心等领域辅助供能方面也有较大的应用前景。众多知名数据中心开始追求 100％可再生能源供电目标，光伏等新能源加上储能系统供电成为数据中心的新型解决方案，氢燃料电池与 UPS 系统结合，可以帮助数据中心实现节能管理。

（2）冷热电联供

相比天然气发电，利用氢燃料发电是替代火力发电的一种更佳的低碳化方案。在技术上，首先可以从氢燃料与天然气混燃发电开始突破，开发利用余热进行甲基环己烷（MCH）、氨等氢载体的脱氢反应技术，高效脱氢工艺可进一步降低成本，与此同时加快脱硝燃烧器和非喷淋脱硝技术的开发。2020 年小型纯氢燃料热电联产的发电效率已达到 27％，到 2030 年有望全面实现商业化应用。

利用氢燃料电池也可以实现冷热电联供。近期，由我国东方电气（成都）氢燃料电池科技有限公司、东方电气集团东方锅炉股份有限公司与中国华电集团有限公司四川分公司三方联手打造的 100kW 级商用氢燃料电池冷热电联供系统已正式交付，它打通了制氢、氢气发电、供热制冷等环节，进一步拓宽氢能示范应用领域，开辟可再生能源制氢及氢能综合利用的新路径。

7.4.3　交通运输领域

1. 汽车行业

（1）氢燃料电池汽车

氢燃料电池汽车是氢能高效利用的最有效途径，当前全球多个国家都在积极布局氢燃料电池汽车产业链。截至 2020 年年底，我国累计投入燃料电池车超 6000 辆，TOP10 企业累计接入 5300 辆，占比达 88.3％。从技术发展看，近年来我国氢燃料电池汽车功率逐年提升，已经从 2018 年的 30kW，上升到 2021 年的 80kW。预计到 2030 年我国氢能源汽车将实现氢能源汽车的推广市场化。

氢燃料电池整车市场，以客车、重卡为主的商用车成主流市场。在氢能客车渗透率不断提高的同时，重卡成为新的市场重点。另一方面，燃料电池因高能量密度、长续航里程、运营阶段零排放的特点，已经成为重载领域电动化的最优方案。

国内氢燃料电池汽车市场需求旺盛，预计未来主体需求逐步从商用车向乘用车转化。由于不同地区能源结构差异和氢能特性，燃料电池和纯电动车将进入长期共存、互为补充的应用局面。根据中国氢能联盟预计：2050 年中国氢燃料电池汽车产量达到 520 万辆/年，2030 年将实现氢能源汽车的推广市场化。氢能源汽车的终端设施——加氢站，预计到 2030 年数量将达到 1000 座。

（2）氢燃料发动机

工业和信息化部制定了氢能发展战略，推动将氢气内燃机纳入其中，氢气内燃机有望成为新赛道。氢燃料发动机通过使用从汽油发动机使用的燃料供应和喷射系统改进而来的氢气喷射系统产生动力。氢燃料内燃机可以在传统发动机的基础上进行改造，适应性强，更适用于重载、非道路、建筑和专用商用车。

近年来，福特、丰田等汽车公司也积极推动氢燃料发动机研发。英国工程机械制造巨头 JCB 发布了一款氢燃料活塞发动机，在成本、重量上都比传统的电机、电池或燃料电池更有优势。

2. 氢动力船舶

（1）氢燃料电池船舶

从技术层面看，氢燃料电池在船舶领域应用具有三大优势，相较传统燃油船舶与动力电池船舶均有占优：一是可以实现工业规模化生产，电源稳定可靠；二是支持远程运输，可快速加氢；三是空气可储存在大型液体储存设施中，以便于在码头加氢。氢燃料电池船舶基础技术成熟但成本高昂，船舶用氢燃料电池模组实现从 200kW 扩展至兆瓦级，电能效率突破 55％。

目前氢能船舶领域还没有成熟的商用船舶，技术研发正积极实现降低成本和全环节技术链条整合，推动形成围绕氢燃料电池船舶的完整产业链。自 2018 年以来，中国相继出台多项政策，从技术研发、落地推广等角度推动氢燃料电池船舶发展，预计 2025 年氢燃料电池系统改造船数量和新建氢燃料电池船舶数量将分别达到 400 艘和 200 艘。

（2）氢燃料发动机船舶

日本《绿色增长战略》提出：到 2050 年，现有传统燃料船舶将全部转化为氢、氨、液化天然气（LNG）等低碳燃料动力船舶，促进面向近距离、小型船只使用的氢燃料电池系统和电推进系统的研发和普及；推进面向远距离、大型船只使用的氢、氨燃料发动机以及附带的燃料罐、燃料供给系统的开发和实用化进程。

根据全球船用发电机领导者瓦锡兰公司 2021 年 7 月发布的《氨燃料和氢燃料发动机上市时间的信息》：在 2021 年内推出氨混合燃料发动机的基础上，预计于 2023 年推出纯氨燃料发动机，并将于 2025 年推出纯氢燃料发动机。中国船舶等企业也在积极研发氢氨

发动机、氢燃料燃气轮机。

（3）氢动力航空

航空业每年排放 9 亿 t 以上的二氧化碳，氢能是发展低碳航空的主要途径。氢能在飞机上的应用有以下四种途径：①直接在燃气轮机中燃烧；②通过燃料电池用于推进或非推进能源系统；③燃料电池和燃气轮机的混合动力组合；④氢基合成燃料。

氢气可以与二氧化碳结合，产生一种不需要改变现有飞机基础设施的"过渡"燃料。考虑航空部门的低资产周转率，氢基燃料是航空业在 2050 年前实现有意义脱碳的主要途径。目前，全球多座大型机场都在探索或已经部署了加氢基础设施，用于辅助交通和物流。针对通勤类客机和支线客机，燃料电池推进是最节能、最环保、最经济的选择。针对短程客机，混合动力（氢气燃烧和燃料电池）可能为最佳方案，目前欧美中短途的小型氢动力飞机项目正在兴起。针对远程客机，合成燃料可能是更具成本效益的脱碳效益的解决方案。

空客已制定了氢能源飞机技术路线图：2021 年进行地面演示；2023 年氢燃料技术验证机首飞；2024 年确定氢燃料飞机选型；2025 年氢燃料验证机首飞；2035 年氢燃料飞机交付；最终将氢燃料推广应用到空客全系产品，包括直升机产品，并在大型客机上采用氢能源。

7.4.4 冶金领域

氢能冶金是金属冶炼行业碳减排的一种重要途径，目前的研发应用主要集中在钢铁领域。短期内以高炉富氢为主，未来逐步推进气基竖炉富氢。国内钢铁行业在未来一段时间内仍以长流程为主，现阶段应推广灰氢＋高炉富氢的氢能炼钢工艺，随着未来条件成熟，更适合氢气炼钢的富氢气基竖炉直接还原工艺在国内占比将逐步提升。

目前，国内多个大型钢企在推进氢炼钢生产线改造和建设，就已有高炉富氢工艺对现有高炉进行改造，或者建设气基还原工厂，进行氢能炼钢，在为下游提供钢铁产品的同时实现碳减排。预计到 2060 年，氢冶金粗钢产量将达 4.36 亿 t，其中采用富氢高炉工艺粗钢产量为 2.26 亿 t，气基竖炉工艺粗钢产量为 2.1 亿 t；生铁产量将达 3.44 亿 t，其中富氢高炉生铁产量为 1.97 亿 t，气基竖炉工艺生铁产量为 1.47 亿 t。

7.4.5 建筑供热

与天然气相比，氢气密度较低，单位质量的燃烧热远大于天然气；氢气更容易点燃且其火焰速率要远大于天然气；氢气在空气中扩散系数高，不易造成扩散后的聚集，危险性小。在现有天然气管道中掺杂氢气，可满足建筑领域供热需求，同时减少碳排放量。近中期实施中低比例掺氢，在氢气浓度（体积最高为 10%～20%）相对较低的情况下，无需对基础设施和终端应用进行重大改变，投资成本较低。若混合比例为 5%，每年将减少约 20 万 t 二氧化碳排放。

我国天然气掺氢尚处于研发试验阶段，主要由资金实力雄厚的国有企业开展实施，实际投产运行天然气掺氢示范项目的企业很少，部分企业发明了相关的研究专利，但未落实到具体的项目实践中。

第8章 多能互补

8.1 概述

8.1.1 基本概念与特点

1. 基本概念

目前，国内外对于多能互补系统尚无统一定义，混合能源系统（Hybrid Energy System）、综合能源系统（Integrated Energy System）、多能系统（Multi-energy Complementary System）、多能量载体系统（Multi-vector Energy System）、区域能源系统（District Energy System）等概念均包含多能协同互补的含义。另外，多能互补与智慧能源、能源互联网有内在的联系，多能互补强调多种能源的协调互补和梯级利用，能源互联网侧重能源与互联网技术的深度融合。能源互联网技术是多能互补的重要支持与实施前提，利用互联网为多能互补提供信息支撑，而多能互补是能源互联网的落脚点之一，是智慧能源的物理基础。当前，全球能源系统已经呈现出去中心化、物联化、智能化等演变趋势，注定要颠覆现有的能源系统和行业运营模式，能源横向和纵向上的互补协调是能源系统未来发展的必然趋势。

根据国家发展改革委、国家能源局2016年7月发布的《关于推进多能互补集成优化示范工程建设的实施意见》（发改能源〔2016〕1430号），多能互补（to adopt a balanced energy mix）是指按照不同资源条件和用能对象，采取多种能源互相补充，以缓解能源供需矛盾，合理保护和利用自然资源，同时获得较好的环境效益的用能方式与措施（图8-1）。

2. 各种能源的特点

发展多能互补的技术，首先要了解多种常用的电力能源特点，达到知己知彼的目的。

（1）风能与太阳能发电

风能与太阳能发电是可再生能源，且出力变化频繁、不可控。因此，需要通过其他具有调节能力的发电站对其进行补偿调节。

（2）火力发电

常规的火力发电是可调度电源，既能提供电量，也能发挥容量作用；但煤属化石能源，应尽量减少其在电力消费中的比重。其发电出力可调，可承担一定幅度调峰，但调峰运行将增加煤耗，并且出力升降速度慢，不能适应风电出力的频繁变化，需结合风（光）功率预测系统，并考虑适当的弃风（光），与风能、太阳能发电配合运行。燃气轮机机组能很快启动，可作为电力系统的备用和调峰电源（主要承担电力系统尖峰负荷），但是使用的燃料价格昂贵，不宜频繁调整发电出力，以适应风电、光电的波动性。

（3）常规水电

常规水电站具有调节能力，除利用河川径流发电外，还可以利用其水库蓄水调节，与

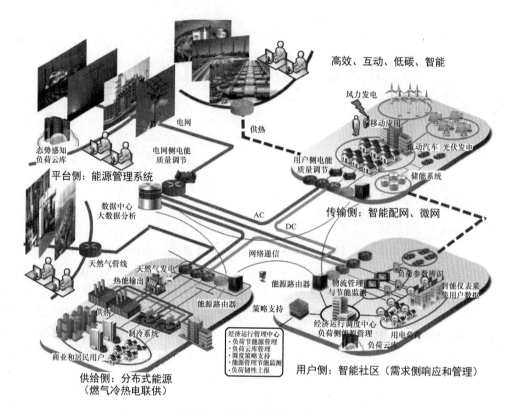

图 8-1 多能互补系统示意图

风电、光电补偿运行，发挥更大的容量效益；其机组反应速度快，可基本适应风电、光电的出力波动。

 提高能源系统运行效率、设备利用率

 梯级利用，提高能源利用效率

 减少弃风、弃光，有效解决能源消纳问题，避免能源浪费

 带动地方投资

 促进行业的发展和科技创新

 提供良好的经济效益和社会效益

图 8-2 多能互补特点示意图

（4）抽水蓄能电站

能承担系统的快速反应容量和调峰任务，并有调频、调相、紧急事故备用、启动等作用，提高电网接纳风电、太阳能发电的能力，改善火电运行工况，降低煤耗，也可平抑风电、光电出力变幅及瞬时变率，减少风力发电与太阳能发电对电网频率和无功电压的不利影响，提高电网接纳风电、太阳能发电的能力；减少弃风、弃光电量，提高风能、太阳能利用率；作为风电基地配套电源，可节省风电并网输电投资，提高输电工程经济性；增强长距离输电系统安全稳定性。

3. 多能互补的特点

多能互补包含了多种能源形式，构成了丰富的供能结构体系。多种能源之间的相互补充和梯级利用，达到 1+1>2 的效果，从而提升了能源系统的综合利用效率，缓解能源供需矛盾。其主要特点如图 8-2 所示。

8.1.2　国内外发展概况

随着全球新一轮能源革命的不断深化,当前以化石能源为主的供能模式将发生重大变革,能源结构逐步向低碳化、多元化转型,多种能源形式协同互补发展,以提升能源利用效率,已成为应对气候变化、实现可持续发展目标的必然选择。因此,因地制宜、贴近用户,将多种能源互相补充和梯级利用,形成多能互补系统,发挥不同能源的优势和潜能,缓解能源供需矛盾,实现资源优化配置和能源利用最大化,成为当下各国能源发展重点关注的领域。为此,世界主要国家纷纷制定了多能互补能源发展战略,并开展了相关技术研发和试点项目,目前已在可再生能源并网、智能电网、智慧社区、需求侧管理等方面取得了一系列的成功经验。

多能互补系统的核心在于融合,包括了能源供给侧互补、用户需求侧融合和能源输配网络(电/气/热网)融合等,是在能源系统层面进行整体协调和互补,通过生产、输配、消费、存储等各环节的时空耦合和互补替代,实现多能协同利用。多能互补的不同电源存在多种互补形式,主要有时间互补、热互补和热化学互补,其中时间互补和热互补已应用到工程中,而热化学互补尚处于理论分析和试验研究阶段。

各国依据国情和资源禀赋不同,不约而同地将发展多能互补系统置于能源战略的核心位置。就具体技术而言,智能电网技术、不同能源系统耦合集成技术、多能互补分布式供能技术、多能混合建模、协调优化控制系统等技术是目前备受各国重视的发展方向,以实现能源系统级高效整合、协同优化、智能互联,从而提高能源供需协调能力和能源利用效率。美国从智能电网出发,着力发展核能—可再生能源混合能源系统。欧盟大力发展各类低碳能源技术,以"能源系统集成"和"智能电网"为抓手,以建立一个低碳、安全和灵活的泛欧综合能源系统。德国投入重金积极探索高比例可再生能源集成的系统解决方案,聚焦新型电网架构开发和加强能源系统的协同集成研究。日本积极探索利用人工智能和IoT等技术构建多维、多元、柔性的能源供需体系。

中国着力发展多能互补的分布式供能技术,部署多能互补集成优化示范工程,推进能源供给侧的结构改革,实现多种能源优化互补稳定供给。加大风能、太阳能、核能等新能源的开发是目前我国能源战略的主要方向。然而由于新能源具有间歇性和不确定性,大容量风电和太阳能发电集中接入电力系统会严重影响主电网的电能质量和稳定运行,造成弃风、弃光甚至脱网等问题,制约了新能源的发展,因此迫切需要发展多能互补的分布式供能技术,改革能源供给侧结构,实现多种能源优化互补稳定供给。2012年,中国国家电网公司首次在全球范围内提出构建全球能源互联网构想,旨在促进全球清洁能源大规模开发利用。

2016年2月,国家发展改革委、国家能源局、国家工信部联合发布《关于推进"互联网+"智慧能源发展的指导意见》(发改能源〔2016〕392号),完成了基于互联网的新能源产业的顶层设计。同年7月,国家发展改革委、国家能源局出台《关于推进多能互补集成优化示范工程建设的实施意见》(发改能源〔2016〕430号),明确提出将在"十三五"期间建成多项国家级终端一体化集成供能示范工程及国家级风光水火储多能互补示范工程。除了积极制定相关顶层战略规划,中国政府也积极部署了一系列的研发、示范项目:2016年7月,国务院印发《"十三五"国家科技创新规划》(国发〔2016〕43号),设立"智能电网"专项,聚焦部署大规模可再生能源并网调控、大电网柔性互联、多元用户供需互动用电、智能电网基础支撑技术等重点任务。此外，科技部自 2016 年以来先后启动了国家重点研发计划"智能电网技术与装备"和"可再生能源与氢能技术"等重点专项。2017 年 1 月，国家能源局发布《首批多能互补集成优化示范工程的通知》（国能规划〔2017〕37 号），公布了"首批 23 个多能互补集成优化示范工程项目，要求在完成第一批示范工程建设的基础上，到 2020 年，各省（区、市）新建产业园区采用终端一体化集成供能系统的比例达到 50％左右，既有产业园区实施能源综合梯级利用改造的比例达到 30％左右；国家级风光水火储多能互补示范工程弃风率控制在 5％以内，弃光率控制在 3％以内"。首批 23 个多能互补集成优化示范工程项目已经于 2018 年 6 月相继并网发电。

2021 年 3 月，国家发展改革委、国家能源局联合印发的《关于推进电力源网荷储一体化和多能互补发展的指导意见》（发改能源规〔2021〕280 号）就将"源网荷储一体化"和多能互补作为实现电力系统高质量发展、促进能源行业转型和社会经济发展的重要举措。截至 2022 年 5 月，"源网荷储一体化"在我国已有初步的实践，如上海电网公司在黄浦、世博、张江和上海经研院办公区建成 4 个"源网荷储一体化"运行示范项目，聚合需求侧响应资源参与调峰辅助服务；鄂尔多斯伊金霍洛旗蒙苏经济开发区零碳产业园采用储能技术与智能物联网技术，实现风电、光伏和氢能的互补，最终形成稳定的、经济的电能网络。

2022 年 3 月，我国各省分别启动了多能互补一体化示范项目，例如：河南省发展改革委下发的《河南省电力源网荷储一体化和多能互补实施方案》（豫发改电力〔2022〕512 号）中，批准了 7 个源网荷储一体化和多能互补示范项目，总规模为 2.88GW，其中风电规模为 2300MW，光伏规模为 580MW。2022 年 6 月，中国能建投资公司首个一体化运行多能互补基地——贵州六盘水市多能互补能源基地正式开工建设，建设总装机容量超 200 万 kW，创新性采用了"风光火一体化"的多能融合开发模式，依托煤电与近区风光资源集成开发和运行，全面构建电网友好型、资源友好型、环境友好型电源集群。

2022 年 5 月 30 日，我国首座潮光互补型智能光伏发电站——国家能源集团龙源浙江温岭潮光互补型智能光伏发电站，实现全容量并网发电。该发电站位于浙江省温岭市坞根镇，总装机容量 100MW，设计布置 24 个发电单元，合计安装 18.5 万块高效单晶硅双面组件。该发电站开创了光伏与潮汐协调发电的新能源综合运用新模式，同步配套建设安装 5MW·h 储能设备，是浙江省首个实现"光伏＋储能"联合一次调频控制技术的新能源发电站，形成"日月同辉齐发力、水上水下齐发电"的场景，标志着我国在海洋能源综合利用、新能源立体式开发建设等方面取得了新成效。

8.1.3 多能互补项目的主要模式与作用

1. 主要模式

根据国家发展改革委、国家能源局于 2016 年 7 月发布的《关于推进多能互补集成优化示范工程建设的实施意见》（发改能源〔2016〕430 号），多能互补集成优化工程是按照不同资源条件和用能对象，采取多能源品种互相补充，生产过程优化，运行智能，技术、运营体现创新，合理保护自然资源，促进生态环境良性循环的系统工程。目前，在我国主要有以下两种模式（图 8-3）：

（1）终端一体化集成供能系统

终端一体化集成供能系统主要指面向终端用户电、热、冷、气等多种用能需求，因地

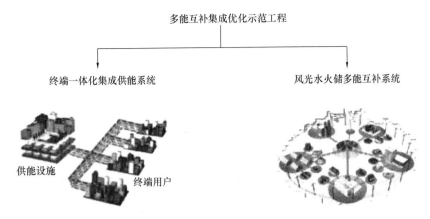

图 8-3　多能互补集成优化工程的两种模式示意图

制宜、统筹开发、互补利用传统能源和新能源建设的一体化集成供能基础设施，通常采取天然气热电冷三联供、分布式可再生能源和能源智能微网等方式，实现多能协同供应和能源综合梯级利用。比如常说的冷热电三联供，即以天然气为主要燃料带动发电设备运行，产生的电力供应用户，发电后排出的余热通过余热回收利用设备向用户供热、供冷，大大提高整个系统的一次能源利用率，实现了能源的梯级利用。

（2）风光水火储多能互补系统

风光水火储多能互补系统是针对电源侧，主要利用大型综合能源基地风能、太阳能、水能、煤炭、天然气等资源组合优势，充分发挥流域梯级水电站、具有灵活调节性能的火电机组的调峰能力，开展风光水火储多能互补系统一体化运行，提高电力输出功率的稳定性，以及电力系统消纳风电、光伏发电等间歇性可再生能源的能力和综合效益。在推进风光水火储多能互补系统建设与运行中，其互补的形式有多种。比如："风—风互补"，不同风电场之间可能具有互补性，打捆送出可降低出力变率；"风—光互补"，从负荷曲线上看，风光之间没有明显的互补特性，但是在某些特定区域，特别是当风电夜晚出力大、白天出力小时，共用输出通道，可提高线路利用率；"水—光（风）互补"，具有日调节及以上能力的水电站启停快，能适应新能源的出力变化；"煤电—光（风）互补"，优先次序低于水电调节，目前我国哈密、酒泉等典型项目均采用新能源与煤电打捆的方式；"抽水蓄能—光（风）互补"，利用蓄能电站的储能作用，效果较佳。

2．多能互补的作用与意义

通过我国建设多能互补集成优化示范工程，可以看到：多能互补是构建"互联网＋"智慧能源系统的重要任务之一，有利于提高能源供需协调能力，推动能源清洁生产和就近消纳，减少弃风、弃光、弃水限电，促进可再生能源消纳，是提高能源系统综合效率的重要抓手，对于建设清洁低碳、安全高效现代能源体系具有重要的现实意义和深远的战略意义。

多能互补的落脚点是能源互联网，而构建多能互补—能源互联网正是能源互联网、智慧能源的落脚点。能源互联网的核心就是横向互补、纵向优化，提高能源效率。所以，抛开互联等信息技术不谈，多能互补下的综合能源系统，应该是智慧能源在能源专业范畴中的精髓，也是智慧能源的工程具体化。

8.2 多能互补的主要方式与关键技术

8.2.1 多能互补的主要方式

1. "风电场—风电场"之间互补

"风电场—风电场"之间互补是指同一地区不同规模的风电场之间或不同地区的风电场之间具有的一定互补性。其互补性可以缓解风电出力的急剧变化，提高风电电量的利用效率，减小输电的规模。例如：中国甘肃酒泉、新疆哈密风电基地，由于远离电网负荷中心，当地电网接纳能力十分有限，将同一区域不同风电场打捆，通过输电线路送至电网负荷中心，其接入规模为装机容量的60%～70%，即可送出电量95%以上，同时其出力变化率也大幅降低。

2. "风电—太阳能发电"之间互补

风电与太阳能发电，因具有较强的随机性，两者之间并没有明显的出力互补，但当在某些区域风电夜晚出力大、白天出力小时，与光伏发电（太阳能发电）之间就具有一定的互补性。同一地区风力发电、光伏发电互补，共用输电线路，同样的并网容量能够输送更多的电量，可在一定程度上提高输电小时数，改善输电线路的经济性。例如：在新疆哈密风电基地二期8000MW风电开发建设方案中，配套建设1250MW的光伏发电，其中，光伏发电450MW布置于风间带，既节约了土地资源，又可与风电共用输电线路，提高了输电线路利用率。

3. "水电—风（光）电"之间互补

具有日调节及以上能力的水电站，在电网负荷低谷风电、光电（光伏发电）出力较大时适当蓄水减少出力，负荷高峰期风电、光电出力较小时加大出力，利用水库调节把风电、光电量以水库蓄水量的形式进行转化，并在时间上重新分配。水电机组启停迅速，能适应风电、光电出力一定程度内的变化。例如：龙羊峡水电站是黄河上游"龙头"水库，具有多年调节能力，在满足防洪、发电、灌溉等综合利用要求的前提下，以基本不影响龙羊峡水电站承担系统的任务为原则，在龙羊峡水电站附近地区建成320MW光伏发电站，接入龙羊峡水电站备用间隔，并作为其一台机组参与调度运行。

4. "煤电机组—风电"之间互补

在电网内没有风电的情况下，一般优先考虑由水电调峰，其次为火电，需要的火电调峰幅度较低。在经济范围内，适当提高电网内火电机组的调峰率可解决一定规模的风电与光电消纳问题。例如：陕甘青宁四省（区）之间由750kV强联为区域电网，网内甘肃、青海水电比重大，调峰能力强，在充分发挥水电调峰能力的基础上，满足系统调峰需求的火电综合调峰率仅18.6%，若将火电调峰率由18.6%增加到经济调峰率30%，则陕甘青宁电网可多消纳风电约10000MW。在新能源与煤电打捆远距离外送中，当风电出力大于输电线路可利用空闲输电容量时，通过煤电机组降负荷扩大输电线路中风电送出规模，当风电出力较小时，煤电机组升负荷以保障输电系统安全稳定运行或适应受端负荷特性要求。在新疆哈密、甘肃酒泉及宁东地区，近期水平年均拟采用此种模式。

5. "抽水蓄能—风电"之间互补

抽水蓄能与风电互补主要是利用蓄能电站的储能作用，进行风能的储存和转化。抽水蓄能电站建设地点具有更大的选择余地；而且具有吸收电量抽水功能，与风电互补能力相对更强。"抽水蓄能—风电"互补方式主要分为2种：

（1）在本地电网内与风电互补，"低谷蓄能""高峰发电"，作为风电的"蓄电池""调节库"，平抑风出力的不稳定性对电网的影响，提高本地电网接纳风电能力，改善火电机组运行工况，提高电力系统安全稳定经济性。例如：新疆阜康抽水蓄能电站位于乌昌电网，距负荷中心较近，达坂城、小草湖风电场距离乌昌电网较近，阜康抽水蓄能电站建成后，除承担系统调峰、填谷、调频、紧急事故备用外，可协助消纳风电4000MW，提高了乌昌电网接纳风电的能力和安全稳定经济性。

（2）作为风电外送的"送端配套"措施，建设在风电场附近，组成多能互补平台。其主要作用体现在：通过削峰填谷，减少弃风，提高风能利用率；减少风电并网容量，提高输电系统利用时间及经济性；节省输变电工程投资或在同等输电规模情况下，提高风电的送出规模；提高输电容量保证率；减少风电对输电系统的不利影响，有利于输电系统稳定运行，平抑风出力变幅及瞬时变率，减少风电对电网频率、无功电压的影响；提高电网接纳风电的能力。例如：新疆哈密和甘肃酒泉风电基地周边均配置了一定规模的抽水蓄能电站，与风电、光电、火电打捆通过特高压直流外送至华中电网。提高风电、光电利用率和输电线路的经济性，提高输电系统有效容量，保障输电系统安全稳定运行。

6. "抽水蓄能—太阳能发电"之间互补

"抽水蓄能—太阳能发电"之间互补与"抽水蓄能—光电互补""抽水蓄能—风电互补"类似，主要是利用蓄能电站的储能作用，进行光能的储存和转化。在光电远距离外送并网情况下，由于光电发电小时数低，将影响输电线路经济性，若在光电基地附近（送端）配套拉水蓄能电站，可以大幅度节省输电线路投资，或在同一输电规模下可提高光电送出规模，提高输电经济性，同时可以将一部分光电转化为系统需要的高峰期电量，提高输电线路有效容量。例如：青海海西州柴达木盆地规划有千万千瓦级光电基地，由于远离电网负荷中心，仅输送光电的线路规模大、投资经济性差，制约了光电的大规模开发。为促进该地区光电开发，提出了通过光电、抽水蓄能、火电打捆送至电网负荷中心的多能互补方案。

7. 微型电网中的多能互补

微型电网是指由分布式电源、储能装置、能量变换装置、相关负荷监控、保护装置汇集而成的小型发配电系统，是一个能够实现自我控制、保护和管理的自治系统。在一般条件下独立运行，也可以与大电网交换电量，对于大电网是可控单元。由于是多能互补，能量的连续性大大提高，对于储能装置的要求则大大降低，很容易实现。微型电网内多种能源配置根据当地资源条件选择，一般多选择风电、光电、水储能发电、化学储能、燃气发电等组合形式。根据微型电网内负荷需求过程和各类电源发电过程，分析储能装置的配置规模。为保障微型电网能提供稳定充足的电能，微型电网内需要配置一定规模的常规电源。例如：2011年12月投入运行实现并网发电的国家金太阳示范工程"青海省玉树州巴塘2MW水光互补微网发电示范项目"。该项目包括2MW平单轴跟踪太阳能光伏发电系统、12.8MW水电和15.2MW·h储能系统，是中国目前规模最大的微网。2013年12月

31 日，海南省首个独立光伏智能微电网在三沙市建成运营，光伏发电规模 0.5MW，同时配以 1MW·h 磷酸铁锂电池作为储能及缓冲，并结合智能微电网管控技术，为三沙市供电负荷提供高品质的绿色电力。

8.2.2 关键技术与发展趋势

多能互补系统针对不同的能源资源条件和用能对象，需将多种能源形式进行有机耦合，同时进行终端用能的优化整合，还需在系统管理环节确保效率、灵活性和供应安全。所涉及的关键技术主要包括：分布式能源、多能混合建模、综合能量管理系统、协调优化控制系统、储能技术等。世界各国都围绕上述关键技术开展了大量的研究工作，并取得了一系列的成果，为多能互补能源系统的构建和应用积累了关键的技术知识。

（1）分布式能源技术领域

多能互补系统中的分布式能源通过风力发电、光伏发电、太阳能集热发电、燃气轮机、先进热泵及燃料电池等技术。将分布式能源系统布置于配电网或负荷附近，同时注重与能源转换站、能源集线器、用户端智慧用能及计量设备、智能电动汽车等技术相结合，实现多种能源综合利用的供能网络。分布式能源系统的类型多样，有小规模、小容量、模块化、可独立输出电能的风能、太阳能、地热能、燃料电池等系统，还有将高品位能源用于发电，同时利用发电机组排放的低品位能源进行供热或制冷的热电联供或冷热电三联产系统（Combined Cooling Heating and Power，简称 CCHP）。由于分布式冷热电三联产系统是能源综合梯级利用的解决方案，总的能源利用率可以达到 75%～90%。所以近年来，许多国家和学者都探索将可再生能源用于 CCHP 的不同集成方式，如可再生能源既能作为 CCHP 的输入能源，又能与天然气 CCHP 系统相互补充等。

可见，传统能源分别建模的方式，已经不适用于多能互补系统。多能互补系统的建模方式将以电力分析为核心，以能源结构化为基础，综合考虑不同形式的能源，同时兼顾不同能源的质量品质，以实现多能源耦合与协调。

（2）多能混合建模技术

多能混合建模描述了不同类型能源的运行和互补转化，确定了能量流分布，是集成优化和其他关键技术的基础。传统电、热（冷）、气等领域已经有相对成熟的独立建模方法。如电网建模主要使用潮流模型，供热网络采用的模型包括水力工况和热力工况模型等。然而上述各自独立的能流模型并不适用于多能互补网络的多能流耦合情况，由于涉及多个能量系统，每个系统需满足不同的物理定律，每种能量流的传输速度、形式和介质不同，涉及的变量也不同。因此，与传统的电力系统相比，多能互补系统的潮流计算问题包含的变量更多，非线性更强，求解也将更加复杂。目前受到广泛认可的多能互补系统通用建模方法是能量枢纽（Energy Hub，简称 EH）。

（3）综合能量管理

能量管理系统是系统稳定运行的重要保障，通过信息流调控能量流来保障多能互补系统安全高效运行。尽管面向传统电网的能量管理系统，经过 50 多年的发展已经较为成熟，却无法直接用于多能流耦合的多能互补系统，亟须发展面向多能互补系统的综合能量管理系统。目前，国内外在多能互补系统综合能量管理方面的研究仍处于初级阶段。众多研究以微电网为对象，已有部分微电网具备了初步的综合能量管理功能，实现了基础优化调度，但尚未实现多能流的高级分析决策。

多能互补系统的综合能量管理研究可以微电网的研究成果为基础，但需解决"多能流耦合""多时间尺度"和"多管理主体"三方面问题，建立包含实时建模与状态估计、安全分析与安全控制、优化调度以及能量管理的理论体系，开发综合能量管理系统，并在实际多能互补系统中进行验证。

（4）协调优化控制

由于多能互补系统中存在多种形式的能源，多能流的耦合对系统的安全与稳定运行性提出较高的要求。因此需要对多种能流进行协调优化控制，以确保系统的安全稳定运行。多能协调优化控制就是需要结合智能电网、各种能源、储能系统、电热气负荷等，通过合理的控制策略，使多能互补系统实现高效、稳定、安全、可靠和经济的指标要求。目前，针对微电网、能源互联网的电力控制方面研究较多，但总体而言多能互补系统的协调优化控制研究尚处于起步阶段。所以，基于多智能体系统的分布式协同控制是实现多能互补系统协调控制的重要途径，依托信息通信技术，多能互补系统内的各分布式设备可以实现协同合作，对整个系统内的可控能源进行协同调度，实现故障诊断、故障恢复、状态监控、系统控制等功能，保证系统的安全和稳定运行，这是协调优化控制系统技术发展的方向。

（5）储能技术

储能技术是促进多能互补系统发展的关键支撑技术，可以发挥移峰填谷、平滑处理、计划出力跟踪、辅助服务、解决弃电、构建友好型电源、增加系统运行灵活性等众多作用。当前能源系统的储能方式主要有储电和储热两种。其中，储电技术能够解决发电功率和负荷功率之间的不匹配问题，平滑波动性可再生能源发电的输出波动，提高系统灵活性和可靠性，实现多种能源的协调控制。根据存储方式，可将储电技术划分为物理储能（如抽水蓄能、压缩空气储能和飞轮储能等）、化学储能（电化学储能、超级电容储能）两大类。

不同储能方式各有特点，物理储能一般寿命较长、规模较大，化学储能响应时间快、效率较高，因此应用于不同的场景。抽水蓄能、压缩空气储能和蓄电池储能通常可用于电网的削峰填谷、系统调频，超导磁储能和超级电容器可用于改善电能质量、稳定输出，储热技术则可解决综合能源系统中的热需求和供给的不平衡、平抑需求侧的热负荷波动。从技术发展成熟度来看，不同技术当前所处的发展阶段也有所不同，抽水蓄能、铅酸电池、液态锂离子电池和超级电容器均已进入商业应用的成熟阶段，而固态锂电池（包括固态锂离子和固态锂金属）、钠离子电池尚处于原理样机开发阶段。所以，在多能互补系统中，要根据经济性和系统的容量要求选择不同的储能方式。

8.3　典型案例

8.3.1　河北省张家口某地太阳能"光热+"清洁能源供暖项目

1. 项目基本情况

项目位于河北省张家口某地农村，因地制宜地实施了太阳能"光热+"电、"光热+"燃气、"光热+"生物质、"光热+"热泵、"光热·光伏+"等太阳能"光热+"清洁能源户用供暖试点、示范和工程项目。自 2019 年运行，截至 2021 年 12 月，已累计完成各种太阳能"光热＋"清洁能源户用供暖项目达到 7 万余户，供暖面积达到 500 余万 m²，因地制宜地切实解决当地清洁能源供暖实施过程中遇到的各种问题，取得了显著的经济效益、环境效益和社会效益。该项目是河北省农村地区冬季清洁取暖实施方案中的重点项目。

2. 技术路线

太阳能"光热＋"清洁能源户用供暖系统，以光热大循环为主体，因地制宜地选择当地优势清洁资源，实现"光热＋"清洁能源双循环多能互补、云控制器精准控制、大数据云平台精准服务，满足老百姓燃气炊事、四季热水、清洁、温暖过冬新需求，精准服务于清洁能源供暖、蓝天保卫战、碳达峰、碳中和、新农村建设新方向（图 8-4）。

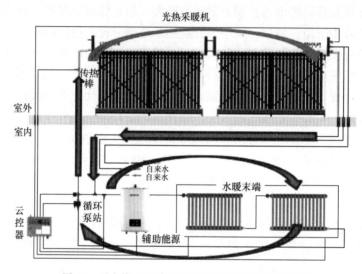

图 8-4 "光热＋"清洁能源户用供暖系统原理图

因地制宜：依据不同地区的政策、能源、资金，因地制宜地提供合理化、高性价比的"光热＋"户用采暖系统，适合区域个性化需求。

精准供热：依据用户生活习惯特征、建筑结构特征、地理环境特征实施精准供热，实现供热效益最大化。

精准服务：依据用户个性化需求，提供个性化服务，可满足老年人一键式服务，也可满足中青年人个性化需求。

精准运营：通过物联网大数据的自学习功能，实现整体项目精准运行，节能降耗降费；实时上传控制数据，可在省、市、县政府部门实时监控所有已实施煤改电、煤改气的住户的系统运行情况；通过云平台不断优化植入远程商业、远程医疗，实现精准运营。

项目以"因地制宜、精准供热、精准服务、精准运营"为理念，实施中温"光热＋"清洁能源户用供暖，实现了政府综合投资低、用户运行成本低、企业可持续发展三方共赢的目的。

3. 主要设备选型

（1）光热采暖机

光热采暖机主要由储热水箱、支架、蓝天管等组成，可依据屋顶结构实施平屋顶或坡屋顶安装。可提供 LTC-30、LTC-40、LTC-50、LTC-60 等多种标准型光热采暖机，并可根据需要进行 1～4 台模块化串并联组装，进一步通过串并联安装实现更多光热采暖机模块化组装（图 8-5）。

图 8-5　光热采暖机图

（2）电热水暖器

高效电加热器直接安装在散热片里，内置温度传感器，可控制加热源温度；可依据现场条件进行串联、并联、串并联等多种组合。该结构设计具有显著的简单可靠、高效速热、灵活方便等特点。电热水暖散热末端基本参数 600～1800mm·n（n＝10～20 柱），标准配置为 18 柱和 20 柱两种，电加热功率为 1.2～2.0kW。标准配置为 1.5kW（图 8-6）。

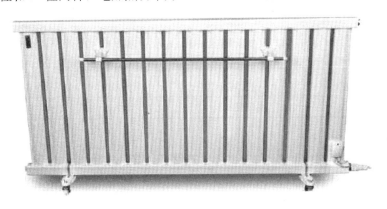

图 8-6　电热水暖器图

（3）电采暖炉

电采暖炉以电力为能源，通过电加热器加热供暖、卫生用热水。即当供水温度小于上限温度时电采暖炉处于加热状态，当供水温度到达上限温度时电采暖炉处于停机保温状态。电加热功率可选用 4～20kW，220V 和 380V 配置（图 8-7）。

（4）生物质锅炉

以生物质颗粒或压块为燃料，实现自动/手动添加生物质燃料，进行采暖的清洁炉具。具有水暖、炕暖、炊事等多项供暖，适用各种木质、农作物秸秆颗粒。可提供 9～30kW 的各种生物质锅炉。主流型号为 12kW（图 8-8）。

4. 设备配置（表 8-1）

图 8-7　电锅炉

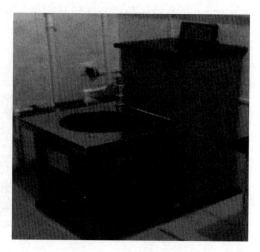

图 8-8　生物质锅炉

标准化设备配置表　　　　　　　　　　　　　　　　　　　表 8-1

序号	项目明细		规格、材料	单位	数量
1	光热采暖机		LTC-30、LTC-40、LTC-50、LTC-60	台	1～5
2	辅助能源四选一	电热水暖末端	2kW	套	2～3
		电采暖炉	4～20kW	套	1
		生物质锅炉	9～30kW	套	1
		燃气采暖炉	20～38kW	套	1
3	控制系统	云控制器	DR20	台	1
4	辅材	管道泵阀		套	1

5. 经济效益分析

在太阳能光热系统标准辐照 $17MJ/m^2$ 条件下，日平均得热量约为 $2.25kW \cdot h/m^2$。按采暖季节 4 个月计算，分别提前和延后半个月。采暖期太阳能光热系统利用率为 100%，非采暖期太阳能光热利用率按 30% 计算，对标白天电价 0.3～0.5 元/kW·h 时，仅太阳能光热系统投资回收期为 2～2.5 年；对标冬季燃气价格 2.75～3.6 元/m^3 时，太阳能光热系统投资回收期为 2.4～2.9 年；对标生物质颗粒价 800～1200 元/t 时，太阳能光热系统投资回收期为 3.0～4.5 年（图 8-9）。

6. 环境效益分析

在太阳能光热系统标准辐照 $17MJ/m^2$ 条件下，日平均得热量约为 $2.25kW \cdot h/m^2$。按采暖季节 4 个月计算，分别提前和延后半个月。采暖期太阳能光热系统利用率为 100%，非采暖期太阳能光热利用率 30% 计算，单户配置 $10m^2$ 太阳能光热系统，北方地区总安装量按 1.65 亿户计算，总安装量将达到 16.5 亿 m^2，年度节能量将达到 1.16 万亿 kW·h，减少标煤 4.6 亿 t，减少二氧化碳排放 11.5 亿 t。按 20 年寿命周期计算，总节能量将达到 23 亿 kW·h，减少标煤 92 亿 t，减少二氧化碳排放 230 亿 t。具有显著的节能、减排的环境效益（表 8-2）。

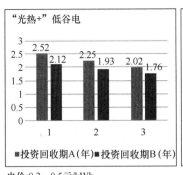
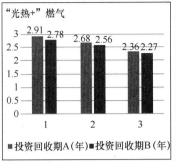
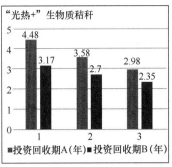

电价:0.3～0.5元/kWh　　　　燃气:2.75～3.6元/m³　　　　生物质:800～1200元/t

图 8-9　太阳能光热系统投资回收分析图

太阳能光热系统节能减排量分析表　　　　　　　　　　　　　表 8-2

太阳能光热系统	每年节能量	每年减排量					20 年节能量	20 年减排量				
		CO_2	NO_x	SO_2	烟尘	标煤		CO_2	NO_x	SO_2	烟尘	标煤
1 户（10m²）	kW·h	t					kW·h	t				
	7000	6.98	0.11	0.21	1.90	2.80	140000	139.58	2.10	4.20	38.08	56.00
1 万户（10 万 m²）	万 kW·h	万 t					万 kW·h	万 t				
	7000	6.98	0.11	0.21	1.90	2.80	140000	139.58	2.10	4.20	38.08	56.00
1 亿户（10 亿 m²）	亿 kW·h	亿 t					亿 kW·h	亿 t				
	7000	6.98	0.11	0.21	1.90	2.80	140000	139.58	2.10	4.20	38.08	56.00

7. 社会效益分析

目前北方地区农村清洁取暖市场正走向普及化。在双碳目标政策的加持下，预计在 2030 年将完成北方地区所有农村的清洁能源供暖改造。按北方农村总计 1.65 亿户计算，单户投资 1.5 万元；按 10 年期完成全部改造任务，则总投资额将达到 2.5 万亿元，年度投资额达到 2500 亿元，年度拉动产业链 GDP 将达到 1 万亿元；按人均产值为 10 万元计算，可拉动就业 1000 万人。

8.3.2　北京丽泽金融商务区天然气多能互补项目

1. 项目概况

北京丽泽金融商务区（简称"商务区"）是北京市和丰台区重点发展的新兴金融功能区，拥有相对优越的地理区位、便利的交通条件和集中成片可开发利用的土地资源，为首都金融产业的持续发展提供了新的承载空间。商务区规划范围是以丽泽路为主线，东起菜户营桥，西至丽泽桥以西，南起丰草河北路，北至红莲南路，规划总用地面积约 8.09km²。其中，商务核心区西起中心地区建设用地边缘，东至京九铁路，北起南马连道路，南至规划金中都北路，面积约 2.79km²。

2. 能源需求预测

（1）现阶段负荷

目前，商务区现有建筑多采用天然气锅炉房的方式供暖。现有建筑面积为 22.53 万 m²。

其中：现有住宅建筑面积为 15.53 万 m^2，教育科研建筑面积为 7 万 m^2。通过采用热负荷指标法估算，总的热负荷为 9712kW。由于现有建筑属于清洁能源供热，因此，能源需求预测重点针对新建规划建筑。

（2）空调冷热负荷

空调冷热负荷的估算值是根据建筑功能、人员密度、作息时间、照明设备等多种因素确定，因此采用指标法对区域内建筑空调冷热负荷进行估算。规划商务区是集商业、餐饮、学校、医院、星级酒店、办公为一体的金融商务区，其中有银行、数据中心和 24h 机房等全年不间断用冷用户，同时酒店和高档公寓有生活热水供应的需求。该项目供热指标的选取，依据《城镇供热管网设计规范》CJJ 34—2010、《公共建筑节能设计标准》DB11/687—2015，并且参照商务区控规指标、低碳生态建设指标，冷热负荷指标估算值见表 8-3。

冷热负荷指标估算值表 表 8-3

编号	用地性质	热指标（W/m^2）	冷指标（W/m^2）
1	商业金融用地	84	100
2	地下商场	60	80
3	多功能用地	80	80
4	配套教育用地	80	80
5	行政办公用地	80	80
6	教育科研用地	80	80
7	文化娱乐用地	100	80
8	数据机房	0	500

对于同时使用系数，公共建筑按配置集中式空调系统考虑，根据建筑类型不同取 0.5～0.8。依据表 8-3 推荐的冷热负荷指标计算，该项目研究范围内新规划总供热面积为 536.42 万 m^2，新规划总供热负荷约 418MW；新规划总供冷面积为 485.44 万 m^2，新规划总供冷负荷约 377MW。

（3）生活热水负荷

生活热水指标依据《建筑给水排水设计标准》GB 50015—2019 要求。采用指标法进行估算，夏季生活热水供热负荷为 23.3MW。夏季生活热水供回水温度 120/60℃。夏季生活热水供应依托能源站溴化锂吸收式制冷机组的驱动热源，供水温度 120℃。生活热水指标估算值见表 8-4。

生活热水指标估算值表 表 8-4

序号	功能名称	热水定额 [L/（人·d）]	小时变化系数	每天使用时间 （h/d）
1	办公建筑	7	1.2	8
2	酒店	140	3.0	24.0
3	公寓	90	3.5	24.0

3. 能源利用技术

为了实现整个商务区的绿色低碳，在能源管理上采用创新式的智慧清洁能源系统。智慧清洁能源系统通过采用"'1+4+N'+X"的建设模式，实现了"源、网、站"的统一规划、统一建设和统一管理的"一站式"服务。按此规划的能源系统将供冷管线和供热管

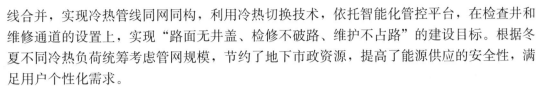

线合并，实现冷热管线同网同构，利用冷热切换技术，依托智能化管控平台，在检查井和维修通道的设置上，实现"路面无井盖、检修不破路、维护不占路"的建设目标。根据冬夏不同冷热负荷统筹考虑管网规模，节约了地下市政资源，提高了能源供应的安全性，满足用户个性化需求。

集中供冷系统主要采用西南热电中心草桥热电厂夏季余热制冷，与电制冷、冰蓄冷相结合，建设复合式区域集中供冷系统，项目新建 4 座能源站，安装 10 台 8MW 溴化锂吸收式冷热水机组，4 台 7MW 离心式冷水机组，22 台 9.5MW 双工况主机及蓄冰设备等配套设施。供热管网工程南北区设置 2 座热力换热首站，敷设管线约 7921m。同时，补充能源包含多个分布式的能源站，包括三联供能源站、地源热泵站、屋顶光伏发电站、绿电蓄热站、污水源热泵站等。这种集中供冷供热系统结合多种能源互补的能源形式，可以实现削峰填谷，既提高了能源的利用水平，改善大气环境质量，同时也实现了整个丽泽园区 100% 清洁能源功能的目标。

（1）燃气冷热电三联供

燃气冷热电三联供系统采用以冷定电的原则确定装机规模，以 C-06 地块和 C-07 地块全年稳定的冷负荷作为基础冷负荷，常规电制冷进行冷负荷的调峰。对非采暖季且非低谷电时段的冷负荷进行了整理，最大设计冷负荷为 7642kW，最小设计冷负荷为 3908kW，总运行时间为 3904h。采用 3 台 2MW 燃气内燃发电机组和 3 台烟气热水型溴化锂机组 1 对 1 布置。兼顾数据中心机柜分期实施的特点，考虑分期安装。

（2）浅层地源热泵

浅层地源热泵系统利用区域内规划的冷热同网进行补充和调峰，在 D-07 地块和 D-08 地块区域进行地源热泵试点，为这两个地块提供基础冷热负荷。通过估算，D-07、D-08 地块总的设计冷负荷为 10240kW，总的设计热负荷为 12800kW，日常生活热水负荷为 382.9kW。根据地源热泵带基础负荷的原则，基础负荷率为 51%，因此，地源热泵的设计供热负荷为 6500kW，地埋管双 U 管 ϕ32mm，打孔 ϕ120mm，该项目需要的地埋管孔数为 1000 个，孔间距采用 5m，则需要的绿地面积为 2.5 万 m²。地源热泵系统总的供冷能力为 5184kW。

（3）污水源热泵

污水源热泵系统利用区域内规划的冷热同网进行补充和调峰，对园区内的产业用地 F10、F11、F12 和 F13 采用污水源热泵供热，总的设计供热负荷为 9996.0kW。选用 3 台水源热泵机组，单台机组的供热能力为 3400kW，设计需求污水量为 1228m³/h。

（4）太阳能光伏

北京地区属于太阳能资源二类地区，在该项目发展光伏发电项目应主要考虑分布式光伏发电站和分散式光伏相结合的建设方式，即利用建筑屋顶、外墙等条件进行光伏建筑一体化方案。结合所处地理位置及气候条件，考虑用电的安全性合理性，适当采用光伏发电。总共设置 1 处集中的光伏系统，可利用的屋顶面积按照 90% 考虑。

（5）太阳能光热

该项目区域内办公、酒店和公寓的生活热水需求全部采用太阳能进行解决，辅热方式可以按照不同季节采用不同方式，冬季采用市政热力辅热，夏季（如需要）采用电辅。太阳能集热系统采用分散式，设置在各个用户末端屋顶。综上，确定的技术方案如下：

① 太阳能热水系统采用平板太阳能集热器集中工程型太阳能热水系统，运行方式为直流定温产水形式，选用地源热泵作为系统辅助能源；② 系统供水为水泵强制循环方式，同时在用水末端设置智能控水系统；③ 太阳能集热板设置在可利用建筑屋面。

4. 能耗及节能效益

商务区采用多能互补的能源系统，实现了多种可再生能源和节能技术的利用，带来了良好的社会效益。

在商务区内采用分布式能源系统，实现冬季供热，夏季制冷，提高了能源的利用效率，整个商务区实现了清洁能源利用率100%的绿色园区节能减排目标。通过浅层地源热泵、污水源热泵以及太阳能光伏、光热等技术，实现了商务区本地可再生能源的利用，提高了区域内可再生能源的利用比例。

5. 评价

北京丽泽金融商务区多能互补的能源系统，将传统的集中供热与新型的经济节能的集中供冷进行有机结合，应用多项节能技术，将"源、网、站"统筹规划，统筹建设，集中管理，这种能源供给的模式比传统的能源供应更加安全可靠，更加绿色低碳，更加经济节能，符合国家的能源产业政策和建筑节能的要求，是我国首个多能源融合、安全高效输送、智能化管理的绿色低碳智慧能源系统示范项目。

8.3.3 合肥空港经济示范区多能互补工程项目

1. 地理位置

该项目位于安徽省合肥空港经济示范区内。示范区坐落于国家级合肥经济技术开发区（北区），紧邻合肥新桥国际机场，是合肥市"1331"城市发展空间布局重点打造的3个卫星城之一。城镇空间发展结构为"一心、两园、三区"。示范区将依托新桥国际机场，重点发展以航空经济为引领的航空关联产业、高端制造业和电商物流业，努力打造成合肥经济发展的主要增长点、安徽省对外开放的新平台和国家级临空经济示范区。

2. 系统构成

该项目根据《合肥市经济示范区总体规划（2016—2030）》，按照"适度超前，分期实施"的原则开展规划建设。项目重点解决合肥空港示范区供能问题，项目由微网系统、分布式供能系统、智慧能源管理系统和用户互动服务平台四部分组成，其中分布式供能系统包括分布式燃气三联供项目、地源热泵、太阳能集热系统、屋顶光伏项目、分布式风机项目、蓄冷储能项目和充电站项目，并通过智能微电网和用户需求管理平台进行统一集成和控制，构建多种能源综合利用体系。项目计划借助大数据技术和互联网技术，开展清洁能源与终端需求侧可控负荷协调运行，形成智慧、互动、开放的能源消费模式，实现不同能源供给的有机融合和智能化运营，促进能源的高效、清洁、绿色利用，将空港示范区打造成为综合智慧现代科技新城（图8-10）。

该项目的分布式供能系统包含有风、光、气和冷、热（热水、热蒸汽）、电共6类能源品种，将三联供系统、分布式光伏、分布式风机和储能装置整合起来，可实现电力和热力的互联互通、互相补偿，充分发挥区域内冷热电的互补效应（图8-11、图8-12）。

微网内主要的一次能源输入为天然气、太阳能和风能，其中：

（1）燃机消纳天然气，产生电力及余热，余热可直接供热，也可转化供冷。

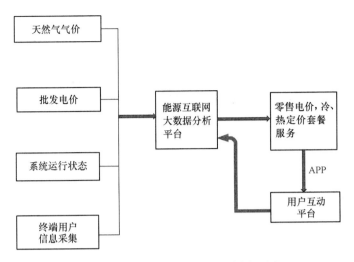

图 8-10　项目多能互补实施机制流程图

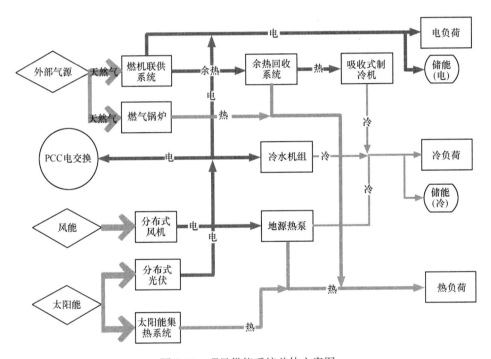

图 8-11　项目供能系统总体方案图

（2）分布式光伏既可发电，还能供热，发出的电可通过热泵转换供冷热。

（3）分布式风机吸收风能发电，供网内外用户使用；也可通过热泵转换供冷供热。

（4）储能设备（水蓄）将短时多余的能量储存，在负荷增大时释放。

3．项目的商业模式

（1）冷热电综合能源服务

综合能源服务是该项目基本的商业模式。同时将结合项目投产后用户负荷特性，设计符合用户、能源站、电网等多方利益的能源套餐。

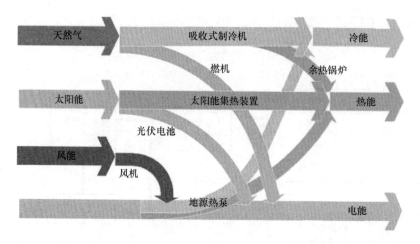

图 8-12　项目能源系统多联产和梯级利用示意图

（2）碳资产管理服务

该项目将对区内用户统一碳资产管理，提供增值服务。

（3）"互联网＋"用户需求响应服务

用户需求响应是未来智能电网发展的基础，但目前来看，电网公司要对分散独立用户实现需求管理存在较大难度，而微网可作为中间管理者实现用户需求响应，将分散且难以控制的单个负荷聚集为一定规模的可控负荷。微网对于电网公司的响应手段包括：①自身的冷、热、电储能系统；②通过面向网内用户的现货能源价格（套餐外零售价格）引导用户用能；③通过对用户统一用能管理控制用户侧用能功率。用户需求响应管理服务通过与电网公司的需求响应互动获取经济效益。

（4）其他

包括用户节能管理服务、面向电网和未来电力市场的辅助服务等。

4. 评价

建设多能互补集成优化示范工程是国家构建"互联网＋"智慧能源系统的重要任务之一，有利于提高能源供需协调能力，推动能源清洁生产和就近消纳，促进可再生能源消纳，是提高能源系统综合效率的重要抓手，对于建设清洁低碳、安全高效现代能源体系具有重要的现实意义和深远的战略意义。

第9章 "一带一路" 新能源项目前期的技术工作

9.1 概述

本书在第1.1.5节已经简要地阐述了"一带一路"新能源项目的前期工作的起始点，是在国际工程承包项目的市场开发阶段，而市场开发的工作成果是项目立项的决策。也就是说，市场开发的成果是确保一个具体的国际工程承包项目进入项目决策阶段的基础性工作。因此，本书阐述"一带一路"新能源项目前期的技术工作，就要从市场项目信息的甄别、调查研究，以及就所有涉及项目本身的技术信息进行评价，从而为项目立项的技术评审提供依据，编制立项评审报告或项目建议书，使承包商做出是否承接该项目的重大决策。

综上可见，本书图1-1所给出的国际工程项目各个阶段的划分示意图中，所描述的节点1—3的项目前期策划阶段或称为项目决策阶段，也包含了市场开发阶段的工作任务。而本书所要阐述"一带一路"新能源项目前期的技术工作，也就是围绕项目构思、市场调研、资料收集、概念定义的生成；项目建议书（或预可研）、技术合同的编制；可行性研究与可行性研究报告、概念设计的编制与完成、获批而全面展开的。

本章节没有特别说明外，所阐述的内容均适用于"一带一路"新能源项目。有关各种类别的新能源项目的技术问题本书已经在前面的章节中做出了详细的介绍，本章节也不予叙述。

9.1.1 国际工程总承包(EPC) 项目前期主要技术工作内容与流程

由于国际工程承包项目承发包模式的不同，其项目前期的主要工作与流程也不相同。目前在国际工程总承包（EPC）的模式与条件下，主要有非投标（或指定议标）项目、投标项目和投融资项目，其主要工作内容与工作流程如图9-1～图9-3所示。

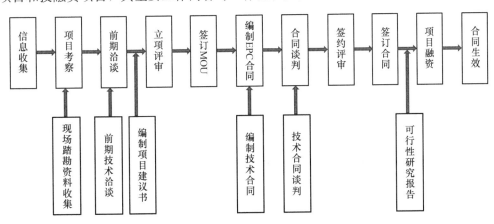

图9-1 国际工程总承包（EPC）非投标（或指定议标）项目前期工作内容与流程

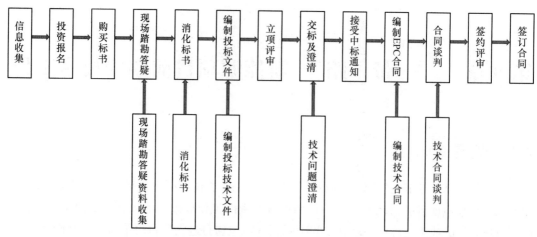

图 9-2　国际工程总承包（EPC）投标项目前期工作内容与流程

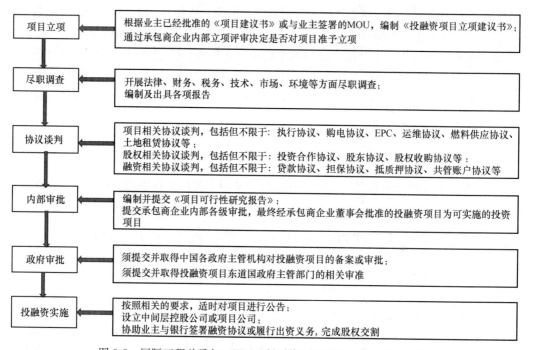

图 9-3　国际工程总承包（EPC）投融资项目前期工作内容与流程

　　图 9-3 所描述的国际工程总承包（EPC）投融资项目前期工作内容与流程，是按我国政府规定的对外工程承包的有关规定及我国国际工程承包商企业管理的实际，给出的投融资项目前期工作的内容与流程。其中："项目立项"是指我国承包商企业内部立项、评审的工作；"内部审批"是指我国承包商企业内部审批的工作；"政府审批"是指我国承包商按中国政府的有关规定，所履行的备案与审批的工作。

　　通常，许多国际工程承包商在按图 9-1～图 9-3 给出的工作内容与流程，完成项目信息收集、项目考察、项目立项与尽职调查后，都要求项目调查机构（包括以合同或协议方式委托的市场调查咨询机构）或企业自身组织的市场调查的商务人员，编写或提交《项目调研及市场预测报告》（或称调研报告）。该报告的主要内容包括：

（1）项目概况；主要有：项目名称、承办单位、项目投资方案、投资分析、项目建设目标及意义、项目组织机构等。

（2）项目背景分析及规划；主要有：①项目背景；②项目建设规划；③内外部环境分析。

（3）主要产品和产量。

（4）市场需求预测。

（5）市场竞争分析；主要有：①项目地理位置分析；②资源和技术分析；③项目SWOT 分析。

（6）财务评价；主要有：①评价方法的选择及依据；②项目投资估算；③产品成本及费用估算；④产品销售收入及税金估算；⑤利润及分配；⑥财务盈利能力分析；⑦项目盈亏平衡分析。

（7）资金来源与融资策略；主要有：资金筹措、资金来源、资金运作计划等。

（8）项目价值分析；主要有：价值判断方法的选择、价值评估等。

（9）项目风险分析。

（10）投资价值分析与总结。

（11）附件。

由于《项目调研及市场预测报告》（或称调研报告）属于商务性文件，有关该报告的要点等，本书不做详细的叙述。

9.1.2 "一带一路" 新能源项目前期主要技术工作与内容

从上述国际工程总承包三种承发包模式的工作内容与流程，可见其工作内容主要是围绕着项目建议书、技术合同和可行性研究报告的编制而展开的。在我国，这些技术工作通常都是国际工程承包商自行组成或委托有资格、有能力的国外咨询机构或国内设计单位完成的。

1. 项目建议书

项目建议书又称为立项报告（或技术方案、预可研），项目建议书要从宏观上论述项目设立的必要性和可能性，把项目投资的设想变为概略的投资建议。在国际工程承包领域，项目建议书是业主为了推进项目前期工作的进展，根据项目所在地国民经济的发展、国家和地方中长期规划、产业政策、生产力布局，国内外市场等内外部条件，提出的具体项目的建议文件，是专门对拟建项目提出的框架性的总体设想，是向项目所在国的项目审批机关呈报、获批，立项决策的依据，是可行性研究报告编制的基础。

业主或国际工程承包商，根据初步收集的项目基础资料和信息，提出的对该项目实施建设的项目建议书，表达了业主和承包商对项目建设的框架性的总体构思与设想。

在我国，项目建议书也是承包商立项、向国家有关部门报备的主要文件。但是，项目建议书主要论证项目建设的必要性和建设方案可行性，投资估算比较粗浅，投资误差为±30％左右。

项目建议书的主要用途与作用是：

① 作为项目拟建主体或承包商上报审批部门审批决策的依据；

② 作为项目批复后编制项目可行性研究报告的依据；

③ 作为项目的投资设想变为现实的投资建议的依据；

④ 作为项目发展周期初始阶段基本情况汇总的依据。

1）项目建议书的主要内容

（1）项目概况

① 项目名称、项目由来及背景。

② 项目承办单位和项目投资者的有关情况。即：生产经营内容、生产经营规模、产品销售情况、年上缴税额、自有资金数额、债权债务情况等。简述项目建设的必要性和依据。

③ 技术引进项目。简述技术引进内容（关键设备或技术专利）、拟引进技术设备水平及其国别和厂商；产品技术水平及市场销售前景。

（2）项目建设初步选址及建设条件

① 项目建设拟选地址的地理位置、占地范围（四至范围）、占用土地类别（国有、集体所有）和数量、拟占土地的现状及现有使用者的基本情况。如果不指定建设地点，要提出对占地的基本要求。

② 项目建设条件。简述能源供应条件、主要原材料供应条件、交通运输条件、市政公用设施配套条件及实现上述条件的初步设想。

③ 需进行地上建筑物拆迁的项目，要提出拆迁安置初步方案。

（3）项目建设规模、建设内容

① 建设规模和建设内容。生产性项目要提出主要产品品种、生产工艺及生产能力；非生产项目要根据项目的不同性质说明其规模，如旅馆、宾馆项目要说明有多少客房、多少床位；房地产开发项目要说明拟建的建筑物类别及数量；成片开发建设的小区要说明小区的主要功能、建筑容积率等。

② 总建筑面积及单项工程的建筑面积。

（4）环境影响（略）

（5）投资估算及资金来源

① 项目总投资额。技术引进项目要说明进口技术设备使用外汇数额，建设费用和购置国内设备所需人民币数额；外商投资企业要说明总投资额、注册资本数额、合营各方投入注册资本的比例、出资方式及利润分配方式。

② 资金来源。利用银行贷款的项目要将建设期间的贷款利息计入总投资内。

③ 利用外资项目要说明外汇平衡方式和外汇偿还办法。

（6）建设进度初步设想（略）

（7）经济效益和社会效益的初步估算（略）

（8）结论（略）

（9）附件

① 建设项目拟选位置地形图（城近郊区比例尺为1：2000；远郊区县比例尺为1：10000）。标明项目建设占地范围和占地范围内及附近地区地上建筑物现状。

② 项目所在地规划部门对项目建设初步选址意见（规划要点或其他文件）。国家限制发展的或按国家及市政府规定需要先由行业主管部门签署意见的项目，要附有关行业主管部门签署的审查意见。

③ 其他材料。

2）项目建议书批准后的主要工作

（1）业主要确定项目建设的机构、人员、法人代表、法定代表人。

（2）选定建设地址，申请规划设计条件，做规划设计方案。

（3）落实筹措资金方案。

（4）落实供水、供电、供气、供热、雨污水排放、电信等市政公用设施配套方案。

（5）落实主要原材料、燃料的供应。

（6）落实环保、劳保、卫生防疫、节能、消防措施。

（7）进行详细的市场调查分析。

（8）编制可行性研究报告

3）业主需要准备的资料

（1）项目初步设想方案：总投资、产品及介绍、产量、预计销售价格、直接成本及清单（含主要材料规格、来源及价格）。

（2）技术及来源、设计专利标准、工艺描述、工艺流程图，对生产环境有特殊要求的请说明（比如防尘、减震、有辐射、需要降噪、有污染等）。

（3）拟建项目厂区情况：厂区位置、土地占地面积、建筑面积、厂区平面布置图、购置价格、当地土地价格。

（4）业主或投资企业近三年业绩报告（包含财务指标，账款应收预付等周转次数，在产品、产成品、原材料、动力、现金等的周转次数）。

（5）项目拟新增的人数规模，拟设置的部门和工资水平，估计项目工资总额（含福利费）。

（6）提供业主公司近三年营业费用、管理费用等扣除工资后的大致数值及占收入的比例。

（7）项目建设享受的增值税、所得税税率，其他补贴及优惠事项。

（8）项目产品价格及原料价格按照不含税价格测算，如果均能明确含税价格请逐项列明各种原料的进项税率和各类产品的销项税率。

（9）项目设备选型表（设备名称及型号、来源、价格、进口地要注明，备案项目耗电指标等可不做单独测算，工艺环节中需要外部协助的请标明）。

（10）其他资料及信息。

2. 可行性研究报告

在国际工程领域，可行性研究报告（Feasibility Study Report）是业主或总承包商企业从事建设项目投资活动之前，由可行性研究主体（一般是专业咨询机构或有资格的工程设计单位）根据项目所在国家、地区政治法律、经济、社会、技术等项目影响因素进行具体调查、研究、分析，确定有利和不利的因素，分析项目必要性、项目可行性，评估项目经济效益和社会效益，为项目投资主体提供决策支持意见或申请项目主管部门批复的主要文件。

通常，可行性研究报告是由业主或项目 EPC 总承包商委托专业咨询机构或设计单位，在项目投资决策前，通过对拟建项目有关的技术、工程、经济、环境社会等方面的情况和条件进行调查、研究和分析，并对项目建成后可能取得的财务、经济效益及社会环境影响进行预测和评价，提出项目是否值得投资的研究结论，为项目投资决策提供了可靠依据。

项目可行性研究报告的用途是项目实施主体或承包商实施该项目的经济活动所需要委托专业研究机构编撰的重要文件，其用途主要是：

（1）用于向项目投资主管部门备案、行政审批；

（2）用于向金融机构贷款；

（3）用于向相关企业融资、对外招商合作；

（4）用于申请进口设备免税；

（5）用于境外投资项目的核准；

（6）于环境评价、审批；

（7）其他。

1）项目可行性研究报告的主要内容

通常情况下，项目可行性研究报告的主要内容如下：

第一章 项目总论

概括性论述项目背景、主要技术经济指标、结论及建议。

第二章 项目建设背景及必要性

从宏观和微观角度分析项目提出的背景情况和产业发展情况，用定性和定量的方法分析企业进行投资的必要性。

第三章 市场预测与建设规模

采用问卷调查、抽样调查等市场调查方法对现有市场情况进行准确分析，采用专家会议、特尔菲法、类推预测等定性分析方法和时间序列、因果分析等定量分析方法对市场进行预测，通过竞争力对比分析、战略态势分析、波士顿矩阵分析、SWOT分析等确定项目市场战略和企业营销策略，通过差额投资内部收益率法、净现值法、最小费用法等定量分析方法确定项目的产品方案和建设规模，采用成本导向定价法、需求导向定价法、竞争导向定价法等方法确定产品的销售价格。

第四章 建设条件与厂址选择

通过对工程技术条件和建设投资费用的对比确定场址方案。

第五章 工程技术方案

采用评分法、投资效益评价法确定项目的技术方案，采用投资回收期法、投资收益率法、运营成本法、寿命周期法确定项目的设备方案，通过对技术经济指标、总图布置费用、拆迁方案的对比确定项目的总体方案。

第六章 节能节水与环境保护

从建筑设计、建筑结构、平面布置、设备选型、工艺流程等方面论述项目的节能方案，从设备选型、工艺流程、综合利用等方面论述项目的节水方案，从项目建设和项目运营两方面论述项目的环境保护措施及对环境的影响情况。

第七章 劳动保护、安全卫生、消防

从危害因素、建筑施工、项目运营等方面论述项目的劳动保护与安全卫生措施，从建筑设计、功能布局、平面设计等方面论述项目的消防措施。

第八章 企业组织和劳动定员

根据企业现有组织情况以及行业先进管理经验，采用劳动生产率等方法确定企业的组织结构和劳动定员情况，并根据企业的生产计划安排、员工定岗情况和人力资源情况制定人员培训计划。

第九章 项目实施进度安排

根据行业经验和企业特点安排项目的实施计划和进度。

第十章 投资估算与资金筹措

采用单位建筑工程投资估算法、单位实物工程估算法估算项目的建筑工程费用，采用设备原价加设备运杂费估算设备购置费用，以设备购置费用为基数估算工具器具及生产家具购置费用，根据设备购置费用，采用比率法确定项目的安装工程费用，根据国家有关计费文件估算工程建设其他费用，采用全额流动资金估算法估算项目所需流动资金。

通过投资内部收益率、投资回收期、融资成本等对比确定项目的融资方案。

第十一章 财务分析与敏感性分析

利用资金时间价值方法对项目进行财务评价，采用不确定性分析、盈亏平衡分析等方法确定项目的抗风险能力和保本水平。

第十二章 社会效益分析

通过项目对社会的影响、项目与所在地的互适性两方面对项目的社会效益进行分析，确保项目符合社会发展要求。

第十三章 风险分析

通过技术和产品风险，市场风险，原材料、自然资源或供货渠道的风险，政策性风险，持续融资风险等方面的风险分析，提出相应的风险应对机制，增强企业风险防范意识、提高项目抗风险能力。

第十四章 可行性研究结论与建议

附件：

（1）项目承办单位营业执照、法人证书复印件；

（2）项目所在地当地政府规划、国土、环保等部门关于项目的支持文件；

（3）查新检索报告；

（4）检测报告；

（5）相关知识产权、专利技术复印件；

（6）自有资金存款证明；

（7）相关银行贷款承诺；

（8）其他相关证明材料；

（9）项目财务分析报表。

2）项目可行性研究报告的编制要点

在国际工程承包领域，项目可行性研究报告通常都是业主以招标的方式或协议的方式委托有资格的国际咨询机构或承包商编制，其编制的要点主要是：

（1）项目所在地国家、地区有关的发展规划、计划文件。包括对该行业的鼓励、特许、限制、禁止等有关规定。

（2）项目主管部门对项目建设要请示的批复。

（3）项目审批文件。

（4）项目承办单位委托进行详细可行性分析的合同或协议。

（5）企业的初步选择报告。

（6）主要工艺和装置的技术资料。

（7）拟建地区的环境现状资料。

（8）项目承办单位与有关方面签署的协议。如投资、原料供应、建设用地、运输等方面的初步协议。

（9）项目所在地国家和地区关于工业建设的法令、法规。如"三废"排放标准、土地法规、劳动保护条例等。

（10）项目所在地国家有关经济法规、规定。例如中外合资企业法、税收、外资、贷款等规定；关于建设方面的标准、规范、建筑经济定额资料等。

（11）在项目可行性研究报告编制过程中，尤其是对项目做财务、经济评价时，还需要参考项目所在地国家的相关法律、法规性等相关文件。

3）业主需要准备的资料

（1）项目初步设想方案：总投资、产品及介绍、产量、预计销售价格、直接成本及清单（含主要材料规格、来源及价格）。

（2）技术及来源、设计专利标准、工艺描述、工艺流程图，对生产环境有特殊要求的请说明（比如防尘、减震、有辐射、需要降噪、有污染等）。

（3）项目拟建厂区情况：厂区位置、建筑平米、厂区平面布置图、购置价格、当地土地价格。

（4）业主或企业近三年的业绩报告（包含财务指标，账款应收预付等周转次数，在产品、产成品、原材料、动力、现金等的周转次数）。

（5）项目拟新增的人数规模、拟设置的部门和工资水平、估计项目工资总额（含福利费）。

（6）业主近三年营业费用、管理费用等扣除工资后的大致数值及占收入的比例。

（7）拟建项目能够享受的增值税、所得税税率，其他补贴及优惠事项。

（8）项目产品价格及原料价格按照不含税价格测算，如果均能明确含税价格请逐项列明各种原料的进项税率和各类产品的销项税率。

（9）拟建项目的设备选型表（设备名称及型号、来源、价格、进口地要注明，备案项目耗电指标等可不做单独测算，工艺环节中需要外部协助的请标明）。

（10）其他需要随时沟通与交流的资料。

3. 投标技术文件

国际工程投标是国际工程承包商按照招标文件的要求，在规定的时间内向招标单位填报投标书，争取中标的法律行为。投标文件通常包括商务文件、技术文件、价格文件等。一般技术文件的内容也要根据招标文件的要求编写，但通常为了确保报价准确，需要编制出尽量详细的工程量清单和概算书。因此，承包商需认真学习招标文件，对招标文件所叙述的技术内容与问题，及时澄清或完善，以确保与工程设计相关的内容在条件和时间允许的情况下，尽可能达到较好的深度。

4. 技术合同

技术合同是国际工程承包商与业主签署的《工程项目总承包合同书》（简称 EPC 合同）的重要组成部分，是双方签订的 EPC 合同文件中对项目各项技术指标、技术要求的约定。其主要内容包括：

（1）项目的条件；

（2）建设的范围；

（3）通用技术要求（工程采用的技术标准、主要性能、技术指标等要求；项目实施、调试、验收、移交、人员培训、质保等）；

（4）技术描述；

（5）主要设备规范；

（6）其他。

9.2　"一带一路"新能源项目前期需要收集的信息与资料

为了完成项目前期的技术工作，承包商要组织人力进行调查研究，并在业主的帮助下做好项目前期有关信息与资料的收集工作。其需要收集的信息、资料主要有：项目信息及技术要求、项目业主需准备或提交的项目所在国政府的审批与支持性文件、项目前期工程设计的基础资料。这些信息与资料，要在业主的配合下，通过调查、走访、资料检索等方式获取。

9.2.1　项目信息与技术要求

对于新能源项目，在项目前期，需要业主提供或承包商搜集的项目信息和技术要求资料主要有：

1. 项目信息

（1）项目业主名称或投资人名称。

（2）项目所在国别、区域或具体地点。

（3）项目类别：明确能源与电厂类别。包括风电、太阳能发电、潮汐发电、地热发电、生物质发电、垃圾发电等；输变电类电压等级、容量；线路等级、长度等；

（4）建设规模：本期建设规模和今后扩建规模。例如机组数量、单机容量或总容量；变电站电压等级和容量；线路等级和长度等。

（5）项目功能：电厂类，包括主力发电机组（电网骨干电源，带基本负荷）；自备电厂、热电联产机组（工业园或城市供热）、再生能源利用（风电、太阳能、生物质）等；变电站类，包络枢纽变电站（位于电力系统的枢纽点，电压等级视电网规模，一般330kV以上）、中间变电站（中间变电站位于系统主干环行线路或系统主要干线的接口处，电压等级在110～330kV之间）、区域（地方）变电站（一个地区和一个中、小城市的主要变电站）；储能与多能源互补的要求等。

（6）建设计划：建设与承发包方式（BOT，EPC，BTG）；承包商工作范围，包括厂内主机岛和BOP部分，地基处理、冷却水取排水、升压站及外送线路、厂外灰场等工程或设施的划分；建设周期，包括项目立项、审批、建设合同签订、设计、施工调试、移交运行等各主要节点初步里程碑；融资方式、建设资金额度等。

（7）运营模式：运行方式，带基本负荷，调峰；项目运营周期，运行寿命。

2. 主要技术要求

1）光伏发电站

（1）地理与自然环境情况，太阳能辐射数据等。

（2）建设规模：根据场地和系统要求确定的直流侧光伏组件的总容量。

（3）主要技术特性：光资源特征，场地特征（包括山地、平地、水面、屋面等），光伏组件类型（单晶、多晶及其他），逆变器类型（集中式、组串式），支架类型（固定式、跟踪式），接入系统的方案。

（4）系统综合效率。

2）风力发电场

（1）建设规模：根据场地和电力系统要求确定的风电场总容量。

（2）主要技术特性：风资源特征与数据（基于一年的测风数据），主机形式（包括单机容量、基于 IEC 标准安全等级）；场地特征（陆地风电包括山地、丘陵、平地，海上风电）与接入系统方案。

3）生物质（垃圾）发电厂

（1）燃料特性与燃料类型：稻壳、秸秆、林木加工废弃物、燃料植物、城市生活垃圾、固体废弃物、混合燃料等；燃料日（年）供应（处理）量。

（2）工艺方式：焚烧、热解、气化等。

（3）主机选型：焚烧炉、链条炉、循环流化床；气化炉：热解气化、气化熔融、等离子气化熔融等；发电机组：蒸汽轮机、燃气轮机。

（4）机组性能：机组毛出力、净出力，电厂净效率，电厂设计寿命，运行可靠性，电厂控制水平，其他特殊要求（小岛运行、电网要求）等。

（5）环保指标：烟气排放指标（二噁英、重金属、SO_2、NO_x、DUST、HF、HC 和 CO 等），废水排放标准，噪声控制标准，电厂温排水（冷却水）限制，灰渣、脱硫副产品等固体废弃物的处理。

（6）冷却方式：冷却水源，海水、淡水；冷却方式，空冷（直接空冷，间接空冷），冷却水一次直流循环，二次循环（机械通风冷却塔、自然通风冷却塔）。

9.2.2 项目业主需准备或提交文件

项目业主需准备或提交的文件，主要是项目所在国政府的审批与支持性文件。主要有：

（1）资金方面

投资许可（Investment Licence）、融资协议等。

（2）运营方面

运营许可（Operation Licences）；PPA（Power Purchase Agreements）购电协议等。

（3）环境评价

EIA 报告及审批（Environmental Impact Assessment Report & Approved）。

（4）土地使用

土地征地许可（Land Allocation Plan），购地合同或协议、土地使用转化许可（Land Allocation Change from Agricultural to Industrial）等。

（5）用水方面

取水排水许可（Permits Related to Water Intake and Effluent Discharge）。

（6）燃料和原料

燃料及生物质原料（或城市垃圾）等供应协议。

（7）运输方面

公路、铁路、码头的使用意向;公路通过能力的确认。

(8)其他方面

厂址如涉及文物、军事设施、自然保护区、矿藏等区域时,需要政府相关部门的许可;上述文件在不同的国家或区域,其形式和要求也存在着差异;但至少涵盖项目立项审批、上网协议、土地使用、环境评价等主要部分的要求。根据审批和许可文件的准备,也可判断业主对项目的筹备情况以及项目进入实施阶段可能性。

另外,项目实施阶段承包商也需要业主协助取得的许可有:

① 建设施工许可(Construction Licenses),包括相关设计图纸的审批;

② 设备与材料的进口许可(Permit to Import of Equipment and Materials)、设备品质认证(CE认证)等;

③ 现场用水、用电、通信许可,废水排放和废弃物存储许可,特种设备操作许可(Permits to Operate Certain Equipment and Tools);爆炸物和危险品运输存放许可等;

④ 外国工人工作、居住通行许可(Residence and Work Permits for Foreign Personnel)等。

9.2.3 项目前期工程设计的基础资料

对于一个具体的电力能源项目,其项目前期工程设计基础资料所涵盖的主要内容如图9-4所示。

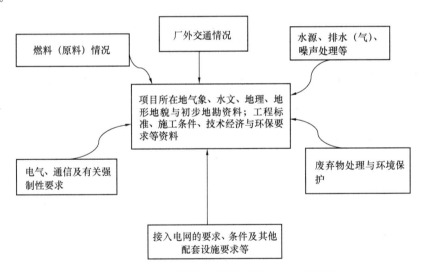

图9-4 前期工程设计基础资料所涵盖的主要内容

通常,将上述电力能源项目前期工程设计的基础资料称为电力能源项目前期工程设计通用的基础资料,其主要内容包括:

(1)厂址资料:厂(场)址所在区域的总体描述,地理位置图(比例为1:5000或1:10000),(场)厂址所在区域地形图(比例为1:2000或1:1000)等。厂(场)自然条件、气候条件及场地标高;地质条件或初步勘察报告、环境评价报告等。

(2)厂(场)交通运输(公路、铁路、航空、水路等)情况与运输方式。

(3)总体气象情况的描述。

（4）水源水质情况。

（5）燃料及原料（例如：生物质发电的原料）供应情况（如果有）。

（6）电气及通信系统情况。电厂出线以及调度中心对电厂的要求。

（7）烟气、废水、废弃物的排放以及环保的控制要求等。

（8）工程设计、设备制造、施工规范与标准。

（9）对施工与安装临时设施的要求（水源、电源、通信、道路、工人居住、租用土地价格等）。

（10）与投资估算有关的数据。例如：原材料（水泥、木材、钢材、砂石、混凝土、运费等）价格、购电价格、上网电价、征（租）地价格。

对于新能源项目，由于发电站（场、厂）所采用的非化石燃料的类别不同（太阳能、风能、生物质能、潮汐能、地热能、氢能和核能等），所收集的工程设计基础资料也有所不同，也就是说：图9-4中的"燃料（原料）情况"将各有不同。例如：对于光伏发电站（场）、光热发电站（场）要重点了解和索取项目所在地太阳能的资源情况及资料；对于风力发电站（场）要重点了解和索取项目所在地风能的资源情况及资料；对于地热发电站（厂）要重点了解项目所在地地下热能资源情况等分析资料；对于生物质发电站（厂）要重点了解项目所在地生物质（秸秆或城市垃圾）资源的情况与物理、化学分析资料。

9.2.4 常用的几种新能源发电站（场、厂）项目前期工程设计基础资料收集的清单

本章节主要介绍常用的几种新能源发电站（场、厂）项目前期工程设计基础资料收集的清单。

1. 太阳能光伏发电站（场）项目前期工程设计基础资料收集清单见表9-1。

太阳能光伏发电站（场）项目前期工程设计基础资料收集清单 表 9-1

序号	资料内容
1	项目所在区域内的电力规划或光伏发电项目的总体规划；预可行性研究或项目建议书（如果有）；项目构思的阶段性工作成果等
2	当选择长序列参考性太阳辐射数据时，要掌握观测方法的变化与沿革的情况，如光伏发电工程场址区域附近有代表性的长期观测站或其他多年长序列观测的数据。收集长期观测站基本情况，包括观测记录数据的辐射仪器型号及记录方式、位置、高程、场地周围环境、周围遮蔽情况，以及建站以来站址、辐射观测仪器及其周围环境变动的时间和情况等
3	拟建光伏发电站（场）附近长期观测站的观测资料或其他参考长系列数据，包括： （1）多年平均气温、极端最高气温、极端最低气温；昼夜最高气温、最低气温；多年月平均气温； （2）多年平均降水量和蒸发量； （3）多年最大冻土和积雪厚度； （4）多年平均风速、多年极大风速及其发生时间、主导风向； （5）多年各月太阳辐射数据资料，以及与项目现场或项目所在区域内气象观测站同期至少一个完整年的太阳能辐射资料（含直接辐射、散射辐射、总辐射资料）； （6）30年灾害性天气资料，如沙尘、雷电、暴雨、冰雹等
4	项目现场太阳辐射观测站，至少连续一年的逐分钟的太阳能总辐射、直接辐射、散射辐射、气温等的实测时间序列数据

序号	资料内容
5	光伏发电站（场）边界外延10km范围内比例尺不小1∶5000的地形图、场址范围内比例尺不小于1∶2000的地形图，如光伏发电工程安装在建（构）筑物屋顶等特殊场地，则要收集建筑物结构及屋顶布置图、周边建筑布置图等
6	光伏发电站（场）址区域内的工程地质勘察资料
7	光伏发电站（场）工程所在地的自然地理、对外交通条件、周边粉尘等污染源分布情况
8	光伏发电站（场）工程所属地区，社会经济现状及发展规划、电力系统概况及发展规划、电网地理接线图、土地利用规划、自然保护区和可利用的消防设施等资料
9	光伏发电站（场）工程已取得的接入电力系统的方案及资料
10	光伏发电站（场）工程项目所在地自然地理、对外交通条件
11	工程所在地的主要建筑材料价格情况及有关造价的文件、规定
12	本项目可享受的优惠政策等

2. 太阳能光热发电站（场）项目前期工程设计基础资料收集清单

太阳能光热发电站（场）项目前期工程设计基础资料收集清单见表9-2。

太阳能光热发电站（场）项目前期工程设计基础资料收集清单　　　　　　表9-2

序号	资料内容
1	厂址条件： (1) 厂址地理位置图所需的厂址区域1∶50000或1∶100000的地形图； (2) 厂区总平面布置图所需的厂址区域1∶1000或1∶2000的地形图； (3) 厂址自然地形条件和场地标高； (4) 地质条件、土壤的物理机械参数，初步地质勘查报告； (5) 环境影响评价报告
2	交通运输条件： (1) 辅助燃料的运输方式； (2) 大件运输方案； (3) 厂址周边的交通运输情况，包括公路、铁路、航空和水路
3	太阳能资源条件： (1) 站址区域的太阳能资源，包括参证气象站的连续10年以上的太阳法向直射辐照量，日历年各月水平面总辐照量、散射辐照量、日照时数等。连续30年累计年连续阴天日数、雷暴日数、冰雹日数、沙尘暴日数、强风日数等。 (2) 现场短期测光数据，站址区域的长系列模型生成数据。 (3) 站址区域的空气质量、沙尘、大气扩散条件，周边有无可能产生合适扩容（建）的项目。 (4) 大气环流条件即云状况演变，以及局部小气候
4	气象条件： (1) 大气压力的平均值、最大值和最小值； (2) 大气温度的年平均值、最大值和最小值； (3) 空气相对湿度的年平均值、最大值和最小值； (4) 风速的年平均值和最大值，最大风速方向，主导风向； (5) 年平均降雨量、最大日降雨量、最大月平均降雨量； (6) 年降雪天数，最大降雪厚度； (7) 多年月最高、平均、最低水位和设计水位
5	水源条件： (1) 冷却水源是河水、地下水、海水或其他； (2) 取水域的最高水位或者最高洪水位，平均水位和最低水位； (3) 全年最小流量和平均流量； (4) 年平均水温，最高和最低水温； (5) 水质情况，如阴离子、阳离子、硬度、酸碱度、电导率等指标的情况

序号	资料内容
6	燃料供应： 辅助燃料的来源和供应能力，燃料品质资料
7	电气及通信系统： (1) 电力系统的现状，电力负荷预测和电力电量平衡等； (2) 电厂出线电压等级、回路数和出线方向； (3) 当地电网对电厂主接线方式和主要电气设备的要求； (4) 电厂接入系统报告（如果有）； (5) 当地调度中心对电厂通信系统的要求和通信系统现状
8	废水排放、噪声标准： 项目所在当地政府对环保、废水排放的标准，当地适用的噪声控制标准等
9	设计、设备制造、施工规范及标准： 项目需要采用的设计标准、设备制造标准、施工标准与规范、设备验收标准和发电站验收标准等
10	施工和安装： (1) 调研厂址周边变电站的设置情况，选取其中可提供施工电源的变电站，搜集该变电站的详细资料； (2) 调研厂址周边通信线路的设置情况，与施工安装通信系统相连的可能性； (3) 调研施工用水源情况，确定取水点
11	投资和估算： (1) 由投资方投入的资本金与从银行获得的贷款组成，融资额度以及根据贷款合同规定的还贷方式、利率、宽限期及还贷期等内容，还本付息以及协议文件； (2) 资本金回报率的要求，项目各投资方获得利润的要求； (3) 借款偿还期（从借款开始年算起，当从投资年算起时，应注明）； (4) 工资及福利的组成； (5) 所得税率和税基的确定； (6) 如项目为合资，当利润汇往国内或国外时，该国有无规定扣缴或减免汇出所得税的规定或合同确认； (7) 辅助燃料含税价格、水含税价格； (8) 试运行期间购电价格； (9) 上网电价； (10) 厂区征地价格或租用价格，施工租地价格； (11) 当地的材料价格和供应情况，如混凝土、水泥、钢材、沙石等材料和当地劳动力价格

3. 风力发电站（场）项目前期工程设计基础资料收集清单

（1）陆地风力发电站（场）项目前期工程设计基础资料收集清单

陆地风力发电站（场）项目前期工程设计基础资料收集清单见表9-3。

陆地风力发电站（场）项目前期工程设计基础资料收集清单　　　　　表 9-3

序号	资料内容
1	项目所在国、地区电力发展规划、电力消纳、输变电规划、风电场阶段性规划成果或专题成果
2	风电场工程的风能资源测评成果
3	风电场工程场址周边气象站基本情况及资料，资料时段不宜少于30年，资料应包括风速、风向、温度、气压、湿度、雷暴、沙尘、极端天气情况等月平均统计数据，风电场测风塔观测时段同期的参证气象站逐小时风速、风向数据等；也可收集其他长期气象观测资料或气象模式再分析资料
4	风电场工程场址范围内的测风资料，包括测风位置、高程、测风时段、测风塔安装报告；周边地形地貌、测风仪器设置及检验报告等。其中：至少有1座测风塔测风资料时段不少于1年

序号	资料内容
5	风电场工程边界及其外延 10km 范围内 1∶50000 地形图、风电场及其外延 1~2km 范围内 1∶10000 或 1∶5000 地形图。山区风电场工程宜收集场址范围内 1∶2000 地形图
6	风电场工程场址内及周边敏感点和限制开发区域的资料,主要包括自然保护区、禁建区、压覆矿产区、文物保护区、居民点等的分布情况,并收集土地利用现状及规划资料
7	风电场工程地质和水文资料
8	风电场工程所在地区及受电区域的社会经济现状及发展规划、电力概况及发展规划、电网地理接线图等
9	风电场工程接入电力系统的方案资料
10	风电场工程所在地的自然条件、对外交通运输情况
11	风电场工程所在地的主要建筑材料价格情况及有关造价的文件、规定
12	风电场工程可享受的优惠政策等

(2) 海上风力发电站(场)项目前期工程设计基础资料收集清单

海上风力发电站(场)项目前期工程设计基础资料收集清单见表 9-4。

海上风力发电站(场)项目前期工程设计基础资料收集清单 表 9-4

序号	资料内容
1	站(场)址资料: (1)地理坐标及海域范围边线; (2)海域航线(包括船舶和航空)资料; (3)海域油气管道、通信管路、电力设施资料; (4)渔业资源资料,海域鸟类活动资料; (5)军事设施情况资料
2	海洋水文气象资料: (1)气象资料:包括气温、气压、湿度、风速、风向数据、降雨量、积雪深度、雷暴日、大雾天数、台风等。 (2)海况资料:包括潮汐、波浪、潮流、风暴潮、悬沙及海床运动和冲刷等
3	工程地质资料: (1)地震条件; (2)海域地形地貌; (3)海底地层构成及特征
4	风资源数据资料: (1)各高度年平均风速、风向、风频资料; (2)空气密度; (3)风切变及湍流; (4)极端最高风速
5	交通运输条件: 站(场)址附近码头设施情况
6	电网资料: (1)海域周围或岸上电网现状,电压等级等; (2)电力系统规划、电力负荷预测及电力电量平衡等情况

序号	资料内容
7	施工场地及当地施工能力： （1）场址周围施工电源、水源，施工场地（组装场地、预制场地及生活设施场地）等； （2）当地施工队伍能力，包括人员、机械等
8	与建设和运行相关的价格信息： （1）海域使用的政策及价格； （2）建筑材料供应情况及价格； （3）专业大型施工机具及运维工具信息及市场行情； （4）当地税收政策及税率； （5）电价政策及目前的价格
9	环保及相关政策法律法规： （1）关于鸟类保护的法律法规； （2）关于渔业资源的法律法规以及相关方（渔业从业者）的态度； （3）有关海上设施寿命期结束拆除和生态恢复的相关法律法规； （4）其他有关环保的法律法规
10	其他需要调研的工作： （1）向项目所在地渔业主管部门了解渔业资源情况，海上风电场应避开近海人工养殖区域和捕捞作业区域； （2）委托海洋勘测单位现场勘察海上风电场址附近是否有航道、锚地、禁航区等，应避开船只航行或出入海港的路径； （3）了解场址区域是否存在军事设施、自然保护区等； （4）了解场地区域是否位于通信、电力和油气等海底管线的保护范围； （5）委托有资质的单位进行海冰、地震等情况的调研

4）生物质发电站（厂）项目前期工程设计基础资料收集清单

生物质发电站（厂）项目前期工程设计基础资料收集清单见表9-5。

生物质发电站（厂）项目前期工程设计基础资料收集清单　　　　表9-5

序号	资料内容
1	拟建电厂区域的基本概况资料： （1）项目所在国家及当地社会与经济现状及发展情况等相关统计资料； （2）项目所在地行政区划图、地理位置图以及地形图（比例为1：10000和1：1000），项目所在地城市或城乡总体规划图及资料； （3）拟建电厂厂址区域土地利用与总体规划图；拟建电厂厂址土地性质、获得方式（出让与划拨）及价格、规划图； （4）项目所在地国家或当地区域内电力发展规划与电力现状情况等； （5）项目所在地100km半径范围内的道路与交通现状、规划情况（或交通规划图）
2	拟建电厂燃料情况： （1）生物质资源（秸秆或城市生活垃圾）的类别及调查分析报告； （2）生物质（秸秆或城市生活垃圾）收集（购）点布点情况与位置图及运输方式与道路情况等； （3）生物质（秸秆或城市生活垃圾）及主要燃料的元素成分分析、化学与物理分析等； （4）灰渣存放、处理位置，运输及综合利用方案建议等，以及相关的协议文件资料等

续表

序号	资料内容
3	拟建电厂水文、地质情况： （1）当地水文、气象资料。包括：拟建厂址区域内水利工程规划及其上下游水文站位置；历年最大洪峰流量、最高或最低水位；拟建厂址经纬度、海拔高度；累年逐月及全年极端天气、平均气温、气压、湿度、降水量、风速、风向、全年主导风向及风玫瑰图等。 （2）拟建电厂项目用水水源的类别等情况。包括：河道水、水库水、地下水、中水、取水点位置、水量及水质分析报告等资料；拟建电厂项目用水水源取水点、排水点与拟建电厂距离的描述等资料。 （3）拟建当地地质资料，是否有断裂带等地质情况；初步地质勘察报告（如果有）。 （4）拟建电厂初步地质勘察报告等资料（如果有）
4	拟建电厂电网与电力情况： （1）当地电网现状情况及用电量，最高负荷电网构成、供电范围、主供电源及辅助电源（当地各种电压等级的变电站及容量，各电压等级线路及其长度）； （2）当地最新地区电网地理接线图； （3）拟建电厂附近35kV以上变电站位置图、电气主接线以及空余间隔情况，是否具备拟建电厂的接入条件，具备接入条件的变电站与拟建电厂之间的距离与长度
5	拟建电厂技术经济情况： （1）工程所在地现行建筑材料信息价格与建筑经济政策文件等； （2）工程所在地人工工资及工资性补贴调整有关文件； （3）业主项目资本金情况，预期的目标收益率，工程所需要的资本金及融资贷款比例； （4）当地水、电价格，拟建电厂人工工资，定员及福利费系数； （5）拟建电厂项目施工用水、用电点距离施工现场的距离； （6）若施工用水采用地下水，当地深井的深度和打井价格水平（单台出水流量按20t/h计取）； （7）当地施工队伍的基本情况等
6	其他（略）

9.3 常用的几种新能源项目前期的技术文件

"一带一路"新能源项目前期的主要技术与国际工程总承包项目前期的主要技术工作相同，其工作内容与输出的技术成果，主要为项目建议书（或称技术方案、预可研）、可行性研究报告、技术合同或投标文件。鉴于在国际工程招标投标活动中，每一个具体的招标投标项目，都有规定的投标技术文件要求，所以本章节对投标技术文件就不予以详细的介绍，而重点介绍作为新能源项目前期主要技术文件的项目建议书（或称技术方案、预可研）、可行性研究报告、技术报告的内容。需要指出的是：由于每一个具体的工程项目的情况与条件各有不同，其工程设计与实施的具体做法也不尽相同。所以，本章节阐述的项目建议书（或称技术方案、预可研）、可行性研究报告、技术合同等内容，仅供参考。

9.3.1 光伏发电站（场）项目建议书

光伏发电站（场）项目建议书的主要内容见表9-6。

光伏发电站（场）项目建议书的主要内容　　　　　　表 9-6

序号	标题内容	序号	标题内容
1	项目概况	3	技术说明
1.1	厂址条件	3.1	光伏系统方案
1.2	标准	3.1.1	光伏组件及阵列设计
1.3	建设规模	3.1.2	逆变器
1.4	地质条件	3.1.3	发电量估算
1.5	光资源条件	3.2	电气系统
2	工作范围	3.2.1	与系统的连接
2.1	承包商工作及服务范围	3.2.2	光伏电气系统接线
2.1.1	承包商工作范围	3.2.3	光伏变电站电气一次线
2.1.2	承包商服务范围	3.2.4	电气二次系统
2.2	业主工作及服务范围	3.3	土建工程
2.2.1	业主工作范围	3.4	供水及消防系统
2.2.2	业主服务范围	4	初步投资估算
2.3	接口	5	主要设备材料清册，土建工程量清单
2.3.1	与电网的接口	6	图纸
2.3.2	电气接口	6.1	电气主接线图
2.3.3	厂外道路接口	6.2	总平面布置图
2.3.4	生活用水、雨水、生活废水排放系统接口		

9.3.2　太阳能光热发电站（场）项目建议书

太阳能光热发电站（场）项目建议书的主要内容见表 9-7。

太阳能光热发电站（场）项目建议书的主要内容　　　　　　表 9-7

序号	标题内容	序号	标题内容
1	概述	4.1	技术路线
2	太阳能资源	4.2	单机容量的选择和装机规模
2.1	区域太阳能资源概况	5	其他工程方案设想
2.2	长系列参考数据分析	5.1	总体规划
2.3	太阳能资源分析	5.2	冷却及供水系统
3	基本建设条件	5.3	辅助燃料系统
3.1	站址条件	5.4	电气部分
3.2	电力系统	6	环境和社会影响分析
3.3	热负荷	7	初步投资估算及财务效益分析
3.4	交通运输	7.1	初步投资估算
3.5	水文气象	7.2	财务效益分析
3.6	水资源	8	风险分析
3.7	辅助燃料	8.1	风险分析
3.8	工程地质	8.2	风险评估及防范措施
3.9	站址比选	9	结论和建议
4	主要工艺技术路线拟定		

太阳能热发电站（场）项目建议书附图：

（1）项目地理位置示意图

（2）电网地理接线图

（3）站址总体规划图（1∶5000）宜包括站地区、水源、交通运输、电力接入、辅助燃料来源等，附技术经济指标

（4）厂区总平面布置图

（5）项目所在省（自治区、直辖市）太阳能资源分布图

（6）项目所在地多年太阳直接辐射量年际变化图

9.3.3 风力发电站（场）项目建议书

陆上风力发电站（场）项目建议书的主要内容见表 9-8。

陆上风力发电站（场）项目建议书的主要内容 表 9-8

序号	标题内容	序号	标题内容
1	项目概况	2.3.4	生活用水、雨水、生活废水排放系统接口
1.1	厂址条件	3	技术说明
1.2	标准	3.1	风电场主要技术方案
1.3	建设规模	3.1.1	风电场及风机布置
1.4	主要设计条件包括气象条件，地质条件	3.1.2	风机基础
1.5	风资源条件及发电量估算	3.1.3	电气系统
2	工作范围	3.2	变电站主要技术方案
2.1	承包商工作范围	3.2.1	电气系统
2.1.1	承包商工作范围	3.2.2	系统通信
2.1.2	承包商服务范围	3.2.3	土建工程
2.2	业主工作范围	3.2.4	供水及消防系统
2.2.1	业主工作范围	4	初步投资估算
2.2.2	业主服务范围	5	主要设备材料清册，土建工程量清单
2.3	接口	6	图纸
2.3.1	与电网的接口	6.1	电气主接线图
2.3.2	电气接口	6.2	总平面布置图
2.3.3	厂外道路接口		

海上风力发电站（场）项目建议书的主要内容见表 9-9。

海上风力发电站（场）项目建议书的主要内容 表 9-9

序号	标题内容
1	第一章　项目概况 1.1　厂址条件 1.2　标准 1.3　建设规模 1.4　主要设计条件包括气象条件，地质条件 1.5　风资源条件及发电量估算

续表

序号	标题内容
2	第2章 工作范围 2.1 承包商工作与服务的范围 2.2 业主工作与服务的范围
3	第3章 工作接口 3.1 与电网的接口 3.2 电气接口 3.3 厂外道路接口 3.4 生活用水、雨水、废水排放的接口与位置
4	第4章 技术信息 4.1 风电场主要技术方案；包括：风电场及风机布置、风机基础、电气系统等 4.2 变电站主要技术方案；包括：电气系统、系统通信、土建工程、供水及消防系统等
5	第5章 初步投资估算
6	第6章 主要设备材料清册及土建工程量清单
7	图纸资料： 1. 电气主接线图 2. 总平面布置图

9.3.4 生物质发电项目建议书

生物质发电站（厂）项目建议书的主要内容见表9-10。

生物质发电站（厂）项目建议书的主要内容 表9-10

序号	标题内容
第一章	总论 1.1 项目名称 1.2 承办单位概况 1.2.1 建设单位基本概况 1.2.2 建设单位组织结构及运作模式 1.3 拟建地点 1.4 建设内容与规模 1.5 建设进度 1.6 项目建设概算投资 1.7 项目评价
第二章	项目建设的必要性和条件 2.1 建设的必要性分析 2.1.1 符合国家能源产业政策 2.1.2 节约能源资源、保护环境的需要 2.1.3 变废为宝，养殖场粪便处理环保的需要 2.1.4 提升县域投资环境、新增供热能力的需要 2.1.5 改善县域经济结构，进一步增加农民收入的需要 2.2 建设条件分析 2.3 本改扩建项目符合生物质能发电行业法律法规及行业政策 2.4 资源条件评价

续表

序号	标题内容
第三章	建设规模与产品方案 3.1 建设规模 3.2 产品方案
第四章	技术方案、设备方案和工程方案 4.1 技术方案 4.1.1 原料加工路线 4.1.2 工艺流程 4.2 主要设备方案 4.3 工程方案 4.3.1 建（构）筑物的建筑特征、结构及面积 4.3.2 主要建（构）筑物工程一览
第五章	投资估算及资金筹措 5.1 投资估算与资金筹措 5.1.1 建设投资估算 5.1.2 流动资金估算 5.1.3 投资估算表 5.2 资金筹措
第六章	经济效益分析 6.1 销售收入估算 6.2 成本与费用 6.3 利润与税收分析 6.4 投资回收期 6.5 投资利润
第七章	结论
附件	图纸

9.3.5 光伏发电站（场）项目可行性研究报告

光伏发电站（场）项目可行性研究报告的主要内容见表9-11。

光伏发电站（场）项目可行性研究报告的主要内容　　　　表 9-11

序号	标题内容	序号	标题内容
1	编制依据和任务	5	工程任务和规模
1.1	编制依据	5.1	工程任务
1.2	基础资料	5.2	工程规模
1.3	编制任务	5.3	工程建设必要性
2	综合说明	6	系统总体方案及发电量计算
3	太阳能资源	6.1	光伏组件选型及运行方式
4	工程地质	6.2	逆变器选型
4.1	概述	6.3	光伏阵列及接线方案设计
4.2	区域地质及构造稳定性	6.4	光伏辅助系统
4.3	场地工程地质条件及评价	6.5	年上网电量计算
4.4	结论和建议	7	电气系统

续表

序号	标题内容	序号	标题内容
7.1	电气一次	12	环境保护与水土保持
7.2	电气二次	12.1	环境保护
7.3	通信	12.2	水土保持
7.4	附图	13	劳动安全与工业卫生
8	土建工程	13.1	总则
8.1	设计安全标准	13.2	建设项目概况
8.2	基础资料及设计依据	13.3	主要危险、有害因素分析
8.3	光伏阵列基础及逆变器室设计	13.4	工程安全卫生设计
8.4	场内集电线路	13.5	工程运行期安全管理及相应的设施设计
8.5	光伏变电站	13.6	劳动安全与工业卫生工程量和投资估算
8.6	地质灾害及治理	13.7	安全预评价报告建议措施采纳情况
8.7	附表、附图	13.8	主要结论和建议
9	消防设计	13.9	附表、附图
9.1	工程消防总体设计	14	节能降耗
9.2	工程消防设计	14.1	节能依据
9.3	施工消防	14.2	施工期能耗种类、数量分析和能耗指标分析
9.4	附表	14.3	运行期能耗种类、数量分析和能耗指标分析
10	施工组织设计	14.4	主要节能降耗措施
10.1	施工条件	14.5	节能降耗效益分析
10.2	施工总布置	14.6	结论意见及建议
10.3	施工交通运输	15	工程设计概算
10.4	工程建设用地	15.1	编制说明
10.5	主体工程施工	15.2	设计概算表
10.6	施工总进度	16	财务评价与社会效果分析
10.7	附图、附表	16.1	概述
11	工程管理设计	16.2	财务评价
11.1	工程管理机构	16.3	社会效果评价
11.2	主要管理设施	16.4	财务评价附表
11.3	发电站运行维护、回收和拆除		

9.3.6　太阳能光热发电站（场）项目可行性研究报告

太阳能光热发电站（场）项目可行性研究报告的主要内容见表9-12。

太阳能光热发电站（场）项目可行性研究报告的主要内容 表 9-12

序号	标题内容	序号	标题内容
1	总则	2.1	概述
2	综合说明	2.2	太阳能资源

续表

序号	标题内容	序号	标题内容
2.3	工程任务和规模与电力系统	6.5	汽轮发电机组及其主要辅机选型方案
2.4	站址条件	6.6	汽轮发电机组热力系统
2.5	工程方案	6.7	辅助热源及辅助加热器
2.6	机组运行方式及发电量估算	6.8	电气系统
2.7	工程消防	6.9	化学水处理系统
2.8	环境保护与水土保持	6.10	热工自动化
2.9	劳动安全与职业卫生	6.11	汽轮发电机厂房布置
2.10	资源利用	6.12	土建工程及地基处理
2.11	节能措施及评价	6.13	供排水系统及冷却设施
2.12	工程管理	6.14	供暖通风
2.13	施工组织	7	系统运行方式及发电量估算
2.14	投资概算	7.1	机组运行方式
2.15	财务评价	7.2	发电量估算
2.16	招标设计	8	工程消防
2.17	风险分析	8.1	工程消防总体设计
2.18	经济和社会效果分析	8.2	总平面布置与交通运输
2.19	结论与建议	8.3	建构筑物防火设计要求
3	太阳能资源	8.4	电厂各系统的消防措施
4	工程任务、规模和电力系统	8.5	消防给水和灭火设施
4.1	工程任务	8.6	火灾报警及控制系统
4.2	工程规模	8.7	供暖通风与空气调节系统的防火措施
4.3	建设的必要性	8.8	施工消防
4.4	电力系统	8.9	附表、附图与附件
5	站址条件	9	环境保护与水土保持
5.1	站址概述	9.1	环境保护
5.2	交通运输	9.2	水土保持
5.3	水文气象	9.3	附表、附图与附件
5.4	水源	10	劳动安全与职业卫生
5.5	工程地质	10.1	劳动安全
5.6	辅助热源燃料	10.2	职业卫生
5.7	站址比较与推荐意见	10.3	附表、附图与附件
6	工程方案	11	资源利用
6.1	总体方案及总平面布置	11.1	原则要求
6.2	集热系统	11.2	能源利用
6.3	热交换系统	11.3	土地利用
6.4	蓄热系统	11.4	水资源利用

序号	标题内容	序号	标题内容
11.5	建筑材料利用	15.2	设计概算表
12	节能措施及评价	16	财务分析
12.1	设计依据、原则	16.1	概述
12.2	施工期能耗种类、数量分析和能耗指标分析	16.2	资金来源与融资方案
12.3	运行期能耗种类、数量分析和能耗指标分析	16.3	财务评价
12.4	主要节能措施	16.4	财务评价附表
12.5	节能效益分析	17	招标设计
13	工程管理设计	17.1	招标范围
13.1	概述	17.2	标段划分和招标顺序
13.2	组织机构、人员编制及指标	17.3	招标组织形式
13.3	机组启动、运行方式及系统启动条件	17.4	招标方式
14	施工组织	17.5	附表
14.1	施工条件	18	风险分析
14.2	施工总布置	19	经济和社会效果分析
14.3	施工交通运输	19.1	经济影响分析
14.4	主体工程施工	19.2	社会影响分析
14.5	施工总进度	附录A	太阳能热发电工程特性表
15	投资概算	附录B	设计概算表
15.1	编制说明	附录C	财务评价表

太阳能热发电站工程可行性研究报告附图：
（1）站址地理位置图；
（2）站区总平面布置规划图；
（3）站区施工组织平面布置图；
（4）原则性热力系统图；
（5）汽机房0m主要设备布置图；
（6）汽机房中间层4.2m主要设备布置图；
（7）汽机房运转层8.0m主要设备布置图；
（8）汽机房框架主要设备布置图；
（9）汽机房横剖面图；
（10）电气主接线；
（11）厂自动化系统及其计算机网络配置图；
（12）供水系统图；
（13）水量平衡图。

9.3.7 风力发电站（场）项目可行性研究报告

陆上风力发电站（场）项目可行性研究报告的主要内容见表9-13。

陆上风力发电站（场）项目可行性研究报告的主要内容　　表 9-13

序号	标题内容	序号	标题内容
1	综合说明	8.1	风力发电机组基础
2	风能资源	8.2	中央集中控制及生产生活建筑物
2.1	风力资源与分析评价	8.3	土建工程附图
2.2	附图、附表	9	施工组织设计
3	工程地质	9.1	施工条件
3.1	概述	9.2	施工交通运输
3.2	风电站（场）场地工程地质条件	9.3	工程永久用地和施工临时建设用地
4	项目任务和规模	9.4	主体工程施工
4.1	项目任务	9.5	施工总布置
4.2	项目规模	9.6	施工总进度
5	风电站（场）厂址选择	9.7	施工组织设计附图、附表
5.1	候选风电站（场）厂址的分析与评价	10	环境影响评价
5.2	附图、附表	10.1	环境状况
6	风力发电机组选型和布置	10.2	环境影响预测评价
6.1	风力发电机组选型	10.3	综合评价和结论
6.2	风力发电机组布置	11	项目投资概算
6.3	年上网电量计算	11.1	编制说明
6.4	附图、附表	12.2	概算表
7	电气	11.3	附件
7.1	电气一次	12	财务评价
7.2	电气二次	12.1	概述
7.3	设备规格及数量汇总	12.2	项目投资与资金筹集
7.4	附图、附表	12.3	分析与评价
8	土建工程	12.4	财务评价附表

9.3.8 生物质（秸秆或城市生活垃圾）发电站（厂）项目可行性研究报告

生物质（秸秆或城市生活垃圾）发电站（厂）项目可行性研究报告的主要内容见表 9-14。

生物质（秸秆或城市生活垃圾）发电站（厂）项目可行性研究报告的主要内容　表 9-14

序号	标题内容	备注
1	第1章　概述 1.1　项目概况 1.2　项目来源 1.3　建设规模 1.4　研究的范围 1.5　城市（乡）概况 1.6　生物质（秸秆或城市生活垃圾）利用概况	其中： 1. 如果拟建发电站（厂）是生物质秸秆发电站（厂），第1.6要阐述农业发展及农业废弃物利用概况； 2. 如果拟建发电站（厂）是城市生活垃圾发电站（厂），第1.6节要阐述城市生活垃圾现状、规模、处理模式以及再生资源利用概况

序号	标题内容	备注
2	第2章 生物质（秸秆或城市生活垃圾）概况 2.1 资源调查与评估 2.2 生物质资源（秸秆或城市生活垃圾）利用规划 2.3 生物质燃料（秸秆或城市生活垃圾）的成分、用量与运输 2.4 生物质燃料（秸秆或城市生活垃圾）的收集	
3	第3章 电力系统 3.1 电力系统概况 3.2 电力系统负荷预测 3.3 电源建设及电量平衡 3.4 拟建发电站（厂）在区域电网的作用 3.5 接入系统的方案	
4	第4章 主机的方案选择 4.1 生物质（秸秆或城市生活垃圾）利用 4.2 生物质（秸秆或城市生活垃圾）气化发电技术的简介 4.3 技术方案的选择 4.4 主机技术参数的确定	
5	第5章 厂址条件 5.1 厂址概况 5.2 交通运输 5.3 给水、排水 5.4 原料（秸秆或城市生活垃圾）存放与灰渣场 5.5 通信	
6.	第6章 工程建设的方案 6.1 全厂总体规划及厂区总平面布置图 6.2 生物质（秸秆或城市生活垃圾）的输送系统 6.3 气化系统 6.4 净化水处理系统 6.5 燃气发电及余热利用 6.6 除尘渣系统 6.7 软化水系统 6.8 供水、排水系统 6.9 发电机组厂房布置 6.10 主厂房及主要建筑物、构造物的建筑结构 6.11 主要技术与经济指标	
7	第7章 电气部分 7.1 电气主接线 7.2 厂用电及直流电源	
8	第8章 热力控制 8.1 控制方式 8.2 控制水平	

续表

序号	标题内容	备注
9	第9章 环境保护 9.1 环保概述 9.2 烟气的影响分析及治理措施 9.3 废水处理及影响分析 9.4 灰渣治理及影响分析 9.5 噪声治理及影响分析 9.6 绿化 9.7 环保管理与监测 9.8 环保的方案	
10	第10章 劳动保护与工业卫生 10.1 电厂生产过程中的安全与卫生 10.2 设计原则与采取的措施 10.3 劳动安全的结论	
11	第11章 节能与合理利用能源的措施 11.1 能源的合理利用 11.2 节能的措施	
12	第12章 劳动定员及组织 12.1 劳动组织及管理 12.2 人员配置	
13	第13章 项目实施的条件与进度 13.1 项目实施的条件 13.2 进度计划	
14	第14章 投资估算与经济评价 14.1 投资估算 14.2 资金来源与筹措方案	
15	第15章 结论与建议 15.1 结论 15.2 建议	
16	附件: 1. 厂址地形图及位置图 2. 总平面布置方案图 3. 工艺流程图 4. 主要车间布置方案图 5. 其他	

9.3.9 地热发电站（厂）项目可行性研究报告

地热发电站（厂）项目可行性研究报告的主要内容见表9-15。

地热发电站（厂）项目可行性研究报告的主要内容 表 9-15

序号	标题内容
第一章	项目总论 1.1　项目概况 1.1.1　项目名称 1.1.2　项目建设单位 1.1.3　项目拟建设地点 1.1.4　项目建设内容与规模 1.1.5　项目性质 1.1.6　项目总投资及资金筹措 1.1.7　项目建设期 1.2　编制依据和原则 1.2.1　编制依据 1.2.2　编制原则 1.3　项目主要技术经济指标 1.4　可行性研究结论
第二章	地热发电项目的背景及必要性分析 2.1　项目背景 2.1.1　地热发电项目的产品背景 2.1.2　项目提出理由 2.2　项目必要性 2.2.1　国家战略实施的需要 2.2.2　企业获得可持续发展、增强市场竞争力的需要 2.2.3　当地人民脱贫致富和增加就业的需要
第三章	电力与地热发电项目市场分析与预测 3.1　市场现状 3.2　市场分析 3.3　市场形势分析预测 3.4　行业未来发展前景分析
第四章	地热发电项目建设规模与产品方案 4.1　项目建设规模 4.2　项目产品方案 4.3　项目设计产能及产值预测
第五章	地热发电项目选址及建设条件 5.1　项目选址 5.1.1　项目建设地点 5.1.2　项目用地性质及权属 5.1.3　土地现状 5.1.4　项目选址意见 5.2　项目建设条件分析 5.2.1　交通、能源供应条件 5.2.2　政策及用工条件 5.2.3　施工条件 5.2.4　公用设施条件 5.3　原材料（燃料）与动力供应 5.3.1　原材料 5.3.2　燃料、动力供应

序号	标题内容
第六章	技术方案、设备方案与工程建设方案 6.1 项目技术方案 6.1.1 项目工艺设计原则 6.1.2 生产工艺 6.2 设备方案 6.2.1 主要设备选型的原则 6.2.2 主要生产设备 6.2.3 设备配置方案 6.2.4 设备采购方式 6.3 工程建设方案 6.3.1 工程设计原则 6.3.2 项目主要建（构）筑物 6.3.3 建筑功能布局 6.3.4 建筑结构
第七章	总图运输与公用辅助工程 7.1 总图布置 7.1.1 总平面布置的原则 7.1.2 总平面布置 7.1.3 竖向布置 7.1.4 规划用地规模与建设指标 7.2 给水排水系统 7.2.1 给水 7.2.2 排水 7.3 供电系统 7.4 空调供暖 7.5 通风采光系统 7.6 总图运输
第八章	资源利用与节能措施 8.1 资源利用分析 8.1.1 土地资源利用分析 8.1.2 水资源利用分析 8.1.3 电能源利用分析 8.2 能耗指标及分析 8.3 节能措施分析 8.3.1 土地资源节约措施 8.3.2 水资源节约措施 8.3.3 电能源节约措施
第九章	生态与环境影响分析 9.1 项目自然环境 9.1.1 基本概况 9.1.2 气候特点 9.1.3 矿产资源 9.2 社会环境现状 9.2.1 行政区划及人口构成 9.2.2 经济建设 9.3 项目主要污染物及污染源分析 9.3.1 施工期 9.3.2 使用期 9.4 拟采取的环境保护标准 9.4.1 国家环保法律法规 9.4.2 地方环保法律法规 9.4.3 技术规范 9.5 环境保护措施 9.5.1 施工期污染减缓措施 9.5.2 使用期污染减缓措施 9.5.3 其他污染控制和环境管理措施 9.6 环境影响结论

续表

序号	标题内容
第十章	项目劳动安全卫生及消防 10.1 劳动保护与安全卫生 10.1.1 安全防护 10.1.2 劳动保护 10.1.3 安全卫生 10.2 消防 10.2.1 建筑防火设计依据 10.2.2 总面积布置与建筑消防设计 10.2.3 消防给水及灭火设备 10.2.4 消防电气 10.3 地震安全
第十一章	组织机构与人力资源配置 11.1 组织机构 11.1.1 组织机构设置因素分析 11.1.2 项目组织管理模式 11.1.3 组织机构图 11.2 人员配置 11.2.1 人力资源配置因素分析 11.2.2 生产班制 11.2.3 劳动定员 11.2.4 职工工资及福利成本分析 11.3 人员来源与培训
第十二章	项目实施进度方案 12.1 项目工程总进度 12.2 项目实施进度
第十三章	投资估算与资金筹措 13.1 投资估算依据 13.2 地热能利用项目总投资估算 13.3 建设投资估算 13.4 基础建设投资估算 13.5 设备投资估算 13.6 流动资金估算 13.7 资金筹措 13.8 资产形成
第十四章	财务分析 14.1 基础数据与参数选取 14.2 营业收入、经营税金及附加估算 14.3 总成本费用估算 14.4 利润、利润分配及纳税总额预测 14.5 现金流量预测 14.6 盈利能力分析 14.6.1 动态盈利能力分析 14.6.2 静态盈利能力分析 14.7 盈亏平衡分析 14.8 财务评价

续表

序号	标题内容
第十五章	地热能利用项目风险分析 15.1　风险影响因素 15.1.1　可能面临的风险因素 15.1.2　主要风险因素识别 15.2　风险影响程度及规避措施 15.2.1　风险影响程度评价 15.2.2　风险规避措施
第十六章	结论与建议 16.1　项目结论 16.2　项目建议
17	附件: 1. 厂址地形图及位置图 2. 总平面布置方案图 3. 工艺流程图 4. 主要车间布置方案图 5. 其他

9.3.10　光伏制氢项目可行性研究报告

光伏制氢项目可行性研究报告的主要内容见表 9-16。

光伏制氢项目可行性研究报告的主要内容　　　　　表 9-16

序号	标题内容	编制说明
第一部分	总论 一、项目概况 (一)项目名称 (二)项目承办单位 (三)可行性研究工作承担单位 (四)项目可行性研究依据 (五)项目建设内容、规模、目标 (六)项目建设地点 二、项目可行性研究主要结论 (一)项目产品市场前景 (二)项目原料供应问题 (三)项目政策保障问题 (四)项目资金保障问题 (五)项目组织保障问题 (六)项目技术保障问题 (七)项目人力保障问题 (八)项目风险控制问题 (九)项目财务效益结论 (十)项目社会效益结论 (十一)项目可行性综合评价 三、主要技术经济指标 四、存在的问题及建议	1. 总论作为光伏制氢系统可行性研究报告的首要部分,要综合叙述研究报告中各部分的主要问题和研究结论,并对项目的可行与否提出最终建议,为可行性研究的审批提供方便。 2. 项目可行性研究主要结论是在可行性研究中,对项目的产品销售、原料供应、政策保障、技术方案、资金总额及筹措、项目的财务效益和国民经济、社会效益等重大问题,得出明确的结论。 3. 主要技术经济指标是将项目可行性研究报告中各部分的主要技术经济指标汇总,列出主要技术经济指标表,使审批和决策者对项目作全面了解。表格的内容主要有:序号、名称、单位、数量、建筑面积、价值等。 4. 存在的问题及建议是对可行性研究中提出的项目的主要问题进行说明并提出解决的建议。例如:项目总投资来源及投入;项目原料供应及使用;项目技术的先进性等

续表

序号	标题内容	编制说明
第二部分	光伏制氢系统项目建设背景、必要性、可行性 一、光伏制氢项目建设背景 （一）光伏制氢系统项目市场的发展 （二）国家产业规划或地方产业规划 二、光伏制氢项目建设必要性 三、光伏制氢项目建设可行性 （一）经济可行性 （二）政策可行性 （三）技术可行性 （四）模式可行性 （五）组织和人力资源可行性	1. 主要应说明项目发起的背景、投资的必要性、投资理由及项目开展的支撑性条件等。 2. 国家产业规划或地方产业规划突出表现在如下几个方面： （1）稳定国内外市场； （2）提高自主创新能力； （3）加快实施技术改造； （4）淘汰落后产能； （5）优化区域布局； （6）完善服务体系； （7）加快自主品牌建设； （8）提升企业竞争实力
第三部分	光伏制氢项目产品市场分析 一、光伏制氢项目产品市场调查 （一）产品国际市场调查 （二）产品国内市场调查 （三）产品价格调查 （四）产品上游原料市场调查 （五）产品下游消费市场调查 （六）产品市场竞争调查 二、光伏制氢系统项目产品市场预测 （一）产品国际市场预测 （二）产品国内市场预测 （三）产品价格预测 （四）产品上游原料市场预测 （五）产品下游消费市场预测 （六）发展前景综述	1. 市场分析在可行性研究中的重要地位在于，任何一个项目，其生产规模的确定、技术的选择、投资估算甚至厂址的选择，都必须在对市场需求情况有了充分了解以后才能决定。而且市场分析的结果，还可以决定产品的价格、销售收入，最终影响项目的盈利性和可行性。在可行性研究报告中，要详细研究当前市场现状，以此作为后期决策的依据。 2. 市场预测是市场调查在时间上和空间上的延续，是利用市场调查所得到的信息资料，根据市场信息资料分析报告的结论，对本项目产品未来市场需求量及相关因素所进行的定量与定性的判断与分析。在可行性研究工作中，市场预测的结论是制订产品方案，确定项目建设规模所必需的依据
第四部分	光伏制氢项目产品规划方案 一、光伏制氢系统项目产品产能规划方案 二、光伏制氢系统项目产品工艺规划方案 （一）工艺设备选型 （二）工艺说明 （三）工艺流程 三、光伏制氢系统项目产品营销规划方案 （一）营销战略规划 （二）营销模式 （三）促销策略	业主或建设单位要根据市场情况，制定合格的销售模式，争取扩大市场份额，稳定销售价格，提高产品竞争能力。因此，在可行性研究中，要对市场营销模式进行研究。例如：投资者分成、企业自销、国家部分收购、经销人情况分析等

续表

序号	标题内容	编制说明
第五部分	光伏制氢项目建设用地与建筑规划 一、项目建设用地 （一）地理位置 （二）自然情况 （三）资源情况 （四）项目建设所在地的社会、经济情况 （五）项目建设所在地的人口情况 （六）项目建设所在地的交通运输 二、光伏制氢项目的建筑规划 （一）项目厂址及厂区建设规划 1. 厂址 2. 厂区的建设内容 3. 建设造价 （二）建筑规划总平面布置图 （三）场内外运输 1. 场外运输量及运输方式 2. 场内运输量及运输方式 3. 场内运输设施及设备 （四）项目建筑与配套工程 1. 项目占地 2. 项目建筑及配套工程内容（附建筑工程项目一览表） （五）项目建筑及配套工程造价 （六）项目其他辅助工程 1. 供水、排水工程 2. 供电工程 3. 供暖工程 4. 通信工程 5. 道路工程 6. 其他	
第六部分	项目环保、节能与劳动安全方案 一、项目环境保护方案 （一）项目环境保护设计依据 （二）项目环境保护措施 （三）项目环境保护评价 二、光伏制氢系统项目资源利用及能耗分析 （一）项目资源利用及能耗标准 （二）项目资源利用及能耗分析 三、项目节能方案 （一）项目节能设计依据 （二）项目节能分析 四、项目消防方案 （一）项目消防设计依据 （二）项目消防措施 （三）火灾报警系统 （四）灭火系统 （五）消防知识教育 五、光伏制氢系统项目劳动安全卫生方案 （一）项目劳动安全设计依据 （二）项目劳动安全保护措施	在项目建设中，必须贯彻执行国家有关环境保护、能源节约和职业安全卫生方面的法规、法律，对项目可能对环境造成的近期和远期影响，以及影响劳动者健康和安全的因素，都要在可行性研究阶段进行分析，提出防治措施，并对其进行评价，推荐技术可行、经济，且布局合理，对环境的有害影响较小的最佳方案。按照国家现行规定，凡从事对环境有影响的建设项目都必须执行环境影响报告书的审批制度，同时在可行性研究报告中，对环境保护和劳动安全要有专门论述

续表

序号	标题内容	编制说明
第七部分	项目组织和劳动定员 一、光伏制氢系统项目组织 （一）组织形式 （二）工作制度 二、项目劳动定员和人员培训 （一）劳动定员 （二）年总工资和职工年平均工资估算 （三）人员培训	在可行性研究报告中，要根据项目规模、项目组成和工艺流程，研究提出相应的企业组织机构、劳动定员总数、劳动力来源及相应的人员培训计划
第八部分	项目实施进度安排 一、项目实施的各阶段 （一）建立项目实施管理机构 （二）资金筹集安排 （三）技术获得与转让 （四）勘察设计和设备订货 （五）施工准备 （六）施工和生产准备 （七）竣工验收 二、项目实施进度表 三、项目实施费用 （一）建设单位管理费 （二）生产筹备费 （三）生产职工培训费 （四）办公和生活家具购置费 （五）其他应支出的费用	项目实施的进度安排是可行性研究报告中的一个重要组成部分。所谓项目实施时期亦可称为投资时间，是指从正式确定建设项目到项目达到正常生产这段时间。这一时期包括项目实施准备、资金筹集安排、勘察设计和设备订货、施工准备、施工和生产准备、试运转直到竣工验收和交付使用等各工作阶段。这些阶段的各项投资活动和各个工作环节，有些是相互影响的，前后紧密衔接的，也有些是同时开展，相互交叉进行的。因此，在可行性研究阶段，需将项目实施时期各个阶段的各个工作环节进行统一规划，综合平衡，作出合理又切实可行的安排
第九部分	项目财务评价分析 一、项目总投资估算 二、项目资金筹措 三、光伏制氢系统项目投资使用计划 （一）投资使用计划 （二）借款偿还计划 四、项目财务评价说明与财务测算 （一）计算依据及相关说明 （二）项目测算基本设定 五、项目总成本费用估算 （一）直接成本 （二）工资及福利费用 （三）折旧及摊销 （四）工资及福利费用 （五）修理费 （六）财务费用 （七）其他费用 （八）总成本费用 六、销售收入、销售税金及附加和增值税估算 （一）销售收入 （二）销售税金及附加 （三）增值税 （四）销售收入、销售税金及附加和增值税估算 七、损益及利润分配估算 八、现金流估算 （一）项目投资现金流估算 （二）项目资本金现金流估算	一个建设项目所需要的投资资金，可以从多个来源渠道获得。在项目可行性研究阶段，资金筹措工作是根据对建设项目固定资产投资估算和流动资金估算的结果，研究落实资金的来源渠道和筹措方式，从中选择条件优惠的资金。在可行性研究报告中，应对每一种来源渠道的资金及其筹措方式逐一论述，并附有必要的计算表格和附件

序号	标题内容	编制说明
第十部分	项目不确定性分析 一、盈亏平衡分析 二、敏感性分析 三、概率分析（如果需要）	1. 在对建设项目进行评价时，所采用的数据多数来自预测和估算。由于资料和信息的有限性，将来的实际情况可能与此有出入，这会对项目投资决策带来风险。为避免或尽可能减少风险，就要分析不确定性因素对项目经济评价指标的影响，以确定项目的可靠性，这就是不确定性分析。 2. 根据分析内容和侧重面不同，不确定性分析可分为盈亏平衡分析、敏感性分析和概率分析。在可行性研究中，一般要进行的盈亏平衡性分析、敏感性分配和概率分析，可视项目情况而定
第十一部分	光伏制氢系统项目财务效益、经济和社会效益评价 一、财务评价 （一）财务净现值 （二）财务内部收益率（FIRR） （三）投资回收期（Pt） （四）项目投资收益率（ROI） （五）项目投资利税率 （六）项目资本金净利润率（ROE） （七）项目测算核心指标汇总表 二、国民经济评价 三、社会效益和社会影响分析	1. 在建设项目的技术路线确定以后，必须对不同的方案进行财务、经济效益评价，判断项目在经济上是否可行，并比选出优秀方案。本部分的评价结论是建议方案取舍的主要依据之一，也是对建设项目进行投资决策的重要依据。本部分就可行性研究报告中财务、经济与社会效益评价的主要内容作一概要说明。 2. 财务评价是考察项目建成后的获利能力、债务偿还能力及外汇平衡能力的财务状况，以判断建设项目在财务上的可行性。财务评价多用静态分析与动态分析相结合，以动态为主的办法进行。并用财务评价指标分别和相应的基准参数——财务基准收益率、行业平均投资回收期、平均投资利润率、投资利税率相比较，以判断项目在财务上是否可行。 3. 财务净现值是指把项目计算期内各年的财务净现金流量，按照一个设定的标准折现率（基准收益率）折算到建设期初（项目计算期第一年年初）的现值之和。财务净现值是考察项目在其计算期内盈利能力的主要动态评价指标。 如果项目财务净现值等于或大于零，表明项目的盈利能力达到或超过了所要求的盈利水平，项目财务上可行。 4. 财务内部收益率是指项目在整个计算期内各年财务净现金流量的现值之和等于零时的折现率，也就是使项目的财务净现值等于零时的折现率。 财务内部收益率是反映项目实际收益率的一个动态指标，该指标越大越好。 一般情况下，当财务内部收益率大于等于基准收益率时，项目可行。 5. 投资回收期按照是否考虑资金时间价值可以分为静态投资回收期和动态投资回收期。 6. 项目投资收益率是指项目达到设计能力后正常年份的年息税前利润或营运期内年平均息税前利润（EBIT）与项目总投资（TI）的比率。总投资收益率高于同行业的收益率参考值，表明用总投资收益率表示的盈利能力满足要求。 7. 项目投资利税率是指项目达到设计生产能力后的一个正常生产年份的年利润总额或平均年利润总额与销售税金及附加与项目总投资的比率，计算公式为： 投资利税率＝年利税总额或年平均利税总额/总投资×100％ 当投资利税率≥部门（行业）平均投资利税率（或基准投资利税率）时，项目在财务上可考虑接受。 8. 项目资本金净利润率是指项目达到设计能力后正常年份的年净利润或运营期内平均净利润（NP）与项目资本金（EC）的比率。项目资本金净利润率高于同行业的净利润率参考值，表明用项目资本金净利润率表示的盈利能力满足要求

续表

序号	标题内容	编制说明
第十二部分	项目风险分析及风险防控 一、建设风险分析及防控措施 二、法律政策风险及防控措施 三、市场风险及防控措施 四、筹资风险及防控措施 五、其他相关风险及防控措施	
第十三部分	光伏制氢系统项目可行性研究结论与建议 一、对推荐的拟建方案建设条件、产品方案、工艺技术、经济效益、社会效益、环境影响提出结论性意见 二、对主要的对比方案进行说明 三、对可行性研究中尚未解决的主要问题提出解决办法和建议 四、对应修改的主要问题进行说明，提出修改意见 五、对不可行的项目，提出不可行的主要问题及处理意见 六、可行性研究中主要争议问题的结论	根据前面各部分的研究分析结果，对项目在技术上、经济上进行全面的评价，对建设方案进行总结，提出结论性意见和建议
附件	（略）	

9.3.11　输变电工程项目可行性研究报告

由于所有新能源发电项目都涉及配套的输变电工程，所以表 9-17 给出了输变电工程项目的可行性研究报告的主要内容。

输变电工程项目的可行性研究报告的主要内容　　　　　　表 9-17

序号	标题内容	序号	标题内容
1	工程概述	2.8	电气参数要求
1.1	编制依据	2.9	无功补偿容量
1.2	工程概况	2.10	串联补偿装置额定参数
1.3	设计水平年	2.11	电气主接线
1.4	主要设计原则	2.12	电气一次部分结论与建议
1.5	主要涉及范围	3	电气系统二次
1.6	主要结论	3.1	系统继电保护
2	电力系统一次	3.2	系统安全稳定控制装置
2.1	电力系统概况	3.3	相角测量装置
2.2	工程建设的必要性	3.4	系统调度自动化
2.3	接入系统方案	3.5	电能计量装置及电能量远方终端
2.4	电气计算	3.6	调度数据通信网络接入设备
2.5	无功补偿平衡及调相调压计算	3.7	系统二次安全防护
2.6	导线截面选择	3.8	系统通信
2.7	主变压器选择	3.9	电力系统二次部分结论及建议

续表

序号	标题内容	序号	标题内容
4	变电站站址选择及工程设想	9.2	财务评价
4.1	站址选择	9.3	综合评价和结论
4.2	工程设想	10	图纸
5	输电线路路径选择及工程设想	10.1	现况电网地理接线图
5.1	路径选择基本要求	10.2	工程投产年电网地理接线图
5.2	线路路径方案	10.3	远景年电网规划图
5.3	工程设想	10.4	通信通道组织图
6	大跨越选点及工程设想	10.5	变电站地理位置图
6.1	跨越点位置和跨越方案	10.6	站区总体规划图（地形、进站道路引接，进出线建设规划，技术经济指标）
6.2	对比选方案进行技术、节能、经济比较，提出推荐方案		
		10.7	总平面布置图
6.3	工程设想	10.8	电气主接线图
7	节能措施分析和抵御自然灾害评估	10.9	线路路径方案图
8	劳动安全与劳动防护	10.10	大跨越路径方案图
9	投资估算及财务评价	10.11	大跨越平断面图
9.1	投资估算	10.12	杆塔和基础形式图

9.3.12 光伏发电站（场）工程项目技术合同

光伏发电站（场）工程项目技术合同的主要内容见表9-18。

光伏发电站（场）工程项目技术合同的主要内容   表9-18

序号	标题内容	序号	标题内容
1	项目条件	2.3.1	工作范围
1.1	项目概况	2.3.2	服务范围
1.2	场址条件	3	通用技术要求
1.2.1	场址概述	3.1	工程实施的总体要求
1.2.2	交通运输	3.2	计划
1.2.3	环境及气象条件	3.3	进度报告
2	工作范围	3.4	质量管理
2.1	接口	3.5	编码系统
2.1.1	电气	3.6	测量单位
2.1.2	供水、雨水、生活废水排放	3.7	里程碑
2.1.3	道路	3.8	设计文件
2.2	承包商的工作和服务范围	3.9	接口协调
2.2.1	工作范围	3.10	竣工文件
2.2.2	服务范围	3.11	制造
2.3	业主工作和服务范围	3.12	包装规定和存放

序号	标题内容	序号	标题内容
3.13	现场程序	4.2.4	建筑工程
3.14	检验和试验	4.2.5	总平面布置及道路
3.15	现场试验和证书	4.2.6	给水排水及消防
3.16	调试	4.2.7	暖通
3.17	试运行	4.3	图纸
3.18	主要技术数据	4.3.1	光伏发电厂总平面布置图
3.19	质保期	4.3.2	变电站电气主接线
3.20	培训	4.3.3	变电站保护配置图
3.21	附件	4.3.4	变电站总平面布置图
4	技术说明	4.3.5	集电线路及逆变升压站电气接线图
4.1	概述	4.3.6	变电站控制室及集控楼平面布置图
4.1.1	标准及规范	4.3.7	变电站控制楼平面及立面图
4.1.2	项目主要技术数据	5	主要设备技术规范
4.2	技术说明	5.1	光伏组件
4.2.1	太阳能资源	5.2	逆变器及单元升压变压器
4.2.2	光伏系统方案及发电量计算	5.3	变电站电气一次设备
4.2.3	电气工程	5.4	变电站继电保护、直流、通信设备

9.3.13 风力发电站（场）工程项目技术合同

本节重点介绍陆上风力发电站（场）工程项目技术合同的主要内容，而海上风力发电站（场）工程项目技术合同的主要内容可参照陆上风力发电站（场）工程项目技术合同的主要内容，结合海上风力发电站（场）工程项目的技术特点修改编辑。陆上风力发电站（场）工程项目技术合同的主要内容见表9-19。

陆上风力发电站（场）工程项目技术合同的主要内容 表 9-19

序号	标题内容	序号	标题内容
1	项目条件	2.3	业主工作和服务范围
1.1	项目概况	2.3.1	工作范围
1.2	场址条件	2.3.2	服务范围
1.2.1	场址概述	3	通用技术要求
1.2.2	交通运输	3.1	工程实施的总体要求
1.2.3	环境及气象条件	3.2	计划
2	工作范围	3.3	进度报告
2.1	接口	3.4	质量管理
2.1.1	电气	3.5	编码系统
2.1.2	供水、雨水、生活废水排放	3.6	测量单位
2.1.3	道路	3.7	里程碑
2.2	承包商的工作和服务范围	3.8	设计文件
2.2.1	工作范围	3.9	接口协调
2.2.2	服务范围	3.10	竣工文件

续表

序号	标题内容	序号	标题内容
3.11	制造	4.2a.6	集电线路
3.12	包装规定和存放	4.2b	变电站部分
3.13	现场程序	4.2b.1	电气一次
3.14	检验和试验	4.2b.2	电气及系统二次、通信
3.15	现场试验和证书	4.2b.3	总平面布置及道路
3.16	调试	4.2b.4	建筑
3.17	试运行	4.2b.5	给水排水及消防
3.18	主要技术数据	4.2b.6	暖通
3.19	质保期	4.3	图纸
3.20	培训	4.3.1	风电场总平面布置图
3.21	附件	4.3.2	变电站电气主接线
4	技术说明	4.3.3	变电站保护配置图
4.1	概述	4.3.4	变电站总平面布置图
4.1.1	标准及规范	4.3.5	集电线路及箱变电气接线图
4.1.2	项目主要技术数据	4.3.6	集电线路走向示意图
4.2	技术说明	4.3.7	变电站控制室及集控楼平面布置图
4.2a	风电场部分	4.3.8	变电站控制楼平面及立面图
4.2a.1	风资源数据及评价	5	主要设备技术规范
4.2a.2	风力发电机组选型及风机布置	5.1	风力发电机组及升压变压器
4.2a.3	发电量估算	5.2	变电站电气一次设备
4.2a.4	场区道路	5.3	风电场变电站继电保护、直流、通信设备
4.2a.5	风机基础		

9.3.14 输变电工程项目技术合同

输变电工程项目技术合同的主要内容见表9-20。

输变电工程项目技术合同的主要内容 表9-20

序号	标题内容	序号	标题内容
1	项目条件	2.1.2	供水、雨水、生活废水排放
1.1	项目概况	2.1.3	道路
1.2	站址（路径）条件	2.2	承包商的工作和服务范围
1.2.1	站址（路径）概述	2.2.1	工作范围
1.2.2	交通运输	2.2.2	服务范围
1.2.3	环境及气象条件	2.3	业主工作和服务范围
2	工作范围	2.3.1	工作范围
2.1	接口	2.3.2	服务范围
2.1.1	电气	3	通用技术要求

序号	标题内容	序号	标题内容
3.1	工程实施的总体要求	4.2a.1	电气一次
3.2	计划	4.2a.2	电气及系统二次、通信
3.3	进度报告	4.2a.3	总平面布置及道路
3.4	质量管理	4.2a.4	建筑
3.5	编码系统	4.2a.5	给水排水及消防
3.6	测量单位	4.2a.6	暖通
3.7	里程碑	4.2b	线路部分
3.8	设计文件	4.2b.1	路径
3.9	接口协调	4.2b.2	导线及地线
3.10	竣工文件	4.2b.3	绝缘子及金具
3.11	制造	4.2b.4	绝缘配合，防雷与接地
3.12	包装规定和存放	4.2b.5	杆塔形式及结构
3.13	现场程序	4.2b.6	基础
3.14	检验和试验	4.2b.7	通信及保护
3.15	现场试验和证书	4.3	图纸
3.16	调试	4.3.1	变电站总平面布置图
3.17	试运行	4.3.2	电气主接线图
3.18	主要技术数据	4.3.3	变电站保护配置图
3.19	质保期	4.3.4	线路路径方案图
3.20	培训	4.3.5	线路大跨越方案平断面布置（如果有）
3.21	附件	4.3.6	杆塔基础形式图
4	技术说明	5	主要设备技术规范
4.1	概述	5.1	主变压器
4.1.1	标准及规范	5.2	电气一次设备
4.1.2	项目主要技术数据	5.3	继电保护、直流、通信设备
4.2a	变电站部分		

参 考 文 献

[1] 国际咨询工程师联合会，中国工程咨询协会. 菲迪克(FIDIC)合同指南[M]. 唐萍等译. 北京：机械工业出版社，2003.

[2] 左斌. 国际工程承包常用文案手册[M]. 北京：中国建筑工业出版社，2014.

[3] 左斌. 国际工程施工常用数据资料手册[M]. 北京：中国建筑工业出版社，2014.

[4] 左斌. "一带一路"项目前期开发技术手册[M]. 北京：中国建筑工业出版社，2016.

[5] 中国机械设备工程股份有限公司第三工程成套事业部. 国外新能源项目开发的技术工作(PPT)(内部培训资料)[Z]. 北京，2020年.